George Soros

Die Alchemie der Finanzen

George Soros

Die Alchemie der Finanzen

Börsenbuchverlag

Die Originalausgabe erschien unter dem Titel
The Alchemy of Finance – Reading the Mind of the Market
by Simon & Schuster Inc.
ISBN 0-297-79331-4

2. Auflage 2026

Übersetzung: Axel Retz
Druck: CPI books GmbH, Leck, Germany

ISBN 978-3-86470-961-6

Bibliografische Information der Deutschen Nationalbibliothek:
Die Deutsche Nationalbibliothek verzeichnet diese Publikation in der Deutschen Nationalbibliografie; detaillierte bibliografische Daten sind im Internet über <http://dnb.d-nb.de> abrufbar.

BÖRSEN MEDIEN
AKTIENGESELLSCHAFT

Postfach 1449 • 95305 Kulmbach
Tel: +49 9221 9051-0 • Fax: +49 9221 9051-4444
E-Mail: info@plassen-buchverlage.de
www.boersenbuchverlag.de
www.facebook.com/plassenverlag
www.instagram.com/plassen_buchverlage

Für Susan,
ohne die dieses Buch wesentlich früher
fertig gewesen wäre.

DANKSAGUNG

Eine Reihe von Leuten hat das ganze Manuskript oder Teile davon auf verschiedenen Stufen seines Entstehens gelesen. Es sind zu viele, um sie alle aufzulisten, aber ich möchte ihnen allen für ihre Hilfe und ihre Kritik danken. Insbesondere Byron Wien hat seine Aufgabe weit mehr als erfüllt, indem er das Manuskript auf drei verschiedenen Stufen der Entwicklung las und kommentierte. Besonderer Dank gebührt auch Antonio Foglia, der die Grafiken zum Real-Time-Experiment erstellte. Larry Chiarello beschaffte das Datenmaterial.

Meinen Dank möchte ich auch dem Team ausdrücken, das zur Performance des Quantum-Fonds während der Dauer des Experiments beigetragen hat: Bill Ehrmann, Gary Gladstein, Tom Larkin, Robert Miller, Steven Okin, Joe Orofino, Stephen Plant, Allan Raphael und Anne Stires.

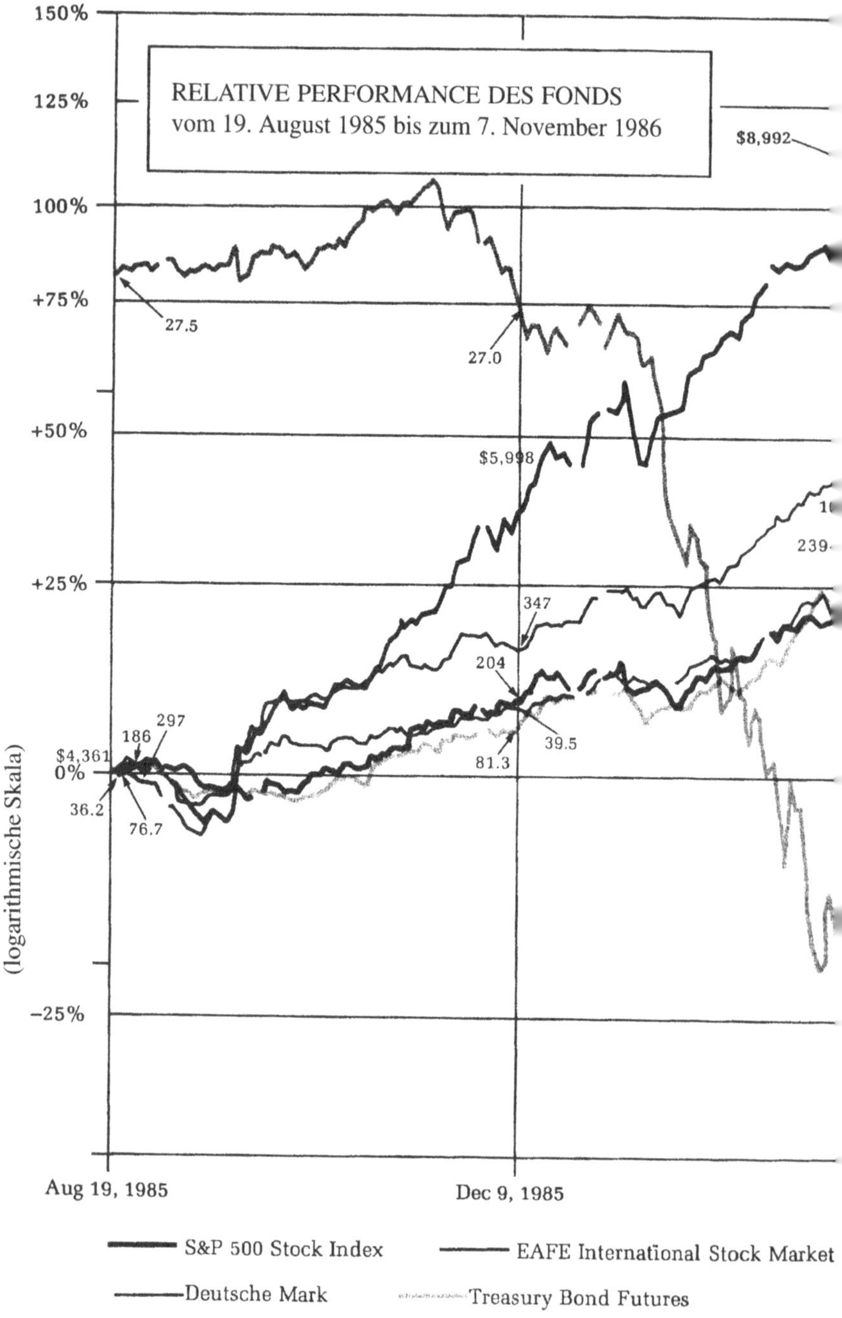

(S&P Aktien-Index, EAFE Internationaler, Aktienmarkt, Rohöl,

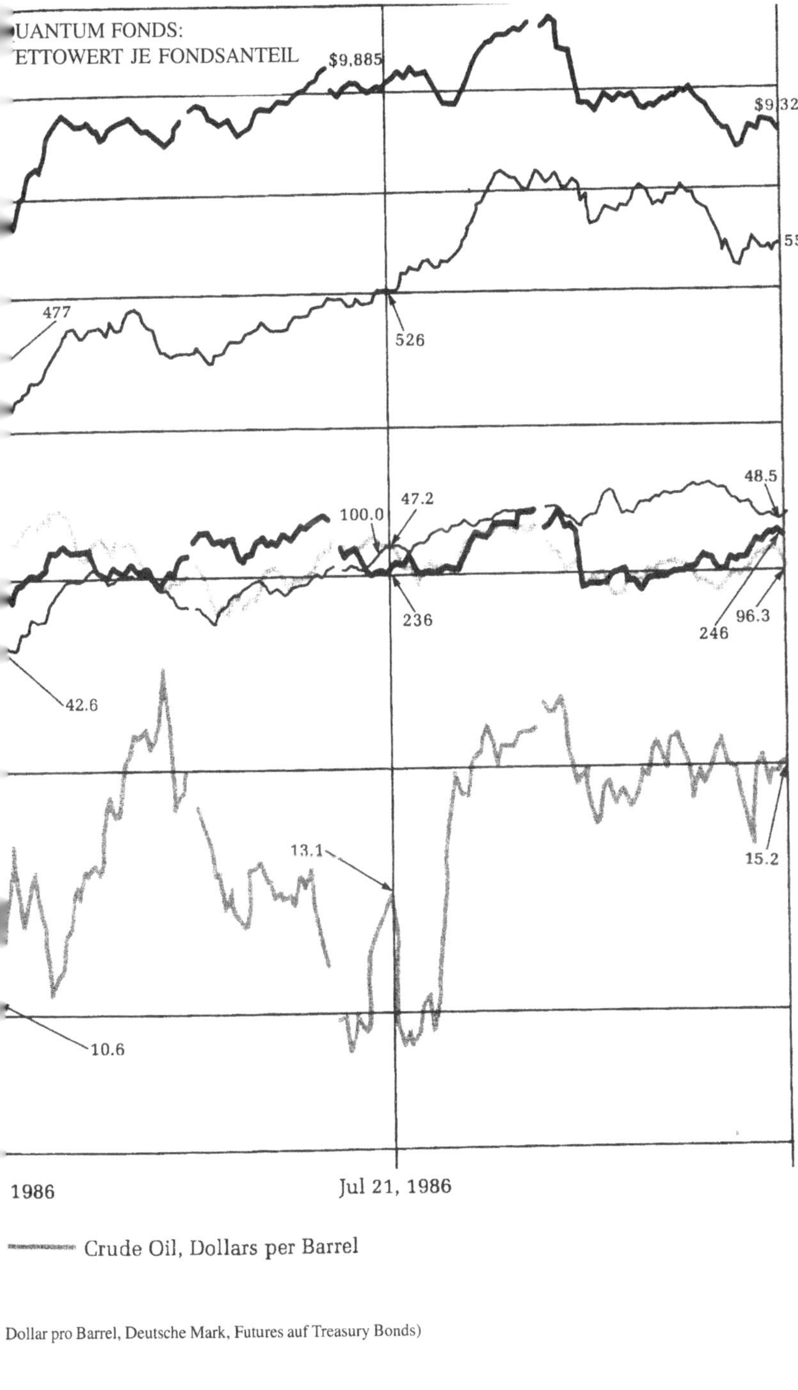

Dollar pro Barrel, Deutsche Mark, Futures auf Treasury Bonds)

INHALT

TEIL 3
DAS REAL-TIME-EXPERIMENT

TEIL 4
AUSWERTUNG

TEIL 5
REZEPT

GELEITWORT

Vierhundertdreiundsiebzig Millionen zu eins. So stehen die Wetten gegen den von George Soros von 1968 bis 1993 als Manager des Quantum-Fonds aufgestellten Investment-Rekord. Dieser Investment-Rekord ist die unanfechtbarste Widerlegung der Random-Walk-Hypothese, die es je gegeben hat!

Als Trader in der zweiten Hälfte der wilden 70er und 80er in die Jahre gekommen, empfand ich *Die Alchemie der Finanzen* als ein irgendwie revolutionäres Buch. Erinnern Sie sich daran: Das war die Zeit, als in der Investmentszene Trendfolge und Indexierung modern waren. Es war die Zeit, in der die technische Analyse (die Untersuchung der Kursbewegungen als Werkzeug der Kursprognose) ihren Zenit durchlief. Trader meiner Generation bewaffneten sich mit Charts und von Computern ausgeworfenen Grafiken, die den künftigen Kursverlauf vorhersagten. Tag für Tag saßen wir in einer ohrenbetäubenden Kakophonie von Informationsflut vor den Bildschirmen, wie hypnotisiert von blinkenden Lichtern und sich ständig ändernden Daten. Ausgenommen vielleicht die Elliott-Wellen-Theorie, wurde jedes intellektuelle System zum Verständnis des Ablaufs sozialer, politischer und wirtschaftlicher Ereignisse in bemerkenswerter Weise vergessen, nur um sicherzustellen, daß man Teil des sich immer mehr beschleunigenden Prozesses war.

Für mich war *Die Alchemie der Finanzen* wie ein Blitz aus heiterem Himmel. Da sie Sachverhalte erklärte, die dermaßen komplex und überwältigend waren, ließ sie mich einen gewaltigen Satz nach vorne tun, indem ich einen Schritt zurücktrat. In einer Zeit, in der soviel Geld mit Geschichte machenden Ereignissen verdient wurde – von der Erpressung des Silbermarktes durch die Hunt-Brüder 1979 bis zur Übernahme von RJR Nabisco durch KRK 1989 –, ist Herr Soros' Theorie der Reflexivität der erste moderne, nichttechnische Versuch, das dynamische Wechselspiel zwischen den am Prozeß Beteiligten zu beschreiben und vorherzusagen. Darin liegt die Brillanz dieses Buches. Es beschreibt die Dynamik des Weges zwischen Punkten extremer Bewertung im Markt einerseits und einem Gleichgewichtszustand. Das ist besonders wichtig für den Durchschnittsanleger. Wie oft sind wir nahe am Kurstief richtigerweise long und nahe am Top einer größeren Marktbewegung long gewesen? Da wir aber den Ablauf großer Kursbewegungen nicht verstanden, war unser Durchhaltevermögen in diesen Positionen (wie auch unsere Gewinne) gering. Soros gibt uns einen entscheidenden Einblick in diesen Ablauf und damit ein größeres Vertrauen in unsere Anlagen. Das macht 70% jeder erfolgreichen Anlage aus.

Wenn ich eine der unausweichlichen Pechsträhnen habe, die jeder Anleger einmal erlebt, nehme ich mir *Die Alchemie* und schaue mir noch einmal Soros' Vorgehen an. Wenn ich mir ansehe, wie er mit diesen Widrigkeiten umgeht, so ist das ein exzellenter Leitfaden, um die Kette der negativen Verhaltensweisen zu durchbrechen, die ab und an jeden Anleger heimsucht. Gewinnen ist ansteckend. Und dieses Buch, randvoll mit Beispielen für Verhaltensweisen im Trading, reizt dazu, ihm nachzueifern. Wichtig ist, daß Soros' Intellekt ihm das Selbstvertrauen und die innere Kraft gibt, an seinen Positionen auch während kritischer Phasen festzuhalten. In dieser Hinsicht gesellt sich *Die Alchemie* als zeitloser Ratgeber des Marktes zu Edwin Lefèvres *Reminiscences of a Stock Operator*. Und als solcher sollte Soros auf der Hut sein! Meine Lieblingsszene in *Patton*, einem Film zum Zweiten Weltkrieg, ist die, wo US-General George S. Patton Wochen damit zugebracht hat, die Schriften seines deutschen Widersachers, des Feldmarschalls Erwin Rommel zu lesen, und ihn schließlich in einer heroischen Panzerschlacht in Tunesien niederwirft. Patton, der den Sieg wittert, als er von seinem Kommandostand aufs Schlachtfeld geht, brummt vor sich hin „Rommel, Du großartiger Bastard. Ich habe Dein *Buch* gelesen!" Genug der Worte.

Die Alchemie ist auch eine exzellente wirtschaftliche und politische Beschreibung der jüngsten Geschichte. Von der unwissentlichen Ausarbeitung eines Plans zur Lösung des Fiaskos um die Savings and Loan-Banken in den Vereinigten Staaten sechs Jahre im voraus (Seite 139) bis zur Vorhersage des Aktien-Crashs von 1987 zwei Jahre im voraus (Seite 196) zeigt sich Soros als *der* große Marktvisionär unserer Zeit.

Die Geschichtsschreibung wird sich wahrscheinlich an Soros als denjenigen Spekulanten erinnern, der sich 1992 mit der Bank von England angelegt (und die englische Bevölkerung von der Rezession befreit) hat. Sein Gewinn in Höhe von Milliarden Dollars ist einfach zu groß, als daß die Geschichtsschreiber ihn übersehen könnten. Herr Soros selbst würde wahrscheinlich lieber als großer Ökonom oder sogar als Wissenschaftler in Erinnerung bleiben. Ich werde mich aber aus einem noch wichtigeren Grund an ihn erinnern, für den er nicht die verdiente Anerkennung gefunden hat. Er ist jemand, der sich ernsthaft um den Zustand der menschlichen Gesellschaft kümmert und ihn zu verbessern sucht. Seine zahllosen und großartigen philantropischen Bemühungen weisen ihn als einen der großen Wohltäter der Geschichte aus. Selbst heute, im Alter von 62, verfolgt er die Aktivitäten seiner sechs Stiftungen mit der Kraft und dem Einsatzwillen eines engagierten Neulings, der seinen Aufstieg in der Finanzwelt gerade erst begonnen hat, und der 18 Stunden am Tag rund um den Globus für seine Sache arbeitet. Er stellt nicht nur Schecks aus, was ja jeder wohltätige Mensch tun kann. Er ist ein engagierter, arbeitsbesessener Mensch, der sich auch körperlich für die Lebensqualität derjenigen einsetzt, die weniger Glück hatten als er selbst. Und das, genau das ist ein Zeichen von Größe.

Paul Tudor Jones II

VORWORT

Sieben ereignisreiche Jahre sind vergangen, seit *Die Alchemie der Finanzen* zum ersten Mal veröffentlicht wurde. Mein Investmentfonds, der Quantum-Fonds, hat sich weiter prächtig entwickelt: Die Anteilseigner haben trotz eines Rückschlages beim Crash von 1987 einen durchschnittlichen Gewinn von 35,8% pro Jahr erzielt. Der Quantum-Fonds hat auch einige Sprößlinge hervorgebracht, von denen sich einige besser entwickeln als das Huhn, das goldene Eier legt. Anfang 1989 entschlossen wir uns, einen Teil der Gewinne an unsere Anteilseigner auszuschütten – entweder in bar oder in Form von Anteilen an den neu geschaffenen Fonds. Daher managen wir jetzt sieben Fonds mit einer Gesamt-Einlagensumme von über 10 Mrd. US$.

Im Management des Fonds bin ich zunehmend inaktiver geworden. Ich hatte das Glück, durch *Die Alchemie der Finanzen* auf Stanley Druckenmiller zu treffen. Er managte damals einen anderen Fonds, und er interessierte sich für mich, da er von meinem Buch fasziniert war. Wir unterhielten uns ein paarmal, und schließlich trat er in meine Firma ein. Anfänglich fand er es schwer, mit mir zusammenzuarbeiten. Obwohl ich ihm eine Menge Verantwortung übertrug, behinderte ihn meine Anwesenheit, und er fühlte, daß er nicht so gut war wie vor Eintritt in meine Firma. Gottlob wurde ich in zunehmendem Maße in den revolutionären Prozeß verwickelt, der zum Zusammenbruch des Kommunismus führte. Ich baute damals gerade ein Netz von Stiftungen in der kommunistischen Welt aus, was eine Vielzahl von Reisen an Orte mit sich brachte, an denen die Kommunikationsmöglichkeiten ziemlich dürftig waren. Im Sommer 1989 teilte ich Stan mit, daß er die Verantortung für den Fonds alleine übernehmen müsse. Seitdem gibt es zwischen uns keine Schwierigkeiten mehr. Ich wurde zum Trainer und er zum Teilnehmer am Wettkampf. Unsere Performance verbesserte sich, und wir durchliefen eine Phase anhaltenden Wachstums. In jedem der letzten drei Jahre erzielten wir Gewinne von in der Spitze über 50%. Obwohl wir bereits früher zweimal eine ähnliche Blütezeit erlebt haben, ist dies angesichts unserer außergewöhnlichen Größe doch eine außerordentlich gute Performance. Druckenmiller ist nicht nur ein guter Fondsmanager, er ist auch ein guter Partner. Unter seiner Führung waren wir in der Lage, unser Management-Team zu vergrößern und zu verbessern, so daß es jetzt eine Stärke hat wie niemals zuvor. Zufälligerweise bekam ich so durch den Erfolg meines Geschäftes die Belohnung für meine philanthropischen Aktivitäten. Dieser Erfolg ermöglichte es mir, mein Netz der Stiftungen in einem halsbrecherischen Tempo auszubauen.

Meine Rolle beim Zusammenbruch des Kommunismus ist eine andere Geschichte, die nicht hierhergehört. Zu diesem Thema habe ich ja nun auch schon zwei Bücher geschrieben, nämlich 1990 *Opening the Soviet System* und 1991 *Underwriting Democracy*. Es verdient hervorgehoben zu werden, daß ich mich in meinen philanthropischen Aktivitäten in Osteuropa von genau den gleicher Philosophie leiten ließ wie in den Finanzmärkten. Wie der Leser bei der Lektüre dieses Buches erfahren wird, betrachte ich die Entwicklungen in den Finanzmärkten als einen historischen Prozeß. Das macht meine Theorie auch außerordentlich gut anwendbar auf historische Prozesse wie den Zusammenbuch des Kommunismus. Ich wandte also meine Theorie an, und alles in allem ließ sie mich kommende Entwicklungen besser antizipieren als die meisten Menschen. Wie ich herausfand, besteht ein großes Maß an Übereinstimmung zwischen dem Prozeß von Boom und Zusammenbuch an den Finanzmärkten und dem Aufstieg und Niedergang des Sowjetischen Systems.

Es ist eine Ironie des Schicksals, daß ich nicht wegen meiner Aktivitäten in Osteuropa bekannt wurde, sondern wegen der Gewinne, die ich im Britischen Pfund erzielte, als England am 16. September 1992 den Wechselkursmechanismus verließ. Ich wurde augenblicklich berühmt, erst in England und dann in der ganzen Welt. Als bekannt wurde, daß der Quantum-Fonds einen großen Block an Newmont Mines gekauft hatte, haussierte der Goldpreis. Obwohl ich selbst zum Gold keinerlei Stellungnahme abgab, wurden mir alle möglichen Aussagen zugeschrieben. Ich versuchte mehrmals, sie zu dementieren, aber ohne Erfolg. Obwohl ich den Status einen Gurus nicht gesucht hatte, konnte ich ihn nun, nachdem er mir übergestülpt worden war, nicht mehr ignorieren. Ich begrüßte diesen Status sogar, da ich dachte, daß er dabei hilfreich sein würde, die Ohren der Menschen auch für meine Aussagen zu politischen Themen zu öffnen. Das war aber nicht so einfach, wie es aussah. Als ich sagte, daß die Hochzinspolitik der Bundesbank im Begriff war, kontraproduktiv zu wirken, antworteten die Märkte mit einem Druck auf die Deutsche Mark. Als ich meine Stimme aber gegen die europäische Politik gegenüber Bosnien erhob, wurde ich entweder nicht zur Kenntnis genommen, oder man meinte, daß ich mich auf ein Feld begeben hätte, daß zu weit außerhalb meiner Fachkenntnis lag. Besonders übel erging es mir in Frankreich, wo ich wiederholt vor einer Spekulation gegen den Franc warnte, weil ich nicht für den Zusammenbruch dessen verantwortlich gemacht werden wollte, was vom Europäischen Wechselkursmechanismus noch übriggeblieben war. Dennoch schob man mir die Schuld in die Schuhe. Die französische Regierung wies meinen Rat noch nachdrücklicher zurück, als sie es mit meinen spekulativen Aktivitäten getan hätte.

Das zeigt, daß Spekulanten spekulieren, aber ihren Mund halten sollten.

Meine Bekanntheit als Guru im Finanzbereich hat eine enorme Nachfrage nach *Die Alchemie der Finanzen* ausgelöst, insbesondere nach dieser Neuauflage. Ich muß eingestehen, daß sich mein Denken seit der Zeit der Niederschrift dieses Buches erheblich weiterentwickelt hat, aber ich habe mich dabei mehr mit historischen Prozessen, nicht mit denen des Finanzwesens beschäftigt. Ich kann meine neuen Gedanken nicht hier in diesem Vorwort zusammenfassen – ich werde wohl noch ein weiteres Buch schreiben müssen. Sobald meine Zeit es zuläßt, werde ich das tun; schon jetzt aber gibt es einen wichtigen Punkt in meiner Theorie, den ich hier vorbringen will, um dieses Buch in eine Linie mit meinen derzeitigen Gedanken zu bringen.

In *Die Alchemie der Finanzen* stelle ich die Theorie der Reflexivität so vor, als ob sie zu allen Zeiten gültig wäre. Das ist richtig in den Sinne, daß der wechselseitige Feedback-Mechanismus, der das Markenzeichen der Reflexivität ist, jederzeit ins Spiel kommen kann, aber es ist trifft nicht in dem Sinne zu, daß er auch tatsächlich ständig wirkt. In den allermeisten Situationen ist er so schwach, daß man ihn getrost vernachlässigen kann. Wir können unterscheiden zwischen Zuständen, die sich nahe am Gleichgewicht befinden und in denen ein bestimmter Korrekturmechanismus dafür sorgt, daß sich Wahrnehmung und Realität nicht zu weit voneinander entfernen, und Zuständen, die fern von einem Gleichgewicht sind, in denen ein reflexiver, doppelter Feedback-Mechanismus wirkt, und in denen es ohne eine signifikante Veränderung der vorherrschenden Bedingungen – einer Änderung des Systems – keine Tendenz zur Annäherung von Wahrnehmung und Realität gibt. Auf den ersten Fall läßt sich die klassische ökonomische Theorie anwenden, und die Divergenz zwischen Wahrnehmungen und der Realität kann als unbedeutende Störung vernachlässigt werden. Im zweiten Fall hingegen wird die Theorie des Gleichgewichts unbedeutsam, und wir stehen vor einem eindimensionalen historischen Prozeß, in dem die Veränderungen sowohl in den Wahrnehmungen als auch in der Realität unumkehrbar sind. Es ist wichtig, zwischen diesen beiden Tatbeständen zu unterscheiden, weil das, was bei dem einen normal ist, bei dem anderen anomal ist.

Die Idee einer Unterscheidung zwischen Zuständen nahe am Gleichgewicht und solchen fern vom Gleichgewicht findet sich in *Die Alchemie der Finanzen*. Am Ende von Kapitel 1 habe ich zwischen alltäglichen Ereignissen und historischen Veränderungen unterschieden, aber ich habe die Tragweite dieser Unterscheidung unterschätzt. Ich habe diese Unterscheidung als „tautologisch" bezeichnet. Heute halte ich das für einen Fehler. Die Tautologie ist nur aufgetreten, weil ich der Sache nicht tief genug auf den Grund ging und für eine Tautologie hielt, was in Wirklichkeit ein grundlegender Unterschied in der Struktur der Ereignisse ist.

Bei den meisten mit einer wissenschaftlichen Methode untersuchten Phänomenen folgt ein bestimmter Zustand auf einen anderen unahbhängig davon, wie irgendjemand darüber denkt. Die von den Sozialwissenschaften untersuchten Phänomene haben denkende Beteiligte, und das kompliziert die Geschichte. Wie ich zu zeigen versucht habe, sind die Ansichten der Beteiligten von Hause aus voreingenommen. Anstelle einer geradlinigen Verbindung zwischen einem Zustand und dem nachfolgenden besteht ein ständiger Zick-Zack-Kurs zwischen dem objektiven, beobachtbaren Zustand und den Beobachtungen der Beteiligten: Die Beteiligten stützen ihre Entscheidungen nicht auf den objektiven Zustand, sondern auf ihre Interpretation dieses Zustandes. Das ist ein wichtiger Unterschied, der weitreichende Konsequenzen hat. Er bringt ein Element der Unbestimmtheit mit sich, das den Gegenstand der Untersuchung weniger gut zugänglich macht für solche Verallgemeinerungen, Vorhersagen und Erklärungen, wie sie den guten Ruf der Naturwissenschaften begründet haben. Und eben genau weil das so störend ist, haben die Sozialwissenschaften im allgemeinen und die Wirtschaftstheorie im besonderen ihr Bestes getan, um dieses Element der Unbestimmtheit auszuschalten oder zu ignorieren. Ich habe mich mit diesem Bestreben auseinandergesetzt und einen alternativen Ansatz entwickelt, der die Voreingenommenheit der Beteiligten zum Ausgangspunkt nimmt.

Im Rückblick betrachtet, bin ich mit meinen Behauptungen zu weit gegangen. Es gibt viele Situationen, die man mit Erfolg untersuchen kann, indem man die Voreingenommenheit der Beteiligten als gegeben hinnimmt und das durch sie möglicherweise erzeugte Element der Unbestimmtheit vernachlässigt. Nur in ganz bestimmter Hinsicht und unter ganz bestimmten Umständen wird diese Unbestimmtheit bedeutsam. Sie kommt dann ins Spiel, wenn die Erwartungen hinsichtlich der Zukunft einen Einfluß auf das gegenwärtige Verhalten haben – was in den Finanzmärkten der Fall ist. Aber selbst dort muß ein bestimmter Auslösemechanismus betätigt werden, damit sich die Voreingenommenheit der Beteiligten nicht nur auf die Kurse, sondern auch auf die sogenannten Fundamentals auswirkt, die angeblich kursbestimmend sind. Offensichtlich ist es mir nicht gelungen, diesen Punkt klar genug herauszuarbeiten. Die Aussage meines Buches wird üblicherweise in den Feststellungen zusammengefaßt, daß die Werturteile der Beteiligten stets voreingenommen sind, und daß die vorherrschende Voreingenommenheit die Kurse beeinflußt. Wäre das alles, was ich zu sagen habe, wäre es kaum der Mühe wert gewesen, ein Buch darüber zu schreiben. Meine Kernaussage ist, daß es Situationen gibt, in denen sich die Voreingenommenheit nicht nur auf die Kurse, sondern auch auf die sogenannten Fundamentals auswirkt. Das ist der Punkt, an dem die Reflexivität wichtig wird. Das ist nicht immer der

Fall; wenn es aber geschieht, folgen die Kurse einem anderen Schema. Sie spielen dann auch eine andere Rolle: Sie spiegeln dann nicht nur sie sogenannten Fundamentals wieder, vielmehr werden sie selbst zu einem der Fundamentals, das die Kursentwicklung beeinflußt. Diese rekursive Beziehung macht die Kursentwicklung ungewiß und das sogenannte Gleichgewicht belanglos.

Niemand würde bestreiten, daß die einzelnen Beteiligten mit voreingenommenen Ansichten arbeiten; die allgemeine Einschätzung lautet aber, daß die Voreingenommenheit der Beteiligten als ein temporärer Ausrutscher, als zufälliger Fehler vernachlässigt werden kann. In diesem Punkt bin ich anderer Ansicht. Ich glaube, daß man diesen Sachverhalt dadurch besser verdeutlichen kann, daß man eine Trennlinie zwischen Zuständen nahe am Gleichgewicht und Zuständen fern vom Gleichgewicht zieht, anstatt eine allgemeine Theorie der Geschichte vorzustellen, die auf dem ständigen Zick-Zack-Kurs zwischen den Wahrnehmungen und der Realität basiert, wie ich das in *Die Alchemie der Finanzen* getan habe. Das heißt nicht, daß an der allgemeinen Theorie irgendetwas verkehrt wäre, es bedeutet nur, daß dem Konzept der Reflexivität mehr Gewicht zukommt, wenn man es für die Fälle reserviert, in denen der zweifache Feedback-Mechanismus auch tatsächlich arbeitet.

Die Alchemie der Finanzen hat sich dem Studium derartiger Fälle verschrieben. Das eindeutigste Beispiel findet sich in einer Kapitalaufnahme, bei der eine zeitweise Überbewertung von Aktien in Gewinne pro Aktie konvertiert wird, indem man neue Aktien zu überhöhten Preisen ausgibt. In den meisten der beschriebenen Fälle schließt die Voreingenommenheit der Beteiligten einen faktischen Denkfehler ein. Ein Beispiel: Ende der 70er Jahre verliehen international tätige Bankiers zuviel Geld an die Entwicklungsländer, da sie nicht erkannten, daß die von ihnen zur Ermittlung der Kreditwürdigkeit der Schuldnerländer verwandten sogenannten Verschuldungskoeffizienten sich in dem Sinne reflexiv verhielten, als daß sie durch ihre eigene Kreditpolitik beeinflußt wurden. Die Voreingenommenheit muß aber nicht notwendigerweise einen faktischen Fehler beinhalten. Wie in Kapitel 3 gezeigt wird, ist ein frei fluktuierendes Wechselkurssystem wegen des Einflusses der trendfolgenden Spekulation dem Wesen nach instabil; dennoch verfolgen die Spekulanten die richtige Strategie, indem sie dem Trend folgen.

Gemessen an der Reaktion der Öffentlichkeit, die hauptsächlich aus den Kommentaren von Journalisten besteht, die das Buch nur oberflächlich oder auch überhaupt nicht gelesen haben, bin ich nicht besonders erfolgreich damit gewesen, die Bedeutung der Reflexivität herauszustellen. Nur der erste Teil meines Argumentes – nämlich daß die vorherrschende Voreingenommenheit die Kurse beeinflußt – scheint zur Kenntnis genommen worden zu sein. Der zweite Teil – daß die vorherrschende Voreingenommenheit unter bestimmten Umständen auch die sogenannten Fundamentals beeinflussen kann, und daß Kursveränderungen ihrerseits weitere Kursveränderungen verursachen können – scheint untergegangen zu sein.

Diesen Fehler habe ich mir zumindest teilweise selbst zuzuschreiben. Da die Reflexivität die Struktur der Ereignisse verändert, habe ich versucht, das Konzept der Reflexivität als einen allgemeingültigen Weg zur Betrachtung der Kurse vorzustellen – als eine Art einer allgemeinen Theorie à la Keynes, nach der die Abwesenheit von Reflexivität einen Sonderfall darstellt. Besser wäre es gewesen, die Reflexivität selbst als den Sonderfall zu bezeichnen, weil der Reflexivität erst durch den Umstand Bedeutung zuwächst, daß sie nur zeitweilig wirkt. Sobald die Bedeutung der Reflexivität und die Unangemessenheit der gängigen Ansicht erst einmal erkannt worden wären, wäre die Zeit reif gewesen, die allgemeine Theorie der Reflexivität vorzulegen.

Ich habe aber eine Rechtfertigung vorzubringen. Ich habe die Reflexivität nicht zuerst in den Finanzmärkten beobachtet, sondern sie als ein abstraktes philosophisches Konzept entwickelt, noch bevor ich in den Finanzmärkten aktiv wurde. Anders ausgedrückt, versagte ich als philosophischer Spekulant, bevor ich als Finanzspekulant Erfolg hatte. Offensichtlich hat sich mein Versagen als Philosoph auf mein Buch übertragen, da ich das Konzept der Reflexivität – das sich beobachten und in Gewinn unmünzen läßt – nicht so klargemacht habe, wie das möglich gewesen wäre. Wenn man etwas Neues entdeckt, hat man den verständlichen Hang, dessen Bedeutung zu überschätzen. Genau das habe ich mit der Reflexiviät getan. Mit der Vorstellung einer allgemeinen Theorie der Reflexivität bin ich zu früh zu weit gegangen. Ich habe behauptet, daß die Wirtschaftstheorie falsch und „Sozialwissenschaft" ein falscher Begriff ist. Diese Behauptungen sind übertrieben. Da Zustände fern vom Gleichgewicht nur zeitweilig auftreten, ist auch die Wirtschaftstheorie nur zeitweilig falsch. Und die Trennlinie zwischen Natur- und Sozialwissenschaften ist nicht ganz so klar definiert, wie sie es nach meinem Buch zu sein scheint. Diese Einschränkungen machen die Reflexivität aber eher bedeutsamer als unwichtiger.

Ist das Konzept der Reflexivität erst einmal etabliert, so scheint sich sein Anwendungsbereich zu vergrößern. Es ist möglich, die Kursentwicklung aller Finanzmärkte zusammengenommen als einen reflexiven, historischen Prozeß zu begreifen. Ich habe das in *Die Alchemie der Finanzen* getan, als ich Reagans „imperialen Kreislauf" analysierte, und ich habe seit der Veröffentlichung des Buches weitere Beispiele gefunden, wie den deutschen imperialen Kreislauf nach dem Fall der Berliner Mauer (s. Anhang: „Die Aussichten für einen Zerfall Europas"). Wie ich am eigenen Leibe erfahren mußte, besteht aber die Gefahr, das Konzept der Reflexivität zu weit zu treiben. Es gibt lange, ereignislose Phasen, in denen die Finanzmärkte nicht mit dem reflexiven Konzept in Einklang zu stehen scheinen, sondern vielmehr an Zufallsbewegungen erinnern, wie sie von der Theorie des effizienten Marktes vertreten werden. Unter diesen Umständen ist es besser, gar nichts zu tun, statt eine reflexive Hypothese zu verfolgen.

Behandelt man die Reflexivität mehr als ein intermittierendes Phänomen denn als einen universell gültigen Zustand, so eröffnen sich erfolgversprechende Felder für die Forschung. Eine Frage stellt sich zum Beispiel von ganz alleine: Wie können die Zustände nahe am Gleichgewicht bzw. fern vom Gleichgewicht voneinander unterschieden werden? Worin besteht das Unterscheidungsmerkmal? Ich habe über diese Frage lange nachgedacht und die Ansätze einer Antwort gefunden. Ob ich sie klar zu formulieren vermag, wird sich in meinem nächsten Buch zeigen. Es wird sich um die Frage der Werte drehen und nicht nur für die Finanzmärkte, sondern für die Gesellschaft insgesamt von Bedeutung sein. Mein nächstes Buch – so es jemals geschrieben wird – wird eine Theorie der Geschichte, nicht eine des Geldes zum Gegenstand haben. Auf welche Weise das Schema von Boom und Zusammenbruch der Finanzmärkte sich auf historische Prozesse anwenden läßt, dafür liefere ich ein Beispiel im Anhang, wo ich einen Vortrag abdrucke, den ich am 29. September 1993 über „Die Aussichten für einen Zerfall Europas“ hielt.

EINLEITUNG

Tatsächlich ist dieses Buch die Arbeit meines Lebens. Es berührt viele meiner bleibenden Interessen und führt die beiden Hauptelemente meiner geistigen Entwicklung zusammen: ein theoretisches und ein praktisches.

Das Theoretische kam zuerst. Seitdem ich mir meines Daseins bewußt wurde, verspürte ich ein leidenschaftliches Interesse, es zu verstehen, und ich betrachtete dabei mein eigenes Verstehen als das zentrale Problem, das es zu begreifen galt. Sich selbst zu erkennen – gnote aucton; nosce te ipsum – ist eine undurchführbare Aufgabe. Um eine ihrem Gegenstand irgendwie angemessene Erkenntnis zu erreichen, müssen wir in der Lage sein, eine Trennung zwischen Subjekt und Objekt zu vollziehen; aber in diesem Fall sind die beiden ein- und dasselbe. Was man denkt, ist ein Teil dessen, worüber man nachdenkt; damit mangelt es dem eigenen Denken an einem unabhängigen Bezugspunkt, von dem aus es beurteilt werden kann – es mangelt ihm an Objektivität.

Als Student belegte ich Wirtschaftswissenschaften, aber die Wirtschaftstheorie kam mir sehr unbefriedigend vor, weil sie sich mit diesem Problem nicht auseinandersetzte; sie unternahm sogar große Verrenkungen, um es zu umgehen.

Zu dieser Zeit stand ich stark unter dem Einfluß von Karl Poppers Gedanken über wissenschaftliche Methoden. Er machte sich für die – wie er es nannte – „Einheit der Methode"[1] stark, das heißt, die Methoden und Maßstäbe, die zur Untersuchung natürlicher Phänomene angewandt werden, finden auch Anwendung zur Untersuchung sozialer Geschehnisse. Ich spürte, daß es einen fundamentalen Unterschied zwischen beidem gab: die von den Sozialwissenschaften untersuchten Ereignisse haben denkende Beteiligte, nicht so natürliche Phänomene. Das Denken der Beteiligten schafft Probleme, für die es in der Naturwissenschaft keine Entsprechung gibt. Die genaueste Analogie findet sich in der Quantenphysik, bei der wissenschaftliche Beobachtung zum Aufstieg der Heisenberg'schen Unschärferelation führte, hingegen ist bei sozialen Geschehnissen das Denken der Beteiligten für die Unschärfe verantwortlich und nicht ein außenstehender Beobachter.

Die Naturwissenschaften untersuchen Geschehnisse, die aus einer Abfolge von Fakten bestehen. Wenn an Geschehnissen auch denkende Beteiligte teilnehmen, ist die Rolle des Subjekts nicht länger auf die Fakten beschränkt, sondern sie erstreckt sich auch auf die Wahrnehmung des Beteiligten. Die Kausalkette führt nicht direkt von Faktum zu Faktum, sondern vom Faktum zur Wahrnehmung und von der Wahrnehmung zum Faktum. Gäbe es zwischen Fakten und Wahrnehmung eine Art von Übereinstimmung oder Gleichwertigkeit, so würde das nicht zu unüberwindlichen Schwierigkeiten führen. Leider ist das aber nicht möglich, weil sich die Wahrnehmung der Beteiligten nicht auf Fakten richtet, sondern auf eine Situation, die von der eigenen Wahrnehmung abhängt und die somit nicht als Faktum behandelt werden kann.

Die Wirtschaftstheorie versucht, dieses Problem zu umgehen, indem sie die Annahme eines rationalen Verhaltens ins Spiel bringt. Die Menschen handeln angeblich so, daß sie unter den verfügbaren Alternativen die beste heraussuchen, aber irgendwie geht dabei die Unterscheidung zwischen den wahrgenommenen Alternativen und den Fakten unter. Das Ergebnis ist eine theoretische Konstruktion von großer Eleganz, die zwar den Naturwissenschaften ähnelt, nicht aber der Wirklichkeit. Sie orientiert sich an einer idealen Welt, in der die Beteiligten auf dem Boden vollkommenen Wissens handeln, und sie bringt ein theoretisches Gleichgewicht hervor, in dem die Verteilung der Mittel optimal ist. Für die wirkliche Welt, in der die Menschen aufgrund unvollkommenen Wissens handeln und in der ein Gleichgewicht unerreichbar ist, hat sie wenig Bedeutung.

Die Beziehung zwischen dem Verstehen der Beteiligten und der Situation, an der sie teilhaben, hat mich auch nach Verlassen des College noch lange beschäftigt. Mein vordringliches Ziel war es, zu versuchen, meinen Lebensunterhalt zu verdienen, dennoch schrieb ich in der mir verbleibenden, knappen Zeit zu diesem Thema eine philosophische Abhandlung mit dem eingängigen Titel „Die Bürde des Bewußtseins". Bedauerlicherweise war ihr Titel auch schon ihr bester Teil. Als ich fertig war, stimmte ich mit meiner eigenen Darstellung nicht mehr überein. Ich brachte drei Jahre damit zu, sie zu überarbeiten. Eines Tages las ich erneut, was ich geschrieben hatte, und ich konnte darin weder Hand noch Fuß erkennen. Ich sah ein, daß ich in eine Sackgasse geraten war und beschloß, aufzugeben. Das war der Punkt, an dem die praktische Seite in mir anfing, in meiner intellektuellen Entwicklung die Oberhand zu gewinnen.

Wenn ich meine praktischen Fähigkeiten zusammenfassen müßte, so würde ich nur ein Wort benutzen: Überleben. Als Heranwachsender erteilte mir der Zweite Weltkrieg eine Lektion, die ich niemals vergessen habe. Ich hatte das Glück, einen Vater zu haben, der in der Kunst des Überlebens sehr erfahren war, da er als entflohener Kriegsgefangener die russische Revolution überlebt hatte. Unter seiner Anleitung diente mir der Zweite Weltkrieg schon im zarten Alter als Fortgeschrittenenkurs. Wie der Leser noch sehen wird, profitierte das Investmentvehikel, das ich ein Vierteljahrhundert später entwickelte, wesentlich von Fähigkeiten, die ich als Heranwachsender erlernt hatte.

Nachdem ich das College verlassen hatte, hatte ich einige Fehlstarts und wurde schließlich Aktien-Arbitrageur, anfänglich in London und dann in New York. Als 1957 die Europäische Wirtschaftsgemeinschaft gegründet wurde, fingen amerikanische Anleger an, sich für europäische Aktien zu interessieren. Ich wurde Wertpapieranalyst, beriet amerikanische Anleger bei ihren Investments in Europa und herrschte für kurze Zeit als einäugiger König unter den Blinden. Mein Ruhm fand ein jähes Ende, als Präsident Kennedy die sog. Zinsausgleichssteuer einführte, die die Käufe ausländischer Wertpapiere wirksam stoppte. Ich beschloß, meine geldbringenden Aktivitäten auf Sparflamme zu setzen und verbrachte drei Jahre, von 1963 - 1966, mit der Überarbeitung von „Die Bürde des Bewußtseins".

Als ich mich dann endgültig entschloß, ins Diesseits zurückzukehren, fing ich 1969 mit einem Musterportfolio an, aus dem ein spekulativer Investmentfonds wurde (ein Investmentfonds, der Fremdkapital einsetzt und verschiedene Hedging-Techniken nutzt). Seit damals habe ich den Fonds betreut, obwohl ich zwischen September 1981 und September 1984 einen Großteil der Verantwortung an andere abgab. Das Fondskapital wuchs von 4 Millionen Dollar zum Gründungszeitpunkt auf fast 2 Milliarden Dollar; der größte Teil dieses Zuwachses wurde betriebsintern erzielt. Die ersten Anleger konnten miterleben, wie ihr Kapital um das 300-fache stieg. Kein anderer Investmentfonds hat jemals vergleichbare Ergebnisse erzielt.

Während der ersten zehn Jahre meiner Geschäftskarriere fand ich nicht viel Verwendung für irgendetwas von dem, was ich auf dem College gelernt hatte, und zwischen meinen praktischen Aktivitäten und meinen theoretischen Interessen klaffte eine fast vollständige Trennung. Der Verkauf und der Handel mit Wertpapieren waren ein Spiel, das ich spielte, ohne mein wahres Ich einzubringen.

All das änderte sich, als ich Fondsmanager wurde. Ich setzte mein Geld dort ein, wo ich es für sinnvoll hielt und konnte es mir nicht leisten, mich selbst von meinen Investment-Entscheidungen loszulösen. Ich mußte all meine intellektuellen Talente aufbieten und entdeckte zu meiner großen Überraschung und Genugtuung, daß sich meine abstrakten Gedanken als sehr nützlich erwiesen. Es wäre übertrieben zu sagen, daß sie für meinen Erfolg verantwortlich waren, aber zweifellos brachten sie mich in Schwung.

Ich entwickelte meinen ganz eigenen Zugang zum Investment, der im Widerspruch zur vorherrschenden Lehrmeinung stand. Die allgemein anerkannte Sicht ist, daß die Märkte immer recht haben – das heißt, daß die Börsenkurse dazu neigen, künftige Entwicklungen korrekt vorwegzunehmen, selbst wenn es unklar ist, wie diese Entwicklungen sein werden. Ich fange mit der entgegengesetzten Sichtweise an. Ich glaube, daß Börsennotierungen immer falsch sind in dem Sinne, daß sie eine voreingenommene Sicht der Zukunft darstellen. Aber die Verzerrung wirkt in beide Richtungen: nicht nur, daß sich die Marktteilnehmer eines Vorurteils bedienen, ihr Vorurteil kann auch den künftigen Gang der Geschehnisse beeinflussen. Das mag zu dem Eindruck führen, daß die Märkte künftige Entwicklungen richtig vorwegnehmen; tatsächlich aber sind es nicht die gegenwärtigen Erwartungen, die künftige Entwicklungen korrekt antizipieren, sondern das künftige Geschehen wird durch gegenwärtige Erwartungen mitgeformt. Die Wahrnehmung der Marktteilnehmer ist von Natur aus fehlerhaft, und es gibt eine gegenseitige Verknüpfung von fehlerhafter Wahrnehmung und dem tatsächlichen Lauf der Ereignisse, die einen Mangel an Übereinstimmung der beiden zur Folge hat. Diese gegenseitige Verknüpfung nenne ich „Reflexivität".

Im Laufe meiner Investmentaktivitäten fand ich heraus, daß die Finanzmärkte nach einem Prinzip funktionieren, das wissenschaftlichen Methoden irgendwie verwandt ist. Eine Investmententscheidung zu treffen ist, als ob man eine wissenschaftliche Hypothese formuliert und sie dann einem praktischen Test unterzieht. Der wesentliche Unterschied besteht darin, daß man mit der der Investmententscheidung zugrundeliegenden Hypothese Geld verdienen möchte und nicht eine allgemein gültige Formel etablieren will. Beide Unternehmungen bergen ein bedeutendes Risiko, und ein Erfolg zeitigt einen vergleichbaren Lohn – im einen Falle einen finanziellen, im anderen einen wissenschaftlichen. So betrachtet, kann man die Finanzmärkte als Testlabor für Hypothesen ansehen, wenn auch nicht für streng wissenschaftliche. Tatsächlich ist erfolgreiches Investment eine Art von Alchemie.

Die meisten Marktteilnehmer betrachten die Märkte aber nicht in diesem Licht. Das heißt, sie wissen nicht, welche Hypothesen gerade getestet werden; es bedeutet auch, daß die meisten der dem Markt zum Test vorgelegten Hypothesen sehr banal sind. In der Regel laufen sie lediglich auf die Behauptung hinaus, daß eine ganz bestimmte Aktie besser als der Marktdurchschnitt abschneiden wird.

Verglichen mit anderen Anlegern hatte ich einen gewissen Vorteil, weil ich zumindest eine Idee davon hatte, wie die Finanzmärkte funktionieren. Ich würde allerdings lügen, wenn ich für mich in Anspruch nähme, daß ich aufgrund meines theoretischen Systems immer eine lohnende Hypothese formulieren konnte. Manchmal gab es keine auffindbaren reflexiven Prozesse, manchmal gelang es mir nicht, sie aufzuspüren und manchmal – was das peinlichste war – verstand ich sie nicht richtig. So oder so investierte ich oft ohne lohnende Hypothese, und mein Handeln unterschied sich nur unwesentlich von rein willkürlichem Vorgehen. Aber ich stellte mich auf die reflexiven Prozesse in den Finanzmärkten ein, und meine größten Erfolge resultierten aus der Nutzung der von ihnen gebotenen Gelegenheiten.

Mein Zugangsweg zum Markt war nicht so abstrakt, wie es klingt. Er nahm äußerst persönliche, gefühlsbetonte Züge an. Die Tests gingen Hand in Hand mit Qualen, die Erfolge mit Erleichterung. Als ich behauptete, daß die „Märkte immer voreingenommen sind", drückte ich damit eine tief empfundene Einstellung aus: Ich hatte wenig Respekt vor dem Scharfsinn professioneller Anleger, und je einflußreicher ihre Stellung war, desto weniger ging ich davon aus, daß sie die richtigen Entscheidungen trafen. Mein Partner und ich empfanden ein teuflisches Vergnügen dabei, unser Geld damit zu verdienen, daß wir diejenigen Aktien leerverkauften, die die Favoriten der Institutionellen waren. Allerdings unterschieden wir uns hinsichtlich unserer Einstellung zu unserem eigenen Handeln. Er betrachtete nur die Einstellung der anderen Marktteilnehmer als fehlerhaft, während ich davon ausging, daß wir genausogut wie jeder andere danebenliegen konnten. Die Annahme einer schon dem Wesen nach fehlerhaften Wahrnehmung paßte zu meiner selbstkritischen Haltung.

Die Arbeit in einem spekulativen Fonds nutzte mein Überlebenstraining bis zum letzten aus. Der Einsatz der Hebelwirkung kann bessere Ergebnisse hervorbringen, wenn es gut läuft, er kann einen aber auch zunichte machen, wenn die Ereignisse sich nicht so entwickeln wie angenommen. Mit am schwersten zu beurteilen ist, welches Maß an Risiko noch ungefährlich ist. Dafür gibt es keinen allgemein gültigen Maßstab; jede Situation muß für sich betrachtet werden. Bei der entscheidenden Analyse muß man sich auf seinen Überlebensinstinkt verlassen. Damit führte mein Engagement in der Leitung eines spekulativen Investmentfonds beides zusammen, meine abstrakten Interessen und meine praktischen Fähigkeiten.

Ich ging die Finanzmärkte nicht nach einem speziellen Regelwerk an; es interessierte mich stets mehr, die Veränderungen zu begreifen, die in den Spielregeln auftreten. Hatte ich mit Hypothesen über einzelne Gesellschaften begonnen, so verlagerten sich im Laufe der Zeit meine Interessen zunehmend auf makroökonomische Themen. Das war zum einen Teil auf das Wachstum des Fonds zurückzuführen, zum anderen Teil auf die zunehmende Instabilität des makroökonomischen Umfeldes. Die Wechselkurse zum Beispiel lagen bis 1973 fest, anschließend wurden sie zum fruchtbaren Boden für die Spekulation.

Während der letzten vier oder fünf Jahre entwickelte ich ein zunehmendes Gespür für ein drohendes finanzielles Desaster. Ich spürte, daß der lange andauernde Zyklus des konjunkturellen Aufschwungs brüchig wurde und nicht länger aufrechtzuerhalten war, und daß wir bald reif für einen Einbruch waren. Das war einer der Gründe, aus denen ich mich 1981 vom aktiven Management des Fonds zurückzog und alle Risikopositionen reduzierte. Mein Interesse verlagerte sich vom eigenen Überleben auf das Überleben des Systems. Ich fertigte eine Studie zum internationalen Schuldenproblem an und veröffentlichte einige Aufsätze zu diesem Thema. Dabei benutzte ich das gleiche theoretische Gerüst wie bei meinen Investmentaktivitäten, und meine Analyse war nicht unfundiert. Leider nimmt mit zunehmender Komplexität des Systems auch der Raum für Irrtum zu. In meiner Analyse unterliefen mir einige Fehler, die von der Exaktheit meiner Voraussagen ablenkten; sie hatten auch schädliche Auswirkungen auf meine Investment-Resultate, bis ich meine Einschätzungen im Laufe der Arbeiten an diesem Buch änderte.

Je erfolgreicher ich mit der Umsetzung meiner Ideen in den Finanzmärkten war, desto eifriger wurde ich dabei, sie in theoretischer Form auszudrükken. Weiterhin hing ich dem Hirngespinst nach, daß das Konzept der Reflexivität einen wichtigen Beitrag zum Verstehen der Welt darstellt, in der wir leben. Ich glaubte, daß die Voreingenommenheit der Beteiligten der Schlüssel zum Verstehen all der historischen Prozesse sei, die denkende Beteiligte haben, genau so, wie die genetische Mutation der Schlüssel der biologischen Evolution ist. Aber weiterhin fiel mir keine befriedigende Formulierung des Konzepts der Reflexivität ein. Ich geriet immer dann in Schwierigkeiten, wenn ich zu definieren versuchte, was ich mit dem unvollkommenen Wissen der Beteiligten meinte. Um zutreffend von einem Zerrbild sprechen zu können, müßten wir wissen, wie die Situation aussähe, wenn sie nicht durch die Wahrnehmung der Beteiligten verzerrt würde. Das aber scheint leider unmöglich zu sein, da das Denken der Beteiligten integraler Bestandteil der Situation ist, über die sie nachdenken. Es überrascht nicht, daß das Konzept der Reflexivität dermaßen große Schwierigkeiten aufwirft; ließe sich mit diesem Konzept leichter umgehen, so hätten sich Ökonomen und andere Sozialwissenschaftler kaum so sehr bemüht, es aus ihrem eigenen Fachgebiet zu verbannen.

Dieses Buch ist ein letzter Versuch, die Auswirkungen der Reflexivität zu ergründen. Ich habe versucht, die Schwierigkeiten, denen ich in der Vergangenheit begegnete, dadurch zu umgehen, daß ich das Problem von der entgegengesetzten Richtung her anging. Statt mich in abstrakter Theorie festzufahren, werde ich mich soweit irgend möglich auf meine experimentellen, praktischen Erkenntnisse beziehen. Gänzlich kann ich die abstrakte Diskussion nicht vermeiden, aber ich habe sie auf ein einziges Kapitel beschränkt. Mit der Untersuchung der praktischen Auswirkungen setze ich bei den einfachsten Sachverhalten an und komme nach und nach zu den komplexeren. Dieser Zugang stimmt zufälligerweise mit der geschichtlichen Reihenfolge überein, in der ich den reflexiven Entwicklungen in der Praxis begegnete: zuerst dem Aktienmarkt, dann dem Währungsmarkt, dem internationalen Schuldenproblem und zuletzt dem, was man als den Kreislauf des Kredits bezeichnen könnte.

Der Aktienmarkt steuert einige klare Beispiele für den Zyklus von Boom und Zusammenbruch bei; die im Wechselkurs freigegebenen Währungen gestatten es mir, einige gut ausgebildete Wellenmuster zu untersuchen. Boom und Zusammenbruch im internationalen Kreditwesen der Banken sind Teil eines komplexeren Prozesses von Kreditexpansion und schließlich Kreditkontraktion. Sie haben die Struktur hervorgebracht, die ich zu „Reagans imperialiem Kreislauf" ernannt habe. Diese Struktur behauptete sich von der internationalen Schuldenkrise 1982 bis zur ersten Jahreshälfte 1985, sie war aber dem Wesen nach instabil. Wie diese Instabilität wieder aufgelöst werden kann, ist eines der Hauptthemen, die in diesem Buch behandelt werden.

Die experimentelle Zugangsweise hat unerwartete Ergebnisse hervorgebracht. Im Laufe des Schreibens habe ich zwei wichtige Entdeckungen gemacht: eine ist die reflexive Verknüpfung von Kredit und Sicherheiten, die andere ist ein reflexives Verhältnis zwischen den Aufsichtsbehörden und der von ihnen regulierten Wirtschaft.

Lange wurde angenommen, daß der Geldwert nur ein passives Spiegelbild der Lage der Dinge in der wirklichen Welt sei. Die traditionellen Ökonomen konzentrierten sich auf die wirkliche Welt und vernachlässigten die Probleme, die sich um Geld und Kredit ranken, selbst Keynes kleidete seine allgemeine Theorie in reale Termini. Die Monetaristen versuchten, die Verhältnisse auf den Kopf zu stellen: sie argumentieren, daß eine Inflationskontrolle über eine Kontrolle der Geldversorgung möglich sei.

Nach meiner Einschätzung gründen sich all diese Auffassungen auf ein Mißverständnis. Der Geldwert ist nicht nur Spiegelbild der Lage der Dinge in der wirklichen Welt, die Bewertung ist ein konkretes Handeln, das einen Einfluß auf den Lauf der Dinge nimmt. Monetäre und reale Phänomene sind auf eine reflexive Weise miteinander verwoben, das heißt, sie beeinflussen einander wechselseitig. Dieses reflexive Verhältnis manifestiert sich am deutlichsten im Nutzen und Mißbrauch des Kredits.

Darlehen basieren auf der Einschätzung des Gläubigers hinsichtlich der Fähigkeit des Schuldners, seinem Schuldendienst nachzukommen. Die Bewertung der Sicherheiten wird als unabhängig vom Akt der Kreditgewährung betrachtet, aber in Wahrheit kann die Kreditgewährung sich auf den Wert der Sicherheiten auswirken. Das gilt nicht nur für den Einzelfall, sondern auch für die Wirtschaft als ganzes. Eine Ausweitung des Kreditvolumens stimuliert die Wirtschaft und erhöht den Wert der Sicherungsgüter. Die Beziehung zwischen Kredit und Wirtschaft ist alles andere als konstant – zum Beispiel hat ein Darlehen für den Bau einer neuen Fabrik eine ganz andere Wirkung als ein Darlehen für eine kreditfinanzierte Firmenübernahme. Das macht es schwierig, die Beziehung zwischen Kredit und wirtschaftlicher Aktivität quantitativ zu erfassen. Gleichwohl ist es ein Fehler, sie zu ignorieren. Die monetaristische Schule hat das getan – mit verheerenden Konsequenzen.

Die reflexive Wechselbeziehung zwischen dem Akt der Darlehensgewährung und dem Wert der Sicherheitsgüter hat mich dazu gebracht, ein Schema als gegeben vorauszusetzen, in dem die allmähliche, langsame Zunahme des Kreditvolumens von einer kurzen Phase der Kreditverknappung abgelöst wird – die klassische Folge von Boom und Zusammenbruch. Der Einbruch ist zeitlich komprimiert, da der Versuch, die Darlehen abzulösen, zu einer plötzlichen Implosion der Sicherheitswerte führt.

Die Wirtschaftsgeschichte ist durchsetzt von Booms und Einbrüchen. Nichtsdestoweniger ist das Konzept eines Kreditzyklus' zu stark vereinfachend, um den Ablauf der Dinge zu erklären. Zum einen ist die Beziehung zwischen Kredit und wirtschaftlicher Aktivität zu schwach und zu wechselhaft, um ein stetiges Modell hervorzubringen. Zum anderen wird die Abfolge der Ereignisse durch den Einfluß der Wirtschaftspolitik stark beeinflußt. Die regelmäßig wiederkehrenden Einbrüche waren so vernichtend, daß man energische Anstrengungen unternahm, um ihnen vorzubeugen. Diese Anstrengungen haben zur Errichtung der Zentralbanken und anderer Mechanismen zur Kontrolle des Kreditwesens und zur Steuerung der wirtschaftlichen Aktivität geführt.

Um die Rolle der Aufsichtsbehörden zu begreifen, gilt es zu sehen, daß auch sie Marktteilnehmer sind: ihr Verständnis ist von Natur aus unvollständig, und ihr Handeln hat unbeabsichtigte Folgen. Das Verhältnis zwischen den Aufsichtsbehörden und der Wirtschaft ist reflexiv, und es weist ebenso zyklische Züge in dem Sinne auf, daß es dazu neigt, von einem Extrem zum anderen zu pendeln.

Worin nun besteht die Verbindung zwischen dem Zyklus der Steuerung und dem Kreditzyklus? An diesem Punkt wird meine Einschätzung sehr vorsichtig. Ich glaube, daß sich die beiden Zyklen zeitmäßig stark überlappen und daß das Minimum an Regulation mit einem Maximum der Kreditausweitung einhergeht – und vice versa. Aber innerhalb dieses zeitlichen Zusammenspiels gibt es eine andauernde Wechselwirkung zwischen den beiden Zyklen, die die Ausprägung beider und ihre Dauer beeinflußt. Das Wechselspiel zwischen den beiden Zyklen verläuft auf einem einzigartigen Pfad, der nicht in irgendeine Regel oder ein sich wiederholendes Muster zu fassen ist.

Ich habe versucht, diesen Komplex und das versuchsweise erstellte System zur Interpretation der jüngeren Wirtschafts- und Finanzgeschichte heranzuziehen. Es ist überflüssig zu betonen, daß hier eine Vielzahl von Faktoren mit ins Spiel kommt, aber der Mittelpunkt meines Interesses richtet sich auf die eng verbundenen Zyklen von Kredit und Steuerung. Die Schwerpunkte, mit denen ich mich auseinandersetze, sind der Übergang des Bankwesens vom hochgradig regulierten zum weniger kontrollierten Gewerbe, der Boom und der Einbruch im internationalen Kreditwesen, die Fusionsmanie und der internationale Kapitalverkehr.

Bis 1982 ist diese Geschichte ein sehr einfacher Weg von Boom und Einbruch, aber nach 1982 wird die Lage recht kompliziert. Wenn man die Ereignisse sich frei hätte entwickeln lassen, so hätte die unkontrollierte Kreditausweitung der 70er Jahre zu einem unglücklichen Ende hingeführt. Aber eben genau weil die Konsequenzen so vernichtend gewesen wären, eilten die Notenbanken zur Rettung herbei und wendeten einen Einbruch ab. Seitdem bewegen wir uns in unbekannten Gewässern. Der große Boom erschöpfte sich von alleine, aber sein Leben wurde künstlich verlängert, um einen großen Einbruch zu vermeiden.

Ich versuche, den außergewöhnlichen Weg nachzuzeichnen, den die Ereignisse genommen haben: Die Rettung der angesammelten Last notleidender internationaler Schulden durch die Bildung des von mir als „kollektiv" bezeichneten Darlehenssystems und das Auftauchen der Vereinigten Staaten als „letztmöglichem Schuldner". Beides sind noch nie dagewesene Ereignisse. Sie brachten jene eigentümliche Struktur hervor, die ich als imperialen Kreislauf bezeichnete: ein nützlicher Kreislauf im Zentrum und ein tückischer Kreislauf am Rande eines weltweiten Systems, das sich auf einen starken Dollar, eine starke U.S.-Wirtschaft, ein wachsendes Budget-Defizit, ein anschwellendes Handelsbilanzdefizit und eine hohe Realverzinsung stützte. Der imperiale Kreislauf hielt die internationale Wirtschaft und das Finanzsystem zusammen, aber er war an und für sich instabil, da der starke Dollar und die hohe Realverzinsung zwangsläufig den stimulierenden Effekt des Budget-Defizits aufwiegen und die Wirtschaft schwächen mußten. Der imperiale Kreislauf konnte nicht ewig Bestand haben. Was würde danach passieren?

Um diese Frage zu beantworten, führte ich von 1985 an ein Experiment durch. In der Folge verfaßte ich ein Tagebuch, in dem ich auf Real-Time-Basis alle Überlegungen festhielt, die zu meinen Investmententscheidungen führten. Da ich der Zukunft des imperialen Kreislaufes allerhöchste Bedeutung beimaß, diente dieses Experiment dazu, meine Fähigkeit zur Voraussage künftiger Entwicklungen zu überprüfen, wobei ich mich des in diesem Buch dargestellten Systems bediente. Finanziell betrachtet, war das Experiment ein fantastischer Erfolg – mein Fonds lief niemals besser. Es brachte zudem ein überraschendes Ergebnis zutage: Ich beendete das Experiment mit völlig anderen Erwartungen hinsichtlich der Zukunft.

Ich ging von der Annahme aus, daß der nützliche Kreislauf Gefahr lief, ins Gegenteil umzuschlagen: zusammen würden ein schwacher Dollar und eine schwache Wirtschaft dazu führen, daß die Zinssätze höher lägen, als sie sein sollten, und ohne jeden Ausblick auf weitere monetäre oder steuerliche Stimuli würde der Abschwung von Wirtschaft und Dollar unaufhaltsam werden. Aber einmal mehr wurde die Situation durch das Eingreifen der Notenbanken gerettet. Mit dem Wechsel vom System frei floatender Wechselkurse zu einem System des „unreinen Floatings" wurde der Verfall des Dollars abgefedert und die Wirtschaft mit Hilfe niedrigerer Zinssätze und boomender

Finanzmärkte davor bewahrt, in die Rezession abzugleiten. Wir traten in eine Phase ein, die ich – mit einem nur geringen Anflug von Ironie – als das „goldene Zeitalter des Kapitalismus“ bezeichne.

Man sieht, daß dieses Buch versucht, eine Reihe von Dingen zur gleichen Zeit zu tun. Es trägt nicht nur eine allgemeine Theorie vor – die der Reflexivität –, sondern auch noch eine andere, spezifische Theorie, diejenige des Zyklus' von Kredit und Kontrolle. Die letztgenannte Idee befindet sich noch so stark im Versuchsstadium, daß sie sich kaum als Theorie bezeichnen läßt. Dennoch werde ich versuchen, sie anzuwenden, nicht nur, um die zeitgenössische Geschichte zu erhellen, sondern auch, um ihre Resultate vorherzusagen. Dabei werde ich eine praktische Demonstration des fundamentalen Unterschiedes zwischen Erklärung und Vorhersage reflexiver Phänomene liefern. Ferner versuche ich, aus der Analyse einige allgemeingültige Schlüsse zu ziehen. Die wichtigsten sind, daß es – erstens – auf den Kredit ankommt, nicht auf das Geld (anders gesagt, der Monetarismus ist eine irrige Ideologie), und daß – zweitens – das Konzept eines allgemeinen Gleichgewichts keine Bedeutung für die wirkliche Welt hat (mit anderen Worten, die klassische Ökonomie ist eine Übung in Nutzlosigkeit). Die Finanzmärkte sind von Natur aus instabil; das führt zu einer dritten Schlußfolgerung, die besser als Frage denn als Behauptung formuliert wird: Welche politischen Maßstäbe sind erforderlich, um die Stabilität unseres wirtschaftlichen Systems wiederherzustellen?

Das Buch ließe sich leichter lesen, wenn es versuchte, Thema nach Thema abzuhandeln. Leider ist das nicht möglich, weil die verschiedenen Punkte miteinander verbunden sind. Wenn die Theorie der Reflexivität weit verbreitet wäre, so könnte ich sie als bekannt voraussetzen und mich auf die Untersuchung der Zyklen von Kredit und Kontrolle konzentrieren. Wenn in ähnlicher Weise die Tatsache allgemein anerkannt wäre, daß die Finanzmärkte dem Wesen nach instabil sind, so hätte ich nicht soviel Zeit darauf verwenden müssen zu zeigen, daß das Konzept des Gleichgewichts, wie es von der Wirtschaftstheorie bemüht wird, völlig unrealistisch ist. Wie die Dinge liegen, mußte ich versuchen, verschiedene Punkte mehr oder minder gleichzeitig zu behandeln. Zu allem Überfluß stellt dieses Buch kein abgeschlossenes Werk dar. Als ich zu schreiben begann, dachte ich, daß ich eine Theorie der Reflexivität vorzustellen hätte und daß meine Schwierigkeiten sich auf die Art der Darbietung bezögen. Als ich aber versuchte, die Theorie in verschiedenen Situationen anzuwenden, wurde mir klar, daß ich gar keine gut ausgearbeitete Theorie hatte. Die Idee, daß die Vorurteile der Beteiligten bei geschichtlichen Ereignissen eine wichtige kausale Rolle spielen, ist zwar gleichermaßen zutreffend wie interessant, aber sie ist zu allgemein, um eine Theorie abzugeben, die zur Erklärung und Voraussage der künftigen Entwicklung der Ereignisse hilfreich wäre. Das Schema von Boom und Einbruch, das ich nachgewiesen habe, läßt sich auf einige Entwicklungen anwenden, nicht aber auf alle. Der Versuch, alle sich anfänglich selbst verstärkenden und schließlich selbstzerstörenden Entwicklungen in diese Form zu pressen, führt zu ernsthaften Verzerrungen. Ich komme mir vor wie die alten Astronomen, die versuchten, die elliptische Bahn der Planeten in den Kategorien von Kreis und Halbkreis zu erklären; der einzige Unterschied besteht darin, daß man bei reflexiven Ereignissen von einem unregelmäßigen Ablauf ausgehen muß.

Meine Vorstellung war, eine allgemeine Theorie der Reflexivität vorzulegen, die den starken Einbruch der achtziger Jahre genau so erklären würde wie Keynes' „Die allgemeine Theorie der Beschäftigung, des Zinses und des Geldes" die große Depression der dreißiger Jahre erklärte. Wie sich herausstellte, haben wir keinen großen Einbruch, und ich habe keine allgemeingültige Theorie. Was ich habe, ist ein Ansatz, der dabei helfen kann, den gegenwärtigen prekären Zustand unseres Finanzsystems zu erhellen. Er vermag den Ablauf der Ereignisse nicht auf die Art zu erklären und vorherzusagen, an die wir uns während unserer langen Liaison mit den Naturwissenschaften gewöhnt haben; der einfache Grund ist der, daß reflexive Prozesse nicht auf diese Weise erklärt und vorhergesagt werden können. Es bedarf eines anderen Ansatzes, und dies Buch ist der Versuch, ihn zu entwickeln. Am besten betrachtet man es als Teil eines Erkenntnisprozesses und nicht als ein fertiges Resultat.

All das spricht für ein schwieriges, schwer verständliches Buch, aber ich kann dem Leser versichern, daß keine Passage des restlichen Buches so schwer verständlich ist wie diese Einleitung. Ich untersuche ein komplexes Thema, und ich setze dabei einen komplexen Verstand ein. Zu meiner Verteidigung kann ich vorbringen, daß die Komplexität meines Denkens recht gut die Komplexität der Finanzmärkte widerspiegelt, wie das finanzielle Ergebnis des Real-Time-Experiments zeigt. Damit gibt es zumindest einen vordergründigen Grund, mir Gehör zu schenken. Ich werde versuchen, dieses Privileg nicht zu mißbrauchen.

Es dürfte hilfreich sein, wenn ich den Aufbau des Buches skizziere. Teil I legt die Theorie dar. Das erste Kapitel befaßt sich ganz allgemein mit dem Konzept der Reflexivität und untersucht die Schwierigkeiten beim Verstehen reflexiver Phänomene. Insbesondere zeigt es auf, daß die Symmetrie zwischen Erklärung und Voraussage, die die Gesetzmäßigkeiten der Naturwissenschaften auszeichnet, nicht erreichbar ist. Die nächsten drei Kapitel wenden die Theorie auf die Finanzmärkte an: Kapitel 2 auf den Aktienmarkt und Kapitel 3 auf den Devisenmarkt, Kapitel 4 gibt einen Überblick über den Zyklus von Kredit und Kontrolle.

Teil II versucht, unter Anwendung der in Kapitel 4 skizzierten Hypothese die zeitgenössische Wirtschafts- und Finanzgeschichte zu erklären. Die Darstellung ist zwangsläufig selektiv und konzentriert sich auf jene Entwicklungen, die für das Konzept von Kredit und Kontrolle bedeutsam sind. Meine wichtigsten Schwerpunkte bilden das Bankensystem, die internationalen Kredite und die Fusionsmanie.

Teil III besteht aus einem Real-Time-Experiment, das zeitgleich sowohl Test als auch Vorhersage ist. Als Experiment genügt es nicht den wissenschaftlichen Standards der Naturwissenschaften, aber es mag als Beispiel dafür dienen, wie Theorien über reflexive Phänomene getestet werden können.

Teil IV wertet die Ergebnisse des Real-Time-Experiments aus. Kapitel 15 untersucht den Anwendungsbereich dessen, was ich provokativ als Alchemie bezeichne. Das Real-Time-Experiment kann als ein Versuch der finanziellen Alchemie angesehen werden. Kapitel 16 untersucht die Grenzen der Sozialwissenschaften.

Teil V versucht, einige Rezepte für die Wirtschaftspolitik zu erstellen. Kapitel 17 untersucht den jeweiligen Verdienst freier Märkte einerseits bzw. ihrer Steuerung andererseits, und Kapitel 18 bringt Argumente für eine internationale Zentralbank. Da die Mechanismen des Marktes und die Versuche, sie zu steuern, dem Wesen nach miteinander verknüpft sind, läge die Vermutung nahe, daß alle Versuche einer systematischen Reform zum Scheitern verurteilt sind. In Kapitel 19 widerlege ich dieses Argument.

Im Epilog untersuche ich die Auswirkungen des Konzepts der Reflexivität außerhalb des finanziellen Bereichs, und in einem letzten Exkurs der Phantasie bemühe ich mich, eine eigene Antwort auf einige uralte, metaphysische Fragen zu geben.

Da sich mein Denken im Laufe des Schreibens weiterentwickelt hat, dürfte es für den Leser dienlich sein zu wissen, wann die verschiedenen Kapitel verfaßt wurden. Der erste Teil des Buches wurde fertiggestellt, bevor ich im August 1985 das Real-Time-Experiment in Angriff nahm. Überdies gingen die Kapitel 5-9, die sich mit der jüngsten Geschichte beschäftigen, zeitlich Kapitel 4 voraus, welches das Konzept des Zyklus von Kredit und Kontrolle skizziert. Kapitel 4 enthält Entdeckungen, die ich im Zuge des Schreibens machte; daher ist es vom Charakter her so vorsichtig.

Wahrscheinlich sollte ich betonen, daß dieses Buch nicht als praktische Anleitung gedacht ist, wie man am Aktienmarkt reich wird. Das meiste dessen, was ich weiß, findet sich in diesem Buch, zumindest in theoretischer Form. Ich habe nichts absichtlich verschwiegen. Aber der Gedankengang läuft in die entgegengesetzte Richtung: Ich versuche nicht, zu erklären, wie ich meinen Ansatz dazu nutze, Geld zu verdienen, vielmehr setze ich meine Erfahrungen in den Finanzmärkten dazu ein, einen Zugang zum Studium historischer Prozesse im allgemeinen und des gegenwärtigen historischen Augenblicks im besonderen zu entwickeln. Ginge ich nicht davon aus, daß meine Investmentaktivität diesem Zweck dienen könnte, so würde ich nicht über sie schreiben wollen. Solange ich aktiv im Geschäft bin, wäre ich besser dran, sie als Geheimnis zu hüten. Aber ich würde es weit höher als jeden geschäftlichen Erfolg einschätzen, wenn ich einen Beitrag zum Verstehen der Welt leisten könnte, in der wir leben, oder besser noch, wenn ich helfen könnte, das wirtschaftliche und politische System zu retten, das es mir als Teilnehmer gestattete, so erfolgreich zu sein.

TEIL 1
THEORIE

1

DIE THEORIE DER REFLEXIVITÄT

Ungleichgewicht

Die Wirtschaftswissenschaften haben sich der Untersuchung von Gleichgewichtszuständen verschrieben. Die Konzeption eines Zustands des Gleichgewichts ist sehr nützlich. Sie erlaubt es uns, uns auf das Endergebnis zu konzentrieren statt auf den Mechanismus, der zu ihm hinführt. Aber dieses Konzept ist auch sehr irreführend – es ist umgeben von der Aura des irgendwie Empirischen: Da angenommen wird, daß der Regelmechanismus zu einem Gleichgewicht führt, setzen wir in unseren Beobachtungen stillschweigend einen Gleichgewichtszustand voraus. Diese Annahme ist aber nicht richtig. Im wirklichen Leben sind Gleichgewichtszustände nur selten zu beobachten – auch Börsenkurse neigen offensichtlich zu ständigen Schwankungen. Vom beobachtbaren Prozeß wird angenommen, daß er zu einem Gleichgewicht hinführt. Warum also wird dieses Gleichgewicht niemals erreicht? Gewiß stellen sich die Marktteilnehmer immer wieder auf die Börsennotierungen ein, aber möglicherweise zielen sie dabei auf ein sich stetig bewegendes Ziel. In diesem Fall wäre es wohl eine falsche Wortwahl, das Verhalten der Marktteilnehmer als Anpassungsprozeß zu bezeichnen, und die Gleichgewichtstheorie wäre in der realen Welt bedeutungslos.

Ein Gleichgewicht ist das Ergebnis eines axiomatischen Systems. Die Wirtschaftstheorie ist aufgebaut wie die Logik oder die Mathematik: sie gründet auf unverrücklichen Postulaten, und all ihre Schlußfolgerungen sind davon mit Hilfe logischer Verfahren abgeleitet. Die Möglichkeit, daß ein Gleichgewicht niemals erreicht wird, muß nicht unbedingt zur Ungültigkeit des logischen Aufbaus führen; wird aber ein hypothetisches Gleichgewicht als Abbild der wirklichen Welt präsentiert, so kommt es zu einer erheblichen Verzerrung. Lebten wir in einer Welt, in der sich die Winkelsumme eines Dreiecks nicht auf 180 Grad beliefe, so würde beispielsweise die Euklidische Geometrie solch ein in die Irre führendes Modell darstellen.

Die größte Errungenschaft des axiomatischen Ansatzes ist die Theorie des vollkommenen Wettbewerbs. Obwohl sie erstmals vor fast zweihundert Jahren vorgestellt wurde, ist sie niemals ersetzt worden; nur die Analysemethoden wurden verfeinert. Die Theorie geht davon aus, daß das ungebremste

Verfolgen des Eigennutzes unter ganz speziellen Umständen zur optimalen Verteilung aller Mittel führen muß. Der Punkt des Gleichgewichts ist dann erreicht, wenn jedes Unternehmen auf einem Niveau produziert, auf dem seine Grenzkosten dem Marktpreis gleichkommen, und wenn jeder Verbraucher in einem Umfang kauft, dessen Grenz-„Nutzen“ gleich dem Marktpreis ist. Untersuchungen zeigen, daß dieser Gleichgewichtszustand dem Nutzen aller Beteiligten dient, vorausgesetzt, daß kein einzelner Käufer oder Verkäufer die Marktpreise zu beeinflussen vermag. Genau diese Kette von Schlußfolgerungen ist es, die im neunzehnten Jahrhundert zur theoretischen Untermauerung der Politik des „laissez-faire“ diente und die heute die Basis des Glaubens an die „magische Kraft der Märkte“ bildet.

Lassen Sie uns die wesentlichen Voraussetzungen der Theorie des vollkommenen Wettbewerbs untersuchen. Unter denjenigen, die herausgearbeitet sind, finden sich perfektes Wissen, gleichartige und teilbare Produkte und eine ausreichend große Zahl von Marktteilnehmern, damit nicht ein einzelner Marktteilnehmer den Marktpreis beeinflussen kann.

Die Annahme perfekten Wissens ist fragwürdig, weil man das Verstehen einer Situation, an der man selbst teilhat, nicht als Wissen bezeichnen kann. Diese Annahme war es, die ich schon als Student so unakzeptabel fand. Ich hege keinerlei Zweifel daran, daß die klassischen Ökonomen diese Annahme in genau dem Sinn verwandten, aus dem heraus ich sie ablehne, da die Denker des neunzehnten Jahrhunderts sich weniger der Grenzen des Wissens bewußt waren, als wir es heute sind. Als die erkenntnistheoretischen Schwierigkeiten zutage traten, stellten die Vertreter der Theorie fest, daß sie noch einmal ungeschoren davonkommen konnten, wenn sie ein bescheideneres Wort wählten: Information. In der modernen Formulierung verlangt die Theorie deshalb nur noch perfekte Information.

Bedauerlicherweise reicht diese Annahme nicht ganz zur Stützung des Theoriegebäudes aus. Um diese Unzulänglichkeit wettzumachen, griffen moderne Ökonomen auf einen genialen Einfall zurück: sie bestanden darauf, daß die Kurven von Angebot und Nachfrage als gegeben hingenommen werden müßten. Sie gaben das nicht als Lehrsatz aus, vielmehr stützten sie ihre Behauptung auf methodische Gründe. Sie argumentierten, daß es die Aufgabe der Ökonomen sei, das Verhältnis von Angebot und Nachfrage zu studieren, und nicht jede der beiden Seiten für sich. Nachfrage sei vielleicht ein geeignetes Thema für Psychologen, und Angebot womöglich ein Aufgabenbereich für Ingenieure oder Forscher für Unternehmensführung. Deswegen müsse beides als gegeben hingenommen werden.

Wenn wir aufhören zu fragen, was es denn bedeutet, daß die Bedingungen für Angebot und Nachfrage unabhängig feststehen, ist klar, daß eine weitere Voraussetzung hinzugekommen ist. Wo sollten andernfalls jene Kurven herrühren? Wir haben es mit einer Annahme zu tun, die als methodischer Kunstgriff verkleidet ist. Von den Marktteilnehmern erwartet man, in Übereinstimmung mit ihren Vorlieben unter Alternativen auszuwählen. Die unausgesprochene Hypothese lautet, daß diese wissen, wie ihre Vorlieben und Alternativen überhaupt aussehen.

Wie ich zu zeigen versuchen werde, ist diese Annahme nicht haltbar. Der Kurvenverlauf von Angebot und Nachfrage kann nicht als unabhängig gegeben angenommen werden, weil alle beide die Erwartungen der Beteiligten hinsichtlich der künftigen Ereignisse beinhalten, die ihrerseits von den eigenen Erwartungen geformt werden.

Die Rolle von Erwartungen wird nirgends deutlicher sichtbar als an den Finanzmärkten. Kauf- und Verkaufsentscheidungen basieren auf Erwartungen hinsichtlich der künftigen Kurse, und umgekehrt sind die künftigen Kurse abhängig von den gegenwärtigen Kauf- und Verkaufsentscheidungen. Von Angebot und Nachfrage so zu sprechen, als ob sie durch Kräfte bestimmt würden, die unabhängig von den Erwartungen der Marktteilnehmer sind, ist ziemlich irreführend. Im Fall der Commodities, wo das Angebot stark von der Produktion und die Nachfrage stark vom Konsum abhängt, ist die Lage nicht so eindeutig. Aber der Preis, der die produzierte und konsumierte Menge bestimmt, ist nicht notwendigerweise der gegenwärtige Preis. Ganz im Gegenteil, die Marktteilnehmer werden wahrscheinlich mehr von den künftigen Preisen gelenkt, die sich entweder in den Futures-Märkten ausdrücken oder von ihnen selbst erhofft werden. In beiden Fällen ist es unangemessen, von unabhängig gegebenen Angebots- und Nachfragekurven zu sprechen, da beide Kurven die Erwartungen der Marktteilnehmer hinsichtlich der künftigen Kurse beinhalten.

Schon der Gedanke, daß Ereignisse im Markt einen Einfluß auf den Verlauf der Kurven von Angebot und Nachfrage haben könnten, scheint jenen widersinnig, die im Geiste der klassischen Wirtschaftslehre erzogen wurden. Die Kurven von Angebot und Nachfrage sollen schließlich den Marktpreis bestimmen. Wenn diese selbst den Markteinflüssen unterlägen, so würden die Preise aufhören, eindeutig festgelegt werden zu können. Anstelle eines Gleichgewichts sähen wir uns sich ständig verändernden Preisen gegenüber. Dies wäre ein verheerender Zustand. All die Folgerungen der Wirtschaftstheorie würden ihre Bedeutung in der realen Welt verlieren.

Um genau diesem Ergebnis vorzubeugen, wurde der methodische Kunstgriff eingeführt, der die Kurven von Angebot und Nachfrage als unabhängig gegeben behandelt. Allerdings ist es schon etwas hinterhältig, einen methodischen Kunstgriff anzuwenden, um eine Voraussetzung zu verbergen, die unhaltbar wäre, wenn sie ausgesprochen würde. Um die Unversehrtheit einer Wirtschaftstheorie als axiomatisches System zu bewahren, sollten ihre Voraussetzungen offen dargelegt werden. Wir könnten dann den Schluß ziehen, daß die Wirtschaftstheorie für die reale Welt nicht bedeutsamer wäre als die nicht-euklidische Geometrie, zumindest aber wüßten wir, wo wir stehen. Stattdessen haben wir uns von einer methodischen List täuschen lassen. Die

Kurven von Angebot und Nachfrage werden in Lehrbüchern vorgestellt, als ob sie auf empirischen Beweisen aufgebaut wären. Dabei gibt es nur äußerst spärliche Beweise für unabhängig vorgegebene Kurven von Angebot und Nachfrage. Jeder, der in den Märkten handelt, in denen sich die Preise laufend verändern, weiß, daß die Marktteilnehmer oftmals durch Entwicklungen des Marktes beeinflußt werden. Häufig ziehen steigende Preise Käufer an und umgekehrt. Wie sollten sich selbst verstärkende Trends Bestand haben, wenn die Kurven von Angebot und Nachfrage unäbhängig vom Marktpreis wären? Schon ein flüchtiger Blick auf Rohstoff-, Aktien- und Devisenmärkte bekräftigt, daß Trends eher die Regel als die Ausnahme sind.

Die Theorie des vollkommenen Wettbewerbs könnte durch das Argument verteidigt werden, daß die Trends, die wir in den Rohstoff- und Finanzmärkten beobachten, bloße Ausrutscher sind, die auf lange Sicht von den „fundamentalen" Kräften von Angebot und Nachfrage ausgelöscht werden. Man sollte sich daran erinnern, daß die Theorie des vollkommenen Wettbewerbs gar nicht den Anspruch erhebt, den Weg der Anpassung zu definieren; sie untersucht lediglich die Lage, nachdem all die Anpassungen stattgefunden haben. Das Dumme an dem Argument ist nur, daß es keine Sicherheit dafür geben kann, daß „fundamentale" Kräfte „spekulative" Übertreibungen korrigieren werden. Es ist genausogut möglich, daß die Spekulation die vermeintlich fundamentalen Bedingungen für Angebot und Nachfrage ersetzt.

Im Normalfall löst ein spekulativer Preisanstieg gegenläufige Kräfte aus: das Angebot erhöht sich, die Nachfrage geht zurück, und im Laufe der Zeit wird der spekulative Exzess korrigiert. Es gibt aber Ausnahmen. Eine anhaltende Kursbewegung bei den Devisen zum Beispiel kann sich wegen ihrer Auswirkungen auf das inländische Preisniveau selbst bestätigen. Das gleiche gilt für den Aktienmarkt, wo die Performance einer Aktie auf vielfältige Weise die Performance des entsprechenden Unternehmens beeinflussen kann. Untersuchen wir die jüngere Geschichte des internationalen Kreditwesens, so werden wir herausfinden, wie exzessive Kreditaufnahme die Kreditaufnahmekapazität der Schuldnerländer, die sich in ihrem Verschuldungsgrad messen läßt, zuerst erhöhte; später, als die Banken die Rückzahlung forderten, die Fähigkeit der Schuldnerländer hierzu im gleichen Maße nachließ. Allgemein gesprochen werden wir zu dem Ergebnis gelangen, daß die Ausweitung und Einschränkung von Krediten die Fähigkeit und Bereitschaft des Schuldners zur Rückzahlung beeinflussen kann.

Sind das Ausnahmen, die die Regel bestätigen, oder machen sie eine Überprüfung der anerkannten Theorie erforderlich? Die Antwort hängt von der Häufigkeit und der Heftigkeit ihres Auftretens ab. Haben wir es mit einem isolierten Einzelfall zu tun, können wir ihn als Paradoxon behandeln, folgt aber ein derartiges Ereignis auf das andere, müssen wir die Theorie in Frage stellen.

Ich behaupte, daß solch ein paradoxes Verhalten typisch für alle Finanzmärkte ist, die als Diskontmechanismus für künftige Entwicklungen dienen, besonders in bezug auf die Aktienmärkte, die Devisenbörsen, das Bankwesen und alle Formen von Krediten. Die mikroökonomische Theorie mag fortfahren, das zu ignorieren, da es weite Bereiche wirtschaftlicher Aktivitäten gibt, wo dies selten oder überhaupt nicht auftritt; aber wir können nicht erwarten, makroökonomische Entwicklungen zu begreifen, ohne dieses Phänomen zu berücksichtigen. Eine Welt schwankender Wechselkurse und gewaltiger Kapitalbewegungen ist gekennzeichnet duch negative und positive Zyklen, in denen das „normale" Begründungsmuster, wie es von der klassischen Wirtschaftslehre definiert wird, ins Gegenteil verkehrt zu sein scheint: Die Marktentwicklungen diktieren die jeweiligen Bedingungen für Angebot und Nachfrage, und nicht umgekehrt.

Wenn der Anpassungsprozeß nicht zu einem Gleichgewicht führt, was geschieht dann mit den Ergebnissen der Wirtschaftstheorie? Die Anwort lautet, daß sie ihre Gültigkeit behalten, aber ihre Bedeutung verlieren. Wenn wir die reale Welt verstehen wollen, müssen wir davon abkommen, ein hypothetisches Resultat anzustarren, und unsere Aufmerksamkeit auf den Prozeß der Veränderung konzentrieren, den wir überall um uns herum beobachten können.

Das wird eine radikale Wende in unserem Denken erfordern. Ein Prozeß der Veränderung ist weit schwerer zu verstehen als ein statisches Gleichgewicht. Wir werden viele unserer vorgefaßten Ideen über die Möglichkeiten der magnitiven Durchdringung von Prozessen ändern und uns mit Schlußfolgerungen begnügen müssen, die weit weniger klar umrissen sind als die, die die Wirtschaftstheorie zu liefern versuchte.

Das Problem des „unvollkommenen Verstehens"

Das Verstehen des tatsächlichen Ablaufs der Ereignisse wirft – im Unterschied zu einem hypothetischen Gleichgewicht – Probleme auf, die noch nicht in angemessener Weise berücksichtigt worden sind. Diese Probleme treten auf, weil die Beteiligten ihre Entscheidungen auf ein seinem Wesen nach unvollständiges Verstehen der Situation gründen, an der sie teilhaben. Es gibt zwei verwandte Problemkreise, die zu bedenken sind: das unvollständige Verstehen der Beteiligten und das unvollständige Verstehen der Sozialwissenschaftler. Wir müssen aufpassen, die beiden nicht durcheinanderzubringen.

In diesem Abschnitt werde ich versuchen darzustellen, warum das Verstehen der Beteiligten von Natur aus unvollständig ist. Im nächsten Abschnitt werde ich untersuchen, warum das unvollständige Verstehen der Beteiligten für die Sozialwissenschaften Probleme aufwirft.

Das unvollständige Verstehen der Marktteilnehmer ist ein schwer definierbares Konzept, noch schwerer ist es, mit ihm zu arbeiten. Ich werde versuchen, mich ihm zu nähern, indem ich die Position des Beteiligten mit der eines Naturwissenschaftlers vergleiche (ich muß einen Naturwissenschaftler bemühen, weil die Sozialwissenschaftler mit besonderen Problemen konfrontiert werden, die sich aus dem unvollständigen Verstehen der Beteiligten ergeben. Diese werden im nächsten Abschnitt behandelt). Der Sinn des Vergleiches ist, einen begrifflichen Maßstab herzustellen, von dem aus das Verstehen der Beteiligten als unvollkommen bezeichnet werden kann. Was den Vergleich heikel macht, ist, daß auch der Naturwissenschaftler kein vollkommenes Verstehen erreichen kann. Davon ist er weit entfernt. Wie Karl Popper gezeigt hat[3], ist es ein Kardinalprinzip wissenschaftlicher Systeme, daß vollkommenes Wissen nicht erreichbar ist. Wissenschaftler arbeiten so, daß sie fortgesetzt einleuchtende Hypothesen testen und neue vorschlagen. Wenn sie nicht alle Schlußfolgerungen als vorläufig betrachten und sie der Verbesserung aussetzen würden, hätte die Naturwissenschaft nicht ihren derzeitigen Entwicklungsstand erreichen können und könnte sich nicht weiterentwickeln. Obwohl sie bei weitem noch nicht perfekt ist, stellt sie doch einen begrifflichen Standard zur Verfügung, von dem aus das Verstehen der Beteiligten als unvollkommen bezeichnet werden kann.

Naturwissenschaftler haben gegenüber den Beteiligten einen großen Vorteil: sie haben es mit Phänomenen zu tun, die unabhängig davon auftreten, was jemand über sie sagt oder denkt. Die Phänomene gehören zum Universum, die Erklärungen der Wissenschaftler zu einem anderen Bereich. Die Phänomene dienen dann als unabhängiges, objektives Kriterium, an dem sich die Wahrheit oder Gültigkeit wissenschaftlicher Erklärungen überprüfen läßt. Die Erklärungen, die mit den Tatsachen übereinstimmen, sind richtig, diejenigen, die das nicht tun, sind falsch. In dem Ausmaß, in dem diese Übereinstimmung hergestellt werden kann, wird das Verstehen der Wissenschaftler zum Wissen. Wir müssen uns auf die verschiedenen Schwierigkeiten, die der Herstellung dieser Übereinstimmung im Wege stehen, nicht näher einlassen. Der wichtige Punkt ist, daß die Naturwissenschaftler ein objektives Kriterium haben, mit dessen Hilfe sie diese Schwierigkeiten überwinden.

Im Gegensatz dazu ist die Situation, auf die sich das Denken der Beteiligten bezieht, nicht unabhängig gegeben: das Denken ist Bestandteil ihrer eigenen Entscheidungen. Als objektives Kriterium zur Begründung der Wahrheit oder Gültigkeit der Ansichten der Teilnehmer ist es nicht hinreichend. Es liefert ein Kriterium zur Auslese: einige Erwartungen erlangen durch die nachfolgenden Ereignisse Gültigkeit, andere nicht. Aber der Bewertungsprozeß läßt einiges zu wünschen übrig: Man kann sich niemals sicher sein, ob es die Erwartung ist, die mit den nachfolgenden Ereignissen übereinstimmt, oder ob es die nachfolgenden Ereignisse sind, die sich den Erwartungen anpassen. Es fehlt die Trennung zwischen Gedanken und Ereignissen, die in den Naturwissenschaften ausschlaggebend ist.

Das Denken spielt eine zweifache Rolle. Einerseits versuchen die Beteiligten, die Situation zu verstehen, an der sie teilhaben, zum anderen bildet ihr Verstehen die Grundlage ihrer Entscheidungen, die ihrerseits den Lauf der Ereignisse beeinflussen. Die beiden Rollen überschneiden sich gegenseitig. Keine der Rollen ist so leistungsfähig, wie sie es ohne die andere wäre. Wäre der Lauf der Ereignisse unabhängig von den Entscheidungen der Beteiligten, könnte das Verstehen der Teilnehmer dem der Naturwissenschaftler gleichkommen; und könnten die Beteiligten ihre Entscheidungen auf Wissen – selbst auf ein vorläufiges – stützen, so hätten ihre Entscheidungen eine bessere Chance, mit ihren Absichten übereinzustimmen. Wie es aussieht, handeln die Beteiligten auf dem Boden unvollständigen Verstehens, und der Lauf der Ereignisse trägt den Stempel dieser Unvollkommenheit.

In abgeschwächter Form mag diese fehlende Trennung zwischen objektivem Gegenstand und dem Denkvorgang auch in der Naturwissenschaft vorkommen. Das berühmteste Beispiel findet sich in der Quantenphysik, wo der Beobachtungsvorgang sich den beobachteten Phänomenen aufstülpt. Das hat zu Heisenbergs Unschärferelation geführt, die im Ergebnis der Fähigkeit des Wissenschaftlers, Wissen zu erlangen, Grenzen setzt. Aber für den Naturwissenschaftler tritt dieses Problem nur im Grenzbereich auf, während es für den Beteiligten genau im Mittelpunkt seines Denkens liegt. Erstens unternimmt der Naturwissenschaftler den bewußten Versuch, sein Objekt nicht zu vergewaltigen, wohingegen es das vordringliche Ziel des Beteiligten ist, die Situation, an der er teilnimmt, zu seinen Gunsten zu gestalten. Noch wichtiger ist, daß es in der Quantenphysik einzig der Beobachtungsvorgang selbst ist, nicht aber die Theorie der Unschärfe, der sich dem Objekt überlagert, wohingegen im Fall der denkenden Teilnehmer deren eigene Gedanken teilweise das Objekt gestalten, auf das sie sich beziehen. Die angesprochene Vollkommenheit der Naturwissenschaft ist auf den Bereich begrenzt, wo Denken und Ereignisse wirklich getrennt sind. Sind in die Ereignisse denkende Teilnehmer verwickelt, verjüngt sich dieser Bereich auf einen verschwindend kleinen Punkt.

Das Problem der Sozialwissenschaften

Wir sind nun in der Lage, die Probleme der Sozialwissenschaften zu untersuchen. Und wiederum gibt es zwei unterschiedliche Themen, die bedacht werden müssen. Eines betrifft den objektiven Sachverhalt, das andere den Beobachter.

Wissenschaftliche Methode ist dazu bestimmt, sich mit Fakten auseinanderzusetzen. Wie wir aber gesehen haben, bestehen Ereignisse, die denkende

Teilnehmer haben, eben nicht ausschließlich aus Fakten. Das Denken der Beteiligten spielt eine kausale Rolle, mit den Fakten aber stimmt es aus dem einfachen Grunde nicht überein, daß es sich nicht auf Fakten bezieht. Die Beteiligten haben es mit einer Situation zu tun, die von ihren eigenen Entscheidungen abhängt, ihr Denken ist ein unentbehrlicher Bestandteil dieser Situation. Ob wir es nun als Faktum einer ganz besonderen Art oder aber als etwas anderes als ein Faktum ansehen – das Denken der Beteiligten bringt ein Element der Unsicherheit mit sich. Ein solches Element gibt es in den Naturwissenschaften nicht. Wie wir gesehen haben, existiert eine gewisse Ähnlichkeit zwischen der durch das Denken der Teilnehmer verursachten Unsicherheit und Heisenbergs Unschärferelation in der Quantenphysik; wie wir aber bald sehen werden, ist dieser Vergleich irreführend.

Nun zur Rolle des wissenschaftlichen Beobachters: Es ist wesentlich leichter, die geforderte Trennung zwischen Fakten und Erklärungen aufrechtzuerhalten, wenn der objektive Sachverhalt keine Feststellungen, Beobachtungen oder irgendwelche Gedankengänge enthält.

Die meisten Diskussionen über die Unzulänglichkeit der Sozialwissenschaften haben sich auf das zweite gerichtet. Formulierungen wie „sich selbst erfüllende Voraussage" oder „sich selbst vereitelndes Experiment" werden häufig benutzt, beziehen sich in der Regel aber auf Möchtegern-Wissenschaftler. Dennoch ist der sich selbst beeinflussende Charakter des Denkens der Teilnehmer für das Element der Unsicherheit (bzw. Unschärfe) verantwortlich, das ich eben erwähnte. Die Unschärfe bliebe selbst dann bestehen, wenn alle den Beobachter betreffenden Probleme gelöst würden, weil doch die Probleme des Beobachters direkt der Unbestimmtheit des objektiven Sachverhaltes zugeschrieben werden müssen. Somit ist das Problem der Sozialwissenschaften nicht bloß ein methodisches, sondern liegt in der Natur des objektiven Sachverhaltes.

Die unangemessene Hervorhebung der Rolle des wissenschaftlichen Beobachters kann der falschen Analogie zu Heisenbergs Unschärferelation zugeschrieben werden. Ich bin kein Fachmann in Quantenphysik, aber soweit ich sie verstehe, beinhaltet das Prinzip, daß Masse und Geschwindigkeit der Quantenteilchen nicht gleichzeitig gemessen werden können, da der Meßvorgang das gemessene Objekt beeinflußt. In diesem Fall wird das Element der Unsicherheit durch den außenstehenden Beobachter hereingetragen (ob das Verhalten der Quantenteilchen von Natur aus zufallsbestimmt ist, steht auf einem anderen Blatt). Die Parallele zu den Sozialwissenschaften ist irreführend, da im letzteren Fall die Unbestimmtheit durch die Beteiligten verursacht wird. Nur wenn sich die Quantenteilchen wie denkende Beteiligte verhielten, wäre die Analogie haltbar.

Ich werde versuchen, die Diskussion in die richtige Reihenfolge zu bringen: zuerst die Unsicherheit des objektiven Sachverhaltes, dann die Rolle des Wissenschaftlers.

1 – Die Theorie der Reflexivität

Der Gedanke, daß es einen fundamentalen Unterschied zwischen den Objekten der Natur- und denen der Sozialwissenschaften gibt, ist allgemein noch nicht anerkannt worden. Im Gegenteil: Karl Popper, den ich ansonsten sehr schätze, formulierte die – wie er es nannte – „Lehre von der Einheit der Wissenschaft“[4] , das heißt, auf Natur- und Sozialwissenschaft lassen sich die gleichen Methoden und Kriterien anwenden. Obwohl diese nicht allgemein akzeptiert wurde, wurde sie auch nicht schlüssig widerlegt. Ich werde versuchen, das hier zu tun.

Um das Problem voll und ganz zu erkennen, das durch denkende Beteiligte aufgeworfen wird, wollen wir einen näheren Blick darauf werfen, wie wissenschaftliche Methodik arbeitet. Zu diesem Zweck ziehe ich Karl Poppers System der wissenschaftlichen Methode heran, das im Fachausdruck als das „deduktiv-nomologische“ oder „D-N“-Modell bezeichnet wird. Wie jedes Modell stellt es ein vereinfachtes und idealisiertes Abbild der Wirklichkeit dar, aber eben weil es vereinfacht und elegant ist, eignet es sich gut für meinen Zweck.

Das Modell baut auf drei Variablen auf, die miteinander verknüpft sind: spezielle Ausgangsbedingungen, spezielle Endzustände und Schlußfolgerungen von allgemeiner Gültigkeit. Kombiniert man eine Reihe allgemeiner Schlußfolgerungen mit bekannten Ausgangsbedingungen, so erhält man Voraussagen, kombiniert man sie mit bekannten Endzuständen, so resultieren daraus Erklärungen, und die Paarung von bekannten Ausgangsbedingungen und bekannten Endzuständen dient als Test der herangezogenen Schlußfolgerungen. Man sieht, daß es eine Symmetrie zwischen Voraussagen und Erklärungen gibt: sie sind logisch umkehrbar. Mit dem Testvorgang verhält es sich anders, weil keine noch so große Anzahl von Tests beweisen kann, daß die Schlußfolgerung allgemein gültig ist. Wissenschaftliche Theorien können nur widerlegt, niemals bewiesen werden. Die Asymmetrie zwischen Falsifizierung und Verifizierung und die Symmetrie zwischen Voraussage und Erklärung sind die beiden entscheidenden Grundzüge von Poppers System.

Das Modell funktioniert nur, wenn ganz bestimmte Bedingungen erfüllt sind. Eine wesentliche Bedingung ist, daß der Gehalt der Variablen dieser „Gleichung“ von den Aussagen über sie völlig gelöst besteht; nur dann gibt der Gehalt ein unabhängiges Kriterium zur Beurteilung der Wahrheit oder Gültigkeit der Statements ab, die sich auf ihn beziehen.*

* Interessanterweise gilt diese Bedingung nicht nur für die Sachverhalte, die die Ausgangsbedingungen und die Endzustände konstituieren, sondern auch für die Schlußfolgerungen, die sie verbinden. Die Naturgesetze müssen den Ausschlag dafür geben, ob sie erkannt werden oder nicht. Das ist die Grundlage Poppers' mißlungener Vorstellung von einer „dritten Welt“ objektiver Gedanken (in Objective Knowledge, New York : Oxford University Press, 1972).

Andere wesentliche Bedingungen sind, daß sich Ausgangsbedingungen und Endzustände aus Tatbeständen zusammensetzen sollten, die der wissenschaftlichen Beobachtung zugänglich sind, und daß die Schlußfolgerungen von allgemeiner Gültigkeit sind. Das heißt, daß beim erneuten Auftreten einer Konstellation von Bedingungen die nachfolgenden bzw. vorausgehenden Umstände wieder die gleichen wie vorher sein müßten. Man kann erkennen, daß der Anspruch allgemeiner Gültigkeit nicht nur die Natur wissenschaftlicher Gesetze, sondern auch den Charakter der Ausgangsbedingungen und der Endzustände festlegt: sie müssen aus beobachtbaren Fakten bestehen, die universellen Gesetzen unterliegen. Dieser Anspruch ist es, dem so schwer zu entsprechen ist, wenn eine Situation denkende Beteiligte hat.

Was wissenschaftliche Beobachtung ausmacht, ist ein Diskussionspunkt, auf den wir uns hier nicht einzulassen brauchen. Gewiß, eine einmalige Beobachtung durch einen einzelnen Wissenschaftler ist nicht statthaft. Eben weil die Übereinstimmung von Fakten und Erklärungen so schwer erzielbar ist, ist Wissenschaft ein kollektives Unterfangen, bei dem die Arbeit jedes einzelnen Wissenschaftlers offen sein muß für die Kontrolle und Kritik durch andere.

Die Interaktion unter Wissenschaftlern unterliegt gewissen Spielregeln. Diese Spielregeln sind weder klar definiert noch dauerhaft festgeschrieben. Sie beziehen ihre Autorität aus der Tatsache, daß sie erwünschte Resultate zeitigen. Einzelne Wissenschaftler empfinden diese Konventionen oft als lästig und versuchen, verschiedene Abkürzungen zu nehmen, um ein gewünschtes Resultat zu erzielen. Nur weil diese Abkürzungen nicht funktionieren, können die Spielregeln der wissenschaftlichen Methodik weiterhin die Oberhand behalten.

Das vielleicht prominenteste Beispiel eines Beobachters, der versucht, seinen Willen seinem Objekt aufzuzwingen, ist der Versuch, unedles Metall in Gold zu verwandeln. Die Alchemisten mühten sich über lange Zeit hart ab, bis sie sich endlich durch ihren ausbleibenden Erfolg davon überzeugen ließen, ihr Vorhaben aufzugeben. Der Fehlschlag war unvermeidbar, weil das Verhalten unedler Metalle den Naturgesetzen untersteht, die durch irgendwelche Erklärungen, Zauberformeln oder Rituale nicht abzuändern sind.

Betrachten wir nun das Verhalten der Menschen. Gehorchen sie allgemein gültigen Gesetzen, die sich in Einklang zum D-N-Modell bringen lassen? Fraglos gibt es viele Aspekte des menschlichen Verhaltens – von Geburt an bis zum Tod –, die sich genauso wie andere natürliche Phänomene behandeln lassen. Es gibt indes einen Aspekt menschlichen Verhaltens, der Eigentümlichkeiten aufzuweisen scheint, die sich von den Phänomenen unterscheiden, die den objektiven Gegenstand der Naturwissenschaften bilden: den Entscheidungsprozeß. Entscheidungen beruhen auf dem unvollkommenen Verstehen der Situation. Wie nun liefert eine solche Situation die Ausgangsbedingungen und das Endergebnis, die nach allgemein gültigen Gesetzen verbunden sein sollen? Schließen jene Bedingungen das Denken der Beteiligten ein oder nicht? Wenn das Denken eingeschlossen ist, sind die Bedingungen einer wissenschaftlichen Beobachtung nicht zugänglich, weil nur die Denkergebnisse der Beteiligten beobachtet werden können, nicht der Denkvorgang selbst. Ist der Denkvorgang ausgeschlossen, und nur seine Ergebnisse werden als klar ersichtlich anerkannt, bricht die Allgemeingültigkeit der wissenschaftlichen Gesetze zusammen, weil einer gegebenen Konstellation von Bedingungen nicht jedesmal notwendigerweise die gleichen Umstände vorangehen bzw. folgen: Die Abfolge der Ereignisse wird durch das Denken der Beteiligten beeinflußt, darüberhinaus gibt es einen Mangel an Übereinstimmung zwischen dem Denken der Beteiligten und dem Lauf der Ereignisse.

In beiden Fällen bricht folglich das D-N-Modell zusammen. Das ist zwar sicher nicht das Ende der Welt, gleichwohl bedeutet es einen empfindlichen Schlag für die wissenschaftliche Methode. Die Methode ist so erfolgreich gewesen, daß wir es kaum glauben können, daß es einen großen und wichtigen Bereich geben soll, der jenseits ihrer Reichweite liegen könnte. Im Gewand der Heisenberg'schen Unschärferelation stieß die Naturwissenschaft ebenfalls an ihre Grenzen, aber diese Grenzen wurden nach einer Reihe beeindruckender Leistungen erreicht – die Unschärferelation selbst zählt zu den bedeutendsten Entdeckungen der Naturwissenschaft. In den Sozialwissenschaften stoßen wir auf Schwierigkeiten, noch bevor wir begonnen haben: das unvollkommene Verstehen der Beteiligten ist mit dem D-N-Modell nicht vereinbar.

Diese Schlußfolgerung ist so verheerend, daß jeder erdenkliche Versuch unternommen wurde, sie zu vermeiden. All diese Versuche aufzuführen, würde ein ganzes Buch füllen – das sicher sehr interessant wäre. Ich werde meine Aufmerksamkeit daher auf die Wirtschaftstheorie beschränken, die einen der genialsten und in gewisser Hinsicht auch den erfolgreichsten Versuch unternommen hat, den Schwierigkeiten zu entrinnen, die mit dem unvollständigen Verstehen verbunden sind. Sie übergeht nämlich einfach die Probleme, indem sie ein hypothetisches System errichtet, in dem die Entscheidungen der Beteiligten voll und ganz durch die verfügbaren Informationen bestimmt werden. Dieser Ansatz führt zu Schlüssen, die einigen Anforderungen des D-N-Modells nahekommen. Die Theorie des vollkommenen Wettbewerbs zum Beispiel erweist sich als allgemeingültig und kann – zumindest prinzipiell – dazu verwandt werden, Zustände mit gleichem Nachdruck vorherzusagen. Die Theorie scheitert indessen, wenn es ans Testen geht, da sie die Bedeutung der hypothetischen Bedingungen für die tatsächlichen offenläßt.

Die Sozialwissenschaftler haben sich sehr bemüht, die Einheit der Methode aufrechtzuerhalten, hatten aber einen auffällig geringen Erfolg. Ihre Bemühungen brachten kaum mehr hervor als eine Parodie auf die Naturwissenschaft. Der Versuch, die Methoden der Naturwissenschaft auf soziale Phänomene anzuwenden, ist gewissermaßen vergleichbar dem Versuch der Alchemisten, Methoden der Magie in der Naturwissenschaft einzusetzen. Während aber der Fehlschlag der Alchemisten nahezu vollkommen war, gelang es den Sozialwissenschaftlern, einen beachtlichen Einfluß auf ihr Objekt zu erlangen. Situationen, an denen denkende Beteiligte partizipieren, mögen unempfindlich gegen die Methoden der Naturwissenschaft sein, aber sie sind anfällig für die Methoden der Alchemie. Eben weil das Denken der Beteiligten nicht ausschließlich von der Realität beherrscht wird, ist es durch Theorien leicht beeinflußbar. Im Bereich natürlicher Phänomene sind wissenschaftliche Methoden nur dann erfolgreich, wenn sie gültig sind; auf sozialem, politischem und wirtschaftlichem Gebiet aber können Theorien auch effektiv sein, wenn sie nicht gültig sind. Während die Alchemie als Naturwissenschaft gescheitert ist, kann die Sozialwissenschaft als Alchemie Erfolge feiern.

Das führt uns zur Untersuchung der Beziehung des Wissenschaftlers zu seinem Objekt. Wie wir sahen, verlangt das D-N-Modell, daß die Wissenschaftler für eine strikte Trennung ihrer Erklärungen und Beobachtungen vom untersuchten Objekt Sorge tragen; nur dann kann der objektive Sachverhalt seine Funktion als Prüfkriterium für die Wahrheit oder Gültigkeit der wissenschaftlichen Erklärung erfüllen. Die Konventionen der wissenschaftlichen Methode sind so ausgelegt, daß diese erforderliche Trennung bewahrt wird.

In der Naturwissenschaft funktionieren die Konventionen wirkungsvoll, weil sich das Denken des Wissenschaftlers faktisch von seinem Gegenstand unterscheidet. Der Wissenschaftler kann auf sein Objekt nur durch seine Handlungen, nicht aber durch Gedanken einwirken, und die Handlungen richten sich nach den gleichen Gesetzen wie alle anderen natürlichen Phänomene. Definitiv nichts, was der Wissenschaftler tun kann, vermag unedles Metall in Gold zu verwandeln. Durch Mißachtung der Konventionen der Wissenschaft kann sich der Wissenschaftler vielleicht einen persönlichen Vorteil verschaffen, aber dieser Vorteil wird nur durch eine List erreicht, die Gefahr läuft, durch jene aufgedeckt zu werden, die sich an die Regeln halten.

Mit sozialen Phänomenen ist das anders. Das unvollkommene Verstehen des Beteiligten behindert den korrekten Ablauf des D-N-Modells. Das hat weitreichende Konsequenzen für die Konventionen der wissenschaftlichen Methode. Es beschneidet die Ergebnisse, die durch die Beachtung der Konventionen erreichbar sind und, was noch schlimmer ist, es eröffnet die Möglichkeit, durch ihre Mißachtung zu lohnenden Ergebnissen zu gelangen. Vieles kann erreicht werden, wenn man vorgibt, sich an die Konventionen der wissenschaftlichen Methode zu halten, ohne es wirklich zu tun. Die Naturwissenschaft steht in hohem Ansehen: Eine mit dem Anspruch der Wissenschaftlichkeit antretende Theorie vermag die leichtgläubige Öffentlichkeit leichter zu beeinflussen als eine Theorie, die freimütig ihre politische oder idelogische Voreingenommenheit einräumt. Als typische Beispiele brauche ich nur den Marxismus und die Psychoanalyse anzuführen, aber der Laissez-Faire-Kapitalismus mit seinem Vertrauen auf die Theorie des vollkommenen Wettbewerbs ist ebenfalls ein einschlägiges Beispiel. Es ist bemerkenswert, daß sowohl Marx wie Freud feierlich ihren wissenschaftlichen Status betonten und viele ihrer Schlußfolgerungen auf die Autorität stützten, die ihnen zuwuchs, weil sie „wissenschaftlich" waren. Sobald dieser Kernpunkt in sich zusammenfällt, wird schon der Begriff „Sozialwissenschaft" verdächtig. Es ist ein magisches Wort, das die Sozial-Alchemisten bei ihrem Bemühen verwenden, ihrem Objekt durch Beschwörung ihren Willen aufzuzwingen.

Wie können sich die „ehrlichen" Vertreter der wissenschaftlichen Methode vor solchen Mißbräuchen schützen? Mir scheint, daß es nur einen Ausweg gibt: die Sozialwissenschaften des Status' zu berauben, dessen sie sich auf Kosten der Naturwissenschaften erfreuen. Sozial-„Wissenschaft" sollte als falsche Wortwahl erkannt werden.

Das bedeutet nicht, daß wir das Ziel der Wahrheit bei der Erforschung sozialer Phänomene aufzugeben hätten. Es bedeutet nur, daß das Ziel der Wahrheitsfindung es erforderlich macht zu erkennen, daß sich das D-N-Modell auf Situationen mit denkenden Beteiligten nicht anwenden läßt. Wir müssen die Doktrin der Einheitlichkeit der Methode über Bord werfen und das sklavische Nachäffen der Naturwissenschaften aufgeben.

Das D-N-Modell ist in der Naturwissenschaft dermaßen erfolgreich gewesen, daß man es auf eine Stufe mit wissenschaftlicher Methode überhaupt gestellt hat. Ironischerweise ist das Modell von der modernen Wissenschaft weitgehend überholt worden, dennoch versuchen die Sozialwissenschaften immer noch, sich an den Ausführungen der Naturwissenschaft des neunzehnten Jahrhunderts zu messen. Dieser Versuch ist vergeblich, weil, wie wir gesehen haben, das Objekt dem Charakter des D-N-Modells nicht entspricht. Wie aber die Quantenphysik gezeigt hat, wird die wissenschaftliche Methode nicht notwendigerweise durch das D-N-Modell eingeengt: statistische, wahrscheinlichkeitsorientierte Verallgemeinerungen könnten sich als fruchtbarer erweisen. Ebenso sollten wir nicht die Möglichkeit der Entwicklung neuer Ansätze ignorieren, die keine Entsprechung in der Naturwissenschaft haben. Vom Unterschied des Objekts ausgehend, sollte es auch Unterschiede in der Art der Untersuchung geben.

In diesem Buch werde ich einen neuen Ansatz einbringen; bevor ich damit beginne, möchte ich sicherstellen, daß ich nicht nach den Maßstäben des D-N-Modells beurteilt werde. Eine Welt des unvollständigen Verstehens gibt sich nicht für Verallgemeinerungen her, die dazu genutzt werden könnten, bestimmte Ereignisse zu erklären oder vorherzusagen. Die Symmetrie zwischen Erklärung und Voraussage greift nur dort, wo denkende Teilnehmer nicht beteiligt sind. Andernfalls müssen die Vorhersagen immer durch die Wahrnehmungen der Beteiligten beeinflußt sein; daher können sie nicht die Endgültigkeit haben, derer sie sich im D-N-Modell erfreuen.

Andererseits sind die vergangenen Ereignisse hier genau so endgültig wie im D-N-Modell; damit sind Erklärungen, verglichen mit Vorhersagen, die leichtere Aufgabe. Sobald wir den Anspruch aufgeben, daß Vorhersagen und Erklärungen logisch reversibel sein müssen, können wir ein theoretisches Gebäude errichten, das dem Untersuchungsgegenstand angemessen ist. Bedauerlicherweis aber kann die Theorie nicht auf die gleiche Weise getestet werden wie Theorien, die zu Poppers logischer Konstruktion passen. Das bedeutet nicht, daß man auf das Testen ganz verzichten müßte; ganz im Gegenteil: so lange wir uns damit beschäftigen, die Dinge so zu verstehen, wie sie sind, sollten wir darauf bestehen, unsere Sichtweise zu überprüfen. Wir müssen neue Testmethoden entwickeln. In meinem Real-Time-Experiment, das das alchemistische Potential bei der Untersuchung sozialer Phänomene offen einräumt und auswertet, werde ich das tun (Teil III).

Die Voreingenommenheit der Marktteilnehmer

Mein Ansatz ist, das Problem des unvollkommenen Verstehens frontal anzugehen. Was das Denken der Beteiligten unvollkommen macht, ist, daß ihr Denken die Situation, auf die es sich bezieht, beeinflußt. Für die kausale Rolle, die das Denken der Beteiligten spielt, gibt es bei den von den Naturwissenschaften untersuchten Phänomenen keine Entsprechung. Augenfällig ist es nicht die einzige Kraft, die den Ablauf der Ereignisse beeinflußt, aber es ist eine Kraft, die einzig bei den Ereignissen vorkommt, die denkende Beteiligte haben. Daher kommt ihm ein ganz zentraler Platz zu.

Wie wir schon gesehen haben, läßt sich mit dem Konzept des unvollkommenen Verstehens sehr schwer arbeiten. Wir haben festgestellt, daß zwischen dem Denken der Teilnehmer und der Situation, auf die es sich bezieht, ein Mangel an Übereinstimmung besteht; dieser Mangel an Übereinstimmung ist aber schwer definierbar, geschweige denn meßbar. Das Denken der Beteiligten ist Teil der Situation, auf das es sich bezieht, und die besagte Idee der Übereinstimmung ist ungeeignet, um das Verhältnis eines Teils zum Ganzen zu beschreiben. Die Idee wurde von den Naturwissenschaften entlehnt, wo Tatsachen und Aussagen zu verschiedenen Welten gehören, und von der Philosophie, wo Übereinstimmung als Kriterium für Wahrheit gilt. Die Analogie läßt sich nicht auf den Beteiligten anwenden, der per definitionem Teil der Situation ist, die er zu verstehen versucht. Wir können zwar von einem Mangel an Übereinstimmung sprechen, aber wir können das, womit das Denken der Teilnehmer nicht übereinstimmt, nicht definieren, einfach, weil es nicht existiert. Um die Sache zu vereinfachen, werde ich künftig von einer dem Denken der Beteiligten innewohnenden Voreingenommenheit sprechen. Da diese Voreingenommenheit dem Wesen der Beteiligten entspricht, ist es nicht möglich, sie auszuräumen.

Gleichwohl gibt es in der uns umgebenden Welt eine Meßlatte, an der sich die Voreingenommenheit messen läßt. Zwar gibt es keine Art von Wirklichkeit, die unabhängig von der Wahrnehmung der Beteiligten wäre, aber es gibt eine Wirklichkeit, die durch sie bedingt ist. Anders gesagt, es gibt eine Abfolge von Ereignissen, die das Verhalten der Beteiligten widerspiegelt. Der tatsächliche Ablauf der Ereignisse weicht wahrscheinlich von den Erwartungen der Beteiligten ab, und dieses Auseinanderklaffen kann als Indiz für die Voreingenommenheit der Beteiligten gewertet werden. Leider kann es wirklich nur als Indiz, nicht aber als vollständiger Gradmesser der Voreingenommenheit angesehen werden, weil der gegenwärtige Verlauf der Ereignisse bereits durch die Einschätzung der Beteiligten mitbeeinflußt wurde. Somit drückt sich die Voreingenommheit der Beteiligten sowohl im Unterschied zwischen den Erwartungen und dem tatsächlichen Ergebnis als auch in dem tatsächlichen Verlauf der Ereignisse aus. Ein Phänomen, das teilweise beobachtbar ist, sich aber teilweise bereits im Ablauf der Ereignisse versteckt hält, stellt sich einer wissenschaftlichen Untersuchung nicht zur Verfügung. Damit können wir jetzt einsehen, warum die Ökonomen so begierig darauf waren, es aus ihren Theorien auszugrenzen. Wir werden das zum zentralen Thema unserer Untersuchung machen.

Das Konzept der Reflexivität

Die Verbindung zwischen dem Denken der Beteiligten und der Situation, an der sie teilhaben, läßt sich in zwei funktionelle Teilbereiche zerlegen. Ich werde die Bemühungen der Teilnehmer, die Situation zu begreifen, künftig als die kognitive bzw. passive Funktion bezeichnen, und den Einfluß ihres Denkens auf die wirkliche Welt als die teilnehmende bzw. aktive Funktion. Bei der kognitiven Funktion hängen die Wahrnehmungen der Beteiligten von der Situation ab; bei der teilnehmenden Funktion wird die Situation von den Wahrnehmungen der Beteiligten beeinflußt. Man sieht, daß die beiden Funktionen in unterschiedliche Richtungen laufen: bei der kognitiven Funktion ist die Situation die unabhängige Variable, in der teilnehmenden Funktion ist es das Denken der Beteiligten. Es gibt viele Fälle, wo die eine oder die andere Funktion für sich beobachtbar ist, in anderen Fällen aber treten sie beide gemeinsam auf. Ein offensichtliches Beispiel für die kognitive Funktion ist es, wenn jemand aus Erfahrung lernt. Beispiele für die teilnehmende Funktion finden sich in den Lehrbüchern der Ökonomen, wenn die Marktteilnehmer eine Reihe von Vorlieben auf eine Reihe von Gelegenheiten anwenden und damit dann die Kurse beeinflussen.

Wirken beide Funktionen zur gleichen Zeit, so treten sie miteinander in Wechselwirkung. Funktionen bedürfen einer unabhängigen Variablen, wenn sie eindeutige Ergebnisse hervorbringen sollen; hier aber ist die unabhängige Variable der einen Funktion die abhängige der anderen. Anstelle eines schlüssigen Ergebnisses bekommen wir eine Wechselwirkung, bei der sowohl die Situation als auch die Einschätzung der Teilnehmer zu abhängigen Variablen werden, so daß anfängliche Veränderungen sich sowohl bei der Situation als auch bei der Einschätzung der Beteiligten niederschlagen. Ich bezeichne diese Wechselwirkung als Reflexivität – und benutze damit dieses Wort wie die Franzosen, wenn sie ein Verb beschreiben, dessen Subjekt und Objekt übereinstimmen. Bedient man sich simpler Mathematik, läßt sich die Reflexivität als ein Paar rekursiver Funktionen beschreiben:

$$y = f(x) \text{ kognitive Funktion}$$
$$x = \phi(y) \text{ teilnehmende Funktion}$$

Damit

$$y = f[\phi(y)]$$
$$x = \phi[f(x)]$$

Dies ist das theoretische Fundament meines Ansatzes. Die beiden rekursiven Funktionen bringen keinen Gleichgewichtszustand hervor, sondern einen niemals endenden Prozeß der Veränderung. Dieser Prozeß ist grundsätzlich verschieden von den Prozessen, mit denen sich die Naturwissenschaften auseinandersetzen. Bei ihnen folgt auf eine Kombination von Fakten eine andere, ohne daß hier eine Wechselwirkung mit Gedanken oder Wahrnehmungen stattfände (wiewohl in der Quantenpysik die Beobachtungen die Unschärfe hervorrufen). Hat eine Situation indes denkende Teilnehmer, so führt die Abfolge der Ereignisse eben nicht von einer Kombination von Fakten zur nächsten, vielmehr verknüpfen sich Fakten und Wahrnehmung sowie Wahrnehmung und Fakten wie Schnürsenkel. Somit führt das Konzept der Reflexivität zu einer „schnürsenkelartigen" Theorie der Geschichte.

Es sollte beachtet werden, daß die Schnürsenkel-Theorie etwas Dialektisches an sich hat. Sie kann als eine Synthese der Hegel'schen Dialektik der Gedanken und des Marx'schen dialektischen Materialismus' begriffen werden. Anstelle dialektisch verbundener Gedanken oder materieller Grundlagen für sich ist es hier aber die Wechselwirkung zwischen den beiden, die einen dialektischen Prozeß hervorbringt. Der einzige Grund, warum ich dieses Wort nicht extensiver benutze, ist, daß ich mir nicht die übermäßige Last aufhalsen mag, die mit ihm verbunden ist.

Hegel ist mir unklar, und Marx vertrat eine deterministische Geschichtstheorie, die der meinen diametral entgegensteht.

Der historische Prozeß, wie ich ihn sehe, hat ein offenes Ende. Seine Haupttriebkraft ist die Voreingenommenheit der Beteiligten. Fraglos ist das nicht die einzige wirksame Kraft, aber sie ist im historischen Prozeß einzigartig und hebt sie von den Prozessen ab, die die Naturwissenschaften verfolgen. Die biologische Evolution ist der genetischen Veränderung zuzuschreiben; ich denke, daß die historische Entwicklung sich nach dem Unverständnis der Beteiligten geformt hat. Ich würde sogar so weit gehen zu behaupten, daß die Ideen, die Geschichte gemacht haben, aus fruchtbaren Fehleinschätzungen bestanden. Ein fruchtbarer Irrtum wird erst einmal als Einsicht verstanden, wenn er dann auf die Wirklichkeit übertragen wird, treten seine Schwächen zutage. Das führt zu einem weiteren fruchtbaren Irrtum, der dem ersten entgegensteht, und so geht es dann weiter. Jeder Fehlschlag führt zu einer neuen Erfahrung; in dem Maße, in dem die Menschen aus ihrer Erfahrung lernen, kann dieser Prozeß als Fortschritt beschrieben werden. Irrtum ist natürlich ein sehr extremer Ausdruck, aber er trägt dazu bei, die Aufmerksamkeit in die rechte Richtung zu lenken: auf die Voreingenommenheit der Beteiligten.

Ich werde dieses Thema hier nicht weiter verfolgen; offensichtlich ist aber das Konzept der Reflexivität, wie es hier beschrieben wurde, auch von Bedeutung für Gebiete, die weit außerhalb der in diesem Buch behandelten liegen.

Reflexivität contra Gleichgewicht

Kehren wir zur ökonomischen Theorie zurück, so darf vermutet werden, daß es die Voreingenommenheit der Beteiligten ist, die einen Gleichgewichtszustand unerreichbar machen wird. Das Ziel, auf das der Anpassungsprozeß hinarbeitet, beinhaltet eine Voreingenommenheit- und die Voreingenommenheit kann sich im Verlauf des Prozesses noch ändern. Geschieht das, so zielt dieser Prozeß nicht auf ein Gleichgewicht, sondern auf ein bewegliches Ziel.

Um die Sache ins rechte Licht zu rücken, wollen wir die Ereignisse in zwei Kategorien unterteilen: Eintönige, alltägliche Ereignisse werden von den Beteiligten korrekt vorweggenommen und führen nicht zu einer Änderung ihrer Wahrnehmung, hingegen können einmalige historische Ereignisse die Voreingenommenheit der Beteiligten beeinflussen und zu weiteren Veränderungen führen. Die erste Art von Ereignissen ist einer Analyse des Gleichgewichts zugänglich, die zweite nicht: sie kann nur als Teil eines historischen Prozesses verstanden werden.

Bei alltäglichen Vorgängen ist nur die teilnehmende Funktion aktiv, die kognitive Funktion ist vorgegeben. Im Falle einmaliger historischer Ereignisse arbeiten beide Funktionen gleichzeitig zusammen, so daß weder die Einschätzung der Beteiligten noch die Situation, auf die sie sich bezieht, die gleichen bleiben wie vorher. Das ist es, was es rechtfertigt, solche Entwicklungen als historisch zu beschreiben.

Es gilt hervorzuheben, daß meine Definition einer historischen Veränderung eine Tautologie beinhaltet. Zum einen unterteile ich die Ereignisse nach ihrem Effekt auf die Voreingenommenheit der Beteiligten: diejenigen, die die Voreingeommenheit der Beteiligten ändern, nenne ich historisch, diejenigen, die das nicht tun, bezeichne ich als alltäglich. Zweitens behaupte ich, daß es gerade die Veränderungen in der Voreingenommenheit der Beteiligten sind, die einen Ablauf von Ereignissen als historisch qualifizieren. Tautologien können hilfreich sein, vorausgesetzt, sie werden als solche erkannt. Im vorliegenden Fall hilft die Tautologie, die Gleichgewichtshypothese ins rechte Licht zu rücken. Ich habe historische Veränderungen als eine Wechselwirkung zwischen der kognitiven und der teilnehmenden Funktion definiert. Was eine Veränderung historisch macht, ist, daß sie sowohl den Ablauf der Ereignisse als auch die Wahrnehmungen der Beteiligten beeinflußt; damit kann das nachfolgende Ereignis nicht eine bloße Wiederholung des vorangegangenen sein. Die Gleichgewichtshypothese schaltet die historische Veränderung aus, indem sie die kognitive Funktion übergeht. Die Kurven von Angebot und Nachfrage, wie sie die Wirtschaftstheorie verwendet, sind lediglich Ausdruck der teilnehmenden Funktion. Die kognitive Funktion wird durch die Annahme perfekten Wissens ersetzt. Wenn die kognitive Funktion berücksichtigt würde, könnten die Ereignisse im Markt den Kurvenverlauf von Angebot und Nachfrage bestimmen – und das von den Ökonomen untersuchte Gleichgewicht würde vielleicht niemals erreicht.

Wie wichtig ist das Übergehen der kognitiven Funktion? Anders gefragt, wie wichtig ist die Verzerrung, die dadurch entsteht, daß davon ausgegangen wird, die am Marktgeschehen Beteiligten seien voreingenommen?

In der mikroökonomischen Analyse ist diese Verzerrung unwesentlich, und die Voreingenommenheit der Beteiligten fällt nur wenig ins Gewicht. Im ersten Schritt kann man die Voreingenommenheit der Beteiligten als gegeben ansehen: das sichert ein stabiles Gleichgewicht. Um die Untersuchung dynamischer zu machen, kann man die Veränderungen in der Voreingenommenheit der Beteiligten, wie sie sich als Änderung der Konsumgewohnheiten oder der Produktionsmethoden ausdrücken, Stück für Stück hinzufügen. Das einzige, was diese stückweise Einfügung ausgrenzt, ist die mögliche Verknüpfung der sich vielfältig ändernden Bedingungen von Angebot und Nachfrage, aber diese Ausgrenzung setzt nicht die Schlußfolgerungen außer Kraft, die die mikroökonomische Theorie gerne etablieren möchte.

Was die Finanzmärkte betrifft, stellt sich die Verzerrung schon schwerwiegender dar. Die Voreingenommenheit der Marktteilnehmer ist ein Element der Kursfindung, und keine bedeutende Marktbewegung bleibt ohne Einfluß auf die Voreingenommenheit der Marktteilnehmer. Das Streben nach einem ausgewogenen Preis erweist sich als wilde Gänsejagd, und die Theorie eines ausgewogenen Preises kann selbst zur fruchtbaren Quelle der Voreingenommenheit werden. Um J. P. Morgan wiederzugeben: Die Finanzmärkte werden auch in Zukunft schwanken.

Dem Versuch, makroökonomische Entwicklungen zu behandeln, ist die Gleichgewichtshypothese völlig unangemessen. Nichts könnte wirklichkeitsfremder sein als die Annahme, daß die Beteiligten ihre Entscheidungen aufgrund vollkommenen Wissens treffen. Die Menschen versuchen, die Zukunft mit Hilfe aller möglichen Wegweiser, die sie errichten können, zu erahnen. Das Ergebnis weicht in aller Regel von den Erwartungen ab, was zu sich ständig verändernden Entwicklungen und sich ständig verändernden Ergebnissen führt: Dieser Prozeß ist reflexiv.

In „Die allgemeine Theorie der Beschäftigung, des Zinses und des Geldes" gelang es Keynes zu zeigen, daß Vollbeschäftigung ein Ausnahmezustand ist; würden wir eine allgemeine Theorie der Reflexivität entwickeln, so würde sich das Gleichgewicht als ein Ausnahmezustand erweisen. Obwohl sie kaum als allgemeingültige Theorie tauglich ist, werde ich versuchen, die Rolle der Reflexivität in den Finanzmärkten zu erklären, d.h., ich werde versuchen, ihre Funktionsweise als historischen Prozeß zu interpretieren.

2
REFLEXIVITÄT IM AKTIENMARKT

Bei meinem Versuch, eine Theorie der Reflexivität zu entwickeln, werde ich beim Aktienmarkt beginnen. Zum einen ist dies der Markt, mit dem ich am meisten vertraut bin – seit über 25 Jahren bin ich professioneller Anleger, zum anderen erweist sich der Aktienmarkt als exzellentes Testlabor für Theorien: Veränderungen drücken sich in quantifizierbaren Größen aus, und Daten sind leicht zu beschaffen. Sogar die Einschätzungen der Beteiligten sind normalerweise in Form von Broker-Berichten verfügbar. Am wichtigsten aber ist, daß ich meine Theorie tatsächlich am Aktienmarkt getestet habe und daß ich einige interessante Fallstudien vorlegen kann.

Wie ich schon in der Einleitung ausführte, habe ich meine Idee der Reflexivität in Zusammenhang mit meinen Aktivitäten am Aktienmarkt entwickelt. Die Theorie der Reflexivität wurde als abstrakte philosophische Betrachtung geboren, und nur allmählich erkannte ich ihre Bedeutung für die Entwicklung der Aktienkurse. Insbesondere blieb mir der Erfolg versagt, meine Theorie auf jenem abstrakten Niveau zu formulieren, auf dem ich sie entworfen hatte: mein Versagen als Philosoph steht im krassen Gegensatz zu meiner Karriere als professioneller Anleger. Ich hoffe, daß ich es umgehen kann, mich in geheimnisvollen Abstraktionen zu verlieren, indem ich die Ideen in der umgekehrten Reihenfolge vortrage, in der ich auf sie stieß.

Es gibt aber noch einen anderen Grund, aus dem sich der Aktienmarkt als bester Einstiegspunkt zur Untersuchung reflexiver Phänomene erweisen könnte. Der Aktienmarkt erfüllt die Kriterien des vollkommenen Marktes so gut wie kaum ein anderer Markt: ein zentral gelegener Handelsplatz, homogene Produkte, niedrige Transaktions- und Transportkosten, eine dichte Kommunikation, eine hinreichend große Menge von Marktteilnehmern, damit kein einzelner Marktteilnehmer die Preise vom normalen Lauf der Dinge abbringen kann, und Sonderregeln für den Insiderhandel wie auch spezielle Aufpasser, die darauf achten, daß alle Marktteilnehmer Zugang zu wichtigen Informationen haben. Was will man mehr? Wenn es irgendeinen Ort gibt, an dem sich die Theorie des vollständigen Wettbewerbs in die Praxis übersetzen läßt, dann ist es gewiß der Aktienmarkt.

Dennoch gibt es bei den Kursen erfahrungsgemäß nur sehr wenige Anzeichen eines Gleichgewichts oder auch nur einer Tendenz hin zum Gleichgewicht. Das Konzept des Gleichgewichts erscheint bestenfalls als irrelevant – schlechtestenfalls als irreführend. Augenscheinlich sehen wir fortwährende Bewegungen, ganz gleich, welchen Beobachtungszeitraum man wählt. Zugegebenermaßen ändern sich auch die zugrundeliegenden Bedingungen, die sich angeblich in den Aktienkursen wiederspiegeln, aber es ist schwierig, eine feste Beziehung zwischen den Schwankungen der Aktienkurse und den zugrundeliegenden Bedingungen herauszufinden. Welche Beziehung auch immer sich hier feststellen läßt; sie läßt sich wohl eher unterstellen als beobachten. Ich habe vor, die Theorie der Reflexivität dazu zu benutzen, das Vorurteil der Wirtschaftstheorie mit ihrem Gleichgewichtszustand zu kritisieren. Könnte ich dazu ein besseres Beispiel finden als den Aktienmarkt?

Die bestehenden Theorien über das Verhalten der Aktienkurse sind bemerkenswert unterschiedlich. Für den Praktiker sind sie dermaßen bedeutungslos, daß ich mit ihnen nicht einmal richtig vertraut bin. Der Umstand, daß ich es auch ohne sie geschafft habe, spricht für sich.

Die Theorien lassen sich generell in zwei Lager unterteilen: das fundamentale und das technische. Früher trat die Zufallstheorie mehr in den Vordergrund; diese Theorie geht davon aus, daß im Markt alle zukünftigen Entwicklungen enthalten sind, so daß die Chancen des einzelnen, besser oder schlechter als der Markt zu sein, letztlich gleich sind. Diese Denkweise hat als Grundlage dafür hergehalten, daß immer mehr Institutionen ihr Geld in Index-Fonds anlegen. Diese Theorie ist schlichtweg falsch – ich habe sie widerlegt, indem ich die Entwicklung der Markt-Indizes über einen Zeitraum von zwölf Jahren kontinuierlich übertaf. Die Institutionen mögen gut damit beraten sein, in Index-Fonds zu investieren; der Grund dafür aber liegt in ihrer eigenen, unterdurchschnittlichen Performance, nicht aber darin, daß man die Marktindizes nicht übertreffen könnte.

Die technischen Analysten forschen nach Chartmustern und dem Umsatzverhalten von Aktien. Das ist ohne Zweifel sinnvoll, wenn man wahrscheinliche Entwicklungen vorhersagen will, nicht aber, wenn man den tatsächlichen Ablauf der Ereignisse prognostizieren möchte. Für die Belange unserer Diskussion hat das wenig Bedeutung, da es ein theoretisches Fundament hat, das kaum über die Versicherung herausgeht, daß die Aktienkurse von Angebot und Nachfrage bestimmt werden und daß vergangene Erfahrungen für die Vorhersage der Zukunft von Bedeutung sind.

Die Fundamentalanalyse ist interessanter, da sie ein Auswuchs der Gleichgewichtstheorie ist. Aktien haben angeblich einen wahren oder fundamentalen Wert, der sich von ihrem gegenwärtigen Kurs unterscheidet. Der fundamentale Wert einer Aktie mag dabei relativ zur Kaufkraft des zugrundeliegenden Vermögens oder aber im Verhältnis zum fundamentalen Wert anderer Aktien definiert werden. In beiden Fällen geht man davon aus, daß der Kurs einer Aktie sich mit der Zeit dem fundamentalen Wert annähern wird, womit die Fundamentalanalyse sich als nützlicher Ratgeber für Anlageentscheidungen erweisen würde.

Der entscheidende Punkt bei diesem Ansatz ist, daß man annimmt, daß die Verknüpfung zwischen den Aktienkursen und der Gesellschaft, deren Aktie gehandelt werden, eine einseitige ist. Die Geschäftserfolge der Firmen beeinflussen – wenn auch mit zeitlicher Verzögerung – die relative Bewertung aller am Aktienmarkt gehandelten Aktien. Die Möglichkeit, daß sich Entwicklungen am Aktienmarkt auf den Erfolg der Gesellschaften auswirken können, wird außer Acht gelassen. Hier gibt es eine klare Parallele zur Theorie des Preises, bei der die mittlere Kurve die relative, konsumierte Warenmenge festlegt, wobei unberücksichtigt bleibt, daß der Markt diese Kurve beeinflussen könnte. Diese Parallele ist kein Zufall: Der fundamentale Ansatz gründet sich auf der Theorie des Preises. Diese Unterlassungssünde tritt aber am Aktienmarkt deutlicher als in anderen Märkten zutage. Die Kursbewertung am Aktienmarkt wirkt unmittelbar auf den zugrundeliegenden Wert ein: durch die Ausgabe und den Rückkauf von Aktien und Optionen und durch Unternehmenstransaktionen aller Art – Fusionen, Übernahmen, den Gang an die Börse, die Privatisierung usw. Es gibt auch subtilere Wege, auf denen sich die Aktienkurse auf das Ansehen einer Gesellschaft auswirken können: Beurteilung der Kreditwürdigkeit, Akzeptanz der Konsumenten, Glaubwürdigkeit des Managements etc. Der Einfluß dieser Faktoren auf die Aktienpreise wird natürlich voll und ganz erkannt; der Einfluß der Aktienkurse auf diese Faktoren aber wird vom fundamentalen Ansatz hartnäckig ignoriert.

Wenn deutliche Diskrepanzen zwischen den vorherrschenden Aktienkursen und dem fundamentalen Wert bestehen, so schreibt man das zukünftigen Entwicklungen bei den betreffenden Gesellschaften zu, die zwar noch nicht bekannt sind, vom Aktienmarkt aber bereits korrekt vorweggenommen werden. Man glaubt, daß die Bewegungen am Aktienmarkt den Entwicklungen vorauseilen, durch die sie letztlich gerechtfertigt werden. Wie denn zukünftige Entwicklungen bewertet werden können, ist Thema anhaltender Diskussionen; man nimmt aber an, daß der Markt diesen Job schon korrekt ausführt, auch wenn man die korrekte Methode theoretisch nicht dingfest machen kann. Diese Sichtweise entstammt natürlich der Theorie des vollkommenen Wettbewerbs. Sie läßt sich in der Behauptung zusammenfassen, „daß der Markt immer recht hat." Diese Behauptung wird allgemein anerkannt, selbst von Leuten, die nicht viel Vertrauen in die Fundamentalanalyse haben.

Ich vertrete den genau entgegengesetzten Standpunkt. Ich stimme weder der Behauptung zu, daß die Aktienkurse ein passives Spiegelbild der zugrundeliegenden Werte sind, noch stimme ich mit der Behauptung überein, daß dieses Spiegelbild dazu neigt, sich den zugrundeliegenden Werten anzupassen. Ich stelle die Behauptung auf, daß die Marktpreise immer verzerrt sind; mehr noch – und hier liegt die entschiedene Abkehr von der Gleichgewichtstheorie –, daß diese Verzerrung die zugrundeliegenden Werte beeinflussen kann. Die Aktienkurse sind nicht nur bloße Spiegelbilder; sie sind aktive Bestandteile eines Prozesses, in dem sowohl die Aktienkurse als auch das Vermögen der an der Börse gehandelten Gesellschaften festgelegt werden. Anders ausgedrückt: Ich betrachte die Veränderungen der Aktienkurse als Teil eines historischen Prozesses, und ich konzentriere mich auf den Unterschied zwischen den Erwartungen der Marktteilnehmer und dem tatsächlichen Ablauf der Ereignisse; diesen Unterschied halte ich für einen kausalen Faktor in diesem Prozeß.

Um diesen Prozeß zu erklären, setze ich bei diesem Unterschied an. Ich schließe nicht die Möglichkeit aus, daß die Ereignisse tatsächlich so ablaufen können, wie die Beteiligten es erwarten, aber ich betrachte das als die Ausnahme. In die Sprache des Marktes übertragen behaupte ich, daß die Marktteilnehmer immer in der einen oder anderen Richtung voreingenommen sind. Ich streite nicht ab, daß die Märkte eine voraussagende oder antizipative Kraft haben, die manchmal unheimlich ist, aber ich behaupte, daß das durch den Einfluß der Voreingenommenheit der Markteilnehmer auf den tatsächlichen Ablauf der Ereignisse erklärt werden kann. Zum Beispiel wird allgemein davon ausgegangen, daß der Aktienmarkt Rezessionen vorwegnimmt; richtiger wäre es, zu sagen, daß er dazu beitragen kann, sie herbeizuführen. Damit ersetze ich die Behauptung, daß der Markt immer recht hat, durch zwei andere:

1. Die Märkte sind immer in die eine oder andere Richtung voreingenommen.
2. Die Märkte können die Ereignisse, die sie antizipieren, beeinflussen.

Die Kombination dieser Behauptungen erklärt, warum die Märkte die Ereignisse so oft korrekt vorwegzunehmen scheinen.

Nehmen wir die Voreingenommenheit der Marktteilnehmer als Ausgangspunkt, so können wir versuchen, ein Modell der Wechselwirkung zwischen der Einschätzung der Teilnehmer und der Situation, an der sie teilhaben, zu entwerfen. Was die Analyse so schwierig macht, ist der Umstand, daß die Einschätzung der Teilnehmer selbst ein Teil der Situation ist, auf die sie sich bezieht. Um eine dermaßen komplexe Situation sinnvoll angehen zu können, müssen wir sie vereinfachen. Ich habe einen vereinfachenden Entwurf vorgelegt, als ich von der Voreingenommenheit der Beteiligten sprach. Nun möchte ich die Argumentation einen Schritt weiter bringen, indem ich das Konzept einer vorherrschenden Voreingenommenheit einführe.

Die Märkte haben viele Teilnehmer, deren Ansichten sich zwangsläufig unterscheiden müssen. Ich werde davon ausgehen, daß sich viele der individuellen Vorurteile gegenseitig aufheben und daß letztlich das übrig bleibt, was ich als „vorherrschende Voreingenommenheit" bezeichne. Diese Voraussetzung trifft nicht auf alle historischen Prozesse zu, aber sie läßt sich auf den Aktienmarkt anwenden – wie auch auf alle anderen Märkte. Was den Vorgang der Aufsummierung individueller Wahrnehmungen legitimiert, ist, daß sie sich alle auf einen gemeinsamen Nenner, nämlich den Aktienkurs beziehen. In anderen historischen Prozessen sind die Einschätzungen der Beteiligten zu verschwommen, um sich aufrechnen zu lassen, und das Konzept einer vorherrschenden Voreingenommenheit kommt kaum über den Status einer Metapher heraus. Für diese Fälle mag ein anderes Konzept erforderlich sein, im Aktienmarkt aber drückt sich die Voreingenommenheit der Beteiligten in Käufen und Verkäufen aus. Unter sonst gleichen Bedingungen führt eine positive Voreingenommenheit zu steigenden Kursen und eine negative zu fallenden. Somit ist die vorherrschende Voreingenommenheit ein beobachtbares Phänomen.

Die Bedingungen bleiben natürlich niemals die gleichen. Wir müssen etwas mehr über die „Bedingungen" wissen, um unser Modell bauen zu können. An dieser Stelle werde ich ein zweites, vereinfachendes Konzept einführen. Ich werde einen „zugrundeliegenden Trend" als gegeben voraussetzen, der die Bewegungen der Aktienkurse beeinflußt, ganz gleich, ob er nun von den Anlegern erkannt wird oder nicht. Dieser Einfluß auf die Aktienpreise wird, abhängig von der Einschätzung der Marktteilnehmer, natürlich variieren. Der Trend der Aktienkurse kann dann als aus dem „zugrundeliegenden Trend" und der „vorherrschenden Voreingenommenheit" zusammengesetzt begriffen werden.

Wie spielen diese beiden Faktoren zusammen? Erinnern Sie sich daran, daß zwei Verknüpfungn im Spiel sind: die teilnehmende und die kognitive Funktion. Der zugrundeliegende Trend beeinflußt die Wahrnehmungen der Beteiligten über dic kognitive Funktion; die daraus resultierende Veränderung der Wahrnehmung wirkt sich über die teilnehmende Funktion auf die Situation aus. Im Falle des Aktienmarktes richtet sich der wesentlichste Einfluß auf die Aktienkurse. Die Veränderung der Aktienkurse kann nun ihrerseits sowohl die Voreingenommenheit der Beteiligten als auch den zugrundeliegenden Trend beeinflussen.

Wir haben hier ein reflexives Verhältnis, bei dem die Aktienkurse von zwei Faktoren bestimmt werden – dem zugrundeliegenden Trend und der vorherrschenden Voreingenommenheit –, die ihrerseits aber durch die Aktienkurse beeinflußt werden. Im Zusammenspiel zwischen Aktienkursen und den beiden anderen Faktoren gibt es keine Konstante: was man in der einen Funktion für die unabhängige Variable hält, ist die abhängige Variable in der anderen. Ohne eine Konstante aber gibt es auch keine Tendenz auf ein Gleichgewicht hin. Der Ablauf der Ereignisse läßt sich am besten als historischer Prozeß der Veränderung deuten, in dem keine der Variablen – Aktienkurse, zugrundeliegender Trend und vorherrschende Voreingenommenheit – so bleibt, wie sie vorher war. In der typischen Reihenfolge verstärken sich die drei Variablen gegenseitig erst in der einen, dann in der anderen Richtung; ein Schema, das in seiner simpelsten Form als Boom und Zusammenbruch bekannt ist.

Wir müssen zuerst einige Definitionen treffen. Wenn die Aktienkurse den zugrundeliegenden Trend verstärken, werden wir den Trend „sich selbst verstärkend" nennen; wenn sie in die andere Richtung gehen, „sich selbst korrigierend". Die gleiche Terminologie gilt für die vorherrschende Voreingenommenheit: auch sie kann sich selbst verstärkend oder sich selbst korrigierend sein. Es ist wichtig zu verstehen, was diese Begriffe meinen. Wenn sich ein Trend selbst verstärkt, beschleunigt er sich. Wenn sich die Voreingenommenheit verstärkt, weitet sich die Kluft zwischen den Erwartungen und der tatsächlichen künftigen Entwicklung der Aktienkurse aus; umgekehrt wird sie enger, wenn sie sich selbst korrigiert. Soweit es die Aktienkurse betrifft, werden wir sie einfach als steigend oder fallend beschreiben. Wenn die vorherrschende Voreingenommenheit dazu beiträgt, die Kurse steigen zu lassen, werden wir das als „positiv" bezeichnen; arbeitet sie in die entgegengesetzte Richtung, als „negativ". Somit werden steigende Kurse von einer positiven Voreingenommenheit verstärkt und fallende von einer negativen. In einer Abfolge von Boom und Zusammenbruch sollten wir zumindest einen Zeitraum erwarten dürfen, in dem steigende Kurse von einer positiven Voreingenommenheit beeinflußt werden, und einen Zeitraum, in dem fallende Kurse von einer negativen Voreingenommenheit beeinflußt werden. Ferner sollte es einen Punkt geben, an dem sich der zugrundeliegende Trend und die vorherrschende Voreingenommenheit zusammenfinden, um den Trend der Aktienkurse zu drehen.

Lassen Sie uns nun versuchen, ein rudimentäres Modell von Boom und Zusammenbruch zu errichten. Wir beginnen bei dem zugrundeliegenden Trend, der als solcher noch nicht erkannt ist – obwohl auch eine vorherrschende Voreingenommenheit vorstellbar ist, die sich noch nicht in den Aktienkursen widerspiegelt. Deshalb ist es nicht sinnvoll, bei der vorherrschenden Voreingenommenheit anzusetzen. Sobald die Marktteilnehmer den Trend erkennen, wird diese Veränderung der Wahrnehmung sich auf die Aktienkurse auswirken. Die Veränderung der Aktienkurse kann den zugrundeliegenden Trend beeinflussen, muß es aber nicht. Im zweiten Fall gibt es nicht viel zu diskutieren; im ersten Fall haben wir es mit einem sich selbst verstärkenden Prozeß zu tun.

Der verstärkte Trend wird sich auf die vorherrschende Voreingenommenheit auf die eine oder andere Weise auswirken: er wird entweder zur Erwartung einer weiteren Beschleunigung führen oder zur Erwartung einer Korrektur. Im zweiten Fall ist nicht sicher, ob der zugrundeliegende Trend die Korrektur der Aktienkurse übersteht. Im ersten Fall entwickelt sich eine positive Voreingenommenheit, die einen weiteren Anstieg der Aktienkurse und eine weitere Beschleunigung des zugrundeliegenden Trends verursacht. So lange sich die Voreingenommenheit selbst verstärkt, steigen die Erwartungen noch schneller als die Aktienkurse. Der zugrundeliegende Trend wird in zunehmendem Maße von den Aktienkursen beeinflußt, und der Anstieg der Aktienkurse hängt mehr und mehr von der vorherrschenden Voreingenommenheit ab, so daß sowohl der zugrundeliegende Trend als auch die vorherrschende Voreingenommenheit zunehmend verwundbarer werden. Schließlich vermag der Kurstrend die verbreiteten Erwartungen nicht mehr zu erfüllen, und es kommt zu einer Korrektur. Enttäuschte Erwartungen haben eine negative Auswirkung auf die Aktienkurse, und nachgebende Aktienkurse schwächen den zugrundeliegenden Trend. Wenn der zugrundeliegende Trend vorwiegend von Aktienkursen abhängig geworden ist, kann sich die Korrektur zu einem kompletten Trendwechsel auswachsen. In diesem Fall fallen die Aktienkurse, der zugrundeliegende Trend hat sich umgekehrt, und die Erwartungen gehen noch weiter zurück. Auf diese Weise wird ein sich selbst verstärkender Prozeß in die andere Richtung eingeleitet. Zuletzt erreicht auch der Abwärtstrend einen Höhepunkt und kehrt sich um.

Normalerweise durchläuft ein sich selbst verstärkender Prozeß zu Beginn mehrere geordnet verlaufende Korrekturen; übersteht er sie, so pflegt sich die Voreingenommenheit zu erhöhen und ist schwerer zu erschüttern. Ist der Prozeß fortgeschritten, so werden die Korrekturen seltener und die Gefahr einer Trendumkehr größer.

Ich habe einmal eine typische Sequenz von Boom und Zusammenbruch skizziert. Sie läßt sich durch zwei Kurven veranschaulichen, die mehr oder weniger den gleichen Verlauf aufweisen. Die eine gibt die Aktienkurse wieder, die andere den Gewinn pro Aktie. Es wäre nur natürlich, sich die Kurve der Gewinne als Maßzahl für den zugrundeliegenden Trend vorzustellen, und die Abweichung der beiden Kurven voneinander als Gradmesser der zugrundeliegenden Voreingenommenheit. Die Beziehung ist aber erheblich komplexer. Die Gewinnkurve beinhaltet nicht nur den zugrundeliegenden Trend, sondern auch den Einfluß der Aktienkurse auf diesen Trend; die vorherrschende Voreingenommenheit wird aber nur teilweise von der Abweichung der Kurven voneinander ausgedrückt – zum Teil spiegelt sie sich bereits in den Kurven wider. Mit Konzeptionen, die nur stückweise beobachtbar sind, läßt sich sehr schwer umgehen. Aus diesem Grunde haben wir Variablen gewählt, die sich beobachten und quantifizieren lassen, obwohl – wie wir später sehen werden – die Quantifizierung des Gewinns pro Aktie sehr irreführend sein kann. Für unseren jetzigen Zweck wollen wir davon ausgehen, daß sich die „Fundamentals", für die sich die Anleger interessieren, mit dem Gewinn pro Aktie in gebührender Form messen lassen.

Ein typischer Verlauf der beiden Kurven könnte z.B. so aussehen (s. Abbildung unten): Zuerst bleibt die Wahrnehmung des zugrundeliegenden Trends aus, aber der Trend ist schon stark genug, um sich im Gewinn/Aktie niederzuschlagen (AB). Wenn der zugrundeliegende Trend schließlich erkannt wird, wird er durch steigende Erwartungen verstärkt (BC). Es kommen zwar Zweifel auf, aber der Trend besteht fort. Alternativ könnte der Trend auch etwas pendeln, sich aber selbst wieder stabilisieren.

Reflexivity in the Stock Market

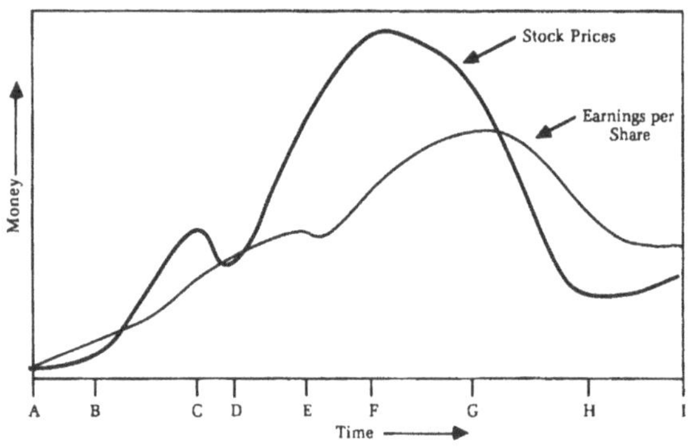

Solche Tests mögen sich mehrfach wiederholen; ich habe hier nur ein Beispiel eingezeichnet (CD). Schließlich bildet sich eine Überzeugung heraus, die nicht länger durch einen Rücksetzer im Gewinntrend zurückgeworfen wird (DE). Die Erwartungen schäumen über, werden aber durch die Realität nicht bestätigt (EF). Die Voreingenommenheit wird als solche erkannt, und die Erwartungen werden zurückgenommen (FG). Die Aktienkurse verlieren ihre letzte Stütze und brechen ein (G). Der zugrundeliegende Trend kehrt sich um und verstärkt die Abwärtsbewegung noch (GH). Zuletzt wird der Pessimismus zu groß, und der Markt stabilisiert sich (H).

Es sollte betont werden, daß dies nur ein möglicher Hergang ist, der aus dem Zusammenspiel nur eines einzigen zugrundeliegenden Trends und einer vorherrschenden Voreingenommenheit resultiert. Es könnten aber auch mehr als nur ein Trend mitwirken, und die vorherrschende Voreingenommenheit könnte viele Nuancen haben, so daß der Ablauf der Ereignisse einer ganz anderen Darstellung bedürfte.

Zur theoretischen Konstruktion des Modells sind einige Sätze angebracht. Unser Interesse richtet sich auf die Wechselwirkung zwischen der Voreingenommenheit der Beteiligten und dem tatsächlichen Ablauf der Ereignisse. Dennoch schlägt sich die vorherrschende Voreingenommenheit in unserem Modell nicht unmittelbar nieder; beide Kurven bilden den tatsächlichen Ablauf der Ereignisse ab. Die vorherrschende Voreingenommenheit ist zum Teil in den beiden Kurven enthalten, zum Teil drückt sie sich in dem Abstand der beiden Kurven zueinander aus.

Der große Vorteil dieser Konstruktion ist, daß sie quantifizierbare Variablen benutzt. Die Aktienkurse dienen als praktischer Stellvertreter für die Situation, auf die sich die Voreingenommenheit der Beteiligten bezieht. In anderen historischen Prozessen ist die Situation, die mit der Wahrnehmung der Beteiligten über die kognitive und die teilnehmende Funktion verknüpft ist, schwerer zu identifizieren und unmöglich zu quantifizieren. Es ist dieser praktische Stellvertreter, der den Aktienmarkt zu einem dermaßen gut geeigneten Labor zur Untersuchung der Reflexivität macht.

Leider bietet das Modell nur eine bruchstückhafte Erklärung für die Art und Weise, wie die Aktienkurse zustande kommen. Als begrifflicher „Platzhalter" wurde die Konzeption eines zugrundeliegenden Trends eingeführt, der die Veränderungen der „Fundamentals" anzeigen soll. Was diese Fundamentals aber sind, wurde nicht definiert. Selbst die Frage, wie sich die Fundamentals messen lassen, wurde nicht beantwortet. Gewinne, Dividenden, Vermögenswerte, freier Cash-Flow: all diese Maßstäbe sind von Bedeutung, genau wie viele andere, aber das relative Gewicht, das jedem einzelnen zukommt, beruht auf dem Urteil der Anleger und unterliegt damit ihrer Voreingenommenheit. Zu Illustrationszwecken können wir zwar den Gewinn pro Aktie heranziehen, gehen aber damit lediglich von einer unbewiesenen Voraussetzung aus. Mit diesem Problem haben sich die Wertpapier-Analysten seit langem herumgeschlagen. Um eine Theorie der Reflexivität zu entwickeln, brauchen wir es hier nicht zu lösen.

Auch ohne irgendwelche Kenntnisse über die Fundamentals können wir einige wertvolle Verallgemeinerungen treffen. Die erste Verallgemeinerung besagt, daß die Aktienkurse irgendeinen Effekt auf die Fundamentals (was immer das auch ist) ausüben müssen, um ein Gefüge von Boom und Zusammenbruch hervorzubringen. Zuweilen ist diese Verbindung direkt, wie in den Beispielen, die ich in diesem Kapitel anführen werde, im allgemeinen aber ist sie indirekt. Häufig werden ihre Auswirkungen in politischen Prozessen spürbar, so z.B. in der Besteuerung oder der Regulation oder in der Einstellung zum Sparen und Investieren.

Selbst wenn die Fundamentals davon gar nicht berührt werden, ist es möglich, daß eine reflexive Verbindung zwischen Aktienkursen und der vorherrschenden Voreingenommenheit besteht; interessant wird diese Verbindung allerdings nur dann, wenn auch die Fundamentals betroffen sind. Ohne eine Veränderung der Fundamentals wird die vorherrschende Voreingenommenheit wahrscheinlich in kurzen Zeitabständen ausgeglichen, wie wir es bei den täglichen Kursschwankungen der Aktien beobachten können. Es wäre dann vollkommen in Ordnung, die Voreingenommenheit als bloße Störung zu ignorieren. Genau das haben die Theorie des vollkommenen Wettbewerbs und der fundamental orientierte Zweig der Wertpapieranalyse getan. Sind im Gegensatz hierzu auch die Fundamentals betroffen, kann die Voreingenommenheit nicht ohne ernsthafte Verzerrungen außer Acht gelassen werden, da die Voreingenommenheit einen sich selbst verstärkenden/sich selbst zunichtemachenden Prozeß in Gang setzt, der weder die Aktienkurse noch die Fundamentals noch die Einschätzungen der Beteiligten so beläßt wie sie zuvor waren.

Die zweite Verallgemeinerung besagt, daß in den Wahrnehmungen der Fundamentals durch die Beteiligten zwangsläufig ein Fehler liegen muß. Der Fehler mag zu Beginn noch nicht sichtbar sein, mit Wahrscheinlichkeit aber tritt er später zutage. Sobald das geschieht, legt er den Grundstein für einen Umschwung der vorherrschenden Voreingenommenheit. Wenn die Veränderung der Voreingenommenheit den zugrundeliegenden Trend umkehrt, wird ein sich selbst verstärkender Prozeß in der entgegengesetzten Richung auf den Weg gebracht. Worin der Fehler liegt und wie und wann er sich wahrscheinlich offenbart, darin liegt der Schlüssel zum Verständnis der Sequenzen von Boom und Zusammenbruch.

Das von mir oben vorgestellte Modell basiert auf diesen beiden Verallgemeinerungen. Es muß wohl kaum unterstrichen werden, wie grob dieses Modell ist. Dennoch ist es sehr wertvoll, wenn es darum geht, die entscheidenden Kennzeichen einer typischen Sequenz von Boom und Zusammenbruch zu identifizieren. Dies sind: ein nicht erkannter Trend, der Beginn eines sich selbst verstärkenden Prozesses, der erfolgreiche Test, die zunehmende Überzeugung – die sich in einem zunehmenden Auseinanderklaffen von Realität und Erwartungen ausdrückt – der Fehler in der Wahrnehmung, der Gipfelpunkt, ein sich selbst verstärkender Prozeß in entgegengesetzter Richtung. Allein durch das Erkennen dieser Merkmale können wir einen gewissen Einblick in das Gebaren der Aktienkurse gewinnen. Viel mehr können wir von unserem bruchstückhaften Modell nicht erwarten.

Den Platz der Fundamentalanalyse kann ein reflexives Modell jedenfalls nicht einnehmen: alles, was es zu leisten vermag, ist, ihr einen fehlenden Baustein hinzuzufügen. Prinzipiell ließen sich die beiden Ansätze miteinander in Einklang bringen. Die Fundamentalanalyse versucht nachzuweisen, wie die zugrundeliegenden Werte sich in Aktienkursen widerspiegeln, während die Theorie der Reflexivität zeigt, wie die Aktienkurse sich auf die zugrundeliegenden Werte auswirken können. Die eine Theorie liefert also ein statisches Modell, die andere ein dynamisches.

Jede Theorie, die eine teilweise Erklärung für die Bewegungen am Aktienmarkt bereitstellt, kann für den Anleger sehr nützlich sein, insbesondere dann, wenn sie eine Beziehung erhellt, die andere Anleger nicht verstehen können. Die Anleger arbeiten mit begrenztem Kapital und begrenzter Intelligenz: sie müssen nicht alles wissen. Solange sie einen Sachverhalt besser verstehen als andere, haben sie einen Vorteil. Das Problem bei jeder Art von Spezialwissen ist, daß sein spezielles Fachgebiet vielleicht nicht besonderes interessant ist; die Theorie der Reflexivität aber dient dazu, historisch bedeutsame Kursbewegungen aufzuspüren und stößt damit direkt zum Kern der Sache vor.

Das bruchstückhafte Modell, wie ich es oben umrissen habe, hat sich in meiner Karriere als Anleger als außerordentlich wertvoll herausgestellt. Das mag überraschend klingen, da das Modell so simpel ist und sich entlang so gut ausgetretener Marktmuster bewegt, daß man erwarten würde, daß jeder Anleger mit ihm vertraut ist. Dem ist aber nicht so. Warum nicht? Ein Teil der Antwort muß wohl lauten, daß die Marktteilnehmer von irgendeiner anderen theoretischen Konstruktion in die Irre geführt wurden. Eine von ihnen leitet sich aus der klassischen Ökonomie her, und – noch wichtiger –, die andere von den Naturwissenschaften. Die tief verwurzelte Ansicht dort ist, daß die Aktienkurse das passive Abbild irgendeiner zugrundeliegenden Realität seien und nicht ein aktiver Bestandteil des historischen Prozesses. Diese Einschätzung ist schlichtweg falsch. Bemerkenswert ist, daß dieser Irrtum noch nicht vollständig durchschaut worden ist. Nichtsdestoweniger erkennen die Anleger die Abfolge der Ereignisse, wie ich sie beschrieben habe, aber während ich darauf reagiere, verharren sie länger in einer abwartenden Haltung als jemand, der mit dem angesprochenen Modell arbeitet und nach den zentralen Merkmalen Ausschau hält, die den Verlauf der Kursentwicklung definieren. Das ist es, was mir einen Vorteil verschafft hat.

Das erste Mal, daß ich dieses Modell systematisch einsetzte, war während des Booms der Mischkonzerne in den späten 60er Jahren. Das versetzte mich in die Lage, sowohl am Aufwärtstrend als auch am Abwärtstrend Geld zu verdienen.

Der Auslöser für den Boom der Mischkonzerne war eine weitreichende Fehleinschätzung unter den Anlegern. Die Anleger waren darauf gekommen, den Zuwachs beim Gewinn/Aktie zu bewerten, versagten aber an der Aufgabe, die Begleitumstände dieses Gewinnzuwachses zu unterscheiden. Einige wenige Gesellschaften lernten, wie man durch Akquisitionen einen Gewinnzuwachs auf die Beine stellen kann. Sobald der Markt damit begann, sie für ihre Performance zu belohnen, wurde ihre Aufgabe leichter, da sie damit anfangen konnten, ihre eigenen, hochbewerteten Aktien durch die Übernahme anderer Gesellschaften anzubieten.

In der Theorie läuft dieser Prozeß folgendermaßen ab: Gehen wir einmal davon aus, daß alle beteiligten Unternehmen den faktisch gleichen Gewinnzuwachs haben, die Aktien der übernehmenden Gesellschaften aber mit dem doppelten Kurs-Gewinn-Verhältnis bewertet werden wie die der übernommenen Firma. Gelingt es der übernehmenden Gesellschaft dann, ihre Größe durch die Übernahme zu verdoppeln, so springt ihr Gewinn pro Aktie um 50%, und im gleichen Umfang nimmt auch ihre Wachstumsrate zu.

In der Praxis begannen die ersten Mischkonzerne mit hohen eigenen Wachstumsraten, die mit einem Vielfachen bewertet wurden. Einige der bahnbrechenden Unternehmen waren High-Tech-Unternehmen mit einer stark defensiven Komponente, deren Management erkannt hatte, daß ihre zurückliegende Wachstumsrate nicht ewig Fortbestand haben würde: Textron, Teledyne,

Ling-Temco-Vought (später LTV), um nur einige zu erwähnen. Sie begannen damit, eher durchschnittliche Unternehmen zu akquirieren; als sich dann aber ihr Gewinn pro Aktie nach oben bewegte, expandierten die Muttergesellschaften, obwohl sich ihre Situation verschlechterte. Ihr Erfolg zog Nachahmer an, und in der Folge konnten auch die meisten ganz gewöhnlichen Unternehmen ihre Bewertung vervielfachen, wenn sie sich auf den Übernahme-Kurs begaben. Zum Beispiel resultierte der Hauptertrag von Ogden aus Schrottmetall, gleichwohl wurde die Aktie in der Spitze mit mehr als dem Zwanzigfachen ihres Gewinns bewertet. Im Endstadium konnte eine Gesellschaft schon dann gute Gewinne erzielen, wenn sie versprach, diese für günstige Übernahmen zu nutzen.

Die Managements entwickelten spezielle Rechenmethoden, die den Einfluß von Übernahmen noch erhöhten. Sie führten auch Änderungen bei den übernommenen Gesellschaften ein, die sich auf's Grundsätzliche konzentrierten, aber diese Veränderungen waren weniger bedeutsam als der Einfluß der Übernahmen auf den Gewinn pro Aktie.

Die Anleger reagierten hierauf wie Indianer auf's Feuerwasser. Zu Beginn wurde jede Aktie nach ihrem eigenen Verdienst beurteilt, nach und nach aber wurden die Mischkonzerne als Gruppe betrachtet. Eine neue Spezies von Investoren trat in Erscheinung, die sog. Go-Go-Fondsmanager oder Revolverhelden, die eine ganz besondere Beziehung zu den Managements der Mischkonzerne entwickelten. Zwischen ihnen wurden direkte Kommunikationskanäle geschaffen, und die Mischkonzerne konnten die sog. „Letter-Stocks" [nicht börsengängige Aktien eines Unternehmens] direkt bei den Investoren plazieren. Schließlich gelang es den Mischkonzernen, ihren Aktienkurs genau so zu beeinflussen wie ihre Gewinne.

Die Dinge nahmen den im Modell beschriebenen Verlauf. Die Mischkonzerne expandierten, und zuletzt konnte die Realität mit den zugrundeliegenden Erwartungen nicht mehr Schritt halten. Mehr und mehr Leute durchschauten das fehlerhafte Konzept, auf das sich der Boom gründete, obwohl sie weiterhin das Spiel mitspielten. Die Akquisitionen mußten größer und größer werden, um die Dynamik aufrechtzuerhalten, bis sie am Ende an ihre Kapazitätsgrenzen stießen. Das Ereignis, das den Ballon zum Platzen brachte, war der Versuch der Übernahme der Chemical Bank durch Saul Steinberg; die Firmenleitung setzte sich zur Wehr und schmetterte ihn ab.

Als die Aktienkurse zu fallen begannen, verstärkte sich die Abwärtsbewegung von ganz allein. Der positive Einfluß der Akquisitionen auf die Gewinnentwicklung pro Aktie schwächte sich ab, und schließlich wurde es unmöglich, neue Akquisitionen durchzuführen. Die internen Probleme, die während der Phase des rapiden, expansiven Wachstums unter den Teppich gekehrt worden waren, begannen aufzutauchen. Die Bilanzen brachten unerfreuliche Überraschungen zutage. Die Investoren gaben sich keinen Illusionen mehr hin, und die Managements durchliefen ihre eigene Krise: nach den berauschenden Tagen des Erfolges waren nur wenige bereit, sich den Mühen der täglichen Managementarbeit zu unterziehen. Durch die Rezession wurde die Lage noch verschlimmert, und einige der hochfliegenden Mischkonzerne lösten sich buchstäblich in ihre Bestandteile auf. Die Investoren waren auf das Schlimmste vorbereitet, und in einigen Fällen trat es auch tatsächlich ein.

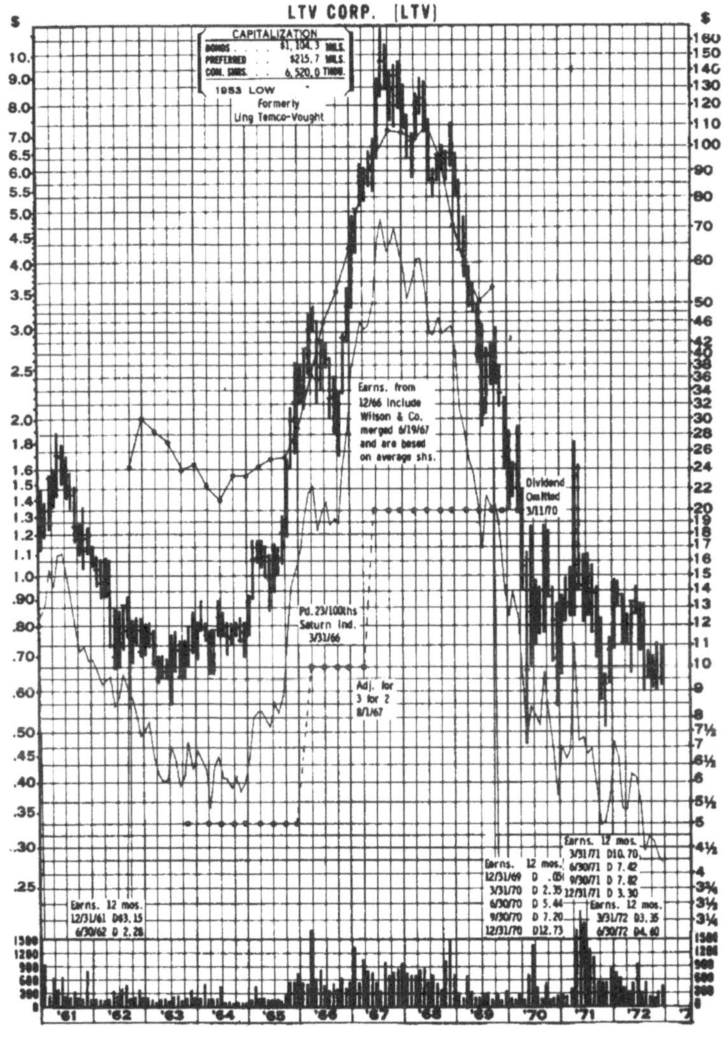

Freundlicherweise zur Verfügung gestellt von Securities Research Company, einer Abteilung der Babson-United Investment Advisors Inc., 208 Newbury St., Boston, MA 02116.

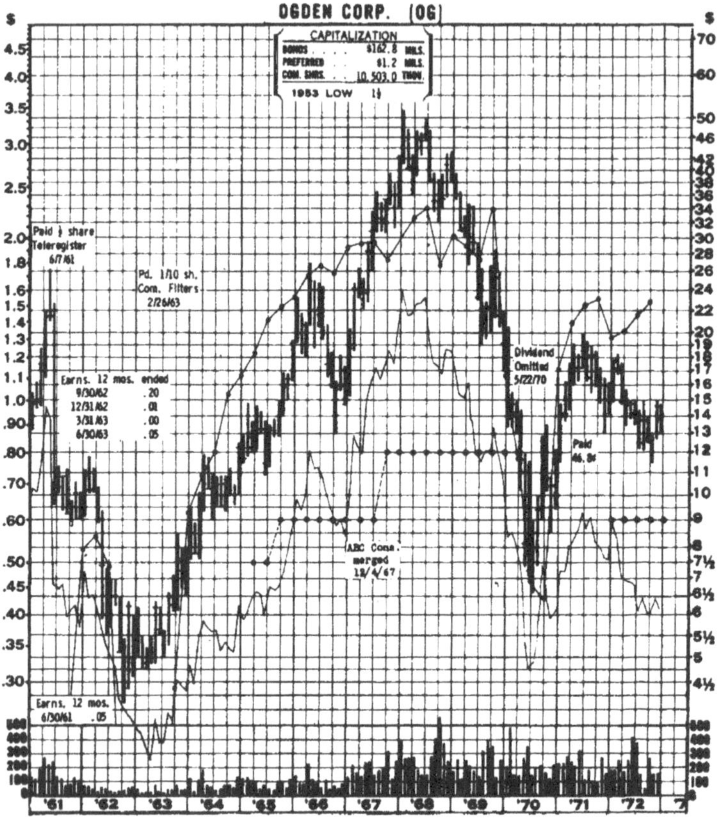

Freundlicherweise zur Verfügung gestellt von Securities Research Company, einer Abteilung der Babson-United Investment Advisors Inc., 208 Newbury St., Boston, MA 02116.

In anderen Fällen erwies sich die Realität positiver als die Erwartungen, und schließlich stabilisierte sich die Lage der überlebenden Gesellschaften - oft unter einem neuem Management, das sich langsam unter den Trümmern hervorarbeitete.

Der Boom der Mischkonzerne eignet sich besonders gut als Beispiel für mein bruchstückhaftes Modell, weil die „Fundamentals" bereits vollzählig vorliegen. Die Investoren stützten ihre Einschätzungen auf den Gewinn pro Aktie. Obwohl diese Daten bedeutungslos sind, bringen sie Charts zustande, die sich eng an meinen theoretischen Entwurf anlehnen. Hier sind sie:

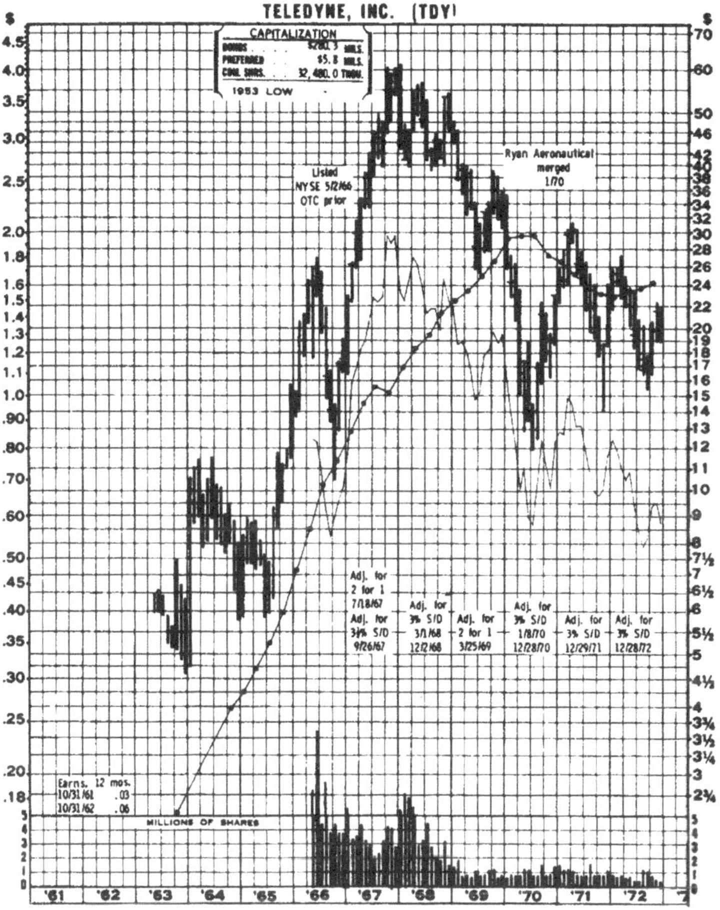

Freundlicherweise zur Verfügung gestellt von Securities Research Company, einer Abteilung der Babson-United Investment Advisors Inc., 208 Newbury St., Boston, MA 02116.

Meine augenfälligste dokumentierte Übereinstimmung mit der Sequenz von Boom und Zusammenbruch findet sich bei den Immobilienfonds [REIT -Real Estate Investment Fonds – eine in den USA besonderen Regelungen unterliegende Fondsgruppe]. Die Immobilienfonds stellen eine besondere Rechtsform von Unternehmen dar, die durch die Gesetzgebung ins Leben gerufen wurde. Ihr wichtigstes Merkmal ist, daß sie ihre Gewinne ertragsteuerfrei einsetzen dürfen, vorausgesetzt, sie setzen den gesamten vereinnahmten Gewinn ein. Bis 1969, als eine große Zahl von Investmentfonds gegründet wurde, blieben die Möglichkeiten, die diese Gesetzgebung eröffnete, weitgehend unausgeschöpft. Ich erlebte diese Gründung mit und erkannte – meine Erfahrung mit den Mischkonzernen noch vor Augen – das Potential von Boom und Zusammenbruch. Ich veröffentlichte einen Research-Bericht, dessen Schlüsselpassagen sich wie folgt lasen:

Die Begründung für die Hypotheken-Fonds
(Februar 1970)

DAS KONZEPT

Oberflächlich betrachtet, scheinen die Hypotheken-Fonds jenen Investmentfonds zu ähneln, die geschaffen wurden, um hohe Renditen abzuwerfen. Diese Analogie führt indes in die Irre. Die wahre Anziehungskraft der Hypotheken-Fonds liegt in ihrer Möglichkeit, ihren Anteilseignern durch den Verkauf von über dem Buchwert liegenden Anteilen einen Kapitalgewinn zu beschaffen. Verdoppelt eine Gesellschaft mit einem Buchwert von 10 $ und einer Rendite von 12% ihr Kapital durch den Verkauf weiterer Anteile zu 20 $, so springt der Buchwert auf 13,33 $, und der Gewinn pro Anteil steigt von 1,20 $ auf 1,60 $.
Wegen der hohen Rendite und der Erwartung eines weiteren Anstiegs des Gewinns pro Anteil sind die Investoren bereit, einen Aufschlag zu bezahlen. Je höher dieser Aufschlag ausfällt, desto leichter ist es für die Gesellschaft, die in sie gesetzten Erwartungen zu erfüllen. Dieser Prozeß ist ein sich selbst verstärkender. Einmal in Gang gesetzt, vermag die Gesellschaft einen stetigen Gewinnzuwachs pro Anteil auszuweisen, obwohl sie praktisch ihre gesamten Gewinne als Dividenden ausschüttet. Investoren, die früh genug an diesem Prozeß teilhaben, können sich der gewinnbringenden Mischung aus hoher Rendite, einem steigenden Buchwert und eines über den Buchwert zunehmenden Aufgeldes erfreuen.

ANALYTISCHER ANSATZ

Der konventionellen Methode der Wertpapieranalyse entspricht es, die künftige Entwicklung der Gewinne vorherzusagen und dann den Kurs abzuschätzen, den die Anleger für diese Gewinne

zu zahlen bereit sind. Für die Analyse der Hypotheken-Fonds ist dies eine unangemessene Methode, da der Preis, den die Anleger pro Anteil zu zahlen bereit sind, ein wichtiger Einflußfaktor auf die künftige Gewinnentwicklung ist.
Anstatt die künftige Gewinnentwicklung und die Bewertung für sich zu beurteilen, werden wir versuchen, die Zukunft des ganzen, sich selbst verstärkenden Prozesses vorherzusagen. Wir werden dabei drei Faktoren ausmachen, die sich gegenseitig selbst verstärken, und wir werden ein Szenario des wahrscheinlichen Verlaufs der Ereignisse entwerfen. Die drei Faktoren sind:

1. Die effektive Rendite in bezug auf das Kapital der Gesellschaft
2. Die Wachstumsrate, in Relation zur Größe des Fonds
3. Die Einschätzung der Anleger, z.B. wieviel die Anleger für eine gegebene Wachstumsrate beim Gewinn pro Anteil zu zahlen bereit wären.

DAS SZENARIO

Erster Akt: Die effektive Rendite auf Baudarlehen befindet sich gegenwärtig auf einem Optimum. Nicht nur, daß die Zinssätze hoch liegen, auch die Verluste bewegen sich auf relativ niedrigem Niveau. Für Wohnungen gibt es eine aufgestaute Nachfrage, und neue Häuser finden schnell Käufer. Es herrscht eine Liquiditätsverknappung, so daß die Bauvorhaben, die aus dem Boden sprießen, wirtschaftlich gut abgesichert sind. Die Bauherren, die jetzt noch im Geschäft sind, sind kapitalkräftiger und vertrauenswürdiger als jene am Ende eines Booms. Darüberhinaus unternehmen sie ihr Möglichstes, um die Bauphase so schnell wie möglich zu beenden, da das Geld so teuer ist. Ein Mangel an Arbeitskräften und Material verursacht Verspätungen und Verzögerungen, aber die steigenden Kosten gestatten es den Hypothekeninstituten, ihren Verpflichtungen ohne Verlust nachzukommen.
Das Geld ist knapp, und es gibt nur wenig alternative Quellen für eine Zwischenfinanzierung. Die Investoren sind auf das Konzept der Hypothekeninstitute hinreichend aufmerksam geworden, um die Gründung neuer Unternehmen und die Expansion der bestehenden zu ermöglichen. Der sich selbst verstärkende Prozeß beginnt.

Zweiter Akt: Falls und sobald die Inflation abflaut, wird die Verzinsung von Hypothekendarlehen sinken. Auf der anderen Seite wird es zu einem Bauboom kommen, und Bankdarlehen werden zu günstigen Konditionen zu bekommen sein. Durch einen höheren Anteil an Fremdkapital kann die Rendite auf die Aktien trotz einer niedrigeren effektiven Rendite gehalten werden. Mit wachsendem Markt und wachsender Aufmerksamkeit der Investoren kann das Aufgeld auf den Buchwert sogar weiter steigen. Die Hypothekeninstitute werden dieses Agio wahrscheinlich voll zu nutzen wissen und einen rapiden Anstieg sowohl in ihrer Größe als auch im Gewinn pro Aktie ausweisen. Da der Zugang zu diesem Geschäft keinen Beschränkungen unterliegt, wird auch die Anzahl der Hypothekeninstitute wachsen.

Dritter Akt: Der sich selbst verstärkende Prozeß wird sich fortsetzen, bis die Hypothekeninstitute einen signifikanten Anteil des Marktes für Baudarlehen erobert haben. Der zunehmende Wettbewerb wird sie dann zwingen, höhere Risiken einzugehen. Das Baugeschäft selbst wird zunehmend spekulativer, und die Anzahl der notleidenden Darlehen wird ansteigen. Schließlich wird der Bauboom abebben, und in verschiedenen Teilen des Landes wird ein Überangebot an Häusern entstehen, begleitet von einem ermüdenden Immobilienmarkt und zeitweilig nachgebenden Immobilienpreisen. An diesem Punkt werden einige der Hypothekenunternehmen einsehen müssen, eine große Zahl an Verträgen mit zahlungsunfähigen Darlehensnehmern in ihrem Portfolio zu haben, und die Banken werden in Panik geraten und verlangen, daß ihr Kreditrahmen abgelöst wird.

Vierter Akt: Die Enttäuschung der Investoren wird sich auf die Bewertung der Branche auswirken, und ein geringeres Aufgeld wird zusammen mit dem langsameren Wachstum in der Folge den weiteren Gewinnzuwachs pro Aktie verringern. Die Anzahl der Unternehmen wird zurückgehen, und die Branche wird eine Phase der Rezession durchlaufen. Nach dieser Rezession wird die Branche einen Zustand der Reife erlangt haben: Es wird weniger Neugründungen geben, vielleicht werden neue Vorschriften eingeführt, und die bestehenden Unternehmen werden sich mit einem geringeren Wachstum zufriedengeben.

AUSWERTUNG

Die Rezession liegt noch weit vor uns. Bevor sie eintritt, werden die Hypothekenunternehmen sich in ihrer Größe vervielfacht und enorme Gewinne gezeitigt haben. Die Rezession ist eine Gefahr, die die Investoren zum gegenwärtigen Zeitpunkt nicht abschrekken sollte.

Die einzige zum jetzigen Zeitpunkt drohende Gefahr ist, daß der sich selbst verstärkende Prozeß vielleicht gar nicht ins Rollen kommt. Bei einem wirklich ernsthaften Rückschlag am Aktienmarkt könnten die Investoren vielleicht nicht bereit sein, selbst für eine 12%-ige Rendite ein Aufgeld zu bezahlen. Wir glauben aber nicht, daß ein solches Szenario entsteht; wir neigen eher zu der Annahme, daß sich ein Umfeld entwickelt, in dem eine Rendite von 12% außergewöhnlicher ist als noch vor kurzem, als in den sich selbst verstärkenden Prozessen der letzten Jahre insbesondere die Mischkonzerne und Computer-Leasing-Unternehmen ihre Rezessionsphase durchliefen. In einem solchen Umfeld sollte genug Geld für einen gerade beginnenden, sich selbst verstärkenden Prozeß verfügbar sein, insbesondere, wenn es sich um den einzigen „fetten Braten" handelt.

Sollte der Prozeß gar nicht erst in Gang kommen, so wären die Anleger durch den Bilanzwert nach unten abgesichert. Die neuen Gesellschaften gelangen zum Bilanzwert zzgl. Konsortialvergütung (in der Regel 10%) an den Markt. Die meisten der jüngst gegründeten Gesellschaften werden noch zu vertretbaren Aufgeldern gehandelt. Es sollte klargestellt werden, daß die Hypothekeninstitute 11% zu ihrem Buchwert zugewinnen können, wenn sie ohne Fremdkapitalaufnahme voll in Zwischenfinanzierungen investiert sind, 12%, wenn sie Fremdkapital im Verhältnis 1:1 aufnehmen. Ein geringes Aufgeld auf den Bilanzwert erschiene damit sogar ohne Wachstum gerechtfertigt.

Kommt der sich selbst verstärkende Prozeß aber in Gang, so werden die Aktionäre gut gemanagter Hypothekengesellschaften sich in den nächsten Jahren der gebündelten Segnungen einer höheren Rendite, eines steigenden Buchwertes und eines höheren Aufgeldes auf den Buchwert erfreuen können. Das Potential der Kursgewinne beläuft sich auf die gleiche Größe wie beim Anfang sich selbst verstärkender Prozesse in der jüngeren Vergangenheit des Marktes.

Mein Bericht hatte eine interessante Geschichte. Er kam zu einer Zeit heraus, als die „Go-Go"-Fondsmanager beim Kollaps der Mischkonzerne gerade ernsthafte Verluste hatten erleiden müssen. Da sie dazu berechtigt waren, an den Gewinnen zu partizipieren, nicht aber an den Verlusten des von ihnen gemanagten Fonds teilhaben mußten, neigten sie dazu, nach allem zu greifen, was einen schnellen Gewinn versprach. Da sie gerade an einem sich selbst verstärkenden Prozeß teilgenommen hatten, verstanden sie instinktiv, wie er funktioniert, und sie hatten Angst davor, ein Risiko einzugehen. Der Bericht hatte ein enormes Echo, dessen Ausmaße ich erst erkannte, als ich von einer Bank in Cleveland einen Anruf bekam, in dem sie mich um ein neues Exemplar baten, weil ihres so oft voneinander abkopiert worden war, daß es nicht mehr leserlich war. Zu dieser Zeit existierten erst wenige Hypothekenunternehmen, aber nach diesem Bericht waren sie so stark gefragt, daß sie sich im Kurs in etwa einem Monat verdoppelten. Die Nachfrage führte zu einem Angebot, und es kam zu einer Flut von neu an den Markt gelangenden Gesellschaften. Als klar wurde, daß der Zustrom neuer Hypothekengesellschaften unerschöpflich war, fielen die Kurse fast so schnell, wie sie gestiegen waren. Offensichtlich hatten die Leser des Berichts nicht berücksichtigt, wie leicht in dieses Geschäft einzusteigen war, und ihr Fehler wurde sofort korrigiert. Gleichwohl trug die enthusiastische Aufnahme dazu bei, den im Bericht beschriebenen, sich selbst verstärkenden Prozeß auf seiner Bahn zu halten. Die nachfolgenden Ereignisse folgten dem im Bericht genannten Weg. Die Aktien der Hypothekeninstitute erlebten einen Boom, der zwar nicht so kraftvoll ausfiel wie unmittelbar nach Veröffentlichung des Berichts, der aber dafür um so langlebiger war.

Ich selbst hatte auch in die Hypothekeninstitute investiert und nahm einige Gewinne mit, als die Resonanz auf meine Studie meine Erwartungen übertraf. Von meinem eigenen Erfolg war ich dermaßen begeistert, daß ich von der nachfolgenden Korrektur nicht mit nennenswerten Positionen überrascht wurde. Ich hielt durch und vergrößerte meine Positionen sogar noch. Etwa ein Jahr lang beobachtete ich die Branche sorgfältig und verkaufte meine Positionen mit gutem Gewinn. Ich verfolgte die Branche nicht weiter, bis einige Jahre später die Probleme auftauchten. Ich war versucht, eine Short-Position zu errichten, aber zu meinem Nachteil war ich mit der Branche nicht mehr vertraut. Als ich aber noch einmal den Bericht las, den ich einige Jahre zuvor geschrieben hatte, war ich von meiner eigenen Vorhersage überzeugt. Ich beschloß, mehr oder weniger Aktien der ganzen Branche leerzuverkaufen. Als die Aktien zu fallen begannen, hielt ich zudem an meinem Risiko fest, indem ich weitere Aktien leerverkaufte. Meine ursprüngliche Voraussage erfüllte sich, und die meisten Investmentfonds gingen zugrunde. Das Ergebnis war, daß ich mit meinen Shortpositionen einen Gewinn von über 100% erzielte – ein scheinbar unmögliches Ergebnis, da der maximale Gewinn bei einem Leerverkauf 100% ist (die Erklärung liegt darin, daß ich ständig weitere Aktien leerverkaufte).

Sich selbst verstärkende/sich selbst vernichtende Zyklen wie der Boom der Mischkonzerne und dann der der Immobilienfonds kommen nicht jeden Tag vor. Es gibt lange Phasen der Ruhe, in denen es für jemanden, der sich auf solche Zyklen spezialisiert hat, nichts zu tun gibt. Deswegen braucht er aber nicht zu verhungern. Ein Auseinanderklaffen zwischen zugrundeliegenden Trends und den Auffassungen der Anleger gibt es zu allen Zeiten, und ein kluger Anleger kann das zu seinem Vorteil nutzen. Neue Industriezweige tauchen auf, oder alte erfreuen sich neuer Beliebtheit. Typischerweise wird das zu Beginn nicht angemessen beachtet. Als zum Beispiel Anfang der siebziger Jahre die Verteidigungsausgaben nach einer langen Phase des Niedergangs zu steigen begannen, waren nur noch zwei oder drei Analysten übrig, die diese Branche beachteten, obwohl sie immer noch ein erheblicher Wirtschaftsfaktor war. Die wenigen, die übrig geblieben waren, waren zu entmutigt, um den Anfang eines neuen, größeren Trends erkennen zu können. Für eine Anlage in Rüstungswerten war das eine wunderbare Zeit. Es gab High-Tech-Rüstungsfirmen, die noch von keinem Analysten besucht worden waren, wie E-Systems Inc., und gut etablierte Gesellschaften, die eine schlimme Zeit durchmachen mußten und versuchten, ihr Betätigungsfeld vom Rüstungsbereich weg zu verlagern, wie z.B. Sanders Associates, oder Firmen, die in Skandale verwickelt waren, da sie versuchten, Flugzeuge durch Bestechung zu verkaufen, wie z.B. Northrop oder Lockheed.

Im Fall der Rüstungsaktien war kein sich selbst verstärkender Prozeß beteiligt, aber die Einschätzung der Anleger kam den Aktienkursen bestimmt zugute. Es stellt sicher eine Ausnahme dar, daß die Voreingenommenheit der Anleger ohne jede Auswirkung auf die Fundamentals bleibt. Auch bei den Rüstungsaktien spielte die vorherrschende Voreingenommenheit eine Rolle, aber eine negative. Lockheed mußte von der Regierung aus der Klemme geholfen werden, und Gesellschaften wie Sanders mußten ihre Verbindlichkeiten durch die Ausgabe von Wandelanleihen, deren Kurs sich später als sehr niedrig herausstellte, neu ordnen. Als allerdings die negative Voreingenommenheit korrigiert wurde, führte das nur zu einer sehr geringen Reaktion: die Firmen hatten kaum Bedarf an zusätzlichem Kapital, und die Firmenleitungen, die sich einmal die Finger verbrannt hatten, waren sehr argwöhnisch gegenüber einer Aktivitätsverlagerung aus dem Rüstungsbereich heraus. Es gab Ausnahmen, wie United Aircraft, aber die Voreingenommenheit der Anleger wurde nie positiv genug, als daß sich ein sich selbst verstärkender Prozeß hätte in Gang setzen können: Viele der Übernahmen seitens United Aircraft waren Bargeschäfte, und die, die mit einer Aktienausgabe einhergingen, wirkten sich nicht merklich positiv auf die Gewinne aus. Das Ergebnis war eine größere Gesellschaft mit weiter gestreuten Aktivitäten, aber weder ein Einbruch noch ein Boom der Aktie.

Das vielleicht interessanteste Beispiel negativer Voreingenommenheit ereignete sich bei den Technologie-Aktien. Nach dem Aktienmarktdebakel von 1974 scheuten die Anleger vor jeder Gesellschaft zurück, die ihr Grundkapital aus fremden Quellen aufstocken mußte. Die extensive Datenverarbeitung lag noch in ihren ersten Zügen. Neue Unternehmen wie Datapoint und Four-Phase lagen gegen die an der Spitze stehende IBM weit zurück. Der Markt explodierte förmlich, aber diese kleinen Gesellschaften waren gelähmt durch ihr Unvermögen, Kapital aufzunehmen. Die Aktien wurden mit einem sehr geringen Kurs-Gewinn-Verhältnis bewertet. Das Hauptargument gegen sie war, daß sie nicht schnell genug wachsen würden, um die Nachfrage zu befriedigen, und daß schließlich IBM den Markt übernehmen würde. Das Argument erwies sich als richtig, aber erst, als diese Unternehmen schon groß und erfolgreich geworden waren und die Anleger erpicht darauf waren, ihnen ihr Geld zu einem wesentlich höheren Kurs-Gewinn-Verhältnis zur Verfügung zu stellen. Diejenigen, die bereit gewesen waren, gegen die vorherrschende Voreingenommenheit anzutreten, wurden reich belohnt. Als die zahlreichen Marktnischen, die sich die kleinen Unternehmen erobert hatten, zu einem großen Markt zusammenzuwachsen begannen, wurden die meisten von ihnen von größeren Gesellschaften übernommen, und diejenigen, die unabhängig blieben, sahen schweren Zeiten entgegen. Datapoint versucht gegenwärtig, seinen Standort auf einer weit niedrigeren Bewertung zu finden. Four-Phase wurde kürzlich von Motorola übernommen, die dabei beinahe ihr letztes Hemd geopfert hätte. Wenn die anfängliche Reaktion des Marktes für die datenverarbeitenden Unternehmen positiver gewesen wäre, hätten einige der früh gegründeten Unternehmen vielleicht schnell genug wachsen können, um zu überleben, ähnlich wie auch die erste Flut von Klein-Computer-Herstellern einige bleibende Firmen wie Digital Equipment und Data General hervorbrachte.

Die negative Voreingenommenheit von 1975-1976 führte zum entgegengesetzten Extrem. Das schlug sich in einem Boom der Bereitschaft der Anleger nieder, wachstumsorientierten Gesellschaften Kapital zur Verfügung zu stellen. Der Boom gipfelte im zweiten Quartal 1983. Der Lauf der Ereignisse läßt sich nicht so klar aufgliedern wie bei den Immobilienfonds; der Grund dafür ist lediglich, daß die High-Technology-Branche kein so homogener Wirtschaftszweig ist. Zwar kann die gleiche Wechselwirkung von Aktienkursen, vorherrschender Voreingenommenheit und Fundamentals beobachtet werden, aber es erfordert schon eingehendere Kenntnisse, um dem Verlauf der Ereignisse auf die Spur zu kommen. Die Verfügbarkeit von Fremdkapital zu günstigen Konditionen fürte zu einer Welle von Unternehmensneugründungen. Neben dem Kapital benötigte jede neue Gesellschaft auch

Betriebsanlagen, so daß die Hersteller von elektrotechnischen Ausrüstungen einen Boom erlebten. Das gleiche ereignete sich bei den Herstellern von elektronischen Produkten und Bauelementen. Die elektronische Industrie ist einer ihrer eigenen großen Kunden, so daß der Boom sich selbst verstärkte. Die Gründung neuer Unternehmen verschärfte aber den Wettbwerb. Als eine neue Generation von Produkten auf den Markt kam, verloren die marktbeherrschenden Unternehmen ihre Position, weil die für die Entwicklung verantwortlichen Leute ihre Unternehmen verließen und neue gründeten. Nicht die Unternehmen wuchsen zusammen mit dem Wachstum der Branche, sondern die Branche wuchs mit der Vervielfachung der Unternehmen. Die Anleger vermochten diesen Trend nicht zu erkennen, und in der Folge wurden Technologieaktien, insbesondere aber Neuemissionen, nachhaltig überbewertet. Der Boom an Neuemissionen gipfelte im zweiten Quartal 1983. Als die Kurse zu sinken begannen, konnten weniger Emissionen verkauft werden, und schließlich wurden die wachstumsorientierten Kapitalgeber vorsichtiger. Als weniger neue Unternehmen gegründet wurden und die bereits bestehenden ihre Barmittel aufgebraucht hatten, ebbte der Markt für technologische Produkte ab. Der Wettbewerb verschärfte sich weiter ,und die Gewinnspannen wurden kleiner. Dieser Prozeß spitzte sich zu, und noch ist der Tiefpunkt wohl nicht erreicht.*

Das gewaltige Anschwellen des Risikokapitals war nicht der einzige Grund für die nachfolgende Rezession – zumindest gleich wichtig waren der starke Dollar und die zunehmende japanische Konkurrenz –, eindeutig ist aber, daß die Aktienkurse sich auf die „Fundamentals" in beiden Richtungen auswirkten.

Was die Ereignisse beim Boom der Mischkonzerne und der Immobilienfonds vom Boom des Risikokapitals unterscheidet, ist, daß in den ersten beiden Fällen der zugrundeliegende Trend auf der Ausnutzung der Voreingenommenheit der Beteiligten beruhte, während das im dritten Fall nicht so war. Im Fall der Mischkonzerne war der Gedanke der, andere Unternehmen gegen wertloses Papier zu übernehmen; bei den Immobilienfonds war die Idee die Aufnahme von Fremdkapital. Die Idee, die hinter der jüngsten Generation technologischer Produkte stand, hatte nichts mit dem Aktienmarkt zu tun.

Um das Auf und Ab der Technologieaktien zu verstehen, müssen wir etwas über die zugrundeliegenden Trends in der Technologie kennen; im Falle der Mischkonzerne und Immobilienfonds müssen wir kaum mehr als die Theorie der Reflexivität kennen.

Gleichwohl ist es wichtig, sich darüber klar zu werden, daß eine umfassende Kenntnis aller zugrundeliegenden Trends der Technologie nicht aus-

*P.S., Februar 1987: Trifft nach der jüngsten, explosiven Rallye nicht mehr zu.

reicht, um das Auf und Ab der Technologieaktien zu erklären; auch das reflexive Wechselspiel zwischen zugrundeliegenden Trends, vorherrschender Voreingenommenheit und Aktienkursen muß verstanden werden. Diese beiden Arten des Verstehens miteinander zu kombinieren, ist äußerst schwierig. Wer sich in der Technologie auskennen möchte, muß die Branche sorgfältig und beständig beobachten; wer aber das Auseinanderklaffen zwischen Auffassung und Wirklichkeit ausnutzen möchte, muß von Branche zu Branche wechseln. Die meisten Experten für Technologie wissen nichts von Reflexivität und neigen dazu, ständig voll investiert zu sein. Ihre Popularität und ihr Einfluß kommen und gehen nach einem reflexiven Vorbild. Nach dem jüngsten Kursrückgang der Techologieaktien scheint nun eine neue Sorte von Analysten aufzutauchen, die für die Auffassung der Anleger ein übermäßiges Gespür hat. Nach einer passablen Zeitspanne mag es erneut profitabel sein, sich gegen die vorherrschende Voreingenommenheit zu stellen und auf der Grundlage technologischer Entwicklungen in Technologie-Aktien zu investieren.

Wegen des erforderlichen Spezialwissens hatte ich bei der Anlage in Technologie-Aktien immer eine Menge Schwierigkeiten. Schließlich gelang es mir, während der Zeit von 1975 bis 1976 einen guten Einblick in die Computerbranche zu finden, und ich profitierte von der vorherrschenden negativen Voreingenommenheit. Für einige Jahre hielt ich an meinen Positionen fest, dann aber verkaufte ich sie und verlor meine Beziehung zu dieser Branche. Im Glauben, daß der Boom nicht lange genug andauern würde, um den Anlegern noch einen rechtzeitigen Ausstieg zu ermöglichen, beging ich 1981 den Fehler, mich nicht an einem Wagniskapitalfond zu beteiligen, der von einem der besten Fachleute für Riskokaptial dieser Zeit geführt wurde. Zweifellos wurde ich von Befürchtungen über die langfristigen Aussichten beeinflußt. 1983 realisierten die Anleger in diesem Fonds jedenfalls einen ordentlichen Gewinn. Zu dieser Zeit hatte ich zu Technologieaktien überhaupt keine Beziehung mehr, und der Boom ging an mir vorbei.

Auch die Ereignisse bei den Mischkonzernen und den Immobilienfonds liefen nicht völlig selbständig ab. Äußere Faktoren wie die gesamtwirtschaftliche Entwicklung, Reglementierungen oder spezielle Ereignisse (wie z.B. der Übernahmeversuch der Chemical Bank) spielten im Boom der Mischkonzerne eine wesentliche Rolle. Bei einer weniger „reinen" Abfolge der Ereignisse ist die Wirkung äußerer Einflüsse sogar noch größer.

Derzeit befinden wir uns inmitten eines anderen sich selbst verstärkenden/sich selbst korrigierenden Zyklus', der wahrscheinlich als die Fusionsmanie der 80er Jahre in die Geschichte eingehen wird. Anstelle eines wertlosen Papiers dient hier Bargeld als Währung. Die Anzahl der Geschäftsabschlüsse stellt den Boom der Mischkonzerne jetzt schon in den Schatten. Die Übernahmemanie ist nur ein Element eines viel größeren, ablaufenden historischen Schauspiels, das die Politik, die Wechselkurse, monetäre und steuerliche Grundsätze, steuerliche Tricks, internationale Kapitalströme und andere Entwicklungen betrifft.

Ich werde versuchen, das sich abspielende historische Drama zu entwirren, das ist aber nicht so einfach wie bei einer mehr oder weniger selbständig ablaufenden Abfolge von Boom und Zusammenbruch. Das Gesamtbild ist voll sowohl von reflexiven Wechselbeziehungen als auch von nichtreflexiven, fundamentalen Entwicklungen. Wir benötigen ein komplexeres System, das den Übergang von einer Sequenz von Boom und Zusammenbruch zur nächsten und die zeitgleiche Koexistenz verschiedener reflexiver Prozesse berücksichtigt.

Bevor ich mich auf eine dermaßen anspruchsvolle Aufgabe einlasse, möchte ich noch einen anderen Markt untersuchen, der von negativen und von positiven Zyklen bestimmt wird: den Devisenmarkt.

3
REFLEXIVITÄT IM DEVISENMARKT*

Während sich reflexive Wechselbeziehungen auf dem Aktienmarkt nur zeitweise zeigen, treten sie im Devisenmarkt fortwährend auf.

Ich werde zu zeigen versuchen, daß frei floatende Wechselkurse von sich aus instabil sind; schlimmer noch, daß die Instabilität sich aufstaut, so daß der letztendliche Zusammenbruch des Systems frei floatender Währungen im Grunde sicher ist.

Die traditionelle Sicht des Devisenmarktes besagt, daß er auf ein Gleichgewicht hin tendiert. Ein überbewerteter Wechselkurs begünstigt die Importe und bremst die Exporte, bis das Gleichgewicht wiederhergestellt ist.

Gleichsinnig spiegelt sich eine verbesserte Wettbewerbsposition in einem höheren Wechselkurs wider, der den Handelsbilanzüberschuß reduziert, so daß erneut das Gleichgewicht wieder hergestellt wird. Die Spekulation kann den auf ein Gleichgewicht hin gerichteten Trend nicht unterbrechen: Schätzen die Spekulanten die Zukunft richtig ein, so beschleunigen sie den Trend noch; beurteilen sie sie falsch, so werden sie vom zugrundeliegenden Trend bestraft, der sich zwar verzögern mag, sich aber unerbittlich durchsetzen wird.

Die Erfahrung seit der Einführung der floatenden Devisenkurse 1973 hat diese Sichtweise widerlegt. Anstatt daß die Fundamentals die Wechselkurse beeinflussen, haben die Wechselkurse einen Weg gefunden, auf die Fundamentals einzuwirken. Ein starker Wechselkurs zum Beispiel hemmt die Inflation: Die Löhne bleiben stabil, und die Importpreise sinken. Wenn den Exporten ein hoher Importanteil gegenübersteht, kann ein Land trotz eines beständig anziehenden Wechselkurses praktisch unbegrenzt wettbewerbsfähig bleiben, wie das Beispiel Deutschland in den 70er Jahren gezeigt hat.

Tatsächlich ist es so, daß das Verhältnis zwischen inländischer Inflation und dem internationalen Wechselkurs nicht nur in eine Richtung geht, sondern kreisförmig verläuft. Veränderungen auf der einen Seite mögen Veränderungen auf der anderen vorangehen, aber es macht keinen Sinn, eine Seite als Ursache und die andere als Wirkung zu beschreiben, da sie sich wechselseitig verstärken. Es ist treffender, von einem negativen Kreislauf zu sprechen, in dem die Währung sich abschwächt und die Inflation anzieht, bzw. von einem positven Kreislauf, in dem das Entgegengesetzte abläuft.

* Dieses Kapital wurde im April/Mai 1985 geschrieben und im Dezember 1986 überarbeitet.

Von einem Gleichgewicht sind negativer und positiver Kreislauf himmelweit entfernt. Nichtsdestoweniger könnten sie einen dem Gleichgewicht ähnlichen Zustand hervorrufen, wenn die sich gegenseitig verstärkende Wechselbeziehung aufrecht erhalten werden könnte. Das ist aber nicht der Fall. Je länger er andauert, desto verwundbarer wird der sich selbst verstärkende Prozeß; zuletzt ist er dazu verurteilt, sich umzukehren, womit er einen in entgegengesetzter Richtung laufenden, sich selbst verstärkenden Prozeß auf den Weg bringt. Ein kompletter Zyklus wird charakterisiert durch weite Schwankungen nicht nur der Wechselkurse, sondern auch der Zinssätze, der Teuerungsrate und/oder des Grades wirtschaftlicher Aktivität.

Die Voreingenommenheit der Beteiligten bringt in dieses System ein Element der Instabilität hinein. Hätte das System von Natur aus eine auf einen Gleichgewichtszustand hin gerichtete Tendenz, so könnte die Voreingenommenheit der Beteiligten sie nicht unterbrechen, sondern schlimmstenfalls einige zufällige, kurzlebige Schwankungen auslösen. Sind die kausalen Verknüpfungen aber reflexiver Natur, so kann die Voreingenommenheit der Beteiligten einen positiven oder negativen Kreislauf in Gang setzen, unterhalten oder auch zerstören. Darüberhinaus verselbständigt sich die vorherrschende Voreingenommenheit als einer der konstituierenden Bestandteile einer kreisförmigen Beziehung. Sie drückt sich in den spekulativen Kapitalbewegungen aus, die als Gegengewicht zum Handelsbilanz-Ungleichgewicht dienen können, indem sie sowohl vom Ausmaß als auch von der Dauer her einen Handelsbilanzüberschuß oder ein Defizit zur Ausweitung bringen, das sich ohne sie auf diesem Niveau gehalten hätte. Sobald das geschieht, kommt der Spekulation ein destabilisierender Einfluß zu.

Die internationalen Kapitalströme neigen dazu, einem sich selbst verstärkenden/sich selbst korrigierenden Muster zu folgen, wie wir es schon beim Aktienmarkt ausgemacht haben. Ohne substantielle Modifizierungen kann das Modell, das wir auf die Aktienmärkte anwandten, aber nicht auf den Devisenmarkt angewandt werden. Beim Aktienmarkt konzentrierten wir uns auf das reflexive Verhältnis zwischen zwei Variablen: den Aktienkursen und einem einzigen zugrundeliegenden Trend. Wir haben versucht, das einfachste mögliche Modell zu entwerfen, und wir waren bereit, zu unseren Zwekken die wesentlich komplexere Wirklichkeit zu vereinfachen. Im Devisenmarkt kommen wir mit zwei Variablen nicht aus; schon das einfachste Modell wird sieben oder acht haben müssen. Wir haben vier Eckdaten und vier Größen ausgewählt, nämlich:

e	*nominaler Wechselkurs (Anzahl ausländischer Währungseinheiten für eine inländische Währungseinheit; $\uparrow e$ = steigend)*
i	*nominale Inflationsrate*
p	*inländisches Preisniveau im Verhältnis zum ausländischen Preisniveau ($\uparrow p$ = schnellerer Anstieg des inländischen Preisniveaus als des ausländischen und umgekehrt)*

v	*Niveau der Konjunktur*		
N	*nicht-spekulativer Kapitalfluß*	↑	= *zunehmender Abfluß*
S	*spekulativer Kapitalfluß*	↓	= *zunehmender Zufluß*
T	*Handelsbilanz*	↑	= *Überschuß*
B	*Staatsetat*	↓	= *Defizit*

Unsere Aufgabe ist es jetzt, diese Variablen in ein Verhältnis zueinander zu setzen. Wir werden nicht versuchen, alle Wechselbeziehungen aufzudekken, sondern uns auf die notwendigen konzentrieren, um einfache Modelle zu errichten. Anders formuliert: Wir haben keine allgemeingültige Theorie im Sinn, sondern nur eine separate Erklärung der Bewegungen an den Devisenmärkten. In unserem Brennpunkt liegen die Wechselkurse; die anderen Variablen werden wir nur zur Sprache bringen, soweit das erforderlich ist. Wir werden die einzelnen Variablen nicht mit konkreten Zahlen angeben, sondern nur ihre Richtung (↑, ↓) bzw. die Stärke der Bewegung (>, <) aufzeigen .

Noch bevor wir anfangen, können zwei allgemeine Beobachtungen gemacht werden. Die eine ist, daß die Beziehungen dazu neigen, sich im Kreis zu bewegen, d.h. die Variablen können in ihrem Verhältnis zu anderen Variablen sowohl als Ursache als auch als Wirkung auftreten. Wir werden die kausale Verknüpfung durch einen horizontalen Pfeil kenntlich machen (→). Der andere Punkt ist, daß das Verhältnis der Variablen von sich aus nicht gleichmäßig verlaufen muß; diese Unbeständigkeit ist es, die die ganze Situation in eine Richtung bewegt und damit einen negativen oder positiven Kreislauf hervorbringt. Ein Gleichgewicht würde eine innere Beständigkeit erfordern – die historischen Veränderungen aber nicht. Die Beschreibung historischer Veränderungen mit den Begriffen von negativen und positiven Kreisläufen ist natürlich nur eine Metapher. Eine im Kreis verlaufende Bewegung von zusammengehörenden Teilen könnte auch als Spirale beschrieben werden. Darüber hinaus liegt es im Ermessen des Betrachters, was als negativ und was als positiv anzusehen ist.

Die Wechselkurse werden bestimmt durch Angebot und Nachfrage nach Währungen. Für unsere gegenwärtige Aufgabe können wir die verschiedenen Faktoren, die Angebot und Nachfrage bedingen, in drei Teilbereiche zusammenfassen: Handel, nicht-spekulative Kapitalbewegungen und spekulative Kapitalbewegungen. Das gibt uns das einfachste Modell eines Systems frei floatendender Währungen an die Hand:

$$(\downarrow T + \uparrow N + \uparrow S) \rightarrow \downarrow e$$

Mit anderen Worten: Die Summe der Devisentransaktionen der drei Teilbereiche legt die Richtung der Wechselkursentwicklung fest. Unsere wichtigste

Aufgabe ist es, zu untersuchen, welche Rolle die Voreingenommenheit der Beteiligten bei den Veränderungen der Wechselkurse spielt. Um die Untersuchung zu vereinfachen, werden wir davon ausgehen, daß die Voreingenommenheit sich nur in den spekulativen Transaktionen (S) ausdrückt, während Handel (T) und nicht-spekulative Kapitalbewegungen (N) unabhängig von den Erwartungen sind: Sie konstituieren die „Fundamentals“. In der Realität werden auch die „Fundamentals“ durch die Erwartungen der Beteiligten hinsichtlich der künftigen Wechselkurse beeinflußt. Die Handelsbilanzzahlen werden offenkundig durch Vorauszahlungen und Stundungen im Auslandszahlungsverkehr verzerrt, um den Effekt der Erwartungen auf die Lagerhaltungspolitik der Exporteure und Importeure erst gar nicht anzusprechen. Soweit Kapitalbewegungen betroffen sind, ist die vielleicht einzige von Erwartungen völlig unabhängige Transaktion die Zinszahlung für aufgelaufene Schulden; die Wiederanlage von Zinserträgen stellt bereits eine spekulative Transaktion dar. Die Rückführung von Bankverbindlichkeiten aus unterentwickelten Ländern läßt sich wohl am besten als nicht-spekulativ beschreiben, obwohl bei der Umgruppierung der Anlagen spekulative Erwägungen ins Spiel kommen. Und was ist mit Direktinvestitionen? Wenn die Unternehmensleitungen nur an der Höhe der Gesamtrendite interessiert wären, sollten sie als spekulativ betrachtet werden; oftmals gibt es aber überlagernde industrielle Beweggründe. Man sieht, daß es viele Abstufungen zwischen spekulativen und nicht-spekulativen Transaktionen gibt; wenn wir sie aber in diese beiden weitgefaßten Gruppen einordnen, so tun wir der Wirklichkeit keine große Gewalt an.

Wir werden uns auf die spekulativen Kapitaltransaktionen konzentrieren, weil sich darin die Voreingenommenheit der Beteiligten ausdrückt. Das spekulative Kapital bewegt sich auf der Suche nach der höchsten Gesamtrendite. Die Gesamtrendite setzt sich aus drei Elementen zusammen: Dem Zinsgefälle, dem Wechselkursgefälle und dem Kursgewinn der Devise in inländischer Währung. Da das dritte Element sich von Fall zu Fall verändert, können wir die folgende, allgemeine Regel aufstellen: Spekulatives Kapital wird von steigenden Devisenkursen und steigenden Zinssätzen angezogen.

$$\uparrow (e + i) \rightarrow \downarrow S$$

Der Wechselkurs ist die bei weitem wichtigere Einflußgröße. Es bedarf keines deutlichen Kursrückgangs einer Währung, um die gesamte Rendite ins Negative zu verkehren. Umgekehrt gilt auch, daß, wenn eine im Wechselkurs anziehende Währung gleichzeitig einen Zinsvorteil bietet, die Gesamtrendite alles übertrifft, was der Kapitalanleger unter normalen Umständen erwarten könnte.

Damit soll nicht gesagt werden, daß das Zinsgefälle unwichtig sei; ein Großteil seiner Bedeutung beruht aber auf seiner Auswirkung auf die Wechselkurse, und die hängen von den Wahrnehmungen der Beteiligten ab. Es gibt Zeiten, in denen das relative Zinsniveau einen größeren Einfluß auszuüben scheint, zu anderen Zeiten wid es überhaupt nicht beachtet. Von 1982 bis 1986 zum Beispiel wurde das Kapital von der Währung mit den höchsten Zinssätzen, also vom Dollar, angezogen, hingegen konnte die Schweiz Ende der siebziger Jahre den Kapitalzufluß selbst durch die Einführung eines Negativzinses nicht aufhalten. Außerdem sind die Auffassungen über die Bedeutung von Zinssätzen oftmals falsch. Bis November 1984 zum Beispiel wurde die Stärke des US-Dollar weit und breit den hohen Zinssätzen in den Vereinigten Staaten zugeschrieben. Als die Zinsen fielen, ohne daß der Dollar sich abschwächte, geriet diese Ansicht in Mißkredit, und der Dollar ging durch die Decke.

Die Erwartungen hinsichtlich der Wechselkurse spielen in den Devisenmärkten die gleiche Rolle wie die Erwartungen hinsichtlich der Aktienkurse am Aktienmarkt: Sie bilden die ausschlaggebende Rolle für alle, die an der Gesamtrendite interessiert sind. Am Aktienmarkt erstreckt sich das auf praktisch alle Anleger, an den Devisenmärkten auf alle spekulativen Transaktionen.

Beim Aktienmarkt benutzten wir ein Modell, das sich auf die Aktienkurse konzentrierte und die Dividendenerträge außer acht ließ. Das führte zu keiner bedeutsamen Verzerrung, da bei den von uns betrachteten Zyklen von Boom/Zusammenbruch die Ausschläge der Aktienkurse die Dividendenerträge bei weitem übertreffen. Vergleichbare Bedingungen liegen auch in den Devisenmärkten vor: Die die künftigen Wechselkurse betreffenden Erwartungen stellen das Hauptmotiv für spekulative Kapitaltransaktionen dar.

Der wichtigste Unterschied zwischen Aktien- und Devisenmarkt scheint in der Rolle zu liegen, die die Fundamentals spielen. Wir haben gesehen, daß die „Fundamentals“ auch im Fall der Aktien ziemlich im Dunkeln blieben, aber wir hatten zumindest keinen Grund, daran zu zweifeln, daß die Aktienkurse irgendeine Verbindung zu den Fundamentals hatten. Im Falle der Währungen ist die Handelsbilanz der mit Sicherheit bedeutsamste fundamentale Faktor, dennoch stieg der Dollar trotz des sich ausweitenden Handelsbilanzdefizits der Vereinigten Staaten zwischen 1982 und 1985. Das würde bedeuten, daß die Fundamentals für die Kurstrends noch unwichtiger wären als im Aktienmarkt. Nach einer Erklärung hierfür brauchen wir nicht lange zu suchen: sie findet sich in der relativen Bedeutung spekulativer Kapitalbewegungen.

Wie wir gesehen haben, wird das spekulative Kapital hauptsächlich durch Erwartungen bezüglich künftiger Wechselkurse angelockt. In dem Maße, in dem die Wechselkurse durch spekulative Kapitalflüsse bestimmt werden, sind sie vollkommen reflexiv. Erwartungen verbinden sich mit Erwartungen, und die vorherrschende Voreingenommenheit kann sich selbst fast ohne Ende bestätigen. Die Situation ist sehr labil: Würde die vorherrschende Voreingenommenheit in die entgegengesetzte Richtung zielen, so könnte sie sich ebenso selbst bestätigen. Je größer die relative Bedeutung der Spekulation wird, desto instabiler wird das System: Die Gesamtrendite kann sich mit jeder Änderung der vorherrschenden Voreingenommenheit schlagartig verändern.

In unserer Besprechung des Aktienmarktes entdeckten wir gewisse Sequenzen wie z.B. den Boom der Mischkonzerne, in denen die vorherrschende Voreingenommenheit einen bedeutenden Anteil des zugrundeliegenden Trends bildete. Wir gelangten aber zu dem Schluß, daß solche eindeutigen Beispiele von Reflexivität die Ausnahme bilden. Im Gegensatz dazu stellt in einem System frei floatender Wechselkurse die Reflexivität die Regel dar. Natürlich gibt es nicht so etwas wie eine rein reflexive Situation. Die Spekulation ist nur einer der Faktoren, die die Wechselkurse bestimmen, und die anderen müssen auch ins Kalkül gezogen werden, wenn man seine Erwartungen formuliert. Somit können die Erwartungen nicht vollkommen willkürlich sein: Sie müssen ihren Ursprung in etwas anderem als in sich selbst haben. Wie sich eine vorherrschende Voreingenommenheit herausbildet und – noch wichtiger – wie sie sich umkehrt, sind die wichtigsten Fragen, denen wir gegenüberstehen.

Allgemeingültige Antworten gibt es nicht. Reflexive Prozesse neigen dazu, nach einem gewissen Muster abzulaufen. Zu Beginn muß der Trend sich selbst verstärken, andernfalls verkümmert der Prozeß. Setzt sich der Trend fort, so wird er zunehmend verletzlicher, da sich die Fundamentals wie Handel und Zinszahlungen in Übereinstimmung mit den Regeln der klassischen Analyse gegen den Trend richten und dieser in zunehmendem Maße von der vorherrschenden Voreingenommenheit abhängig wird. Schließlich wird ein Wendepunkt erreicht, und – in einer kompletten Sequenz – setzt ein sich selbst verstärkender Prozeß ein, der in die entgegengesetzte Richtung läuft.

In diesem generellen Schema ist keine Sequenz wie die andere. Es ist das klassische Merkmal eines reflexiven Prozesses, daß weder die Wahrnehmung der Beteiligten noch die Situation, auf die sie sich bezieht, von ihm unberührt bleibt. Daraus folgt, daß sich keine Sequenz wiederholen kann. Nicht einmal die Variablen, die in einer kreisförmigen Weise miteinander verknüpft sind, müssen die gleichen bleiben; mit Sicherheit wird ihnen bei verschiedenen Fällen nicht das gleiche Gewicht zukommen.

Seit dem Zusammenbruch des Bretton Woods-Abkommens haben wir im Dollar zwei größere reflexive Bewegungen gehabt, und im Britischen Pfund mindestens genau so viele. Es ist lehrreich, die beiden großen Bewegungen im Dollar miteinander zu vergleichen, weil in den beiden Fällen die Wechselwirkung von Handelsbilanz und Kapitalbewegungen radikal verschieden war.

Ende der 70er Jahre wurde der Dollar zunehmend schwächer, insbesondere gegen die kontinental-europäischen Währungen, während der 80er Jahre gewann er zunehmend an Wert. Wir werden die erste Bewegung Carters negativen Zyklus und die zweite Reagans positiven Zyklus nennen. Um zu zeigen, wie unterschiedlich die beiden Trends waren, können wir einfache Modelle errichten.

Im Beispiel Deutschlands Ende der 70er Jahre war die Deutsche Mark stark ($\uparrow$ e). Spekulative Käufe trugen in großem Umfang dazu bei, daß sie weiter zulegen konnte ($\downarrow$ S) und der positive Zyklus aufrecht erhalten wurde. Deutschland hatte von Beginn an einen Handelsbilanzüberschuß, und die Stärke der Währung trug dazu bei, das Preisniveau niedrig zu halten. Da die Exporte einen hohen Importanteil hatten, blieb der reale Wechselkurs – im Gegensatz zum nominalen – mehr oder weniger stabil ($\uparrow\downarrow$ ep), und der Effekt auf die Handelsbilanz war unerheblich ($\uparrow\downarrow$T). Da der spekulative Kapitalzufluß überwog ($\downarrow$ S > $\uparrow\downarrow$ T), verstärkte sich der positive Zyklus selbst:

$$\uparrow e \rightarrow \downarrow p \rightarrow \uparrow\downarrow (ep) \rightarrow (\uparrow\downarrow T < \downarrow S) \rightarrow \uparrow e$$

Der Umstand, daß der Kursanstieg das Zinsgefälle übertraf, machte ein Engagement in der Deutschen Mark sehr profitabel, so daß der spekulative Kapitalzufluß sowohl sich selbst verstärkend als auch sich selbst bestätigend war.

Was einen positiven Zyklus für Deutschland bedeutete, war negativ für die Vereinigten Staaten. Als der Wechselkurs abbröckelte, beschleunigte sich die Inflation. Trotz nominal steigender Zinsen blieb die Realverzinsung niedrig, wenn nicht sogar negativ. Mit verschiedenen Maßnahmen, von denen die Ausgabe von auf Deutsche Mark und Schweizer Franken lautenden sog. Carter-Bonds die aufsehenerregendste war, wurde versucht, den Kapitalabfluß zu kompensieren. Aber nichts schien zu wirken, bis das Federal Reserve einen strikt monetaristischen Kurs einschlug. Es folgte die Wahl Ronald Reagans ins Präsidentenamt, und der Dollar begann einen nachhaltigen Anstieg.

Während Reagans positivem Zyklus verursachte der feste Dollar eine massive Verschlechterung der Handelsbilanz der Vereinigten Staaten. Im Gegensatz zu Deutschland während der späten siebziger Jahre konnten die USA nicht von einem Handelsbilanzüberschuß ausgehen. Zudem wurde der Anstieg der Währung nicht von einem Gefälle bei den Inflationsraten begleitet. Zwar sank die Inflationsrate in den USA, aber sie blieb auch in den anderen Ländern niedrig. In der Folge entwickelten die USA ein noch nie dagewesenes Handelsbilanzdefizit sowie eine noch nie zuvor gesehene Zinsdifferenz zugunsten des Dollars. Solange der Dollar fest blieb, war es äußerst attraktiv, Dollarbestände zu halten – und der Dollar blieb fest, solange das Defizit der Handelbilanz von einem Überschuß der Kapitalbilanz begleitet wurde. In unserer Schreibweise ausgedrückt:

$$(\uparrow e + \uparrow i) \rightarrow (\downarrow S > \downarrow T) \rightarrow \uparrow e \rightarrow (\downarrow S > \downarrow T)$$

Augenscheinlich sind die Modelle zu stark vereinfacht. Wir werden Reagans positiven Zyklus später eingehender untersuchen. Was wir hier herausarbeiten möchten, ist, daß verschiedene Sequenzen vollkommen unterschiedliche Strukturen haben. Beim Beispiel Deutschlands in den späten 70er Jahre wurde der Anstieg der Währung von dem Gefälle der Inflationsraten gestützt, und die Handelsbilanz blieb weitgehend unberührt. Reagans positiver Zyklus wurde eher von einem Zinsgefälle als von einem Gefälle der Inflationsraten getragen, und es gab ein immer weiter wachsendes Handelsbilanzdefizit, das mit einem stetig zunehmenden Kapitalzufluß Hand in Hand ging. Während es im ersten Fall möglich war, von einem gewissen Gleichgewicht zu reden, war das Ungleichgewicht im zweiten Beispiel offensichtlich. Der Kapitalzufluß resultierte aus einem starken Dollar, und der starke Dollar war abhängig von einem immer weiter steigenden Kapitalzufluß, der ständig weitere Zinsen und Rückzahlungsverpflichtungen mit sich brachte (↑ N). Es war klar, daß der positive Zyklus nicht ewig andauern konnte. Solange er aber Bestand hatte, mußte jeder Devisenspekulant, der es wagte, sich gegen den Trend zu stellen, teuer dafür bezahlen. Die Spekulation erfüllte nicht den Zweck, ein Gleichgewicht wiederherzustellen. Im Gegenteil, es verstärkte den Trend und vergrößerte dadurch das Ungleichgewicht noch, was letztlich korrigiert werden mußte.

Obwohl jeder sich selbst verstärkende Zyklus einzigartig ist, können wir einige allgemeingültige Verallgemeinerungen über frei floatende Wechselkurse treffen. Erstens einmal nimmt die relative Bedeutung spekulativer Transaktionen während der Dauer eines sich selbst verstärkenden Prozesses tendenziell zu. Zum zweiten ist die vorherrschende Voreingenommenheit trendfolgend; je länger der Trend anhält, desto größer wird die Voreingenommenheit. Die dritte Verallgemeinerung besagt einfach, daß ein einmal etablierter Trend dazu neigt, vollständig abzulaufen; kommt schließlich der Wendepunkt, neigt der Trend dazu, einen sich selbst verstärkenden Prozeß in entgegengesetzter Richtung in Bewegung zu setzen. Anders formuliert, Währungen neigen dazu, sich in langen Wellen zu bewegen, wobei jede Bewegung mehrere Jahre dauert.

Diese drei Tendenzen bestätigen sich wechselseitig. Es ist die sich trendfolgend verhaltende Zunahme des spekulativen Kapitalflusses, die den Trend so beständig macht; es ist die Beständigkeit des Trends, die eine trendfolgende Voreingenommenheit so gewinnträchtig macht, und es ist der von der Spekulation vereinnahmte Gewinn, der weiteres Kapital anzieht.

Je länger ein positiver Zyklus anhält, desto attraktiver ist es, Kapitalanlagen in der steigenden Währung zu halten, und desto wichtiger wird die Bedeutung des Wechselkurses für die Berechnung der Gesamtrendite. Diejenigen, die dazu neigen, sich gegen den Trend zu stellen, werden schrittweise eliminiert, und am Ende überleben nur noch Trendfolger als aktive Marktteilnehmer. So wie die Spekulation an Bedeutung zunimmt, verlieren andere

Faktoren ihren Einfluß. Die Spekulanten werden von nichts anderem geleitet als vom Markt selbst – und der Markt wird von Trendfolgern beherrscht. Diese Darlegungen erklären, wieso der Dollar trotz eines sich immer mehr ausweitenden Handelsbilanzdefizits weiter steigen konnte. Sobald aber der Zufluß der spekulativen Gelder mit dem Handelsbilanzdefizit und den steigenden Zinsverpflichtungen nicht mehr Schritt halten konnte, wäre letztlich auch ohne staatlichen Eingriff ein Wendepunkt erreicht worden, und der Trend hätte sich umgekehrt. Da die vorherrschende Voreingenommenheit trendfolgend ist, hätte das spekulative Kapital dann begonnen, sich in die entgegengesetzte Richtung zu bewegen. In dem Augenblick aber, wo das geschieht, könnte sich der Trendwechsel ohne weiteres in einen freien Fall verwandeln. Spekulation und „fundamentale" Einflüsse hätten sich dann in die gleiche Richtung bewegt. Aber noch wichtiger ist, daß das Volumen der spekulativen Transaktionen einen dramatischen – um nicht zu sagen katastrophalen – Anstieg erfährt, sobald ein Trendwechsel einmal erkannt ist. Solange ein Trend sich fortsetzt, nehmen die spekulativen Kapitalzuflüsse zu; eine Umkehr verlangt aber nicht nur einen fortlaufenden Kapitalstrom, sondern auch einen aufgestauten Bestand an spekulativem Kapital. Je länger der Trend gedauert hat, desto größer ist dieser Bestand. Natürlich gibt es auch abschwächende Faktoren. Der eine liegt darin, daß die Marktteilnehmer den Trendwechsel wahrscheinlich nur langsam erkennen. Der andere ist, daß die offiziellen Stellen mit einiger Sicherheit die Gefahr erkennen und irgendetwas unternehmen werden, um einen Crash zu verhindern. Wie sich das Drama tatsächlich abspielte, wird Thema eines späteren Kapitels sein. Hier versuchen wir, eine allgemeingültige Idee zu etablieren.

Fassen wir die drei Verallgemeinerungen zusammen, so kann als sicher gelten, daß die Spekulation nach und nach destabilisierend wirkt. Diese destabilisierende Wirkung tritt nicht deshalb auf, weil sich spekulative Kapitalflüsse irgendwann umkehren müssen, sondern deshalb, weil sie sich meist viel später als erwartet umkehren. Müßten sie sich in kürzeren Abständen umkehren, so böten die Kapitaltransaktionen einen willkommenen Puffer, um den Anpassungsprozeß nicht allzu schmerzhaft zu gestalten. Hätten sie sich überhaupt nicht umzukehren, so würden sich die Marktteilnehmer darauf verlassen; die Anpassung an die Trendwende, wenn sie schließlich käme, wäre um so schmerzhafter.

Es ist relativ wahrscheinlich, daß die Verallgemeinerung über die fortschreitende Ansammlung „heißen Geldes" nicht nur innerhalb eines einzelnen Zyklus gilt, sondern auch beim Übergang eines Zyklus' zum nächsten, wenngleich die Geschichte floatender Währungen noch zu jung ist, um hier letzte Klarheit zu schaffen. Bis jetzt hat sie sicher gestimmt – der Umfang spekulativer Kapitalbewegungen war in Reagans positivem Zyklus bei weitem größer als während Carters negativem Zyklus. Empirische Untersuchungen zeigten während der 30er Jahre ebenfalls ein zunehmendes Anschwellen bei Bewegungen „heißen Geldes“ [1], obwohl die Umstände damals auch etwas anders waren, da die Währungen nicht frei gegeneinander floateten.

Wir können einsehen, warum sich spekulatives Geld so lange ansammeln wird, wie die Realverzinsung hoch und die Rendite auf physische Anlagen niedrig ist: Liquides Kapital in einer steigenden Währung zu halten ist lohnender, als es in physischen Anlagen zu binden. Um der Verallgemeinerung universelle Gültigkeit zu verleihen, wäre ein Argument erforderlich, das zeigen würde, daß floatende Wechselkurse mit hohen Renditen auf Kapitalanlagen und niedrigen Renditen auf Sachanlagen verknüpft sind. Lassen Sie mich das versuchen. Wir haben gesehen, daß spekulativ angelegtes Kapital außergewöhnliche Gewinne erzielen kann, wenn es den Trend richtig erwischt; da es aber den Trend selbst hervorbringt, ist das wahrscheinlich der Fall. Sachanlagen stellen die andere Seite der Münze dar; sie können keinen Vorteil aus dem Trend ziehen. Der Bereich der handelbaren Waren muß zwangsläufig unter Druck kommen, wenn eine Währung steigt. Natürlich verschafft eine sinkende Währung den Exporteuren unverhoffte Gewinne, aber da die Exporteure vorher einen Schaden erlitten hatten, sind sie nur sehr ungern bereit, auf der Basis eines zeitweiligen Vorteils zu investieren; sie ziehen es vor, ihre Gewinne in Kapitalanlagen anzulegen und tragen damit zum Anwachsen des spekulativen Kapitals bei. Am deutlichsten läßt sich dieser Prozeß am Beispiel Großbritanniens im Jahre 1985 beobachten, als die Exporteure trotz ihrer Rekordgewinne nicht expandieren wollten, als das Pfund Sterling unter 1,10 $ fiel. Wie recht sie hatten! Bis April 1986 stieg das Pfund auf über 1,50 $. So hemmt sowohl eine steigende als auch eine fallende Währung die Sachanlagen und fördert die Ansammlung von „heißem Geld“.

Wir können noch eine weitere provisorische Verallgemeinerung versuchen. Wenn ein langfristiger Trend an Schwung verliert, pflegt die kurzfristige Volatilität zu steigen. Es ist leicht einzusehen, warum das so sein muß: Die trendfolgende Masse der Anleger ist desorientiert. Die Verallgemeinerung ist provisorisch, weil sie sich auf ein unzulängliches Beweismaterial stützt. Sie traf aber sicher auf die Trendwende des Dollar im Jahre 1985 zu.[2]

Sollten diese Verallgemeinerungen tatsächlich gültig sein, so ist der Untergang eines Systems frei floatender Währungen letztlich unausweichlich. Die Kursschwankungen werden so wild, daß entweder das System durch irgendeine Art von Interventionen der Regierungen modifiziert werden muß, oder es ist dazu verdammt unterzugehen.

Die Devisenmärkte liefern damit den besten Beweis für meine Behauptung, daß die Finanzmärkte ihrem Wesen nach instabil sind. Es gibt keine eingebaute Tendenz zur Stabilität hin: In dem Grade, in dem wir Stabilität benötigen, müssen wir sie durch wohlüberlegte politische Maßnahmen schaffen.

Zum jetzigen Zeitpunkt mögen diese Schlußfolgerungen dem Leser nicht besonders revolutionär vorkommen, aber sie widersprachen ganz sicher zum

Zeitpunkt ihrer Niederschrift im April/Mai 1985 der vorherrschenden Lehrmeinung. Es gab zwar ein verbreitetes Unbehagen über die Instabilität der Wechselkurse, aber der Glaube an die magische Kraft des Marktes war noch sehr stark, und das berühmte Plaza Agreement kam im September 1985 wie ein Schock über die Marktteilnehmer. Selbst heute gibt es noch keinen theoretischen Unterbau für die Behauptung, daß ein System frei floatender Währungen in zunehmendem Maße destabilisierend sei. Genau diesen Unterbau habe ich hoffentlich hier vorlegen können.

Ich habe mit Devisen spekuliert, seitdem sie zu floaten anfingen, aber es gelang mir nicht, durchweg Gewinne zu erzielen. Alles in allem tradete ich bis 1980 profitabel und verzeichnete dann zwischen 1981 und 1985 Verluste. Meine Zugangsweise an den Markt war im Versuchsstadium und stützte sich mehr auf Intuition als auf Überzeugung. Von meinem Temperament her hat es mich immer mehr interessiert, die Wendepunkte auszumachen, statt einem Trend zu folgen. Es gelang mir, bis 1981 sowohl den Anstieg als auch den Kursrückgang der europäischen Währungen gegen den Dollar zu erwischen, aber ich stieg zu früh aus meinen Positionen aus. Da ich den Trend verpaßt hatte, empfand ich es als zu erniedrigend, mich den Trendfolgern anzuschließen; ich versuchte stattdessen, den Wendepunkt festzunageln; – ich brauche es kaum zu erwähnen – ohne Erfolg. Anfang 1984 hatte ich gelegentlich einige Gewinne, aber ich verlor alles wieder. Zu der Zeit, als ich dieses Kapitel schrieb (April/Mai 1985), war ich erneut in einer Spekulation gegen den Dollar engagiert. Zweifellos hat das Schreiben mir geholfen, meine Gedanken zu ordnen.

Das in Kapitel III beschriebene Real-Time-Experiment kann als praktischer Test der hier vorgestellten Theorie betrachtet werden. Zugegebenermaßen ist die Theorie viel zu abstrakt, um beim Treffen konkreter Voraussagen von großem Nutzen zu sein. Insbesondere können Wendepunkte nicht festgelegt werden, bevor sie tatsächlich erreicht sind. Wie wir aber sehen werden, kann die Theorie zur Interpretation der ablaufenden Ereignisse sehr nützlich sein.

4
DER KREISLAUF VON KREDIT UND KONTROLLE*

Zwischen Kredit und Reflexivität scheint eine besondere Verbindung zu bestehen. Das kann kaum überraschen: Kredit hängt von Erwartungen ab, Erwartungen haben eine Voreingenommenheit zur Folge, folglich ist Kredit einer der wichtigsten Wege, die es der Voreingenommenheit ermöglichen, eine kausale Rolle beim Ablauf der Ereignisse zu spielen. Aber das ist noch nicht alles. Kredit scheint mit einer besonderen Art eines reflexiven Schemas verknüpft zu sein, das als Boom und Zusammenbruch bekannt ist. Dieses Schema ist unsymmetrisch: Der Boom ist in die Länge gezogen und beschleunigt sich langsam, der Zusammenbruch kommt plötzlich und ist oft katastrophal. Im Gegensatz dazu neigt das Schema eher zur Symmetrie, wenn Kredit kein wesentlicher Bestandteil des reflexiven Prozesses ist. Im Devisenmarkt z.B. scheint es nicht viel Unterschied zu machen, ob der Dollar steigt oder fällt: Der Wechselkurs scheint einem wellenähnlichen Muster zu folgen.

Ich glaube, daß die Asymmetrie aus einer reflexiven Verknüpfung von Kredit und Sicherheit entsteht. In diesem Zusammenhang gebe ich dem Begriff der Sicherheit eine sehr weitgefaßte Definition: Er wird alles bezeichnen, was die Kreditwürdigkeit eines Schuldners bestimmt, ob es nun als Sicherheit tatsächlich hinterlegt ist oder nicht. Das kann ein Vermögenswert sein oder ein zu erwartender, künftiger Geldbetrag; in jedem Falle ist es etwas, wofür der Gläubiger bereit ist, einen Wert zu vergeben. Die Bewertung soll angeblich eine passive Beziehung sein, bei der der Wert den zugrundeliegenden Vermögenswert widerspiegelt; in diesem Fall aber zieht es einen positiven Akt nach sich: Es wird ein Kredit vergeben. Dieser Akt der Kreditgewährung kann sich auf den Wert der Sicherheit auswirken: Diese Verknüpfung ist es, die einen reflexiven Prozeß hervorbringt.

Sie werden sich erinnern, daß wir bei der Reflexivität zwei Verknüpfungen untersucht haben, die in entgegengesetzte Richtungen verlaufen: die „normale" Verknüpfung, die wir die kognitive Funktion genannt haben, bei der ein Wert auf zukünftige Ereignisse gesetzt wird – wie im Aktienmarkt oder im Kreditwesen; und eine „perverse" Verknüpfung, die wir die teilnehmende

*geschrieben im August 1985

Funktion genannt haben, bei der die Erwartungen sich auf das auswirken, was erwartet wird. Die teilnehmende Funktion ist pervers, weil ihre Auswirkung nicht immer zu spüren ist, und wenn sie am Werke ist, ist sie dermaßen schwierig aufzuspüren, daß sie meist unerkannt bleibt. Die vorherrschende Auffassung darüber, wie die Finanzmärkte funktionieren, neigt dazu, die teilnehmende Funktion unberücksichtigt zu lassen. Im internationalen Kreditboom zum Beispiel erkannten die Bankiers nicht, daß der Verschuldungsgrad der Schuldnerländer durch ihr eigenes Darlehensgebaren aktiv beeinflußt wurde. Beim Boom der Mischkonzerne wurden die Anleger nicht gewahr, daß der Gewinn pro Aktie durch ihren eigenen Einsatz darauf mitbestimmt wurde. Derzeit vergegenwärtigen sich die meisten Leute nicht, daß die Erosion der Nebensicherheiten die Wirtschaft in eine Depression führen kann.

Normalerweise regt die Vergabe von Krediten die Konjunktur an. Sie ermöglicht es dem Schuldner, mehr zu konsumieren, als er es sonst tun könnte, bzw. in produktives Anlagevermögen zu investieren. Ohne Frage gibt es hier Ausnahmen: Wenn die zur Frage stehenden Anlagen keine Sachanlagen, sondern Kapitalanlagen sind, so muß ihr Effekt nicht notwendigerweise stimulierend sein. Aus eben diesem Grunde hat auch der Schuldendienst einen negativen Einfluß. Mittel, die ansonsten in den Konsum oder in Investitionen fließen würden, werden abgezogen. In dem Maße, wie die Summe offenstehender Schulden zunimmt, erhöht sich auch der Anteil, der für den Schuldendienst erforderlich ist. Nur das Netto-Aufkommen neuer Kredite stimuliert, und das Gesamtvolumen der Kredite muß zunehmen, um das Netto-Aufkommen neuer Kredite auf seinem Niveau zu halten.

Die Verbindung zwischen Kreditvergabe und Konkjunktur ist keineswegs gradlinig (das ist in der Tat die beste Rechtfertigung der Monetaristen für ihre Konzentration auf die Geldversorgung zum Nachteil des Kredits). Das Hauptproblem ist, daß die Kredite keineswegs einen Einfluß auf die Produktion oder den Güter- oder Dienstleistungskonsum zur Folge haben müssen; sie können vielleicht auch nur für rein finanzielle Zwecke eingesetzt werden. In diesem Fall würde ihr Einfluß auf die Konjunktur problematisch. Zum Zweck dieser Diskussion mag es hilfreich sein, zwischen einer „realen“ Wirtschaft und einer „finanziellen“ Wirtschaft zu unterscheiden. Wirtschaftliche Aktivitäten spielen sich in der „realen“ Wirtschaft ab, während die Ausweitung und die Begleichung des Kredits in der „finanziellen“ Wirtschaft stattfinden. Das reflexive Verhältnis zwischen einer Kreditgewährung und dem Wert der Sicherheit kann sich dann sowohl auf die „reale“ als auch auf die „finanzielle“ Wirtschaft beziehen, oder es mag sich nur auf die „finanzielle“ Wirtschaft beschränken. Wir wollen uns hier nur auf den ersten Fall konzentrieren.

Eine starke Wirtschaft trägt zu einer Erhöhung der Vermögenswerte und der Einkommen bei, die die Kreditwürdigkeit bestimmen. Zu Beginn eines reflexiven Prozesses der Kreditexpansion ist die Anzahl der in Anspruch genommenen Kredite relativ klein, so daß ihr Einfluß auf die Nebensicherheiten vernachlässigbar ist. Aus diesem Grunde beginnt die expansive Phase auch langsam, und die Kredite sind zu Beginn solide abgesichert. Sobald aber die Anzahl der Verschuldungen zunimmt, steigt die Bedeutung der gesamten Kreditgewährung, und sie beginnt, einen zunehmenden Einfluß auf die Nebensicherheiten auszuüben. Dieser Prozeß setzt sich fort, bis ein Punkt erreicht wird, an dem das Gesamtaufkommen an Krediten gar nicht mehr schnell genug wachsen kann, um die Wirtschaft zu stimulieren. Zu diesem Zeitpunkt sind die Nebensicherheiten maßgeblich vom stimulativen Effekt neuer Kredite abhängig geworden; da aber die Anzahl neuer Kredite nicht mehr zunimmt, beginnen die Nebensicherheiten, sich zu verschlechtern. Die Erosion der Nebensicherheiten hat einen konjukturabschwächenden Effekt, der seinerseits die Erosion der Nebensicherheiten weiter verstärkt. Da zu diesem Zeitpunkt wahrscheinlich nahezu alle Nebensicherheiten schon eingesetzt sind, kann die Konjunkturabschwächung zu einem plötzlichen Rückgang der Tilgung der Kredite führen, was im Gegenzug den Abschwung noch verschärfen kann. Dies ist die Anatomie einer typischen Sequenz von Boom und Zusammenbruch.

Booms und Zusammenbrüche sind nicht symmetrisch, da sich zu Beginn eines Booms sowohl das Kreditvolumen als auch der Wert der Nebensicherheiten auf einem Tiefpunkt befinden, zum Zeitpunkt des Zusammenbruchs aber auf einem Maximum. Es ist aber noch ein weiterer Faktor im Spiel. Die Tilgung von Krediten braucht Zeit, und je schneller sie bewerkstelligt werden muß, um so größer ist ihre Auswirkung auf den Wert der Sicherheitsleistung. Bei einem Zusammenbruch wird die reflexive Interaktion von Krediten und Nebensicherheiten auf einen sehr kurzen Zeitrahmen zusammengedrückt, und das kann katastrophale Auswirkungen haben. Es ist die plötzliche Liquidierung der aufgelaufenen Positionen, die einem Zusammenbruch eine völlig andere Gestalt verleiht als dem vorangegangenen Boom.

Man kann erkennen, daß die Abfolge von Boom/Zusammenbruch eine besondere Variante von Reflexivität darstellt. Booms können entstehen, wo immer es eine zweigleisige Verknüpfung zwischen Werten und dem Vorgang der Bewertung gibt. Der Vorgang der Bewertung kann viele Gesichter haben. Im Aktienmarkt ist es das Kapital, das bewertet wird, im Kreditwesen ist es die Sicherheitsleistung. Es ist möglich, wenn auch unwahrscheinlich, daß ein Boom gänzlich ohne eine Expansion der Kredite zustande kommen könnte. Die beiden Beispiele, die wir im Aktienmarkt untersucht haben – die Booms der Mischkonzerne und der Investmentfonds – hätten sich theoretisch auch ohne den Einsatz von Aktien als Sicherheitsleistung ereignen können, obwohl tatsächlich eine Menge an Krediten im Spiel war. Ohne das Mitwirken von Krediten wäre die Trendumkehr ein sehr viel langsamer fortschreitender Prozeß. Aus dem früher angeführten Grunde wäre der Abschwung dann kein Spiegelbild des Aufschwungs – das reflexive Element bei der Bewertung ist bei einer Trendumkehr größer als zu Beginn eines Trends – aber die zeitliche Verdichtung, die typisch für Zusammenbrüche ist, würde fehlen.

Sowohl das Schema von Boom/Zusammenbruch als auch seine Erklärung sind schon zu durchsichtig, um interessant zu sein. Das Verwunderliche ist, daß die reflexive Verknüpfung von Darlehen und Nebensicherheiten noch nicht allgemein anerkannt worden ist. Über die Konjunkturzyklen gibt es eine Flut von Literatur; ich bin aber nur selten auf ein Problembewußtsein für das hier beschriebene reflexive Verhältnis gestoßen. Außerdem unterscheiden sich die in den Lehrbüchern diskutierten Konjunkturzyklen in ihrer Dauer von dem von mir hier vorgelegten Kreditzyklus: sie sind kurzfristige Schwankungen innerhalb eines größeren Musters. Es gibt zwar ein Problembewußtsein für einen größeren Zyklus – im allgemeinen als Kondratieff'scher Zyklus bekannt –, aber er wurde bisher niemals „wissenschaftlich" erklärt. Derzeit gibt es viele Befürchtungen, daß wir auf eine erneute Rezession zusteuern, allgemein wird aber angenommen, daß wir es mit einer Rezession wie jeder anderen zu tun haben; der Umstand, daß wir uns in einer Abschwungphase eines größeres Zyklus befinden, wird normalerweise nicht berücksichtigt. Ich behaupte, daß sich alle vergangenen Rezessionen seit dem zweiten Weltkrieg während Phasen zunehmenden Kreditvolumens ereignet haben, während diejenige, die nun möglicherweise vor uns liegt, in einer Phase zurückgehenden Kreditvolumens in der realen Wirtschaft stattinden würde. Das schafft eine Situation, die in der jüngeren Geschichte ohne Beispiel ist.

Wo genau wir uns innerhalb des großen Zyklus' befinden, ist schwer festzustellen. Ich muß zugeben, daß ich mir in dieser Frage seit 1982 nicht klar bin. Der Grund für meine Unsicherheit liegt darin, daß zwar der Boom eindeutig keine Kraft mehr hat, der Zusammenbruch aber bis jetzt noch nicht stattfand.

Zusammenbrüche können sehr zerstörerisch sein, insbesondere dann, wenn die Liquidierung von Nebensicherheiten zu einem plötzlichen Zusammenfallen des Kreditvolumens führt. Die Konsequenzen sind so unerfreulich, daß intensive Anstrengungen unternommen werden, um sie zu vermeiden. Das Zentralbankwesen hat sich zusammen mit dem fortgesetzten Bemühen entwickelt, plötzliche katastrophale Zusammenbrüche des Kreditvolumens zu vermeiden. Da eine Panik nur schwer aufzuhalten ist, wenn sie einmal eingesetzt hat, wird die Vorsorge am besten während der Aufschwungphase getroffen. Aus diesem Grunde hat sich die Rolle der Zentralbanken nach und nach erweitert; sie umfaßt jetzt auch die Steuerung der Geldversorgung. Deshalb regeln organisierte Finanzmärkte auch das Verhältnis von Nebensicherheiten zu Krediten.

Bis jetzt ist es den Behörden gelungen, einen Zusammenbruch zu verhindern. Wir befinden uns in einem Niemandsland, in dem der „normale" Prozeß der Kreditexpansion schon vor langem seinen Gipfel erreicht hat, in dem die Behörden aber den „normalen" Prozeß der Kreditverknappung verhindert haben. Das ist Neuland, da es für derartige Maßnahmen kein historisches Beispiel gibt.

Der Umstand, daß die Banken und die organisierten Finanzmärkte kontrolliert werden, erschwert den Ablauf der Ereignisse enorm. Die Finanzgeschichte läßt sich am besten als reflexiver Prozeß interpretieren, der statt eines zwei Arten von Beteiligten hat: Konkurrenten und Kontrolleure.

Ein solches System ist komplexer als der Fall, den wir im Aktienmarkt untersucht haben. Dort lag das regulatorische Umfeld mehr oder weniger fest: Es bildete den Hintergrund, vor dem das Schauspiel ablief. Hier ist das regulatorische Umfeld integraler Bestandteil des Prozesses.

Es ist wichtig zu erkennen, daß die Kontrolleure auch Teilnehmer sind. Es gibt eine angeborene Tendenz, sie als Übermenschen anzusehen, die irgendwie außer- und oberhalb des wirtschaftlichen Prozesses stehen und nur eingreifen, wenn die Beteiligten schlimme Fehler gemacht haben. Dem ist aber nicht so. Auch sie sind menschlich, sogar allzu menschlich. Sie arbeiten mit unvollständigem Wissen, und ihre Handlungen haben unbeabsichtigte Konsequenzen. Tatsächlich scheinen sie sich an veränderte Bedingungen sogar weniger gut anzupassen als diejenigen, die durch Gewinn und Verlust angetrieben werden, so daß ihre Regulationen im allgemeinen so ausgelegt sind, daß sie der letzten Panne vorbeugen, nicht aber der nächsten. Die Unzulänglichkeiten der Regulation werden eher deutlich, wenn sich die Bedingungen rasch verändern, und die Bedingungen verändern sich eher rascher, wenn die Wirtschaft weniger kontrolliert wird.

Wir fangen an, zwischen den Kontrolleuren und der von ihnen kontrollierten Wirtschaft ein reflexives Verhältnis zu erkennen. Es bringt einen Prozeß hervor, der zum Prozeß von Kreditexpansion und Kreditverknappung in Konkurrenz tritt und sich mit ihm gegenseitig beeinflußt. Kein Wunder, daß das Ergebnis so komplex und verworren ist!

Der regulatorische Zyklus hat nicht den asymmetrischen Charakter des Kreditzyklus'. Er scheint eher der von uns für den Devisenmarkt entworfenen Wellenform zu ähneln, als dem Schema von Boom und Zusammenbruch des Kreditzyklus'. Genau so, wie frei floatende Währungen dazu neigen, zwischen Überbewertung und Unterbewertung zu schwanken, so neigen die Marktwirtschaften dazu, zwischen Über- und Unterregulation hin und her zu pendeln. Die Dauer des Zyklus' scheint mit der des Kreditzyklus' zu korrelieren, und intuitiv kann man spüren, warum das so sein muß. Kreditexpansion und -verknappung haben viel mit Veränderungen in der Wirtschaft zu tun, die im Gegenzug einen Einfluß auf die Angemessenheit der Regulationen haben. Offensichtlich gibt es eine zweigleisige Verbindung zwischen

Kredit und Kontrolle, zum gegenwärtigen Zeitpunkt der Untersuchung ist es mir aber alles andere als klar, nach welchem Muster – wenn es überhaupt eines gibt – diese Interaktion abläuft. Das ist die Hauptquelle meiner Unsicherheit.

Wir haben einen Kreditzyklus ausgemacht, der dem Schema von Boom/Zusammenbruch folgt, einen Zyklus der Regulation, der mehr wellenförmig verläuft, und ein Zusammenspiel von beiden, dessen Muster unklar ist. Natürlich ist auch noch eine Menge profaner Entwicklungen beteiligt, von denen sich einige auf den Kredit, andere auf die Kontrolle und einige auf beide beziehen. Wir haben erwähnt, daß die Notenbanken aus jeder Krise eher gestärkt hervorgehen; dies ist eine einfache Entwicklung, die für jeden Zyklus eine gesonderte Rechnung vorlegt. Während der großen Depression kollabierten sowohl das Bankensystem als auch das internationale Handelssystem, was die Kreditverknappung und den Konjunkturabschwung weit schlimmer gestaltete, als es sonst der Fall gewesen wäre. Wir können sicher sein, daß alles unternommen werden wird, um in diesem Zyklus einen ähnlichen Kollaps zu unterbinden. Wir sind auf die Revolution der Informationssysteme oder die Verbesserungen des Transportwesens, die zur Entwicklung eines Verbundes der Weltwirtschaaft beitrugen, nicht näher eingegangen. Das Ergebnis all dieser Einflüsse ist ein einzigartiger Ablauf der Ereignisse, der leichter zu erklären als vorherzusagen ist.

Von diesem Blickwinkel aus betrachtet, ist die gesamte Nachkriegszeit Teil eines großen, expansiven Booms, der nun schon sehr weit fortgeschritten und reif für einen Zusammenbruch ist. Der Zusammenbruch ist bislang durch die Intervention der Behörden in kritischen Momenten vermieden worden. Das Wechselspiel zwischen den Aktionen der Regierung und dem Marktmechanismus hat eine ganz besondere Konstellation hervorgebracht, die ich Reagans imperialen Kreislauf genannt habe. Nun befinden wir uns an jenem kritischen Punkt, an dem sich der imperiale Kreislauf aufzulösen beginnt und die Behörden sich eine andere Lösung ausdenken müssen, um einen Zusammenbruch zu vermeiden.

Die gleiche Nachkriegsperiode hat auch einen fast vollständigen Umschwung von der Regierungskontrolle hin zum uneingeschränkten Wettbewerb gesehen. Wir stehen jetzt an einem wichtigen Punkt, an dem die Voreingenommenheit für eine Deregulation weiter zunimmt, während in einzelnen Bereichen der Bedarf an Interventionen der Regierung wieder an Kraft gewinnt. Die Bank-Branche, um nur eine zu nennen, ist bereits auf dem Weg zu einer engeren Kontrolle.

Man könnte versuchen, mit den folgenden Begriffen die Geschichte der Nachkriegszeit zu beschreiben. Der gegenwärtige Kreditzyklus begann nach dem Ende des zweiten Weltkriegs, die Ursprünge des regulatorischen Zyklus' reichen zurück noch bis hinter die Wirtschafts- und Sozialpolitik Roosevelts, wenngleich man im Falle der Weltwirtschaft die Errichtung des

Bretton Woods-Systems als Anfangspunkt nehmen kann. Die nachfolgende Expansion war eng verknüpft mit dem Abbau von internationalen Handelsschranken und Beschränkungen des internationalen Investments. Die internationalen Kapitalströme aber schufen Probleme für das Bretton Woods-Abkommen, die niemals erwartet worden waren, und die ungelöst bleiben.

Ich werde nicht versuchen, die ganze Geschichte hier vorzutragen. Ich werde mit dem Punkt beginnen, als ich erstmalig aktiv an der Entwicklung teilhatte, und werde dem Weg meiner eigenen Verstrickung folgen. Das wird der Untersuchung einen experimentelleren Charakter geben.

Meine Erfahrungen begannen 1973 nach dem Zusammenbruch des Systems fester Wechselkurse. Wechselbeziehungen, die festgeschrieben worden waren, wurden zum Gegenstand reflexiver Einflüsse, und mein Interesse verlagerte sich von einzelnen Gesellschaften und Branchen auf makroökonomische Prozesse. Meine Studie über die „Wachstums-Banken" von 1972 stellten einen Wendepunkt dar, obwohl ich das damals noch nicht wußte.

Im Laufe der Zeit empfand ich die Instabilität makroökonomischer Trends sowohl im subjektiven als auch im objektiven Sinn als störend, und ich beschloß 1981, mich vom aktiven Investment zurückzuziehen. Nach der Krise von 1982 fertigte ich eine Studie zum internationalen Schuldenproblem an. Ich stand unter dem unrichtigen Eindruck, daß die Krise von 1982 den Höhepunkt im Prozeß der Kreditexpansion darstellte. Ich dachte, daß die Behörden zu wenig unternähmen, um einem Zusammenbruch vorzubeugen; ich erkannte nicht, daß sie zuviel taten. Sie hielten an der Kreditexpansion fest, wenn auch auf einer unsolideren Basis als jemals zuvor. Die Vereinigten Staaten traten als „Schuldner des letzten Auswegs" an die Stelle der unterentwickelten Länder, und die Geschäftsbanken versuchten, aus ihren Verlusten durch die Kredite an die unterentwickelten Länder herauszukommen, indem sie aggressiv in andere Richtungen expandierten. Das führte 1984 zu einer neuen Scrie von Krisen, die einen wirklichen Wendepunkt für die Bankenbranche und die Kreditgenossenschaften darstellte. Heute leiden wir unter den Nachwehen dieses Höhepunktes. Die Vereinigten Staaten verschulden sich ohne Ende in immer höherem Ausmaß, aber auch hier ist ein Wendepunkt zum Greifen nahe. Der Dollar hat zu fallen begonnen, und ausländische Gläubiger werden in einer sich abschwächenden Währung ausgezahlt. Der vielleicht einzige noch voll unter Dampf stehende Motor zur Kreditschaffung ist der Aktienmarkt, an dem die Fusionsmanie ihren Hochpunkt erreicht hat; das aber hat auf die Wirtschaft keinen stimulierenden Effekt.

Der theoretische Entwurf miteinander verknüpfter Zyklen von Kredit und Kontrolle wurde mir etwas klarer, während ich dieses Buch schrieb, obwohl ich nicht behaupten möchte, daß dieser Erkenntnisprozeß abgeschlossen ist. Gleichwohl fühlte ich, daß er sich dafür eignete, zum jetzigen Zeitpunkt zusammengefaßt zu werden. Ich werde nun versuchen, die hier herausgestellte, theoretische Konstruktion zur Erklärung der Ereignisse seit 1972 zu nutzen.

Der Leser sollte wissen, daß die Niederschrift dieser Erklärung der Formulierung dieses zugegebenermaßen provisorischen theoretischen Gebäudes voranging.

P.S., Dezember 1986

Nachdem ich mit der Erklärung fertig geworden war, habe ich mich von August 1985 bis Ende 1986 mit einem Real-Time-Experiment beschäftigt, in dem ich versuchte, die Entwicklung des Kreditzyklus' und des regulatorischen Zyklus' vorauszusagen. Ich gelangte zu einer eigenartigen Schlußfolgerung. Es scheint, daß der Zyklus 1982 in Schwierigkeiten geriet. Wenn es nicht die erfolgreiche Intervention der Notenbanken gegeben hätte, so hätte das internationale Schuldenproblem zu einem Kollaps des Bankensystems geführt. Wie es aussieht, hat der Kollaps vermieden werden können, aber die natürliche Trendwende, die er eingeleitet hätte, hat ebenfalls noch nicht stattgefunden. Wir leben nun innerhalb eines Systems, in dem wir fortwährend am Rande der Klippe gehen und dann zurückschrecken, wenn wir sehen, wie sich der Abgrund vor unseren Füßen auftut. Dieser Zusammenhalt, den wir im Angesicht des Desasters zustandegebracht haben, wird wohl zerbrechen, sobald die Gefahr in den Hintergrund tritt; der Prozeß wird sich dann in anderer Form wiederholen. Wir können ihn im internationalen Kreditwesen sehen, im US-Budgetdefizit, im internationalen Währungsgefüge, in der OPEC, im Bankensystem und an den Finanzmärkten. 1987 wird zweifellos das Jahr sein, in dem der Protektionismus das internationale Handelssystem an den Rand des Zusammenbruchs führen wird, wahrscheinlich aber nicht weiter.

TEIL 2
HISTORISCHE PERSPEKTIVE

5
DAS INTERNATIONALE SCHULDENPROBLEM

Das größte Problem für die Analyse der Reflexivität liegt in der Entscheidung, welche Elemente man als beachtenswert heraussuchen soll. Soweit die Finanzmärkte betroffen sind, ist dieses Problem relativ einfach. Die entscheidende Variable ist der Marktkurs, und die Elemente, die bedacht werden müssen, sind die, die den Marktkurs beeinflussen. Aber selbst hier ist die Anzahl der Faktoren, die eine Rolle spielen können, nahezu unbegrenzt. Verwendet man nur einen zugrundeliegenden Trend und eine vorherrschende Voreingenommenheit, so ist das eine übertriebene Vereinfachung, die dazu geeignet sein mag, die Dynamik – um nicht zu sagen, Dialektik – eines historischen Prozesses zu verdeutlichen, die aber völlig ungeeignet ist, den tatsächlichen Ablauf der Ereignisse zu erklären oder gar vorauszusagen.

Wenn wir uns außerhalb der Grenzen eines bestimmten Marktes bewegen, wird das Problem der Auswahl noch wesentlich komplexer. Wir benötigen ein Bündel zusammenspielender Komponenten, die das Phänomen, mit dem wir es zu tun haben, erklären können. Es könnte aber verschiedene dieser Bündel geben, die das gleiche Phänomen erklären könnten – und wir können nicht sicher sein, das richtige ausgewählt zu haben. Die Fülle möglicher Komponenten bereitet gerade dann besonders viele Schwierigkeiten, wenn wir den künftigen Ablauf der Ereignisse vorhersagen wollen: wir wissen nicht, welche einmal wichtig werden.

Boom und Zusammenbruch des internationalen Kreditwesens sind ein typisches Beispiel. In der gegenwärtigen wirtschaftlichen Situation stellt es ein unentbehrliches Element dar. Für sich betrachtet ist es ein nahezu perfektes Beispiel für eine Sequenz von Boom und Zusammenbruch. In den Kontext der Gesamtsituation eingebunden, ist es lediglich eines von vielen Elementen, die berücksichtigt werden müssen. Um die Sache noch zu komplizieren: Das internationale Schuldenproblem hat in der Entwicklung des Bankensystems eine entscheidende Rolle gespielt, und die Entwicklung des Bankensystems ist ebenfalls ein reflexiver Prozeß, der sowohl an sich als auch für die Gesamtsituation ein bedeutsames Element darstellt.

Auf welche Weise kann man das internationale Schuldenproblem dann am besten handhaben? Man muß die Sache von mindestens drei verschiedenen Blickwinkeln aus betrachten: als ein eigenständiges, reflexives Phänomen, als einen Faktor bei der Entwicklung des Bankensystems und als Teil der gegenwärtigen gesellschaftlichen Situation. Ich werde versuchen, alle drei Bereiche auf einmal zu behandeln, da das die einzige Möglichkeit ist, unnötige Wiederholungen zu vermeiden. Auf diesem Weg werde ich auch eine praktische Demonstration der Komplexität reflexiver Prozesse in der wirklichen Welt vorführen. Es muß kaum betont werden, daß der Analyse nicht leicht zu folgen ist; ich werde aber versuchen, die drei Bereiche im Laufe der Untersuchung voneinander abzugrenzen. Ein gewisses Maß an Verzerrung ist aber unvermeidlich: Da wir an der Entwicklung des Bankensystems interessiert sind, werden wir den Gläubigern mehr Aufmerksamkeit widmen als den Schuldnern. Wollten wir das Schicksal der unterentwickelten Länder erforschen, so müßten wir diesen Schwerpunkt verschieben. Die Ursprünge des internationalen Schuldenbooms reichen zumindest bis zur ersten Ölkrise von 1973 zurück, zur Diskussion der Entwicklung des Bankensystems müssen wir aber noch weiter zurückgehen, und um den Wirtschaftszyklus zu verstehen, der die jüngste Geschichte bestimmt hat, müßten wir am Niedergang des Abkommens von Bretton Woods 1971 ansetzen. Das würde uns aber zu weit zurückführen; ich werde daher Anfang 1972 als Ausgangspunkt nehmen und damit anfangen, das Bankensystem der USA zu betrachten. Zufälligerweise ist das auch der Zeitpunkt eines von mir verfaßten Berichts zum Aktienmarkt, betitelt „Der Fall der Wachstumsbanken".

Die Banken galten zu diesem Zeitpunkt als die schwerfälligsten Institutionen. Die Unternehmensführer waren durch die Verluste der 30er Jahre schwer angeschlagen, und Sicherheit war die oberste Maxime, gegen die Gewinn oder Wachstum in den Hintergrund rückten. Die Struktur der Branche war durch Regulationen praktisch eingefroren. Die Expansion über die Bundesstaatsgrenzen war verboten, in einigen Bundesstaaten war sogar der Betrieb von Bankfilialen untersagt. Ein schwerfälliges Geschäft zog schwerfällige Leute an, und in der Branche gab es wenig Bewegung oder Innovation. Banktitel wurden von Anlegern, die an Gewinnen interessiert waren, vernachlässigt.

Unter der ruhigen Oberfläche brauten sich die Veränderungen zusammen. Eine neue Generation von Bankern tauchte auf, die an den Wirtschaftsschulen gelernt hatte und in grundlegenden Begriffen des Gewinns dachte. Das geistige Zentrum dieser neuen Denkschule war die First National City Bank of New York; die dort ausgebildeten Leute schwärmten aus und besetzten Top-Positionen in anderen Banken. Neuartige Finanzinstrumente wurden eingeführt, und einige Banken fingen an, ihr Kapital aggressiver einzusetzen und sehr beachtliche Gewinnausweise zu erreichen. Innerhalb des staatlich gestatteten Rahmens gab es einige Übernahmen, die zur Schaffung größerer

Gesellschaften beitrugen. Die größeren Banken stockten ihr Kapital im Schnitt auf das Sechzehn- bis Achtzehnfache auf, die Bank of America sogar auf das Zwanzigfache. Die besseren Banken brachten es auf Spitzenrenditen von 13%. In jeder anderen Branche hätte sich eine solche Rendite, kombiniert mit einem Gewinnwachstum/Aktie von über 10 %, in einem Aufgeld von mehr als 10 % ausgewirkt, die Bankaktien wurden aber ohne bzw. nur mit geringem Aufgeld gehandelt. Die Analysten der Bankaktien waren sich dieser relativen Unterbewertung zwar bewußt, aber sie erkannten die veränderte Situation nicht, da die zugrundeliegenden Veränderungen zu langsam abliefen und die vorherrschende Bewertung zu beständig war. Jetzt aber gelangten viele Banken an den Punkt, wo sie an die Grenzen dessen stießen, was zu dieser Zeit als vernünftiges Verhältnis von Fremdkapital zu Eigenkapital erachtet wurde. Wenn sie dennoch weiter wachsen wollten, so brauchten sie zusätzliches Aktienkapital.

Vor diesem Hintergrund veranstaltete die First National City ein Essen für Wertpapieranalysten – ein für die Bankbranche unerhörtes Ereignis. Ich wurde nicht eingeladen, aber dieses Ereignis brachte mich dazu, einen Bericht zu veröffentlichen, in dem ich den Kauf von Aktien einer Auswahl der aggressiver gemanagten Banken empfahl. Ich belegte den hier beschriebenen Sachverhalt, und ich trug vor, daß die Bankaktien dabei waren, zu neuem Leben zu erwachen, weil die Firmenleitungen eine gute Geschichte hatten und damit anfingen, sie zu erzählen. „Wachstum“ und „Banken“ schienen widersprüchliche Begriffe zu sein, schrieb ich, aber dieser Widerspruch würde sich auflösen, wenn die Bankaktien erst einmal mit einem Vielfachen ihres Wachstums bewertet würden.

Tatsächlich machten die Bankaktien 1972 einen guten Satz nach vorne, und wir erzielten etwa 50 % Gewinn auf unsere ausgewählten Aktien. Einigen der geschickteren Banken gelang es, etwas Kapital aufzunehmen. Hätte sich der Prozeß der Kapitalaufnahme zu einem Kurs oberhalb des Buchwertes durchgesetzt, so hätten die Banken auf einer soliden Basis expandieren können, und die Entwicklung des Bankensystems hätte einen anderen Verlauf genommen. Wie es sich traf, hatte dieser Prozeß kaum eingesetzt, als sich die Inflation beschleunigte und die Zinssätze stiegen; mit einer Kapitalrendite von 13 % konnten die Banken ihre Aktien nicht länger mit Aufgeld verkaufen.

Dann kamen die Nachwehen der ersten Ölkrise und mit ihnen ein enormer Kapitalfluß in die ölproduzierenden Länder. Diese Länder wußten nicht, was sie mit dem Geld tun sollten, und stapelten es in Banken. Es wurde ein Punkt erreicht, an dem einige Banken – wie z. B. Bankers Trust – sich verpflichtet fühlten, die Einlagen wieder zurückzuschleusen. Es wurde zu einem größeren Problem, wie man diese sog. Petrodollars wieder rückführen konnte. Es gab zwar lebhafte Diskussionen über Projekte zwischen den Regierungen, aber außer steigenden Zahlungen Saudi-Arabiens an den IWF und an die

Weltbank kam nicht viel heraus. Die Regierungen der industrialisierten Staaten versagten kläglich dabei, die Gelegenheit am Schopfe zu ergreifen, und durch dieses Versäumnis blieb die Rückführung der Petrodollars an den Banken hängen. Die Banken sprangen in die Bresche und erfüllten ihre Aufgabe allzu gut. Vollgestopft mit Kapital, wurden sie zu aggressiven Kreditanbietern – und sie fanden viele Abnehmer. Weniger entwickelte Länder ohne Ölvorkommen versuchten, ihre Defizite durch Aufnahme hoher Schulden zu finanzieren; die Länder mit Ölvorkommen investierten in ehrgeizige Expansionsprogramme, die sie kraft ihrer Ölreserven durch Verschuldung finanzierten. Dies war der Zeitpunkt der Entspannung, was bedeutete, daß die osteuropäischen Länder von westlichen Banken riesige Summen ausliehen, die sie mit dem erhofften Gewinn aus mit dem geborgten Geld errichteten Fabriken zurückzuzahlen gedachten. So begann der Boom der internationalen Verschuldung.

Zuerst wickelten die Banken die OPEC-Überschüsse ab. Im Laufe der Zeit fanden die Länder mit hohen Ölvorkommen andere Wege, ihren neu erworbenen Wohlstand zu nutzen: Ankauf der ausgeklügeltesten Waffensysteme, Expansion ihrer Wirtschaft in halsbrecherischem Tempo, Kauf von Diamanten und Immobilien und andere langfristige Investitionen. Zwischenzeitlich stieg auch die Nachfrage nach Bankfinanzierungen weiter an. In zunehmendem Umfang wurden die Banken zur Kreditquelle. Jeder Kredit führte andererseits zu Sicherheitsleistungen, so daß die Banken aus eigener Kraft die Mittel bilden konnten, die sie verliehen. Da der Eurodollar-Markt keine Restriktionen hatte, mußten die Banken gegenüber ihren ausländischen Konzerntöchtern keine Mindestreserveanforderungen erfüllen. Mit Ausnahme einer Selbstbeschränkung gab es scheinbar nichts, was die Tochtergesellschaften davon abhalten konnte, ein scheinbar unbegrenztes Kreditangebot zu schaffen.

Das internationale Kreditgeschäft war indes zu profitabel, um noch einen großen Spielraum für die Vorsorge zu lassen. Die Geschäfte konnten in großem Stil abgewickelt werden, das Risiko ungünstiger Zinsentwicklungen konnte durch variable Zinssätze eingeschränkt werden, und der Verwaltungsaufwand war wesentlich geringer als bei Firmenkrediten. Der scharfe Wettbewerb hielt die Spanne zwischen Kreditkosten und Kreditzinsen recht gering, dennoch wurde das internationale Kreditgeschäft zu einem der leichtesten und profitabelsten Bereiche des Bankwesens, was viele Banken auf den Plan rief, die auf diesem Gebiet noch keine Erfahrungen gemacht hatten. Die Zahl der in London repräsentierten Banken schnellte zu dieser Zeit in die Höhe, und das internationale Kreditwesen wurde zum schnellstwachsenden Sektor der Bankbranche. Hätten die Banken natürlich die Rückstellungen durchgeführt, die im Hinblick auf die nachfolgenden Erfahrungen angemessen gewesen wären, so wäre das Geschäft nicht so profitabel verlaufen, wie es zu dieser Zeit zu sein schien.

Das äußere Erscheinungsbild der US-Bank-Branche blieb während dieser Periode im großen und ganzen unverändert. Die Expansion über Fusionen und Übernahmen war durch Vorschriften eng umschrieben. Die innere Struktur der Banken durchlief allerdings bemerkenswerte Veränderungen. Der wichtigste unternehmerische Trend war die Gründung von Bank-Holdinggesellschaften. Diese Veränderung der Firmenstruktur ermöglichte es, über die Holdinggesellschaft zusätzliches Kapital aufzunehmen, so daß sich das Verhältnis von Kapital zur Gesamtsumme der Aktiva zusehends verringerte. Darüberhinaus umgingen einige der sog. Edge Act-Tochtergesellschaften [EAC's von US-Banken oder ausl. Instituten unterliegen nicht den Bestimmungen des restriktiven McFadden Act, wenn sie durch den Federal Reserve Board zugelassen werden; sie können dann landesweit expandieren – Anm. d. Übers.] die über die Banken verhängten Restriktionen. Die größte Expansion erfolgte im Ausland. Entsprechend waren die meisten Firmenbewegungen international: amerikanische Banken expandierten im Ausland, und ausländische Institute gründeten Niederlassungen in den Vereinigten Staaten. Mehr als ein Viertel des Gewinns von Citicorp stammte z.B. aus dem Brasiliengeschäft.

Es war zugleich die Zeit rascher technologischer Innovationen. Der Einsatz von Computern bechleunigte die Handelsabläufe und gestattete Operationen, die vorher undenkbar gewesen wären. Eine Vielzahl neuer Finanzinstrumente und finanzieller Techniken wurde eingeführt, und das Bankwesen wurde im Vergleich zu nur einem Jahrzehnt vorher ein komplizierteres Geschäft. Diese Trends dauern in sich beschleunigendem Tempo bis heute an.

Die Aufgabe der Aufsichtsbehörden wurde sowohl durch das Tempo der Innovationen als auch durch den internationalen Wettbewerbscharakter kompliziert. Es ist nicht unfair, wenn man sagt, daß die Aufsichtsbehörden den Handelnden immer einen Schritt hinterherliefen und daß die Handelnden und die Branche immer einen Ausweg fanden, ganz gleich, welche Regulationen errichtet wurden.

In der internationalen Arena wollten die Behörden die Branche nicht daran hindern, zu gleichen Bedingungen in den Wettbewerb einzutreten. Frei von regulatorischen Beschränkungen und mit anderen Banken im Wettbewerb um Marktanteile, wuchs der Markt insgesamt sprunghaft. Die Banken hatten dermaßen viel Angst, ein Geschäft zu verpassen, daß sie nicht lange Fragen stellten. Es ist verwunderlich, wie wenig an Informationen die betreffenden Länder beibringen mußten, um einen Kredit zu erhalten. Die kreditgebenden Banken wußten nicht einmal, in welcher Höhe sich diese Länder anderswo Kredite besorgten.

Wenn sie in Zahlungsbilanzschwierigkeiten gerieten, bevorzugten es die Schuldnerländer, sich statt an den Internationalen Währungsfonds an die Geschäftsbanken zu wenden. Unabsichtlich übernahmen die Geschäftsbanken eine der Aufgaben, für die die Bretton Woods-Institutionen – der IWF und die Weltbank – geschaffen worden waren. Sie transferierten in wesentlich größerem Umfang Mittel in die unterentwickelten Länder als die Bretton Woods-Institutionen bewilligt hätten, und sie mischten sich weit weniger in die Belange der Schuldnerländer ein. Kein Wunder, daß die unterentwickelten Länder dem IWF fernblieben! Mit der Bitte um Unterstützung wandten sich hauptsächlich Industrieländer wie Großbritannien an den IWF, die Entwicklungsländer fuhren mit den Geschäftsbanken besser. Zwischen 1973 und 1979 gab es eine wahre Explosion der internationalen Schulden. Sie war die Grundlage des inflationären Booms der 70er Jahre, der schließlich in der zweiten Ölkrise seinen Höhepunkt erreichte.

Rückblickend betrachtet wird deutlich, daß die Schuldnerländer das Geld unklug ausgaben. Bestenfalls gaben sie es für überflüssige Besitztümer wie den Itaipu-Damm in Basilien aus; schlechtestenfalls verschwendeten sie es für Rüstungsgüter oder zur Aufrechterhaltung unrealistisch hoher Wechselkurse, wie im Falle der Länder am „Südkegel", Argentinien und Chile. Die Torheit der Handlungen wurde damals noch nicht erkannt. Brasilien wurde sogar als Wirtschaftswunder betrachtet, und Chile galt als Ausbund an Währungsstabilität.

Die internationale Verschuldung wuchs dermaßen schnell, daß die beteiligten Banken sich zusehends finanziell übernahmen: Ihr Kapital und ihre Reserven konnten mit dem Wachstum ihrer Bilanzen nicht mehr Schritt halten. Die Qualität ihres Anleiheportefeuilles blieb aber solide – zumindest nach außen. Eines der bemerkenswertesten Kennzeichen der Situation war, daß die Schuldnerländer tatsächlich weiterhin den traditionellen Maßstäben zur Ermittlung ihrer Kreditwürdigkeit genügten, selbst als ihre Gesamtverschuldung in einem alarmierenden Tempo anwuchs.

Zur Ermittlung der Kreditwürdigkeit benutzen die Banken Kennzahlen – wie z.B. Auslandsverschuldung im Verhältnis zum Export, Schuldendienst im Verhältnis zum Export und gegenwärtige Defizite im Verhältnis zum Export. Die internationalen Kredit-Aktivitäten der Banken brachten einen sich selbst verstärkenden und sich selbst bestätigenden Prozeß in Gang, der die durch diese Kennzahlen gemessene Fähigkeit der Schuldner zum Schuldendienst fast genauso schnell steigerte, wie ihre Schulden wuchsen.

Als Schlüssel zu diesem Prozeß kann die während der 70er Jahre sehr niedrige – und schließlich negative – Realverzinsung angesehen werden. Da der Markt der Eurowährungen außerhalb der Kontrolle der Zentralbanken stand, beeinflußte sein Wachstum die Geldpolitik keines Landes direkt. Als die Banken allmählich dazu übergingen, statt der Rückführung der OPEC-Überschüsse Kredite bereitzustellen, blieb die Geldpolitik der Vereinigten Staaten weiterhin entspannt. Der Dollar begann sich abzuschwächen, und die Zinssätze zogen nicht mit den steigenden Teuerungsraten gleich. Die nachgebende Realverzinsung verringerte die Kosten für Zinszahlungen und verhalf den Schuldnerländern zu noch mehr Kreditwürdigkeit. Sie führte auch dazu, daß diese sich noch bereitwilliger verschuldeten. Die Kreditausweitung stimulierte die Weltwirtschaft und unterstützte überall die Entwicklung des Exports. Die unterentwickelten Länder erfreuten sich einer starken Nachfrage für die von ihnen exportierten Rohstoffe; damit verbesserten sich auch ihre Handelsbilanzen. Die Kombination von fallender Realverzinsung, expandierendem Welthandel, anziehenden Rohstoffpreisen und einem sich abschwächenden Dollar ermutigte die Schuldnerländer und ermöglichte es ihnen, ihre Verschuldung weiter zu erhöhen.

Der sich selbst bestätigende Prozeß der Kreditausweitung – kurz: auch der Inflation – war auf mehr als eine Art ungesund. Preise und Löhne stiegen immer schneller an. Handelsbilanzdefizite und -überschüsse wurden für die Ewigkeit festgeschrieben. Die Bilanzen der Banken verschlechterten sich. Viele der durch die Bankkredite finanzierten Investmentaktivitäten liefen in die Irre. Die Kreditwürdigkeit der Schuldner war trügerisch. Solange der Prozeß sich selbst bestätigte, blühte die Weltwirtschaft. Der Konsum verharrte auf hohem Niveau, während die niedrigen bzw. negativen Zinssätze vom Sparen abhielten. Durch die Verfügbarkeit billiger Kredite wurden die Investitionen angeregt, und es kam zu einer Flucht aus Kapitalanlagen hin zu Sachanlagen. Die Kombination von hohem Konsum, hohen Lagerbeständen und starker Investitionstätigkeit schuf die Bedingungen für einen Boom.

Der Boom führte dazu, daß der Energiebedarf anstieg. Die OPEC-Länder wurden immer reicher, und ohne die Notwendigkeit laufender Einkünfte wurde es für sie angesichts der negativen Realverzinsung interessanter, das Öl in der Erde zu halten statt Bargeld auf der Bank. Dies führte 1979 zu einer Situation, in der die Unterbrechung der Iranischen Ölförderung eine zweite Krise und eine zweite Explosion des Ölpreises auslöste.

Diesmal fiel die Reaktion anders aus. Die Inflation war zu einem vorherrschenden Problem geworden, insbesondere in Großbritannien und in den Vereinigten Staaten. Kontinental-Europa und Japan waren den verheerenden Auswirkungen der Inflation entkommen, da sie eine restriktivere Geldpolitik verfolgten und ihre Währungen steigen ließen. Da der Ölpreis in Dollar bestimmt wird, sanken die Ölpreise für Europa und Japan; ohne Inflation blieben ihre Exporte trotz ihrer anziehenden Währungen wettbewerbsfähig. Im Gegensatz dazu entwickelten sich in Großbritannien und in den Vereinigten Staaten große Budget- und Handelsbilanzdefizite, und die Inflation wurde zu einem ernsten Problem. Großbritannien mußte sich an den IWF wenden, um um Unterstützung zu bitten. Die Vereinigten Staaten, die die Leitwährung kontrollierten, konnten ungestraft den Geldumlauf steigern; allerdings führten die inländischen und die internationalen Folgen der Inflation zu einer Verschiebung der politischen Schwerpunkte. Das Gespenst der sich beschleunigenden Inflation gewann Oberhand über die Angst vor der Rezession. Als Antwort auf die zweite Ölkrise wurde die Geldpolitik restriktiv, und sie blieb es auch noch, nachdem die Wirtschaft sich abzukühlen begonnen hatte.

Der Monetarismus wurde zur die Wirtschaftspolitik beherrschenden Doktrin. Vorher hatten die Zentralbanken versucht, die Konjunktur über die Kontrolle der Zinssätze zu beeinflussen; jetzt verlagerte sich der Schwerpunkt auf die Kontrolle der Geldmenge. Den Zinsen überließ man es, ihr Niveau selbst zu finden. Leider war das Niveau, das sie fanden, außerordentlich hoch. Der Hauptgrund hierfür war, daß die Steuerpolitik weiterhin wachstumsfördernd blieb und es daher einer sehr restriktiven Geldpolitik bedurfte, um die Geldmenge im Griff zu behalten.

Die Fiskalpolitik wurde von der angebotsorientierten Volkswirtschaft beeinflußt. Man glaubte, daß niedrigere Steuersätze die Konjunktur dermaßen stark stimulieren würden, daß der Einfluß auf den Staatshaushalt ausgeglichen würde. Das Defizit könnte dann durch eine Einschränkung der Regierungsausgaben reduziert werden. Die Entscheidung zur Erhöhung der Verteidigungsausgaben und zur gleichzeitigen Senkung der Steuern machte aber einen ausgeglichenen Staatshaushalt unerreichbar. Die Wechselbeziehung zwischen anschwellendem Haushaltsdefizit und strengen geldpolitischen Zielsetzungen trieb die Zinssätze steil in den Himmel. Die hohen Zinssätze überdeckten den stimulativen Effekt der Steuersenkungen. Das Budgetdefizit weitete sich aus, und die Wirtschaft schlitterte in eine tiefe Rezession.

Die Auswirkungen auf die restliche Welt waren fürchterlich. Die Schuldnerländer wurden von einer Verdreifachung der Ölpreise, nachgebenden Rohstoffpreisen, in die Höhe schnellenden Zinsen, einem festen Dollarkurs und einer weltweiten Rezession getroffen. Sie nahmen ein letztes Mal wie verrückt Kredite auf, was ihre Gesamtverschuldung noch einmal um 30 % in die Höhe trieb, aber die Kennzahlen, die ihre Kreditwürdigkeit maßen, verschlechterten sich rapide. Die Lage in Polen und auf den Falkland-Inseln trug dazu bei, das Vertrauensverhältnis zu untergraben. Das führte zu einer zwielichtigen Phase, in der die Banken zwar weiterhin Kredite ausgaben, aber nur zögernd. Die Laufzeiten wurden verkürzt, und einige Länder gerieten in Liquiditätsengpässe. 1982 brach dann die mexikanische Schuldenkrise aus, und freiwillige Kredite an die hochverschuldeten Länder kamen praktisch zum Stillstand. Die Lage der Schuldner war weit schlechter, als die meisten Banker erkannt hatten. Brasilien zapfte ohne Wissen der Banken, mit denen es Geschäftsbeziehungen unterhielt, den Interbankenmarkt an, um sein Handelsbilanzdefizit zu finanzieren. Der internationale Kreditboom mündete in einen Zuammenbruch ein.

Wir werden an diesem Punkt innehalten, um den internationalen Kreditboom als eigenständigen, reflexiven Prozeß zu untersuchen. Die bisherige

Beschreibung enthält alle erforderlichen Bestandteile einer Sequenz von Boom und Zusammenbruch. Welche sind das?

Zuerst muß es eine reflexive Verknüpfung zwischen dem zugrundeliegenden Trend und der Wahrnehmung der Beteiligten geben. Zweitens muß es einen Fehler in der Wahrnehmung der Beteiligten geben, der über eine reflexive Verknüpfung den zugrundeliegenden Trend beeinflußt. Der Trend verstärkt erneut die Voreingenommenheit, bis ein Punkt erreicht wird, an dem beide nicht mehr haltbar sind. Typischerweise erscheint der Trend zu Beginn seiner Ausbildung solide, und die Fehler werden erst sichtbar, wenn der Trend schon weit fortgeschritten ist. Es kommt zu einer unklaren Zeitspanne, während der die Beteiligten zunehmend mißtrauischer und vorsichtiger werden, und der Trend verliert an Schwung. Schließlich bricht die Erkenntnis herein, daß der Trend ungesund und nicht aufrechtzuerhalten ist. Diese Prognose erfüllt sich selbst, und der Trend kehrt sich um – oftmals mit katastrophalen Konsequenzen.

Im Falle der internationalen Kredite gibt es eine Reihe von reflexiven Verknüpfungen zwischen den Banken und den Schuldnerländern. Die Banken benutzen Verschuldungskennzahlen, um die Verschuldungskapazität eines Landes zu bestimmen. Allgemein wurde angenommen, daß diese Zahlen objektive Maßstäbe wären; tatsächlich aber sind sie reflexiv. Wie wir gesehen haben, werden sowohl die Exporte als auch das BSP auf vielerlei Wegen durch den Umfang der internationalen Verschuldung beeinflußt. Außerdem messen die Verschuldungskoeffizienten nur die Fähigkeit eines Schuldnerlandes zur Zahlung, nicht aber seine Bereitschaft. Um die Bereitschaft zu erfassen, bedarf es einer anderen Berechnung, die ihrem Wesen nach politisch ist. Die kritische Variable ist nicht der Schuldendienst, sondern der Netto-Finanztransfer, d.h. die Differenz zwischen Zinszahlungen und dem Zufluß neuer Kredite. Solange die Schuldnerländer ungehemmt Kredite aufnehmen können, steht ihre Bereitschaft zur Zahlung außer Frage: sie können sich das Geld, das sie zur Rückzahlung benötigen, jederzeit leihen. Sobald aber der Kreditfluß unterbrochen ist, wird die Bereitschaft zur Rückzahlung zum kritischen Punkt. Während des großen Kreditbooms wollten die Banker diesen Punkt nicht wahrhaben. Walter Wriston von Citicorp versicherte, daß „souveräne Staaten nicht bankrott gehen.“[1]

Wie wir gesehen haben, blieben die Schuldenkennzahlen bis zur zweiten Ölkrise im großen und ganzen zufriedenstellend, und die Banken waren erpicht darauf, Kredite zu vergeben. Als die Schuldenkennzahlen sich zuletzt zu verschlechtern begannen, fingen die Banken an, sich Sorgen zu machen, und ihre Bereitschaft zur Kreditvergabe wurde in Mitleidenschaft gezogen, was die Krise von 1982 heraufbeschwor. Die Krise brachte die reflexive Verknüpfung von Netto-Finanztransfer und Zahlungsbereitschaft ins Spiel, was zu einem permanenten Niedergang bei der freiwilligen Kreditvergabe führte. Was dann geschah, wird Gegenstand des nächsten Kapitels sein. Hier haben wir es mit der Analyse des bis 1982 vorherrschenden Systems zu tun.

Wieso die Geschäftsbanken bereit und in der Lage waren, ein dermaßen explosives Wachstum ihres internationalen Kreditportefeuilles zu unterhalten, ist eine faszinierende Frage, die in späteren Jahren einmal heiß diskutiert werden wird. Ein Teil der Antwort ist, daß die Banken sich für die Gesundheit des Systems nicht verantwortlich fühlten. Das Bankgeschäft ist ein hochgradig konkurrenzgeprägtes Geschäft, wenngleich es auch der Kontrolle unterliegt.

Aufgabe der Zentralbanken ist es, Exzessen vorzubeugen. Die Geschäftsbanken arbeiten unter einem schützenden Schirm, sie versuchen, ihre Gewinne innerhalb des Geflechtes der bestehenden Regulationen zu vergrößern, und sie können es sich nicht leisten, allzuviel Aufmerksamkeit auf die Auswirkungen ihres Handelns auf das System zu richten. Ein Geschäftsbanker, der es ablehnt, dem zu folgen, was wie ein profitables Geschäft aussieht, wird wahrscheinlich zur Seite geschoben werden; und selbst, wenn eine Bank sich entschließt, nicht mitzumachen, so gibt es viele andere, die wahrscheinlich begierig darauf sind, ihren Platz einzunehmen. Selbst diejenigen, die erkannten, daß der internationale Kreditboom ungesund war, sahen sich der Wahl gegenüber, mitzumachen oder ihre Stellung einzubüßen.

Das ist eine wichtige Lektion: Die Beteiligten sind nicht in der Lage, einen Boom an der Entwicklung zu hindern, selbst wenn sie erkennen, daß er ungesund ist und zwangsweise zu einem Zusammenbruch führen muß. Das gilt für alle Sequenzen von Boom und Zusammenbruch. Sich deshalb völlig fernzuhalten, ist weder möglich noch ratsam. In meiner Analyse der Hypothekenunternehmen sagte ich zum Beispiel ganz klar ein böses Ende voraus, riet aber dennoch zum Kauf, da die Aktien kräftig steigen mußten, bevor sie einbrachen. Zufälligerweise reagierte eine gewisse Investorenschicht sehr rasch. Auch wenn sie sich nicht so verhalten hätten, hätte sich die Sequenz von Boom und Zusammenbruch ereignet, wenn auch vielleicht langsamer.

Das beste, was ein Beteiligter tun kann, ist, zur rechten Zeit aufhören, ein Beteiligter zu sein. Aber das ist vielleicht nicht immer möglich. In einem System floatender Wechselkurse zum Beispiel stehen die Besitzer von Kapitalanlagen vor der existentiellen Frage, welche Währung sie wählen sollen: sie können es nicht vermeiden, in irgendeiner Währung engagiert zu sein, es sei denn durch den Kauf von Optionen. Im Falle der internationalen Kreditvergabe reduzierte die Citicorp in der Spätphase des Booms vorsichtig ihren Marktanteil, aber das stoppte weder den Ablauf des Dramas noch die Verwicklung der Citicorp darin. Am Ende wußten die meisten Banken, daß sich die Lage der Schuldnerländer rasch verschlechterte, aber sie konnten sich nicht mehr befreien.

Die Lektion, die es zu lernen gilt, ist, daß die Finanzmärkte überwacht werden müssen. Nur eine gewisse Intervention, sei es durch die Gesetzgebung, sei es durch Regulierungen oder durch einen freundlichen Fingerzeig der Zentralbank, kann verhindern, daß die Abläufe von Boom und Zusammenbruch aus dem Ruder laufen.

Die Geschichte des Zentralbankwesens ist die Geschichte von Krisen, auf die institutionelle Reformen folgten. Es ist in der Tat überraschend, daß die Lektionen der internationalen Schuldenkrise bis jetzt noch nicht gelernt worden sind. Die Verfechter eines unregulierten Wettbewerbs sind lauter vernehmbar und einflußreicher denn je. Sie berufen sich auf die Ineffizienz der Regulationen, und zugegebenermaßen haben sie damit nicht ganz unrecht. Die Beteiligten hätten nicht verhindern können, daß der internationale Kreditboom sich verselbständigte, wohl aber die Notenbanken. Warum ist es ihnen nicht gelungen?

Auf diese Frage gibt es keine eindeutige Antwort. Obwohl ihnen zuverlässiges statistisches Material fehlte, waren sich die Zentralbanken des explosiven Wachstums des Eurodollar-Marktes bewußt. Sie erkannten ihre Verantwortung als Notenbanken und steckten schon 1975 ihren Verantwortlichkeitsbereich ab, sie hielten es aber nicht für erforderlich, den Anstieg der Verschuldung im Eurodollar zu regulieren. Warum nicht? Diese Frage erfordert eine tiefgehendere historische Aufarbeitung, als sie bislang geleistet wurde. Ich wage zwei provisorische Hypothesen:

Die eine lautet, daß die Zentralbanken selbst von dem Konkurrenzdruck beeinflußt wurden, der die unter ihrer Schirmherrschaft stehenden Geschäftsbanken erfaßt hatte. Hätten sie einschränkende Regulationen vorgenommen, so hätten die unter ihrer Aufsicht stehenden Banken das Geschäft an andere Banken verloren. Nur eine gemeinsame Aktion aller Notenbanken hätte den aufkeimenden Eurodollar-Markt unter Kontrolle bringen können. Dazu aber wären institutionelle Reformen erforderlich gewesen, und die Notenbanken sahen keinen Anlaß für Reformen. Eine Reform ereignet sich normalerweise nach einer Krise, nicht vorher.

Hier kommt die zweite Hypothese ins Spiel. Ich behaupte, daß die Zentralbanken unter dem Einfluß einer falschen Ideologie handelten. Es war eine Zeit, in der der Monetarismus unter den Zentralbankern Boden gutmachte. Der Monetarismus behauptet, daß die Inflation eine Funktion des Geldes und nicht des Kredits ist. Wenn der Monetarismus recht hat, muß das Wachstum der Geldmenge reguliert werden, nicht das des Kredits. Infolgedessen gab es keinen Grund, in den Eurodollar-Markt einzugreifen: solange die Zentralbanken ihre eigene Geldmenge regulieren, wird sich der Markt selber regeln.

Das Problem ist verworren, und ich kann nicht behaupten, es voll zu verstehen. Das Geld taucht auf der einen Seite der Bilanz der Banken auf, der

Kredit auf der anderen. Milton Friedmann sagt uns, daß nur die Geldseite zählt, weil die andere Seite durch die Geldseite bestimmt wird.[2] Die Theorie der Reflexivität führt mich zu der Annahme, daß diese Theorie falsch ist. Ich würde eher erwarten, daß die beiden Seiten sich auf eine reflexive Art gegenseitig beeinflussen und daß sein Traum von einer Kontrolle der Geldmenge reine Theorie ist. Ich habe nicht genug Sachkenntnis, um ihn direkt widerlegen zu können, aber ich kann mich auf die empirische Tatsache stützen, daß sich die Geldmenge niemals so entwickelt, wie es die regulierenden Stellen gerne hätten.

Welche Rolle das Wachstum des Eurodollarmarktes bei der weltweiten Inflation der 70er Jahre gespielt hat, ist nie geklärt worden. Deswegen wissen wir nicht, in welchem Umfang die Kontraktion im internationalen Kreditwesen für den deflationären Druck verantwortlich ist, der gegenwärtig die Weltwirtschaft zu bestimmen scheint. Ich bin mir recht sicher, daß sowohl die Ausweitung als auch die Kontraktion des internationalen Kreditwesens von bedeutendem Einfluß auf die Weltwirtschaft gewesen sind, aber meine Einschätzung ist von einer allgemeinen Anerkennung weit entfernt, und das Problem bleibt bis heute ungelöst. Wenn meine Einschätzung zutrifft, dann sollte das Ausmaß der internationalen Verschuldung eine wichtige Überlegung bei der Festlegung der Wirtschaftspolitik sein. Die Notenbanken haben zugegeben, in den späten 70er Jahren einen bösen Fehler gemacht zu haben, indem sie sie aus dem Ruder laufen ließen. Die Krise von 1982 ist sowohl ein Versagen der Regulation als auch ein Versagen des freien Marktes.

Wir werden auf diesen Punkt später zurückkommen. Die Unvollkommenheit sowohl des regulierten als auch des freien Marktes ist eines der Hauptthemen dieses Buches. Nun müssen wir uns mit dem System der internationalen Verschuldung auseinandersetzen, das sich als Reaktion auf die Krise von 1982 entwickelte.

6
DAS KOLLEKTIVE SYSTEM DER KREDITGEWÄHRUNG

Es kann keinerlei Zweifel daran geben, daß die internationale Schuldenkrise ohne das aktive und besonnene Eingreifen der Behörden zu einem Kollaps des Bankensystems geführt hätte – mit verheerenden Folgen für die Weltwirtschaft. Das letzte Mal, daß sich solch ein Kollaps ereignete, war in den dreißiger Jahren. Wegen dieser Erfahrung wurde ein institutionelles System mit der Aufgabe geschaffen, einer Wiederholung vorzubeugen. Deswegen war es unvorstellbar, daß man die Ereignisse ihrem Lauf überlassen hätte, ohne einzugreifen. Die Art dieses Eingriffes war es, die eine in der Geschichte noch nicht dagewesene Situation hervorbrachte.

Die institutionelle Organisation verleiht den Zentralbanken die Autorität und die Pflicht, als letztmöglicher Kreditgeber aufzutreten. Das Schuldenproblem war aber zu groß, um es über die Liquiditätsversorgung der Banken in den Griff zu bekommen. Die erforderlichen Summen übertrafen bei weitem das Eigenkapital der Banken. Hätte man den betroffenen Ländern gestattet, mit ihren Zahlungen in Verzug zu kommen, so wäre das Bankensystem zahlungsunfähig geworden. Deswegen gingen die Zentralbanken über ihre traditionelle Rolle hinaus und verbündeten sich, um die Schuldnerländer zu retten.

1974 hatte sich bereits ein ähnliches Ereignis in England abgespielt, als sich die Bank von England entschloß, lieber die außerhalb ihres Verantwortlichkeitsbereichs liegenden sog. Teilzahlungskreditbanken zu retten, anstatt die Geschäftsbanken ins Gerede kommen zu lassen, bei denen die Teilzahlungskreditbanken sich heftig verschuldet hatten. Aber die Krise von 1982 war das erste Mal, daß die Strategie der Schuldnerrettung im internationalen Rahmen angewandt wurde.

Die Zentralbanken verfügten nicht über die ausreichende Autorität, diese Strategie umzusetzen, und zwischen den Regierungen aller beteiligten Schuldnerländer mußten behelfsmäßige Arrangements getroffen werden; der IWF nahm dabei eine Schlüsselfunktion ein. Für ein Land nach dem anderen wurde ein Rettungspaket zusammengeschnürt. In typischer Weise gingen die Geschäftsbanken noch weitergehende Verpflichtungen ein, die internationalen Notenbanken schleusten zusätzliches Geld ein, und die Schuldnerländer stimmten Sparprogrammen zu, die dazu bestimmt waren, ihre Zahlungsbilanz aufzubessern. In den meisten Fällen mußten die Geschäftsbanken auch mit zusätzlichem Bargeld einspringen, das die Schuldnerländer in die Lage versetzte, ihren Zinszahlungen nachzukommen. Die Rettungsmaßnahmen stellten eine bemerkenswerte Leistung der internationalen Kooperation dar. Unter den Beteiligten fanden sich der Internationale Währungsfonds, die Bank für Internationalen Zahlungsausgleich, eine Reihe von Regierungen und Zentralbanken und eine noch größere Anzahl von Geschäftsbanken. Im Falle Mexikos waren z.B. mehr als 500 Geschäftsbanken beteiligt. Ich werde im folgenden die Beteiligten als „das Kollektiv" bezeichnen.

Der Vorgang wurde innerhalb kurzer Zeit mehrfach wiederholt. Die Geschichte, wie sie wirklich ablief, wäre sicher faszinierend zu lesen, aber wir müssen uns hier darauf beschränken, das Ergebnis zu untersuchen.

Das Kreditsystem, das aus der Krise hervorging, ist in vielerlei Hinsicht das Gegenteil des Systems, das 1982 zusammenbrach. Das frühere System baute auf Konkurrenz auf: Überzeugt vom Gewinn und in scharfer Konkurrenz untereinander, vergaben die Banken bereitwillig Kredite. Das neue System ist kooperativ: in der Hoffnung, ihre bereits vergebenen Kredite abzusichern, vergeben die Banken die Kredite unter Zwang, und sie arbeiten mit anderen Banken zusammen, um dieses Ziel zu erreichen. Das frühere System war in einer positiven Weise reflexiv: Bereitschaft und Fähigkeit der Banken zur Kreditvergabe wurden beide durch die Zahlungsbereitschaft und -fähigkeit der Schuldnerländer verstärkt und vice versa. In der gegenwärtigen Situation wirkt die Reflexivität in die entgegengesetzte Richtung: Die Unfähigkeit und der Widerwille der Banken bei der Kreditvergabe und die Unfähigkeit und Abneigung der Schuldnerländer bei der Zahlung verstärken sich wechselseitig. Ohne die aktive Kooperation der verschiedenen Beteiligten zur Vermeidung eines Zusammenbruchs könnte das System nicht überleben. Die Handlungen der Kreditgeber gestalten sich in Form einer Ausweitung neuer Kredite, um die Schuldnerländer in die Lage zu versetzen, bereits bestehende Schulden zu bedienen; die Handlungen der Schuldner bestehen darin, strenge Programme zu akzeptieren, um den Umfang der benötigten neuen Kredite auf einem Minimum zu halten. Wie dieses Minimum aussieht, das hängt von delikaten Verhandlungen zwischen Gläubigern und Schuldnern ab. Der IWF hat die Führungsrolle bei den Verhandlungen übernommen, obwohl die Schuldnerländer im allgemeinen dagegen sind, dem IWF eine permanente Rolle bei der Überwachung der getroffenen Vereinbarungen einzuräumen.

Ein derartiges System ist hochgradig gefährdet, da es sowohl von Gläubigern als auch von Schuldnern fordert, ihr ureigenes Selbstinteresse unter Rücksicht darauf zurückzustellen, weiterhin Teil dieses Systems zu bleiben. Auf Seiten der Schuldner schlägt sich dieses Zugeständnis im negativen Kapitaltransfer nieder, bei den Banken in der Höhe der erneuten Verlängerung der Kreditfälligkeiten. Gleichwohl ist die Symmetrie der Zugeständnisse nicht ausgewogen, da die Schuldner Zinsen für die erneut verlängerten Kredite zahlen, während die Gläubiger sie einstreichen. Nur wenn die Banken auf einen Teil der Zinszahlungen oder der Grundschuld verzichten würden, würden sie einen tatsächlichen Verlust erleiden. Das kollektive Schuldensystem basiert allerdings auf dem Prinzip, daß die Integrität der Schuld bewahrt werden muß – dies genau ist das Prinzip, das dieses Kollektiv zusammenhält. Leider bleibt hierbei ein entscheidendes Problem unberücksichtigt: die Schuldnerländer sind auf Zugeständnisse angewiesen, um ihren Verpflichtungen nachkommen zu könnnen; jedes Zugeständnis aber vergrößert ihre zukünftigen Verpflichtungen. Da sie das Problem erkennen, haben die Banken Rückstellungen für Risikokredite aufgebaut; bis jetzt wurde aber kein Weg gefunden, die Kosten für diese Rückstellungen an die Schuldnerländer weiterzugeben, ohne das das Kollektiv zusammenhaltende Prinzip zu zerstören.

Das kollektive System der Kreditgewährung entstand ungeplant und ohne Ankündigung. Seit seiner Gründung hat es sich in einem Übergangsstadium befunden, und es wird sicher zu etwas ganz anderem führen. Die interessanteste Frage, die man zu diesem Thema stellen kann, ist die, was letztendlich aus ihm werden wird. Leider ist das eine Frage, die derzeit nicht in befriedigender Weise beantwortet werden kann. Zum einen haben reflexive Prozesse kein vorbestimmtes Ergebnis: Das Ergebnis ergibt sich erst aus dem Verlauf des Prozesses. Zum anderen kann die Vorhersage selbst das Ergebnis beeinflussen. In diesem Fall ist die Hoffnung, daß das Kollektiv seine Mission erfüllen wird, eine der Hauptkräfte, die es zusammenhält. Jede Aussage, die sich auf diese Hoffnung bezieht, wird unmittelbar zum Teil der Situation, auf die sich die Hoffnung bezieht, so daß es unmöglich ist, die Diskussion objektiv zu führen. Gleichwohl brennt die Frage unter den Nägeln. Kann der Zugang, den ich gewählt habe, dazu beitragen, eine Antwort auf diese Frage zu geben? Und kann eine Antwort dazu beitragen, eine Theorie der Reflexivität zu entwerfen?

Ich habe zwei Abhandlungen veröffentlicht[1] – eine im Juli 1983 und eine im März 1984 –, in denen ich versucht habe, das internationale Schuldenproblem unter Anwendung einer Theorie der Reflexivität zu untersuchen, ohne das allerdings zu betonen. Lesen Sie, was ich dazu sagte (mit kleineren Abänderungen):

> *Bei stark verschuldeten Ländern hat der Zusammenbruch der freiwilligen Kreditgewährung zu einem drastischen Anpassungsprozeß geführt. Der Anpassungsprozeß läßt sich in vier Phasen unterteilen. In der ersten Phase schwächen sich die Importe ab, in der zweiten nehmen die Exporte zu. Während der ersten beiden Phasen verlangsamt sich die inländische Konjunktur. Während der dritten Phase*

erholt sich die Binnenkonjunktur, Importe und Exporte steigen. In der vierten Phase übersteigten der Zuwachs des Bruttoinlandsprodukts und der Exporte die Verpflichtungen aus dem Schuldendienst – die Anpassung ist vollzogen.

Die erste Phase verläuft unfreiwillig. Wenn der Zustrom von Krediten unterbrochen wird, wird das Handelsdefizit automatisch durch den Rückgang der Importe reduziert. Der Lebensstandard sinkt, der Produktionsprozeß mag unterbrochen werden, und das Land versinkt in der Depression. Die vom Kollektiv beanspruchte Schuldensumme wird bestimmt durch die Unfähigkeit des Schuldnerlandes, schnell genug einen Handelsüberschuß aufzubauen, der ausreichen würde, die Forderungen aus den Zinszahlungen zu begleichen.

Die zweite Phase ist es, in der der wirkliche Anpassungsprozeß seinen Anfang nimmt. Die Währung ist real abgewertet, und produktive Ressourcen, die durch den Rückgang der inländischen Nachfrage nutzlos geworden sind, werden auf den Export hin orientiert. Die Handelsbilanz verbessert sich, und mit ihr verbessert sich die Fähigkeit, die Schulden zu begleichen.

Dieser Punkt ist es, an dem die Bereitschaft zur Zahlung und die Bereitschaft zu weiteren Krediten entscheidend werden. Das betreffende Land muß seine Importe verstärken, um die inländische Konjunkturerholung zu unterstützen. Das bedeutet eine Reduktion der Mittel für die negative Zahlungsbilanz. Wenn diese Hürde genommen ist, setzt die dritte Phase ein. Die inländische Konjunkturbelebung läßt die negative Zahlungsbilanz leichter verdaulich aussehen. Da sich die Wirtschaft des Landes erholt, beginnt sich auch die Kreditwürdigkeit des Landes zu verbessern, vorausgesetzt, die Exporte wachsen schneller als das Bruttoinlandsprodukt. Sobald das geschieht, ist der Anpassungsprozeß vollendet.

Auf der Seite der Geldgeber ist das kollektive System mit einem chronischen Geldmangel konfrontiert. Die Geschäftsbanken können in zwei Kategorien eingeteilt werden: jene, deren ureigenes Überleben auf dem Spiel steht und jene, die nur am Rande in den Prozeß verwickelt sind. Die erste Kategorie bildet den Kern des kollektiven Systems. Man kann sich auf ihr Mitwirken verlassen, wenngleich ihre Fähigkeit dazu beschränkt ist. Die nur am Rande verwickelten Mitwirkenden benötigen ein höheres Maß an Überzeugungsarbeit. Wenn sich der Eindruck einer akuten Notlage abschwächt, möchten sich die nur am Rande verwickelten Mitwirkenden zurückziehen und es den bedeutenderen Teilnehmern des Prozesses überlassen, den Zufluß neuer Kredite zu gewährleisten. Die beiden Kategorien gehen fließend ineinander über. Die großen Banken der USA, Großbritanniens und Japans werden immer zu den wesentlichen Beteiligten gehören; regionale US-Banken und viele kontinentale Banken beteiligen sich erst einmal nur am Rande. Zwischen diesen beiden Gruppen gibt es eine Menge von Banken, deren Überleben zwar heute auf dem Spiel steht, die aber im Laufe der Zeit in der Lage sein dürften, ausreichende Reserven zu bilden, um künftig nur noch am Rande in den Prozeß verwickelt zu sein.

Wegen der tatsächlichen, bzw. möglichen Verringerung der Mitgliederzahl müssen die Geldmittel des Kollektivs ständig bis an die Grenze strapaziert werden. Das kollektive System kann die an es gestellten Erwartungen ohne den Zufluß zusätzlicher Geldmittel von internationalen Kreditinstituten nicht erfüllen, diese Institutionen stehen aber selbst an der Grenze ihrer Belastbarkeit. Dadurch sind die Mitglieder des Kollektivs dazu verurteilt, auf den größtmöglichen Kapitaltransfer zu drängen, was es schwierig macht, die Hürde zwischen Phase 2 und Phase 3 zu nehmen.

Ich gelangte zu dem Schluß, daß das kollektive System der Kreditgewährung „ein aus einem Notfall geborenes System ist. Zu seinem Überleben benötigt es Notfall-Bedingungen, und es ist so aufgebaut, daß es die Notfall-Bedingungen, die es zu seinem Überleben braucht, selbst hervorbringt."

Im großen und ganzen hat dieser analytische Entwurf dem Test der Geschichte standgehalten, obwohl mir im Rückblick zwei bedeutende Fehler unterlaufen sind. Zum einen vermutete ich, daß die Schuldnerländer aus zwei Gründen bereit wären, einen negativen Zahlungsverkehr zu akzeptieren: (1) um den Zugang zu den Kapitalmärkten aufrecht zu erhalten, und (2) um die Beschlagnahme ihres Vermögens zu verhindern. Ich übersah es aber, den Grund in Betracht zu ziehen, der sich als der wichtigste herausstellen sollte: (3) um den Zugang zu den Exportmärkten offen zu halten. Angesichts des zusammengebrochenen Inlandsmarktes war die Drohung, die Exportmärkte abzuschotten, sehr wirksam. Argentinien stand relativ noch am besten da, um ein Embargo zu überstehen, da der größte Teil seiner Exporte aus fungiblen Rohstoffen bestand, aber selbst Argentinien verkauft viele Produkte wie Schuhe oder Stahl, die sich auf ganz bestimmte Märkte richten. Darüberhinaus wollte die kürzlich gewählte argentische Regierung nicht von der westlichen Welt abgeschnitten sein. Man entschied sich dazu, ein „wirtschaftliches Falkland" zu umgehen. Als Folge davon wurde die drohende Zahlungsunfähigkeit nie so prekär, wie ich vermutet hatte.

In meiner Analyse maß ich den ersten beiden Argumenten nicht viel Gewicht bei. Was den freien Zugang zu den Kapitalmärkten betrifft, so blieb ich bei meiner Einschätzung, daß das vor 1982 herrschende System der Kreditgewährung aus gutem Grunde zusammengebrochen war. Es war auf gewissen Fehleinschätzungen aufgebaut worden, die als solche erkannt worden waren. Die positive Voreingenommenheit war durch eine negative ersetzt worden, und es würde einer großen Zeitspanne bedürfen, um sie zu überwinden. Die Ereignisse haben diese Analyse bestätigt: Die Kreditgewährung der Banken an unterentwickelte Länder liegt weit hinter den Erwartungen zurück. Was die Beschlagnahmung von Vermögenswerten betrifft, so habe ich sie als mehr oder minder leere Drohung abgetan. Seit damals ist diese Einschätzung lückenlos dokumentiert.[2] Da ich das dritte und wichtigste Argument übersehen hatte, gelangte ich zu dem Schluß, daß „der einzige Weg, daß die Schuldnerländer ihrem Schuldendienst nachkommen, darin besteht, daß man ihnen Kredite in einem Umfang zur Verfügung stellt, der ihre Schuldenverpflichtungen in etwa abdeckt."

Diese Schlußfolgerung war falsch. 1984 mußte weniger als die Hälfte der Zinsleistungen in Form neuer Kredite vorgeschossen werden, und viele der neuen Kredite kamen aus anderen Quellen als den Geschäftsbanken.

Das hatte zur Folge, daß der Kapitalabfluß bei den Geschäftsbanken geringer ausfiel, als ich angenommen hatte, und daß die Spannung zwischen den Hauptbeteiligten und den nur am Rande Beteiligten nie zur Zerreißprobe führte. Tatsächlich ist es sogar den Hauptbeteiligten gelungen, Rückstellungen für notleidende Kredite aufzubauen und ihre Eigenkapitalquote zu verbessern.

Der zweite Fehler, den ich machte, war der, die Fähigkeit der Schuldnerländer zur Erhöhung ihrer Exporte zu unterschätzen. Aus Gründen, die im nächsten Kapitel behandelt werden, erwies sich die Weltwirtschaft als wesentlich stärker, als ich erwartet hatte. Insbesondere Brasilien erzielte einen erheblich höheren Handelsbilanzüberschuß, als ich vermutet hatte. Das offizielle Ziel für 1984 lag bei 9 Mrd. Dollar, tatsächlich aber lag der Betrag bei über 12 Mrd. Dollar. Die Exportstärke führte zu einer bescheidenen inländischen Konjunkturerholung und versetzte Brasilien in die Lage, in Phase 3 einzutreten.

Zusammengenommen führten diese beiden Fehler dazu, meine Analyse unangemessen pessimistisch ausfallen zu lassen. Im Februar 1984 erklärte ich, daß „es immer unwahrscheinlicher wird, daß in Phase 3 noch bedeutende Fortschritte erzielt werden können, und daß Phase 4 unter den Maßgaben des gegenwärtigen Systems zunehmend unerreichbarer erscheint." Bis 1985 waren verschiedene der größeren Schuldnerländer in Phase 3 eingetreten, und das Schlimmste schien vorbei zu sein. Dann kam 1986 der scharfe Einbruch der Ölpreise, und Mexiko geriet in die Klemme. Diese Notsituation ließ sich verschiedenen äußeren Gründen zuschreiben, die jüngsten Entwicklungen in Brasilien aber sind weit bedenklicher. Als Folge des Cruzado-Plans überhitzte sich die Konjunktur in Null Komma nichts, und die internationale Handelsbilanz verschlechterte sich dramatisch. Sofort nachdem die Regierung mit einem überwältigenden Wahlsieg wiedergewählt worden war, begann sie, die Wirtschaft zu bremsen. Immerhin ist klar, daß inländische politische Erwägungen den Vorrang über internationale Schuldenverpflichtungen erringen werden und 1987 wahrscheinlich ein Krisenjahr in den Verhandlungen über die brasilianischen Schulden werden wird.

Auf seiten der Gläubigerländer haben die Positionen deutlich an Härte verloren. Der Leiter des US-Schatzamtes, James Baker, erkannte in seinem beim Weltbanktreffen in Seoul im Oktober 1985 vorgestellten Plan den Bedarf der Schuldnerländer an inländischem Wachstum. In der Folge sprach sich der Bradley-Plan ausdrücklich für einen Teilerlaß der Zinsen und der Darlehenssumme der aufgelaufenen Schulden aus. Tatsache ist, daß die Handelsbilanzüberschüsse der Schuldnerländer für die Vereinigten Staaten zum Problem geworden sind. Die Banken haben größere Rückstellungen als noch vor einigen Jahren, so daß es 1987 wohl zu einem gewissen Maß an Protektionismus kommen wird, gekoppelt an ein gewisses Maß an Schuldenerlaß. Wenn die Erfahrung der letzten fünf Jahre irgendwie als Richtschnur dient, dann werden diese Veränderungen nicht radikal genug ausfallen, um einen Zusammenbruch des Systems zu bewirken.

Obwohl er in Details fehlerhaft war, bleibt mein analytischer Entwurf in groben Umrissen gültig. Es ist kein Entwurf für eine gelungene Anpassung, sondern eher ein Modell für ein Überleben des Zusammenbruchs. Wie wir gesehen haben, wird das kollektive System nur durch den drohenden Zusammenbruch zusammengehalten. Wie wir noch sehen werden, ist dies eine Charakteristik vieler der seit 1982 vorherrschenden Übereinkommen.

7
REAGANS IMPERIALER KREISLAUF*

Zur Zeit der internationalen Schuldenkrise arbeitete ich mit einem sehr groben und unklaren Modell von Schuldenausweitung und -kontraktion, das der Abfolge von Boom und Zusammenbruch am Aktienmarkt ähnelte. Ich glaubte, daß 1982 das Ende der weltweiten Kreditexpansion gekommen sei und machte mich nicht auf das Auftauchen der Vereinigten Staaten als „letztmöglichem Schuldner" gefaßt.

Das große und weiter wachsende US-Haushaltsdefizit entstand als Folge unbeabsichtigter politischer Zielkonflikte. Einerseits versuchte Präsident Reagan, den Einfluß der Notenbank auf die Wirtschaft durch Steuersenkungen zu schmälern, andererseits wollte er in der Konfrontation mit der von ihm angenommenen kommunistischen Bedrohung eine starke militärische Position einnehmen. Unter dem Zwang eines ausgeglichenen Haushalts konnten diese Ziele nicht gleichzeitig verfolgt werden.

Die Situation wurde noch zusätzlich dadurch verschlimmert, daß Steuer- und Finanzpolitik von zwei gegensätzlichen Denkschulen beherrscht wurden. Die Steuerpolitik wurde von „angebots-orientierten" Ökonomen beeinflußt, während die Finanzpolitik durch die Lehrmeinung des Monetarismus geleitet wurde.

Die Vertreter der angebotsorientierten Seite glaubten, daß eine Steuersenkung sowohl auf die Produktion als auch auf die Bereitschaft zur Steuerzahlung einen dermaßen stimulierenden Effekt haben würde, daß die Wirtschaft ohne eine anziehende Inflation schnell wachsen und der Haushalt durch höhere Steuerzuflüsse wieder ins Gleichgewicht gebracht werden könnte. Das war eine durchaus reflexive Argumentationskette, und sie wies – wie solche Argumente meistens – schwerwiegende Fehler auf. Ihre Gültigkeit war davon abhängig, daß sie allgemein akzeptiert wurde, deswegen war sie eine Voraussetzung des „alles oder nichts". In einer Demokratie, die nur durch Kompromißbildung funktioniert, sind derartige Voraussetzungen selten ausschlaggebend. In diesem Fall waren die Chancen für ein Gelingen sogar besonders gering, da die Politik der Regierung noch durch eine andere, größere Denkschule beeinflußt wurde.

*Dieses im August 1985 fertiggestellte Kapitel ist nicht überarbeitet worden. Seit damals aufgetretene Entwicklungen werden im Real-Time-Experiment (Teil III) behandelt.

Die Monetaristen glaubten, daß es das vorrangige Ziel sei, die Inflation unter Kontrolle zu bekommen, und daß aus diesem Grund die Geldversorgung streng kontrolliert werden müsse. Anstatt wie bisher die kurzfristigen Zinssätze zu regulieren, legte die Notenbank Zielzonen für die Geldversorgung fest und überließ den Zins für Tagesgeld sich selbst. Die neue Politik der Notenbank wurde im Oktober 1975 eingeführt, und die Zinssätze befanden sich bereits auf Rekordniveau, als Präsident Reagan sein Amt antrat. In seinem ersten Haushalt senkte er die Steuern und erhöhte gleichzeitig die Militärausgaben. Obwohl durch eine konzertierte Aktion versucht wurde, die inländischen Ausgaben zu kürzen, waren die Ersparnisse nicht groß genug, um die beiden anderen Maßnahmen auszugleichen. Der Weg des geringsten Widerstandes führte zu einem gewaltigen Haushaltsdefizit.

Da das Haushaltsdefizit im Rahmen der strikten Geldmengenvorgaben finanziert werden mußte, stiegen die Zinssätze auf noch nie dagewesene Höhen an. Anstelle einer konjunkturellen Expansion brachte der Konflikt zwischen Steuer- und Finanzpolitik eine schwere Rezession hervor. Unerwartet hohe Zinssätze beschleunigten, zusammen mit der Rezession, die internationale Schuldenkrise von 1982. Henry Kaufman hatte lange davor gewarnt, daß die Regierungsdefizite andere Schuldner aus dem Markt drängen würden.[1] Er sollte recht behalten, allerdings wurden zuerst die ausländischen Regierungen aus dem Markt vertrieben, nicht die inländischen Kreditnehmer.

Auf die Mexiko-Krise vom August 1982 antwortete die Notenbank mit einer Lockerung der Zügel der Geldversorgung. Das Haushaltsdefizit hatte gerade schneller zu wachsen begonnen. Angesichts der gelockerten monetären Bremsen startete die Konjunktur durch, und die Erholung war so kräftig wie die vorherige Rezession. Sie wurde durch eine Ausgabewut im privaten wie im geschäftlichen Bereich unterstützt und vom Bankensystem angeheizt. Die Militärausgaben stiegen gerade, der private Sektor erfreute sich steigender Nettoeinkommen, der Geschäftssektor profitierte von zunehmenden Abschreibungsmöglichkeiten und anderen Steuervorteilen. Die Banken vergaben bereitwillig Kredite, da sich praktisch jeder neue Kredit positiv auf die Qualität ihres Darlehensbestandes auswirkte.

Die aus all diesen Quellen entspringende Nachfrage war so gewaltig, daß die Zinssätze sich nach einer anfänglichen Abschwächung auf dem historisch hohen Niveau stabilisierten und schließlich erneut zu steigen begannen. Die Banken warben aggressiv um Einlagen, und Eigner von Kapitalvermögen konnten bei den Banken sogar höhere Renditen erzielen als mit Anlagen in Regierungsanleihen. Ausländisches Kapital wurde angezogen, zum Teil wegen der hohen Renditen auf Kapitalanlagen, zum Teil wegen der von Präsident Reagan geweckten Zuversicht. Der Dollar zog an, und die Kombination von starker Währung und positivem Zinsgefälle machte den Kapitalzufluß in den Dollar unwiderstehlich. Der feste Dollar zog Importe an, die dazu beitrugen, die exzessive Nachfrage zu befriedigen und das Teuerungsniveau niedrig zu halten. Ein sich selbst verstärkender Prozeß wurde in Gang gesetzt, bei dem eine starke Wirtschaft, eine feste Währung, ein großes Haushaltsdefizit und ein großes Handelsbilanzdefizit sich wechselseitig verstärkten und ein inflationsfreies Wachstum hervorbrachten. Ich habe diese kreisförmige Wechselbeziehung als Reagans imperialen Kreislauf bezeichnet, da sie eine Ausrichtung auf ein starkes Militär durch die Anziehung ausländischer Waren wie auch ausländischen Kapitals finanzierte. Das macht diesen Kreislauf im Zentrum vorteilhaft und schädlich in der Peripherie.

Man kann erkennen, daß sich der imperiale Kreislauf auf einen inneren Widerspruch zwischen den Monetaristen und den angebots-orientierten Ökonomen gründete. Das Ergebnis war weder beabsichtigt noch auch nur erahnt. Viele wichtige historische Entwicklungen laufen ab, ohne daß die Beteiligten umfassend erkennen, was vor sich geht. Der riesige Kapitaltransfer in unterentwickelte Länder, der sich zwischen 1974 und 1982 ereignete, hätte nicht in einer geplanten und organisierten Weise ablaufen können, und das kollektive Schuldensystem entstand – wie wir gesehen haben – ohne Absicht und ohne Ankündigung.

Die meisten professionellen Ökonomen hielten das Entstehen oder den Fortbestand eines vorteilhaften Kreislaufs nicht für möglich, aber Präsident Reagan scheint trotz seiner intellektuellen Begrenztheit eine bessere Vorstellung des Machbaren gehabt zu haben als seine Wirtschaftsberater. Alles in allem paßte der reflexive Prozeß des imperialen Kreislaufs gut zu seiner Führungsauffassung – was natürlich ein reflexives Konzept par excellence ist. Er begnügte sich daher mit Lippenbekenntnissen zur Wünschbarkeit eines Haushaltsausgleichs, ignorierte und trennte sich schließlich von Martin Feldstein und überließ das Defizit sich selbst. Die Europäer beklagten sich über den starken Dollar – obwohl die Gründe nicht ganz klar sind –, die US-Regierung beharrte aber auf einer Politik des geflissentlichen Übersehens.

Ein vorteilhafter Kreislauf für die Vereinigten Staaten ist ein schädlicher Kreislauf für die Schuldnerländer. Das Handelsbilanzdefizit der Vereinigten Staaten wird widergespiegelt durch die Handelsbilanzüberschüsse in anderen Ländern. Insoweit eine starke Entwicklung des Exports hochverschuldete Länder in die Lage versetzte, ihre Zinszahlungen zu leisten, mag der Effekt als positiv beurteilt werden; aber selbst hier kommt der Nutzen den Kreditgebern zugute. Im übrigen haben die Schuldnerländer unter den hohen realen Zinssätzen und den sehr unvorteilhaften Preisrelationen im Außenhandel zu leiden gehabt. Dollars sind billig, wenn sie ausgeliehen werden, aber teuer, wenn die Zinszahlungen geleistet werden müssen. Das Gebalge um die Exporte setzt die Preise für die exportierten Rohstoffe unter Druck. Obwohl die Außenhandelsentwicklung der Schuldnerländer die meisten Erwartungen übertroffen hat, ist die inländische Entwicklung weit weniger befriedigend. Es gibt einige Länder, in denen sich praktisch überhaupt keine Erholung gezeigt hat, und selbst in den erfolgreicheren ist das Pro-Kopf-

Einkommen zurückgeblieben. Jetzt, wo es zu steigen begonnen hat, beginnt sich der Handelsbilanzüberschuß abzuschwächen. Einige der schwächsten Länder haben eine Abwärtsspirale durchgemacht, in der sowohl ihre inländische Konjunktur als auch ihre Fähigkeit zur Zinszahlung praktisch auf Null zurückging. Zu dieser Gruppe gehören ein großer Teil von Afrika und einige lateinamerikanische und karibische Staaten wie Peru und die Dominikanische Republik.

Was die höher entwickelten Länder angeht, so haben die höheren Exporte einen stimulierenden Effekt gehabt, die Resonanz darauf war allerdings sehr verhalten. Die Unternehmen zögerten, ihre Kapazität auszuweiten, da sie – und soweit erscheint das gerechtfertigt – fürchteten, daß der Dollar genau dann nachgeben würde, wenn ihre Kapazitätsausweitung zum Tragen käme. Im Gegensatz dazu übte die Anlage von Finanzvermögen im Dollar eine geradezu unwiderstehliche Anziehungskraft aus. Dieses Phänomen ist besonders in Großbritannien erkennbar, wo die Ausschläge der Währung besonders hektisch gewesen sind. Ganz Europa hat unter zunehmender Arbeitslosigkeit und nur geringem Wachstum gelitten, und es ist modern geworden, von „Eurosklerose" zu sprechen. Unter dem Einfluß der industriellen Schwellenländer und der Öffnung Chinas hat der ferne Osten eine weit größere Dynamik bewiesen. Japan hat von der gegenwärtigen Lage der Dinge am meisten profitieren können. Mit einem großen Exportüberschuß und hohen, durch den Kapitalexport ausgeglichenen Inlandssparvermögen ist seine Position fast spiegelbildlich zu der der Vereinigten Staaten.

Wir wollen versuchen, mit Hilfe der bislang entwickelten Analysewerkzeuge Reagans imperialen Kreislauf zu untersuchen. Wir werden das in Kapital 3 übernommene Zeichensystem benutzen. Die vier Schlüsselelemente sind [S. 113] eine starke Wirtschaft ($\uparrow$ v), eine starke Währung ($\uparrow$ e), ein zunehmendes Haushaltsdefizit ($\downarrow$ B) und ein wachsendes Handelsbilanzdefizit ($\downarrow$ T). Auf den ersten Blick gibt es einige offensichtliche Widersprüche zwischen diesen vier Variablen. Traditionell ausgerichtete Ökonomen erklären uns, daß ein zunehmendes Handelsbilanzdefizit ($\downarrow$ T) tendenziell sowohl den Wechselkurs ($\downarrow$ e) als auch das inländische Konjunkturniveau ($\downarrow$ v) unter Druck setzt:

(1)
$$\downarrow T \begin{array}{l} \nearrow \downarrow e \\ \searrow \downarrow v \end{array}$$

Dem imperialen Kreislauf gelang es aber, diese Kausalverhältnisse mit Hilfe zweier anderer Variablen zu überwinden: Haushaltsdefizit und Kapitalzufluß.

Die Konjunktur erstarkte, weil der Stimulus des Haushaltsdefizits den hemmenden Einfluß des Handelsbilanzdefizits mehr als wettmachte. Natürlich wird die wirtschaftliche Aktivität noch durch viele andere Faktoren beeinflußt. Sie alle ins Spiel zu bringen, würde die Erörterung übermäßig komplizieren. Was wichtig ist, ist das Endergebnis: eine starke Wirtschaft. Um die Sache einfach zu halten, werden wir den Netto-Effekt aller anderen Faktoren durch ein Fragezeichen (?) kennzeichnen, womit wir zu der Formel gelangen

(2) $$(\downarrow B + ?) > (\downarrow T + ?) \rightarrow \uparrow v$$

In ähnlicher Weise machte der Dollar Boden gut, weil die Kapitalzuflüsse - $\downarrow (N + S)$- das Handelsbilanzdefizit übertrafen:

(3) $$\downarrow T < \downarrow (N + S) \rightarrow \uparrow e$$

Diese beiden Beziehungen sind die Hauptstützen des imperialen Kreislaufs.

Es wirken noch viele andere Beziehungen mit, so viele, daß es beschwerlich wäre, sie alle aufzulisten. Einige verstärken den imperialen Kreislauf, andere laufen ihm zuwider, wieder andere verstärken ihn kurzfristig, können aber langfristig nicht durchgehalten werden. Die wichtigste sich selbst verstärkende Beziehung ist die zwischen Wechselkurs und spekulativen Kapitalzuflüssen:

(4) $$\uparrow e \rightarrow \downarrow S \rightarrow \uparrow e \rightarrow \downarrow S$$

Wir haben bereits zwei Beziehungen aufgedeckt, die dem imperialen Kreislauf entgegenwirken (Gleichung 1), nun können wir zwei Beziehungen aufzeigen, die sich kurzfristig selbst verstärken, langfristig aber nicht durchzuhalten sind. Zum ersten bringen spekulative Kapitalzuflüsse, während sie sich kurzfristig selbst verstärken, auch Zins- und Rückzahlungsverpflichtungen hervor, die anwachsen und in die entgegengesetzte Richtung wirken.

(5)

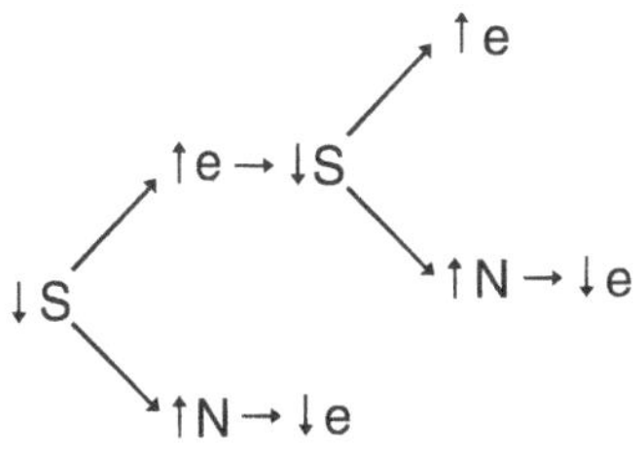

Schließlich unterläuft der zunehmende Schuldendienst ($\uparrow N$) zwangsläufig die Beziehung, auf der der imperiale Kreislauf ruht, und die Richtung des Wechselkurses wird umgekehrt:

$$(6) \qquad (\downarrow T + \uparrow N) > \downarrow S \rightarrow \downarrow e \rightarrow (\uparrow S + \downarrow T + \uparrow N) \rightarrow \downarrow\downarrow e$$

Zu diesem Zeitpunkt können Schuldendienst und Flucht des spekulativen Kapitals zusammen mit dem Handelsbilanzdefizit einen katastrophalen Einbruch des Dollars hervorbringen: Vertreter der Notenbank, allen voran Volcker, sind sich dieser Gefahr bewußt und warnen öffentlich vor ihr.[2] Um die Sache ins rechte Licht zu rücken, sollte unterstrichen werden, daß es Jahre dauern würde, bis die Zinslasten sich bis zu einem Punkt aufgehäuft hätten, an dem sie das Gleichgewicht umkehren würden. Es ist wahrscheinlich, daß der imperiale Kreislauf lange davor umgekehrt bzw. zum Stillstand gebracht wird. Volcker und andere Regierungsbeamte arbeiten gewiß auf dieses Ende hin.

Die zentrale Frage, vor der die Welt steht, ist, ob der imperiale Kreislauf angehalten werden kann, ohne einen katastrophalen Einbruch des Dollars auszulösen. Je länger er andauert und je höher der Dollarkurs steigt, desto größer ist die Gefahr eines Absturzes. Das Problem besteht darin, daß eine klare Trendumkehr des Dollars schon auf dieser Stufe eine Veränderung nicht nur beim laufenden Fluß des Anlagekapitals, sondern auch beim Gesamtbestand des angesammelten spekulativen Kapitals auslösen könnte. Der Gesamtbestand ist natürlich um ein Vielfaches größer als der laufende Kapitalfluß. Das Problem ist hinlänglich bekannt und macht die Besitzer von Dollar-Anlagen sehr nervös. Aus diesem Grunde werden die ausländischen Bestände marktgehandelter Vermögenswerte treffend als „heißes Geld" bezeichnet.

Das zweite Beispiel betrifft das Haushaltsdefizit, das kurzfristig stimulierend wirkt, langfristig aber kontraproduktiv werden kann, weil es Geldmittel von der produktiven Nutzung hin zum Zinsmechanismus ablenkt.

(7)

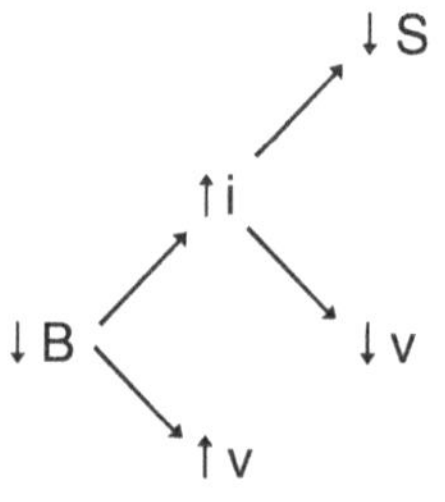

Solange hohe Zinssätze ausländisches Kapital anziehen, beibt das Problem verborgen. Mit Hilfe der ausländischen Ersparnisse kann die inländische Wirtschaft mehr konsumieren, als sie produziert. Nur wenn der Kapitalzufluß das Haushaltsdefizit nicht mehr aufwiegen kann, wird das Problem akut. Die Zinssätze müssen steigen, um die zur Finanzierung des Haushaltsdefizits erforderliche inländische Spartätigkeit in Gang zu setzen. Der daraufhin nachlassende Konsum schwächt die Wirtschaft und läßt die Ausländer erst recht nicht mehr bereit sein, Dollar-Anlagen zu halten. Dies könnte ein „Szenario des Schreckens" heraufbeschwören, in dem eine schwache Wirtschaft und ein großes Haushaltsdefizit zusammen hohe Zinssätze und einen schwachen Dollar hervorbringen.

Wir können diese Beziehungen zusammenfassen, um ein integriertes Modell des imperialen Kreislaufs zu entwerfen:

(8)

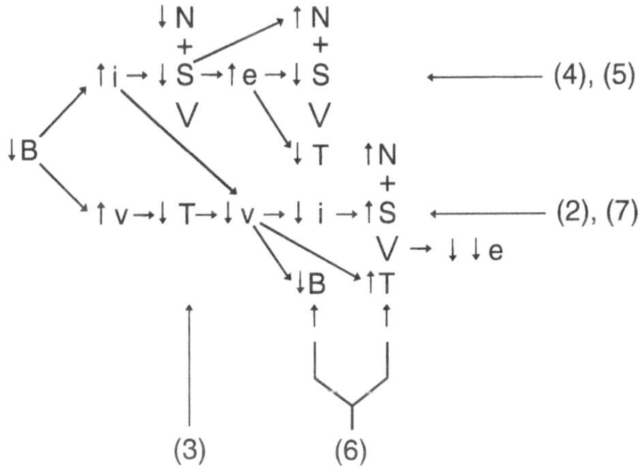

In diesem Modell, einem der Stützpfeiler des imperialen Kreislaufs, ist Gleichung 2 waagerecht und Gleichung 3 senkrecht eingetragen. Es wird sich zeigen, daß dieses Modell instabil ist: Einige Beziehungen verstärken es, während andere es unterlaufen. Die am besten verstärkenden Faktoren sind der spekulative Kapitalzufluß und das Handelsbilanzdefizit; der gefährdetste Faktor ist das Niveau der wirtschaftlichen Aktivität. Die Hauptbedrohungen für die Stabilität des imperialen Kreislaufs kommen vom Handelsbilanz- und vom Haushaltsdefizit. Die beiden Pfeiler des Arrangements sind ein starker Dollar und eine starke Wirtschaft. Ein starker Dollar führt aber zu einem ansteigenden Handelsbilanzdefizit, das die Wirtschaft schwächt;

das Haushaltsdefizit hält die Zinsen auf einem höheren Niveau, als dies sonst der Fall wäre, was ebenfalls die Wirtschaft schwächt. Dies sind die inneren Unstimmigkeiten, die den imperialen Kreislauf wahrscheinlich zerstören werden, lange bevor die Anhäufung der Zinsverpflichtungen dies tun wird.

Es erübrigt sich, darauf hinzuweisen, daß dieses Modell unvollständig ist. Es existieren viele Beziehungen, die nicht erwähnt wurden, die Erläuterung ist aber so, wie sie jetzt ist, schon kompliziert genug. Vielleicht taucht eine der hier vernachlässigten Beziehungen als Retter in der Not für das imperiale System auf. Beispiele für derartige Fälle haben wir bereits erlebt. Zum Beispiel waren die Banken bis Mitte 1984 sehr geschäftig in der inländischen Kreditvergabe und dem Anlocken ausländischen Kapitals. Als diese wichtigste Pipeline aus Gründen, die in Kapitel 8 erklärt werden, austrocknete, trat das Schatzamt an seine Stelle: Die Quellensteuer wurde abgeschafft, und ein großer Teil der Staatsschuldpapiere wurde auf direktem Weg an die Ausländer verkauft.

Es wäre interessant, ein vollständigeres Modell zu errichten und seine Variablen mit den verschiedensten Werten zu speisen. Ich glaube, daß es möglich wäre, die Entwicklung der US-Wirtschaft ab 1982 zu simulieren, aber ich verfüge nicht über die Ausrüstung, eine derartige Berechnung durchzuführen. Ich muß mich auf eine impressionistische Darstellung beschränken.

Wir haben es mit einem System zu tun, das nicht stabil ist, sondern sich ständig weiterentwickelt. Was wird nach dem imperialen Kreislauf kommen? Genau diese Frage gilt es zu beantworten. Bevor ich das versuchen werde, lassen Sie mich das Bild durch eine nähere Betrachtung des Bankensystems und der das Land gegenwärtig überziehenden Umstrukturierung der Unternehmen vervollständigen.

8
DIE ENTWICKLUNG DES BANKENSYSTEMS

Es ist allgemein bekannt, daß die internationale Schuldenkrise von 1982 eine dramatische Situation für die Schuldnerländer zur Folge hatte. Das Pendel des Kapitaltransfers schlug zurück, und die Größe des Pendelausschlags wurde nur durch die Fähigkeit der Schuldnerländer zur Zahlung begrenzt. In unserem Modell des imperialen Kreislaufs zeigt sich dieser Ausschlag als nichtspekulativer Kapitalfluß (↑ N), da er von anderen Erwägungen als der Nettorendite getragen wurde. Die von diesem Prozeß betroffene Summe war bedeutend: der Netto-Kapitaltransfer an hoch verschuldete Länder in Höhe von 50,1 Mrd. $ im Jahre 1982 kehrte sich 1983[1] in einen entgegengerichteten Kapitalfluß von 13,8 Mrd.$ um, das meiste davon auf Dollarbasis. Der Kapitaltransfer der hoch verschuldeten Länder erwies sich als eine der wichtigen Stützen des imperialen Kreislaufs.

Weniger bekannt ist, daß die Krise von 1982 für das Bankensystem keinen vergleichbaren Wendepunkt brachte. Die größten Banken waren viel zu tief in den Prozeß verstrickt, als daß sie es sich hätten erlauben können, die Richtung des Kapitalflusses umzukehren. Hätten sie alle zusammen ihre Kreditvergabe eingestellt, so hätten die hoch verschuldeten Länder bankrott gehen müssen. Hätten sie versucht, angemessene Rückstellungen zu errichten, so hätte sich ihre Kapitalausstattung verschlechtert. Diese Banken mußten erhalten bleiben, damit das Kollektiv sich Geltung verschaffen konnte. Wir haben uns mit der Rolle des Kollektivs insoweit beschäftigt, als es galt, die Schuldnerländer über Wasser zu halten; nun müssen wir untersuchen, was mit dem Bankensystem geschah.

Das kollektive System der Kreditgewährung basiert auf dem Prinzip der freiwilligen Zusammenarbeit. Die Kontrollbehörden mußten sich anstrengen, um es den stark beteiligten Banken zu ermöglichen, neue Kredite zu strecken und weniger stark beteiligte Banken zur Kooperation zu veranlassen.

Der einzige Weg, auf dem sie diese Ziele erreichen konnten, bestand darin, die Fiktion aufrecht zu erhalten, daß die außenstehenden Kredite nicht gefährdet seien und daß für sie keine besonderen Rückstellungen erforderlich seien. Unter den verschiedenen Kontrollbehörden gab es auseinanderlaufende Meinungen, die Federal Reserve als letztmöglicher Kreditgeber behielt aber die Oberhand. Das Bankensystem wurde als zu schwach angesehen, um ihm eine starke Medizin zu verordnen. Die Bilanzierungsrichtlinien wurden modifiziert, und es wurden besondere Anstrengungen unternommen, damit die Banken ihnen genügen konnten. Der Argentinien am 01. März 1984 in letzter Minute gewährte Zwischenkredit sticht als dramatischste Intervention der Federal Reserve hervor.

Die europäischen Zentralbanken schlugen einen anderen Weg ein. Sie ermutigten die Geschäftsbanken, Rückstellungen aufzubauen und notleidende Kredite abzuschreiben. Sie konnten sich das leisten. Insgesamt waren die europäischen Banken weniger stark betroffen, und ihr Bilanzierungssystem gestattete den Aufbau großer stiller Reserven. Großbritannien nahm eine Position ein, die in der Mitte zwischen der des europäischen Kontinent und der der Vereinigten Staaten lag. Unter den Banken mit den größten Darlehensbeständen bei unterentwickelten Ländern waren auch einige britische. Sie verfügten aber in ihrem Branchensystem über eine wesentlich solidere Basis an Einlagen, so daß sie nie Gefahr liefen, wie ihre amerikanischen Gegenstücke in eine Vertrauenskrise zu geraten.

Man könnte behaupten, daß die Federal Reserve in der Unterstützung der größten Geschäftsbanken zu weit ging. Es wurde diesen Banken gestattet, Umschuldungsgebühren und extrem weite Zinsspannen, die sie auf dem Papier, nicht aber in bar erwirtschafteten, als laufende Erträge zu behandeln. In der Folge konnten sie deutliche Gewinnzuwächse ausweisen, und einige von ihnen setzten 1983 tatsächlich ihre Dividenden herauf.

Ironischerweise verzögerte und verzerrte die Gründung des Kollektivs und die sie begleitende großzügige Haltung der Behörden den Anpassungsprozeß in der US-Banken-Branche. Die Schuldnerländer mußten sich mit der rauhen Wirklichkeit auseinandersetzen, die Banken aber ließ man mit einer gewaltigen Summe zweifelhafter Kredite gewähren, deren zweifelhaften Charakter sie zu verschleiern hatten. Der einzige Weg, ausstehende Zinsforderungen einzutreiben, bestand in der Vergabe weiterer Darlehen. Damit wurde das Problem nicht nur nicht zugegeben, sondern auch noch verschlimmert. Die Banken reagierten darauf mit dem Versuch, noch schneller zu wachsen. Der angenehmste Weg hin zu mehr Wachstum bestand im Angebot von Dienstleistungen, die das Vermögen nicht antasteten. Die größten Geschäftsbanken entwickelten eine ganze Reihe neuer Dienstleistungen und vermarkteten sie aggressiv. Sie waren gleichwohl nicht abgeneigt, ihre Bilanzen auszuweiten. Fast jeder neu vergebene Kredit war von besserer Qualität als ihr Bestand an Darlehen für die unterentwickelten Länder. Das war der Höhepunkt der kreditfinanzierten Übernahmen. Die Banken waren bereit, sehr günstige Konditionen einzuräumen. Die Banken warben auch aggressiv um ausländische Einlagen und nutzten diese Mittel, um ihre inländische Kapitalbasis auszubauen. Somit wurden sie zum wichtigsten Vehikel bei der Anlockung ausländischen Kapitals in die Vereinigten Staaten.

Unglücklicherweise gelang es den Banken nicht, ihre bemerkenswert guten Gewinnausweise für eine Kapitalerhöhung zu nutzen, da der Aktienmarkt die Charade durchschaute und Bankaktien mit einem deutlichen Abschlag vom Substanzwert bewertet wurden. Der Chemical Bank gelang es, einen günstigen Moment auszunutzen und einige Aktien zu verkaufen. Im Zusammenhang mit der Übernahme von CIT Corp. plazierte auch Manufacturers Hannover Aktien; das waren aber Ausnahmen. Im großen und ganzen mußten die Banken sich auf ihre freien Rücklagen verlassen, die aber mit dem Wachstum bei den Darlehen nicht Schritt halten konnten.

Dessen ungeachtet gab es einen Wettlauf um Wachstum und Diversifikation. Manufacturers Hannover übernahmen CIT Corp. zu einem stattlichen Preis, und das Konstrukt der „Non-Bank-Bank“ wurde erfunden, um bestehende Restriktionen in der geografischen Diversifikation zu umgehen. Die größten Geschäftsbanken drängten auf die Erlaubnis, über die Staatsgrenzen hinaus expandieren zu dürfen, sie stießen aber auf den hartnäckigen Widerstand der Regionalbanken, die einen Schutz ihrer Interessen verlangten. Der sich lange dahinziehende Streit ist erst kürzlich gelöst worden, indem man den Regionalbanken eine Atempause einräumte, bevor den großen Geschäftsbanken die Übernahme von Banken außerhalb der Staatsgrenzen gestattet wird.

Die Federal Reserve wollte das Bankensystem nicht mit irgendwelchen Einschränkungen belegen, die eine negative Auswirkung auf die Wirtschaft gehabt hätten. Oberstes Ziel war, einem Kollaps vorzubeugen, und zu diesem Zweck wollte sie eine starke konjunkturelle Erholung in die Wege leiten. Erst als die Erholung gute Fortschritte machte, zog sie die Zügel der Geldversorgung an und ließ die Zinssätze steigen. Sie hätte auch versuchen können, die Banken an die Zügel zu nehmen, das geschah aber nicht. Die notleidenden Kredite weiteten sich aus, und die Eigenkapitalquoten verschlechterten sich weiter. Das Vertrauen in das Bankensystem blieb erschüttert.

Schließlich trat das Problem bei den inländischen Darlehensbeständen zutage. Große Bereiche der Wirtschaft, insbesondere die Landwirtschaft und die Ölbranche, blieben von der Erholung ausgeschlossen. Anders als bei den Auslandskrediten, war es bei den inländischen Schuldnern nicht möglich, sie durch Ausleihung des zur Zinszahlung erforderlichen Geldes über Wasser zu halten, da es einfach zu viele von ihnen gab. Die Continental Illinois Bank war besonders hart betroffen, da sie lockere Darlehenspraktiken verfolgt hatte. In Sonderheit hatte sie von der bankrott gegangenen Penn Square Bank eine große Summe unsolider Energie-Darlehen aufgekauft. Da sie über keine Filialen verfügte, befand sie sich in der unvorteilhaften Lage einer hohen Abhängigkeit von geliehenem Kapital. So rückte sie in den Mittelpunkt der Angelegenheit.

Schwierigkeiten gab es auch in der Savings- and Loan-Branche. Das Eigenkapital vieler Institute war durch den Zinsanstieg vor 1982 aufgezehrt worden. Um einem Zusammenbruch des Großkundengeschäfts vorzubeugen, mußte 1982 ein Großteil der Institute fusioniert oder auf anderem Wege gerettet werden. Die Reagan-Administration verließ sich bei der Lösung des Problems auf den Marktmechanismus. In einer der bemerkenswertesten Episoden der Finanzgeschichte wurden viele der einengenden Vorschriften genau zu dem Zeitpunkt aufgehoben, als die finanzielle Ausstattung der Branche ernsthaft in Mitleidenschaft gezogen war. Der den Savings and Loan-Gesellschaften zugestandene Handlungsspielraum und die Bandbreite der Anlagen, in die sie investieren durften, wurden erheblich erweitert. Da die Savings and Loans in einem durch Verordnungen geprägten Umfeld in Schwierigkeiten geraten war, nahm man an, daß die Aufhebung der Verordnungen dazu beitragen würde, sie aus der Krise zu führen. Die Privatwirtschaft ersann tatsächlich erfindungsreiche Wege, um zahlungsunfähige Savings and Loan-Gesellschaften zu retten. Der größte Teil des neu investierten Geldes wurde sofort als steuerwirksamer Verlust abgeschrieben, und clevere Investoren erlangten die Kontrolle über die zur Ansammlung staatlich garantierter Einlagen berechtigten Institute. Einige dieser Institute fielen in die Hände von Unternehmern, die solche Einlagen als Rückhalt für andere gewinnträchtige Aktivitäten zu nutzen wußten. Das war ein Rezept zum Untergang. Es ist erstaunlich, daß es nicht als solches erkannt wurde.

Die Gesellschaft, die die von den Aufsichtsbehörden gebotene Gelegenheit am aggressivsten ausnutzte, war die Financial Corporation of America unter der dynamischen Leitung ihres Präsidenten Charles Knapp. Nach der Übernahme von First Charter Financial, einem alteingesessenen Institut, dessen Einlagen vom Einlagensicherungsfonds der Sparkassen (FSLIC) garantiert wurden, begab sich das Unternehmen auf einen Verschuldungsparcours, wobei es sowohl Broker als auch die gewaltige betriebseigene Geschäftsabteilung einsetzte. Es investierte dann stark sowohl in ziemlich riskante Hypothekenkredite als auch in Festzinshypotheken. Wenn irgendeines der Darlehen notleidend wurde, wurde ein anderer Bauherr gefunden, der es im Austausch gegen ein noch viel größeres Darlehen für sein eigenes Bauvorhaben übernehmen konnte. Als die Zinssätze zu steigen begannen, stockte die Gesellschaft ihren Bestand an Festzinshypotheken in exponentiellem Umfang auf. Knapp stellte sich vor, daß er auf diese Weise ein hochverzinsliches Portfolio haben würde, wenn die Zinsen schließlich sinken würden. Wenn das Unternehmen stark genug wachsen würde, so würde er auch keinen Schiffbruch erleiden, falls die Zinsen nicht sinken würden: Mit Rot würde er gewinnen, mit Schwarz nicht verlieren können. Die Rechnung ging auf. Die Gesellschaft wuchs von einer Einlagensumme von 4,9 Mrd. $ 1982 auf 20,3 Mrd. $ 1984. Als sich die finanzielle Situation des Unternehmens verschlechterte, wurde Knapp zum Rücktritt gezwungen (nachdem er eine siebenstellige Abfindungssumme erhalten hatte).[2]

Im Sommer 1984 spitzten sich mehr oder minder gleichzeitig die Krisen bei Continental Illinois Corp. und Financial Corporation of America zu. Das war der wirkliche Wendepunkt für die Branche der Banken und Kreditgenossenschaften, wenn diese Tatsache auch noch nicht in angemessener Form anerkannt ist. Die Revisoren der Banken erinnerten sich an ihre satzungsgemäßen Pflichten und begannen, gegen die notleidenden Kredite Front zu machen. Die Kontrollbehörden verschärften die Eigenkapitalregelungen und bestanden auf einer Erhöhung der Rückstellungen für notleidende Kredite. Die Banken reagierten darauf mit rückläufigen Bilanzen, indem sie die Kreditquoten abgaben und Kredite für den Weiterverkauf veräußerten, statt sie in die Bücher aufzunehmen. Die Phase des ungesunden Wachstums ging zu Ende, und schließlich begann der Anpassungsprozeß.

Auf den ersten Blick verlief die Anpassung bemerkenswert ruhig. Die Banken erlangten Geschick darin, Kredite für den Weiterverkauf zu veräußern; sie entwickelten eine Vielzahl von Finanzinstrumenten – von zinsvariablen Schuldtiteln bis hin zu Hypothekendurchlaufkrediten. Wo immer es nötig war, haben andere Institutionen die Rolle der Banken übernommen. Bei der Finanzierung der Fusionsmanie sind Junk Bonds an die Stelle der Bankkredite getreten, und beim Anlocken ausländischen Kapitals haben Treasury-Bonds den Platz der Eurodollar-Einlagen übernommen. Es ist kein Zufall, daß die Quellensteuer auf Bonds im Ausländerbesitz genau zu dem Zeitpunkt abgeschafft wurde, als der Wendepunkt bei der Expansion der Banken erreicht wurde.

Mit jedem verstreichenden Quartal sollte sich die finanzielle Situation der Banken verbessern. Einzelne Banken mögen in Schwierigkeiten geraten, wenn sie Verluste anerkennen müssen, die Branche insgesamt aber sollte genesen. Der Aktienmarkt reagierte auf die veränderten Aussichten positiv: Die Bankaktien stiegen auf ein Niveau, bei dem sie mit einem Aufschlag auf den Buchwert gehandelt wurden.

Die gefährliche Phase ist aber noch nicht vorüber. Erst nachdem ein Trend sich umgekehrt hat, wird die ganze Tragweite des vorherigen Exzesses fühlbar. So lange die Banken freien Spielraum hatten, konnten sie ihre notleidenden Kredite durch die Ausweitung zusätzlicher Kredite abdecken. Wenn die Banken aber verpflichtet werden, Rückstellungen für notleidende Kredite zu errichten, so zahlt es sich für sie nicht mehr aus, schlechtem Geld noch gutes hinterherzuwerfen. Andersherum haben sie jeden erdenklichen Grund, notleidende Kredite zu liquidieren, weil sie damit nichtverzinsliche Anlagen in verzinsliche umwandeln können und vielleicht auch in die Lage kommen, einen Teil der Reserven wieder aufzulösen, zu deren Aufbau sie verpflichtet wurden. Die Gefahr besteht darin, daß die Liquidation notleidender Kredite weitere notleidende Kredite zum Vorschein bringt. Beispielsweise gab es viele Farmer, die ihren Kredit nicht bedienen konnten, der Wert ihres Landbesitzes war aber noch hoch genug, um eine angemessene Sicherheitsleistung zu liefern: diesen Farmern gewährte man folglich zusätzliche Kredite, statt sie in den Bankrott zu treiben. Der Konkurs zahlungsunfähiger Farmer drückt auf die Landpreise, womit weitere Farmer in den Bankrott getrieben werden. Das gleiche passiert in der Ölbranche, und zur Zeit dieser Niederschrift (September 1985) tauchen auch im Immobilienbereich unheilvolle Vorzeichen auf. Das Transportwesen kommt wahrscheinlich als nächstes an die Reihe.

Der Bankrott der Community Savings Bank of Maryland und ihrer Tochter, Equity Programs, Inc. (EPIC) 1985, dient als Beispiel dafür, was passiert, wenn der Trend sich gedreht hat. Die angesprochene Gesellschaft war von Bauunternehmern aufgekauft worden, die ihre eingebrachten Aktivitäten als Tochterunternehmen der Kreditgenossenschaft weiter betrieben. Sie spezialisierten sich auf die Finanzierung von Musterhäusern und genossen ein hohes Ansehen. Die Hypotheken auf diese Häuser wurden durch private Hypothekenkreditversicherungsgesellschaften abgesichert und in Form von durch Hypotheken abgesicherte Wertpapiere an Investoren verkauft. Nach einem starken Run auf die staatlich abgesicherte Saving Bank in Ohio verlangte man auch von den Saving Banks in Maryland, sich um staatliche Garantien zu bemühen. Der staatliche Einlagensicherungsfonds bestand in seiner vorsichtigen Art darauf, daß das mitfirmierende Tochterunternehmen des Immobilienbereichs verkauft werden müßte, bevor der Muttergesellschaft der Schutz des Einlagensicherungsfonds zugute käme. Das führte zur Auflösung des ganzen Geflechts. Das Tochterunternehmen konnte keine neuen Kredite mehr syndizieren, und ohne neue Kreditvergabe war es nicht mehr in der Lage, seine offenen Hypothekendarlehen zu bedienen. Es kam heraus, daß die Erträge aus den bereits vom Konsortium erstellten Häusern zu gering gewesen waren, um die Hypotheken zu bedienen, und daß Defizite regelmäßig durch neue Kreditvergaben ausgeglichen wurden. Theoretisch wären die Musterhäuser schießlich verkauft worden und hätten Erträge abzuwerfen begonnen, in der Praxis aber stand das Tochterunternehmen bei der Mutter stark in der Kreide, und es kam heraus, daß einige der Musterhäuser überhaupt nicht existierten. Das Tochterunternehmen hatte hypothekengestützte Wertpapiere im Wert von etwa 1,4 Mrd. $ ausgegeben, und die Hypothekenkreditversicherungsgesellschaften saßen in der Patsche. Die möglichen Verbindlichkeiten überstiegen die Mittel einiger der betroffenen Versicherungsgesellschaften, und die Sicherheit der hypothekengestützten Wertpapiere dürfte in Gefahr geraten, falls sie ihre Verpfichtungen nicht erfüllen können.*

Meine kurze Auflistung der jüngsten Ereignisse reicht aus, um zu zeigen, daß die Kontrollbehörden von der Voreingenommenheit nicht ausgeschlos-

*In der Folge zog sich eine der Hypothekenkreditversicherungsgesellschaften, Ticor Mortgage Insurance Company, vom Geschäft zurück, der Markt für hypothekengestützte Wertpapiere geriet aber nicht in Gefahr.

sen sind. Sie sind Teilnehmer eines reflexiven Prozesses und arbeiten genau wie die von ihnen Kontrollierten auf der Grundlage des unvollständigen Verstehens. Alles in allem verstehen die Kontrollbehörden das Geschäft, das sie überwachen, weniger gut als diejenigen, die es betreiben. Je komplexer und innovativer das Geschäft ist, desto unwahrscheinlicher ist es, daß die überwachenden Behörden eine kompetente Arbeit leisten können.

Die Regulierung hinkt den Ereignissen zwangsläufig immer hinterher. Sobald die Kontrollbehörden den Exzeß eingeholt haben, führt die von ihnen verlangte Korrektur dazu, daß die Situation in die entgegengesetzte Richtung übertrieben wird. Genau das ist in der untersuchten Zeitspanne geschehen. Als die Kontrollbehörden erkannten, daß die internationale Verschuldung ungesund war, war es für eine Korrektur der Situation zu spät, weil die Korrektur einen Kollaps augelöst hätte. Als sie schließlich die Banken zwangen, ihre Verluste anzuerkennen, verstärkte ihr Beharren den Kollaps der Nebensicherheiten in solchen Bereichen wie der Landwirtschaft, der Ölbranche und den Reedereien.

Die Geschäftsbanken haben ebenfalls viele Fehler begangen, zumindest aber haben sie eine Enstschuldigung dafür: sie operieren entlang der von den Kontrollbehörden vorgegebenen Leitlinien. Ihr Job ist es, sich im Wettbewerb zu behaupten, nicht, sich um die Gesundheit des Systems zu sorgen. Ihre Entschuldigung ist insofern stichhaltig, als die Behörden sie in der Tat aus evtl. Schwierigkeiten retten würden, solange kein Betrug im Spiel ist. Das hebt die Verantwortung hervor, die die Kontrollbehörden zu tragen haben.

Die Behörden haben sich selbst immer ein gutes Zeugnis ausgestellt, wenn die Lage sich bis zum kritischen Punkt zuspitzte. In einem gewissen Ausmaß ist das das Verdienst der beteiligten Personen. Wäre nicht Volcker Leiter der Federal Reserve gewesen, so hätten die Dinge vielleicht einen ganz anderen Verlauf genommen. Mit schwierigen Situationen konfrontiert, zeigte er einen erfreulichen Eifer und ersann innovative Lösungen, was für einen Bürokraten selten ist. Es gibt aber auch einen institutionellen Grund. Den Zentralbanken steht das Mandat zu, an die Banken Kredite zum Liquiditätsausgleich zu vergeben. Sie haben in einer Notsituation weit mehr Autorität als während des normalen Ablaufs der Dinge. Sie sind auf das Krisenmanagement vorbereitet und ziemlich inkompetent, wenn es um die Lösung des Problems geht. Um irgendwelche dauerhaften Lösungen zu erreichen, muß der gesamte Apparat von Administration und Kongreß eingeschaltet werden. Das bedeutet, daß erforderliche Reformen selten rechtzeitig in Kraft treten.

Die Bankenkrise von 1984 hat uns ein ungelöstes Dilemma hinterlassen. Es gibt ein grundlegendes Ungleichgewicht zwischen den deregulierenden, Einlagen annehmenden Institutionen und der Absicherung der Einleger gegen Verlust. Die Absicherung gestattet es den Finanzinstituten, nach Lust und Laune zusätzliche Einlagen anzulocken, und die Deregulation räumt ihnen bei der Verwendung dieser Einlagen eine große Bewegungsfreiheit ein.

Die Kombination aus beidem ist eine Einladung zu unbeschränkter Kreditexpansion. Dieses Problem wohnte zwar dem System der staatlichen Einlagensicherung seit seiner Gründung inne, zu diesem Zeitpunkt aber unterlagen die Banken noch strikten Regulationen. Als der Trend zur Deregulierung an Fahrt gewann, wurde das Ungleichgewicht zwischen Risiko und Erfolg deutlicher und erreichte in der Krise von 1984 einen bedrohlichen Punkt.

Die Federal Reserve war gezwungen, ihrer Zentralbankfunktion nachzukommen und alle Einleger gegen Verlust abzusichern, wie groß ihre Einlagen auch waren. Das entfernte auch noch das letzte Überbleibsel an Disziplin, das die Einleger eigentlich von den Banken fordern. Fehlt diese Disziplin, so bleiben nur noch die Notenbanken übrig, um die Finanzinstitute von einem Engagement in unsoliden Darlehenspraktiken abzuhalten.

Man mag argumentieren, daß die Aktionäre als bremsender Einfluß tätig würden, da sie ja weiterhin das Risiko tragen; dieser Einfluß ist aber nicht sehr wirksam, da eine Bank ihre Verluste durch eine noch höhere Kreditvergabe ausgleichen kann. Wenn die Verluste einmal nicht mehr länger zu verbergen sind, wird wesentlich mehr verloren gehen als nur das Aktienkapital. Damit ist der Besitz von Aktienkapital und riskanten Kreditbeständen nicht ausreichend, um eine solide Darlehenspraktik sicherzustellen.

Tatsächlich sind die Kontrollbehörden seit 1984 wesentlich strenger geworden. Noch allerdings ist die populäre und politische Voreingenommenheit zugunsten der Deregulierung so hoch wie immer. Die geografischen und strukturellen Beschränkungen, die in der großen Depression erlassen wurden, befinden sich im Auflösungsprozeß. Theoretisch betrachtet muß es keinen Widerspruch zwischen Deregulierung und einer strengeren Überwachung geben, praktisch aber gibt es ihn. Wie wir gesehen haben, begehen die Kontrollbehörden Fehler; je facettenreicher und wechselhafter das Geschäft wird, desto wahrscheinlicher wird es, daß es nicht angemessen überwacht wird. Dies ist vordergründig ein wichtiges Argument dafür, das Einlagengeschäft so einfach wie möglich zu halten. Andererseits ist es einfach so, daß ein regulierter Geschäftsverlauf dazu beiträgt, schwerfällige, konservative Managements hervorzubringen. Letzten Endes läuft es auf die Wahl zwischen Stabilität und Innovation hinaus. Fehlt eine dieser beiden Zutaten, so ist ihr Fehlen schmerzhaft zu spüren. Folglich neigen die Vorlieben dazu, von einem Extrem ins andere zu fallen. Derzeit sind wir noch ganz begeistert von den Chancen, die sich durch die Abschaffung überkommener Regulationen aufgetan haben, der Mangel an Stabilität wird aber zunehmend drückender.

Es gibt noch ein anderes brennendes Problem, das sich dem Siedepunkt nähert. Es betrifft die Behandlung von insolventen Finanzinstituten. Traditionell ziehen es die Behörden vor, die Übernahme gescheiterter Institute durch größere und gesündere zu arrangieren. Solche erzwungenen Fusionen boten einen leichten Ausweg, als die Branche noch strikten Regulierungen unterlag, Insolvenzen noch ganz selten und die übernehmenden Institute finanziell stark waren. Die scheiternden Banken besaßen ein wertvolles Stimmrecht, das an den Meistbietenden versteigert werden konnte, ohne die Struktur der Branche zu gefährden. Als aber der Prozeß von Kreditexpansion und Deregulation fortschritt, wurde die Methode des „Wegfusionierens" zahlungsunfähiger Institute sowohl häufiger als auch unbefriedigender. Das Stimmrecht verlor an Wert, und die übernehmenden Institute verloren an Kraft, eine Aushöhlung ihrer finanziellen Stärke durchzustehen. Anscheinend ist eine konzentrierte Branche stärker. Die Geschäftsbanken Großbritanniens haben z.B. niemals irgendwelche Schwierigkeiten gehabt, Einlagen anzuziehen, obwohl sich beispielsweise die Midland Bank in einer schlimmeren Verfassung befand als die überlebenden Banken in den Vereinigten Staaten. Zunehmende Konzentration erhöht aber auch das Risiko katastrophaler Verluste. Was würde mit Großbritannien geschehen, wenn die Geschäftsbanken nicht in der Lage wären, die Zinsen aus ihren Darlehen an unterentwickelte Länder einzunehmen? Hier bei uns wurde die Bank of America ermutigt, First of Seattle zu übernehmen; wer aber wird die Bank of America übernehmen, wenn es einmal notwendig wird?*

Das erste Beispiel haben wir schon bei der Continental Illinois Bank gehabt, wo kein Käufer gefunden werden konnte. Wir werden vielleicht einmal an einen Punkt gelangen, an dem mehrere unserer größten Banken in öffentliches Eigentum übergehen. In anderen Ländern ist das schon geschehen.

Bei keinem anderen Beispiel wurde die Idee des Wegfusionierens gescheiterter Firmen so irrwitzig verfolgt wie in der Savings- and Loan-Branche. Wie wir gesehen haben, ist ein Großteil der Branche während der Phase der auf Rekordhoch befindlichen Zinsen von 1980-1982 zahlungsunfähig geworden. Die Behörden erfanden das brillante Projekt, kränkelnde Institute an waghalsige Unternehmer zu verkaufen, die das Privileg, staatlich ausgegebene Einlagen anzuziehen, zu würdigen wußten. Wir haben gesehen, wie Unternehmer wie Charles W. Knapp von der Financial Corporation of America das Privileg ausgenutzt haben. Nun, wo die Kontrollbehörden der unbegrenzten Expansion einen Riegel vorgeschoben haben, beginnen viele der Exzesse aufzutauchen. Nur die rückläufigen Zinssätze haben uns vor einer Lawine an Insolvenzen bewahrt.

*Zu meiner großen Überraschung kauft jetzt, im Dezember 1986, First Interstate begeistert Bank America, Chemical Bank kauft Texas Commerce Bank, und Republic Bank ist bereit, eine der schwächsten Banken Texas, die Interfirst, zu übernehmen, um der Gefahr vorzubeugen, daß Mitbewerber von außerhalb der Staaten festen Fuß fassen könnten.

9
DIE OLIGOPOLARISATION AMERIKAS*

Im Zusammenhang mit Reagans imperialem Kreislauf ist noch eine andere wichtige reflexive Entwicklung im Gange. Die Unternehmensstruktur der Vereinigten Staaten wird durch Fusionen, Akquisitionen, Konzernentflechtungen und kreditgestützte Übernahmen umgebaut. Dieser Vorgang hat die dramatische Qualität erlangt, die normalerweise mit reflexiven Prozessen verknüpft ist, und er hat Ausmaße angenommen, die ihm eine historische Bedeutung zukommen lassen. Seine Ursprünge reichen bis weit vor die Gründung des imperialen Kreislaufs zurück, seit 1982 aber hat er gewaltig an Fahrt gewonnen. Der Prozeß der Unternehmensumstrukturierung steht eindeutig in Wechselbeziehung mit dem imperialen Kreislauf, bis jetzt aber ist diese Beziehung ziemlich einseitig: Die herrschenden wirtschaftlichen und politischen Bedingungen liefern den Rahmen, in dem die Umstrukturierung sich ereignet; die Entwicklung des imperialen Kreislaufs aber ist von der Umstrukturierung der Unternehmen nicht wesentlich beeinflußt worden. Der Prozeß, der leger als Fusionsmanie bezeichnet werden kann, wird daher am besten nicht als wesentlicher Bestandteil des imperialen Kreislaufs verstanden, sondern als eine Randerscheinung.

Was seinen Enfluß auf die Unternehmensstruktur der Vereinigten Staaten angeht, hat die Fusionsmanie den Boom der Konglomerate bereits übertroffen. Die Konglomerate begannen als relativ kleine Gesellschaften, die durch Akquisitionen wuchsen; die Fusionsmanie erstreckte sich auch auf die größten Einheiten des amerikanischen Unternehmertums. Es gibt viele Übereinstimmungen zwischen beiden Entwicklungen, deutlicher aber sind die Unterschiede. Wenn der Boom der Konglomerate den einfachsten Fall eines sich anfänglich selbst verstärkenden und schließlich selbst vernichtenden Prozesses darstellt, dann ist die Fusionsmanie vielleicht der komplexeste. Die Konglomerate lieferten ein Beispiel für Boom und Zusammenbruch, die Fusionsmanie veranschaulicht einen reflexiven Prozeß, bei dem selbstverstärkende und selbstzerstörerische Wechselbeziehungen nicht hintereinander ablaufen, sondern nebeneinander.

*Dieses Kapitel wurde ursprünglich im Juni 1985 geschrieben, ein kurzer Zusatz wurde im Dezember 1986 hinzugefügt.

Ich will mich nicht an einer Beschreibung der Geschichte der Fusionsmanie versuchen. Ich gehe einfach davon aus, daß der Leser mehr oder weniger vertraut mit den einzelnen Unternehmens-Umstrukturierungen der letzten Jahre ist. Meine eigene Vertrautheit mit der Fusionsmanie ist nicht viel größer als die eines gut informierten Teils der Öffentlichkeit, da ich an ihr beruflich nicht teilhatte.

Umstrukturierungen von Unternehmen hat es gegeben, seit es organisierte Aktienmärkte gibt. Wann immer der Marktwert der Aktien höher ist als der Wert einer Gesellschaft als Privatunternehmen, besteht die Umstrukturierung in der Ausgabe von Aktien; wann immer der Marktwert niedriger ist, ist ein Aufkauf von Aktien damit verbunden. Der Käufer kann die Gesellschaft selbst sein, das Management, ein anderer Konzern oder eine andere Gesellschaft, die ein wie auch immer geartetes besonderes Interesse daran hat, großen Wert auf die Aktien zu legen.

Der Boom der Konglomerate verband Aktienkäufe und Aktienverkäufe. Die Konglomerate verkauften ihre eigenen Aktien zu überhöhten Preisen und kauften die Aktien anderer Unternehmen. Sie konnten die Aktien anderer Unternehmen höher bewerten als der Markt, da die Akquisitionen dazu beitrugen, die Überbewertung der eigenen Aktien zu unterstützen. Damit war der Boom der Konglomerate im wesentlichen ein Phänomen der Überbewertung, wobei überteuerte Aktien als Tauschmittel dienten.

Im Gegensatz dazu dient im gegenwärtigen Prozeß der Unternehmens-Umstrukturierung Geld als hauptsächliches Tauschmittel. Das Geld mag auf verschiedensten Wegen geliehen sein, das Endergebnis bleibt das gleiche: Aktien werden gegen Barzahlung gekauft. Gelegentlich gibt es Fusionen, die von einem Aktientausch begleitet werden; sie sind aber nicht typisch für den Trend. Es gibt auch viele Entwicklungen, bei denen der Kauf oder Verkauf von Aktien überhaupt keine Rolle spielt, insbesondere die Veräußerung von Vermögenswerten und Betriebssparten; dennoch ist das Merkmal, das für den gegenwärtigen Prozeß typisch ist und ihn als reflexiv ausweist, der Kauf von Aktien gegen Bargeld. Damit gründet sich die Fusionsmanie auf der Unterbewertung von Aktien: Das Unternehmen als Ganzes muß erheblich mehr wert sein als die Marktkapitalisierung seiner Aktien.

Die Unterbewertung nahm ihren Anfang nach der zweiten Ölkrise, als ein konzertierter Versuch unternommen wurde, die Inflation durch eine Politik des knappen Geldes unter Kontrolle zu bekommen. Sie wurde erheblich verstärkt, als Reagan Präsident wurde und der imperiale Kreislauf sich entwickelte. Bei der relativen Unterbewertung der Aktien können wir drei Faktoren unterscheiden: wirtschaftliche, politische und steuerbedingte. Die ersten beiden stehen eindeutig in Zusammenhang mit Reagans imperialen Kreislauf, die dritte ist der Besonderheit unseres Steuersystems zuzuschreiben. Ich muß das hervorheben, weil es genau das Element der Verzerrung beisteuert, das ein wesentlicher Bestandteil reflexiver Prozesse zu sein scheint.

So lange Zinsaufwendungen steuerlich absetzbar sind, zahlt es sich aus, Unternehmen mit geliehenem Geld zu akquirieren, weil dies zu Steuerersparnissen führt. Dies ist eines der Hauptmotive für kreditfinanzierte Übernahmen. Viele andere verborgene Steuervorteile spielen eine Rolle; dies ist aber nicht der Ort, sie zu untersuchen.*

Traditionell wurden die Aktien als ein Vielfaches der Erträge bewertet. Wenn die Zinssätze hoch sind, ist dieses Vielfache eher niedriger. Die Erträge sind aber nur ein Teil des Vorsteuer-Cash-Flows, oft nur ein kleiner Teil. Gleichwohl ist es der Cash-Flow, der bei der Bestimmung des Wertes einer Firma als möglichem Akquisitionskandidaten das wichtigste Kriterium ist. Damit hat die traditionelle Methode der Aktienbewertung dazu beigetragen, günstige Gelegenheiten für Akquisitionen zu schaffen, besonders in Zeiten wie der des imperialen Kreislaufs, wenn die Gewinne unter Druck und die Zinssätze relativ hoch sind.

Nehmen wir einmal ein rentables, aber saturiertes Unternehmen mit einem geringen Spielraum für Expansion – einen sogenannten Goldesel. Wenn es mit geliehenen Mitteln akquiriert wird, können die Zinsen vom Gewinn vor Steuern beglichen werden. Bis zu dem Umfang, in dem der Markt den Gewinn vor Steuern mit einem höheren Satz als dem herrschenden Zinssatz diskontiert, entsteht zusätzlich zum freien Cash-Flow eine Gewinnspanne, die zur Abzahlung des Kredits genutzt werden kann. Schließlich steht der Aufkäufer mit einem schuldenfreien Unternehmen da. Wenn dieser Punkt naht, könnte er theoretisch die Aktien an die Öffentlichkeit verkaufen und einen Kapitalgewinn realisieren. Dann könnte er eine Kehrtwende vollziehen und den Prozeß noch einmal von vorne beginnen. In der Praxis sind einige der frühen, kreditfinanzierten Übernahmen nachher wieder als Neuemissionen aufgetaucht. Mir ist kein Beispiel bekannt, in dem ein umstrukturiertes Unternehmen wieder privatisiert worden wäre, ich weiß aber von Fällen, in denen vormals kreditfinanzierte Übernahmen durch private Transaktionen erneut aufgekauft wurden.

Man kann erkennen, daß das Steuersystem die Goldesel besonders anfällig für kreditfinanzierte Übernahmen machte, während der imperiale Kreislauf die unbeabsichtigte Konsequenz hatte, Unternehmen in Goldesel zu verwandeln. Der Mechanismus, durch den dieser Effekt erreicht wird, besteht aus hohen Zinssätzen und einer überbewerteten Währung. Hohe Zinssätze machen Kaptitalanlagen interessanter und physische Investitionen uninteressanter; sie stellen damit einen Anreiz dar, Kapital nicht zum Zweck der

*Einige von ihnen, hervorzuheben die sog. General Utilities Doctrine, die es dem akquirierenden Unternehmen gestattet, Vermögenswerte höher zu bewerten und von der erhöhten Basis aus abzuschreiben, sind im Steuerreform-Gesetz von 1986 abgeschafft worden. Die steuerliche Absetzbarkeit von Zinszahlungen ist nicht verändert worden, aber der Körperschaftsteuer-Satz wurde von 48% auf 34% gesenkt, was den Nutzen des Einsatzes geliehenen Geldes verringerte.

Unternehmensexpansion einzusetzen, sondern es eher als Kapitalanlage zu nutzen, d.h. also zum Rückkauf eigener Aktien oder zur Akquisition anderer Unternehmen. Eine überbewertete Währung führt tendenziell dazu, daß industrielle Aktivitäten weniger profitabel werden: Die Exportmärkte schrumpfen, und die inländischen Märkte geraten durch die Importe unter Druck.

Die Kombination aus hoher Realverzinsung und überbewerteter Währung erwies sich als durchschlagende Mixtur: Die Produzenten von Handelswaren sind unter großen Druck geraten; häufig steht ihr Überleben auf dem Spiel. Sie haben mit einer Konsolidierung reagiert, d.h. dem Abstoßen unprofitabler Geschäftsbereiche, der Aufgabe von Aktivitäten, bei denen sie eine schwache Marktposition haben, und der Konzentration auf solche Bereiche, in denen es sich lohnt, die Marktposition zu verteidigen. Traditionelle Ansichten wurden heftig durcheinandergewirbelt. Vorbei sind die Tage, als die Unternehmen ein Wachstum noch um seiner selbst willen verfolgten, freier Cash-Flow und Gewinne haben eine Bedeutung erlangt, die sie noch vor kurzem nur in den Lehrbüchern hatten. Die Managements haben begonnen, ihre Geschäfte mehr so zu betrachten wie ein Investmentfondsmanager sein Portefeuille. Für die Unternehmensumstrukturierung hat das ein günstiges Klima geschaffen.

Jedesmal, wenn eine Akquisition stattfindet, trägt das dazu bei, die Lücke zwischen dem Marktpreis und dem Wert für den Aufkäufer zu verringern. Dies bringt uns zum kuriosesten Charakteristikum des Prozesses. Man sollte erwarten, daß die Übernahme von Aktien gegen Barzahlung das Ausmaß der Unterbewertung bis zu einem Punkt führen würde, an dem Akquisitionen nicht mehr länger profitabel wären und der Prozeß zum Stillstand käme. Warum wurde die Lücke nicht geschlossen? Um diese Frage zu beantworten, müssen wir einen politischen Faktor ins Spiel bringen. Die Reagan-Administration glaubt an die Zauberkraft des Marktes. Das drückt sich vor allem in der Deregulation regulierter Branchen aus, durchzieht aber auch die generelle Einstellung der Regierung zu unternehmerischem Handeln.

Es hat keine formale Reform der Kartellgesetze gegeben, wohl aber eine radikale Veränderung bezüglich dessen, was man als Verletzung der Kartellgesetze betrachtet. Marktanteile werden nicht länger in einem statischen, sondern in einem dynamischen Zusammenhang gesehen. Der Wettbewerb innerhalb einer bestimmten Branche muß nicht sichergestellt werden, da die Unternehmen über die Branchengrenzen hinaus miteinander konkurrieren können. Flaschen treten in Wettbewerb zu Blechbüchsen, Plastik konkurriert mit Glas, Aluminium mit Stahl. Der technologische Fortschritt kann uns Wege des Wettbewerbs eröffnen, die es früher nicht gab. Die Dienstleistungen bei Ferngesprächen sind das beste Beispiel: Was als natürliches Monopol angesehen wurde, ist zu einem stark wettbewerbsgeprägten Markt geworden. Darüberhinaus wird der US-Markt nicht länger isoliert betrachtet:

Internationaler Wettbewerb schützt die Interessen der Verbraucher, insbesondere, wenn der Dollar so fest ist; das nationale Interesse diktiert den Zusammenschluß von US-Produzenten in wenigere und stärkere Einheiten. Ob diese Einschätzungen auch in der Zukunft noch so zutreffend sein werden wie sie es heute zu sein scheinen, ist eine offene Frage; so lange sie aber vorherrschen, stehen große Firmenzusammenschlüsse nicht vor den Hindernissen, mit denen sie sich bei früheren Regierungen konfrontiert gesehen hätten. Ich nenne diesen Prozeß die „Oligopolarisation" Amerikas.

Unter der Carter-Regierung löste jede großvolumige Akquisition – wie der Kauf von Utah International durch General Eelectric – eine Untersuchung der Kartellbehörden aus, die die Transaktion verzögerte, sie aber nicht verhinderte. Allgemein glaubte man, daß Unternehmen ab einer gewissen Größe sowohl unangreifbar als auch untauglich für bedeutende Umstrukturierungen seien. Mit Managements, die sicher versteckt waren und sich auf die Durchführung des bestehenden Geschäfts beschränkten, befanden sie sich in einer Art Scheintod. Da diese Einschätzung nur selten hinterfragt wurde, wurde sie auch nicht durch Einsicht bestätigt, sondern herrschte in Form eines Vorurteils vor. Die Voreingenommenheit drückte sich in der Bewertung der Aktien aus. Von kleineren Unternehmen nahm man an, daß sie für Übernahmeaktivitäten anfälliger waren; folglich wurden ihre Aktien höher bewertet. Zwischen 1974 und 1979 übertraf die Performance der Aktien kleiner Unternehmen die der Aktien großer Gesellschaften deutlich, und Anleger, die sich auf Aktien mit geringer Börsenkapitalisierung konzentrierten, durchlebten eine wunderbare Zeit. Tatsächlich konzentrierten sich in diesem Bereich die Umstrukturierungsaktivitäten, wie z.B. die kreditfinanzierten Übernahmen.

Nach 1980 kam es zu einer allmählichen, aber merklichen Veränderung. Die Anzahl der Transaktionen nahm zu, und die Branchen, die man einmal für unangreifbar gehalten hatte, wurden anfällig für Übernahmeversuche. Vor wenigen Jahren noch z.B. pflegten von Übernahmeversuchen geplagte Unternehmen zum Zweck der Verteidigung Radio- oder TV-Sender zu akquirieren: heute ist diese Branche für jedermann zu haben. Sowohl ABC als auch RCA (der NBC gehört) wurden in einvernehmlichen Deals übernommen, und die von Übernahmeversuchen bedrohte CBS gewann einen neuen Mehrheitsaktionär.

Zuerst wurde der Trend nicht erkannt, als er aber eine Branche nach der anderen erfaßte, beflügelte er die Phantasie der Anleger und spiegelt sich nun in vollem Umfang in der Bewertung der Aktien wider. Seit 1980 hat sich die relative Performance wieder zugunsten der hochkapitalisierten Aktien verschoben; zweifellos hat die Fusionsmanie bei dieser Umorientierung eine Rolle gespielt. Setzt sich der Prozeß fort, so wird ein Punkt erreicht werden, an dem die Erwartungen die Realität übertreffen und die Aktienkurse der

Übernahmekandidaten dem Abschluß der Transaktionen im Wege stehen. Die Differenz zwischen den Kursen vor einer Übernahme und den gegenwärtig bezahlten Kursen hat sich schon verringert, das Tempo der Transaktionen hat sich aber noch nicht verlangsamt. Die Fusionsmanie hat eine eigene Dynamik entwickelt, und bevor der Prozeß sich selbst erschöpft, wird es ohne Zweifel einige Übernahmen zu unvorstellbar hohen Kursen geben.

Geht man die Fusionsmanie analytisch an, so können wir die reflexive Wechselbeziehung als vornehmlich selbstvernichtend oder selbstkorrigierend bezeichnen. Wenn es eine selbstverstärkende Wechselwirkung gibt, so verläuft sie eher seitwärts als vertikal: sie dehnt eher die Anzahl und die Größe der betroffenen Unternehmen aus, als daß sie die Aktienkurse in unhaltbare Höhen treibt. Es gibt nur eine geringe vertikale bzw. sich in den Kursen niederschlagende Wirkung. Erfolgreiche Aufkäufer wie z.B. GAF Corp. erzielen höhere Aktienkurse; gelingt es ihnen, sich mit Erfolg zu rekapitalisieren, so können sie das nächste Unternehmen schlucken. Wenn der Prozeß lange genug andauert, werden einige Favoriten mit sehr hohen Bewertungen auftauchen, was es für sie leichter macht, den Erwartungen zu genügen. Mesa Petroleum war im Begriff, als eines dieser hoch bewerteten Unternehmen zutage zu treten, bis Unocal sie abrupt stoppte. Esmark andererseits hat den ganzen Kreislauf vollzogen, indem das Unternemen erst akquirierte und dann selbst akquiriert wurde.

Zu allererst rührt die sich selbst verstärkende Wechselbeziehung von einer Beseitigung der negativen Voreingenommenheit her. Was mit einem Unternehmen funktioniert hat, kann auch bei anderen funktionieren; ermutigt durch den Erfolg versuchen die Leute etwas, was zuvor nicht für möglich gehalten wurde. Schließlich müssen sich zwangsläufig Exzesse entwickeln. Um einen tieferen Einblick zu gewinnen, müssen wir uns die Mitspieler näher ansehen. Zuerst sind da die Fusions- und Akquisitionsabteilungen, dann die Juristen, die sich neue Angriffs- und Verteidigungsstrategien ausdenken, dann die tatsächlichen Akquisiteure, die Kreditgeber und die Arbitrageure, die die Aktien vor und während der Transaktion besitzen und oft zu aktiv Beteiligten werden, schließlich die Kontrollbehörden, die den Prozeß überwachen sollen. Alle Beteiligten mit Ausnahme der Kontrollbehörden warten nur darauf, aus erfolgreichen Transaktionen größtmögliche Gewinne zu ziehen.

Exzessive Gewinne ziehen oft andere Exzesse nach sich, insbesondere dann, wenn Kredite im Spiel sind. Es macht nicht viel Sinn, sie zusammen aufzulisten. Jede Transaktion ist ein großes Drama, und Dramen setzen sich aus menschlichen Schwächen zusammen. Die Betrachtung einzelner Fälle würde viele Fehler, Übertreibungen und Mißbräuche, aber auch kühne Manöver und brillante Einfälle anführen. In dieser Hinsicht unterscheidet sich die Fusionsmanie nicht von anderen Aktivitäten, die Spekulationsgewinne nach sich ziehen. Es gibt eine allgemeine Vorliebe für derartige Aktivitäten, bis dann letztlich einige Mißerfolge eine entmutigende Wirkung ausüben. Wenn im hohen Umfang Kredite eingesetzt werden, können sich die Mißerfolge lawinenartig ausbreiten. Wir haben zumindest schon einen derartigen Fall gehabt, als Ivan Boesky, ein großer Arbitrage-Händler, zur Liquidation seiner Positionen gezwungen wurde, was dann einige andere ebenfalls dazu zwang. Es hat auch schon viel Unruhe wegen der Schuldenanhäufung bei den kreditfinanzierten Übernahmen gegeben. Bis vor kurzem kamen die meisten Kredite von den Banken. Wie wir gesehen haben, suchten sie nach einem Weg, ihre Schwierigkeiten nach der internationalen Schuldenkrise zu überwinden; die kreditfinanzierten Übernahmen boten dafür einen greifbaren Markt. Die Kontrollbehörden fingen aber noch vor der zweifachen Krise der Continental Illinois Bank und der Financial Corporation of America an, die Kreditvergabe der Banken für kreditfinanzierte Übernahmen einzudämmen. Eine Zeitlang sah es so aus, als ob die Finanzierung zum Stillstand käme, das Tempo der Unternehmensumstrukturierungen verlangsamte sich. Das war in der zweiten Jahreshälfte 1984, unmittelbar nachdem einige große Ölgesellschaften geschluckt worden waren; die Wahlen nahten, und man hatte das Gefühl, daß weitere Übernahmen politisch peinlich sein könnten. Nach den Wahlen setzte die Fusionsmanie wieder mit neuem Elan ein, die Hauptfinanzierungsquelle verschob sich aber von den Banken auf Junk Bonds. Diese Verschiebung stand wahrscheinlich unter dem Diktat der Notwendigkeit (Unocal verklagte die Security Pacific Bank wegen einer Kreditvergabe an ein Konkurrenzunternehmen), sie erwies sich aber als eine technische Verbesserung. Junk Bonds sind flexibler und leichter zu arrangieren; sie bieten auch einige Nischen, die sich zu Steuerzwecken ausnutzen lassen. Drexel Burnham, die führende Kraft bei der Junk-Bond-Finanzierung, kann praktisch auf Abruf fast unbegrenzte Mittel zur Verfügung stellen.

Wird das alles zu einem schlechten Ende führen? Man kann das unmöglich vorhersagen. Wie wir gesehen haben, ist die wesentliche reflexive Verknüpfung eine sich selbst korrigierende. Das Modell von Boom und Zusammenbruch, das wir für die Konglomerate entwickelt haben, läßt sich nicht anwenden. Es ist ziemlich wahrscheinlich, daß der Prozeß sich selber auslaugt, nachdem er alles niedergerissen hat, was empfindlich gegen ihn ist. Eine Katastrophe kann aber nicht ausgeschlossen werden. Das Endergebnis wird sein, einen großen Teil der Schulden in die umstrukturierten Gesellschaften einzubringen. Eine Reihe unterschiedlicher Szenarien könnte zu Situationen führen, in denen die Schulden schwer zu begleichen sind. Wenn der imperiale Kreislauf umgekehrt wird und der Dollar genau dann fällt, wenn die Wirtschaft in die Rezession abgleitet, könnten auch gleichzeitig die Zinssätze steigen; hoch kreditfinanzierte Unternehmen würden dann mit der schlechtesten aller möglichen Welten konfrontiert. In der näheren Zukunft könnte ein steiler Rückgang der Ölpreise den Cash-Flow hochverschuldeter

Öl-Gesellschaften, wie z.B. Phillips Petroleum, gefährden. Eine größere Pleite könnte den magischen Zirkel der Besitzer von Junk Bonds zur Auflösung bringen.

Bis jetzt hat die Fusionsmanie keinen aufspürbaren Einfluß auf das Schicksal des imperialen Kreislaufs gehabt. Sie hat wahrscheinlich die physische Investmenttätigkeit in den Vereinigten Staaten verringert, da sich die Managements mehr auf die nahe Zukunft hin orientierten; die Investitionen blieben aber bis vor kurzem überraschend hoch. Die Fusionsmanie hat wahrscheinlich zur Kreditnachfrage beigetragen und die Banken dazu gebracht, im Ausland Geld aufzunehmen, um es im Inland zu verleihen; als aber die Rolle der Banken unbedeutender wurde, hielt der Zustrom ausländischen Kapitals an. Wenn es hier eine reflexive Verbindung gibt, dann ist sie zu subtil, um sie abschließend beurteilen zu können: Sie hat mit der derzeitigen, allgemeinen Anziehungskraft der Vereinigten Staaten auf ausländisches Kapital zu tun.

Noch eine weitere bedrohliche Beziehung beginnt zutage zu treten. Ein großer Teil der Kredite ist für die Akquisition der Unternehmen gebunden; der Kredit wird dann durch die Veräußerung derjenigen Vermögenswerte zurückgezahlt, die als Nebensicherheit dienten. Beide Vorgänge, die unproduktive Nutzung von Kredit und der Verkauf der Nebensicherheiten, verschärfen die herrschenden deflationären Trends. Die Fusionsmanie beschleunigt damit vielleicht die Auflösung des imperialen Kreislaufs.

Unterstellt, der Prozeß endet nicht in einer Katastrophe: welche Auswirkungen hat er insgesamt? Wir finden eine bunte Mischung. Im Gegensatz zum Boom der Konglomerate, bei dem sich die meisten Vorgänge auf den Aktienmarkt beschränkten, werden in diesem Fall viele Veränderungen in der realen Welt auftreten. Per Saldo wird die Profitabilität der Unternehmen steigen, Anlagen werden umgeschichtet und schwerfällige Managements aufgerüttelt werden. Die Branchen werden oligopolistischer werden müssen. So lange der imperiale Kreislauf vorherrscht, sind diese Veränderungen wünschenswert und wahrscheinlich nötig für den Fortbestand vieler Branchen. Falls und sobald der Wettbewerbsdruck durch die Importe nachläßt, werden sich diese Veränderungen vielleicht als genaues Gegenteil dessen erweisen, was für die neuen Bedingungen zweckdienlich ist.*

Selbst wenn sich die Unternehmensumstrukturierung als Anpassungsprozeß erweisen sollte, würde sie von einer Verlangsamung profitieren. Wenn das Tempo geringer wäre, würden weniger Transaktionen vollzogen, da die

*P.S. vom Februar 1987: Nachdem die Preis-Konkurrenz des Auslands nachgelassen hat, hat der Aktienmarkt begonnen, die exzessiven Gewinne widerzuspiegeln, die von der „Oligopolarisation" Amerikas erwartet werden. Begreift man die Fusionsmanie als einen Anpassungsprozeß, so stoßen wir auf ein Problem, das dem Wesen nach zu einer Welt der reflexiven Wechselbeziehungen gehört: Anpassung an was? Es ist wie Schießen auf ein Ziel, bei dem der Vorgang des Schießens das Ziel bewegt.

Rendite geringer werden würde. Dies wäre eine Verbesserung, weil es derzeit eine Tendenz gibt, mehr Transaktionen durchzuführen, als sie unter langfristigen wirtschaftlichen Erwägungen gerechtfertigt wären. Dafür sind zuerst die Steuergesetze verantwortlich, einen Teil der Schuld müssen aber auch diejenigen Marktteilnehmer übernehmen, die mit dem Geld anderer Leute spielen. In England gibt es eine Übernahme-Kommission, die die Spielregeln überwacht: Wir könnten von einer vergleichbaren Regelung profitieren.

Auf theoretischer Ebene zeigt diese Analyse, daß das Modell von Boom und Zusammenbruch nicht auf alle reflexiven Prozesse übertragbar ist. Mit dieser Lektion im Hinterkopf wollen wir uns nun der Frage zuwenden: Was wird das letztendliche Resultat des imperialen Kreislaufs sein?

P.S., DEZEMBER 1986

Wie es so geht, überdauerte die Fusionsmanie den imperialen Kreislauf. Die Junk Bonds mußten einige gefährliche Momente durchstehen, als der Ölpreis unter 10 $ fiel und LTV zahlungsunfähig wurde; der Markt erholte sich aber wieder. Sowohl den Besitzern von Aktien als auch von Junk Bonds kreditfinanzierter Übernahmen kamen die nachgebenden Zinssätze zugute, obwohl die Junk Bonds qualitativ hochwertigen Bonds hinterherhinkten. Das Steuerreform-Gesetz von 1986 hatte den perversen Effekt, vor seinem Inkrafttreten am 01. Januar 1987 das Tempo der Übernahmen noch zu beschleunigen.

Dann kam die Boesky-Affäre, und die Gesamtheit der Arbitrageure wurde bis ins Mark erschüttert. Das ganze Ausmaß des Skandals ist noch nicht bekannt, aber leicht vorstellbar. Die Untersuchungen haben bereits viele der bedeutenden Mitspieler bewegungsunfähig gemacht, und sie sind dabei, die Regeln des Spiels zu verändern. Im großen und ganzen werden die von der Fusionsmanie hervorgebrachten spekulativen Exzesse beseitigt werden; was übrig bleiben wird, ist die andauernde Umstrukturierung der amerikanischen Unternehmen. Der Netto-Bargeldzufluß in Junk Bonds wird umgekehrt werden, und der Rahmen, innerhalb dessen Übernahmen kreditfinanziert werden können, wird deutlich reduziert werden. Am wichtigsten aber ist, daß es schwieriger werden wird, in Schieflage geratene Geschäfte zu refinanzieren; die spekulative Seite der Junk Bonds wird damit deutlicher hervortreten.

Kurz gesagt, die Boesky-Affäre stellt nicht das Ende der Unternehmensumstrukturierungen dar, eher wohl einen klar umrissenen und hochdramatischen Wendepunkt in der reflexiven Sicht der Fusionsmanie. Wie bei anderen, ähnlichen Beispielen wird es nach dem Wendepunkt einige Zeit brauchen, bis die Verluste zutage treten. Die EPICs der Fusionsmanie werden erst noch kommen (EPIC war das Tochterunternehmen, das die Community Savings Bank of Midland in den Konkurs trieb.).

TEIL 3
DAS REAL-TIME-EXPERIMENT

10
DER AUSGANGSPUNKT: AUGUST 1985

Wir werden uns mit der Geschichte des imperialen Kreislaufs etwa vom Zeitpunkt der Wahlen 1984 an beschäftigen. Da sowohl Wirtschaft als auch Dollar weiterhin zulegten, war der imperiale Kreislauf bis dahin ohne Schwierigkeiten verlaufen. Die Notenbanken der Welt waren sich vollkommen klar darüber, daß die Situation verfahren und letztlich nicht tragbar war. Anfang 1984 gab es eine Episode, bei der sie versuchten, den Dollar herunterzureden; der Versuch schlug aber fehl, und der Dollar kletterte höher denn je. Die Wirtschaft blieb weiterhin dermaßen stabil, daß sie sogar einen maßvollen Anstieg der Zinssätze überstand. Ausländer, die auf Dollar lautende Kapitalanlagen hielten, sahnten regelrecht ab. Das taten auch all jene, die in die USA exportierten. Überraschenderweise verhielt sich die amerikanische Industrie angesichts des bedrohlichen Importdrucks unentschlossen und zögerte, die Produktion ins Ausland zu verlagern oder durch Investitionen in Hochtechnologie wettbewerbsfähig zu bleiben. Der kritische Punkt wurde etwa im vierten Quartal des Jahres 1984 erreicht. Die Gangart der Wirtschaft fing an, sich zu verlangsamen, und die Zinssätze begannen nachzugeben, der Dollar aber setzte seine Rallye nach einem anfänglichen Rücksetzer fort. Die herrschende Einschätzung hatte die Stärke des Dollar mit der Stärke der Wirtschaft und dem Zinsgefälle verknüpft. Als der Dollar aber nicht schwächer werden wollte, gaben auch die letzten auf, die sich gegen den Trend gestemmt hatten, und der Wechselkurs schoß steil nach oben. Das war der Tropfen, der das Faß zum Überlaufen brachte. Die amerikanische Industrie fing allen Ernstes damit an, sich auf Importe und im Ausland liegende Fertigung umzustellen. Der starke Dollar wurde zuletzt zu einem Problem für Amerika.

Nach den Wahlen erfuhr die US-Wirtschaftspolitik eine bedeutende Veränderung. Finanzminister Donald Regan und Präsidentenberater James Baker tauschten ihre Plätze. Bis dahin hatten sich Federal Reserve und Schatzamt in den Haaren gelegen, nun aber wurde eine Übereinkunft zwischen ihnen erzielt. Die Verlangsamung des imperialen Kreislaufs wurde zum klar definierten Ziel. Es sollte durch eine Verkleinerung des Haushaltsdefizits und eine lockerere Geldpolitik erreicht werden. Amerikas wichtigste Handelspartner wurden ermutigt, ihre Politik in entgegengesetzter Richtung zu betreiben, d.h. steuerliche Anreize zu setzen, die Zinssätze aber oben zu halten. Man hoffte, daß der Dollar unter diesen Einflüssen endlich nachgeben würde. Vor dem Wirtschaftsgipfel von 1985 in Bonn ging Finanzminister Baker so weit, die Bereitschaft zur Diskussion einer Reform des Wechselkurssystems zu erklären, führte das aber nicht zu Ende. Es gelang ihm auch nicht, die Kontrolle über das Budgetkürzungsverfahren im Kongreß zu erlangen. Nichtsdestoweniger ist die Regierung fest entschlossen, alles zu akzeptieren, was der Kongreß zur Budgetkürzung beschließt.

Der Dollar antwortete mit einem Plumps und fiel gegen die Deutsche Mark um etwa 15%. Dann stabilisierte er sich für etwa drei Monate, begann aber kürzlich erneut zu fallen. Es ist unwahrscheinlich, daß der bisherige Anpassungsprozeß der Industrie irgendwelche bedeutsamen Entlastungen bringen wird. Die Wirtschaft ist jetzt in zwei Lager gespalten: Der Handelsgüter-Sektor befindet sich in der Rezession, wobei der Investitionsgüter-Bereich besonders schwach ist, Dienstleistungs- und Rüstungsbereich sind aber noch stark. Die Zinssätze sind deutlich zurückgegangen, und das stimuliert die Wirtschaft. Solange der Dollarkurs aber ungefähr auf dem gegenwärtigen Niveau verharrt, wird viel von dieser Stimulation über steigende Importe seinen Weg ins Ausland finden. Am wichtigsten ist, daß der Druck auf die Gewinne im Handelsgüter-Sektor wohl kaum nachlassen wird.

Wie sind die Aussichten? Wir können zwei Szenarien entwerfen. Im ersten schwächt sich der Dollar um – einmal angenommen – 20-25% ab, was den Handelsgüter-Sektor entlastet. Die Inflation mag ein wenig anziehen, obgleich der Anstieg der Importpreise durch einen Rückgang der Ölpreise ausgeglichen werden kann, die Wirtschaft erholt sich aber, was den Dollar auffängt. Das ist das Szenario des „soft landing“. Seine Aussichten sind besser als je zuvor seit Beginn des imperialen Kreislaufs, weil die Behörden endlich die Notwendigkeit erkannt haben, den sich selbst verstärkenden Prozeß unter Kontrolle zu bringen und zusammen auf dieses Ziel hinarbeiten. Es ist denkbar, daß die immer heftigeren Ausschläge der Wechselkurse abnehmen werden, wenn wir (wie üblich ohne Ankündigung und ohne richtig erkannt zu werden) von einem System freien Floatens zu einem System gelenkten Floatens übergehen.

Die andere Möglichkeit ist, daß der Dollar nicht nachgeben will und, wenn er es schließlich doch tut, scharf einbricht. Anfangs werden ausländische Exporteure jeden kleineren Rückgang wegstecken und ihre Preise angesichts eines schwächer werdenden Marktes nicht anheben. Der Handelsgüter-Sektor bleibt unter Druck, und die Schwäche droht auf andere Bereiche überzugreifen. Entschlossen, die Wirtschaft wegen der schlimmen Konsequenzen für das Bankensystem nicht in die Rezession abgleiten zu lassen, fährt die Federal Reserve fort, Kapital in die Wirtschaft zu schleusen, ein Großteil dieser Stimulation fließt aber weiterhin über Importe ab. Ein kritischer Punkt wird schließlich erreicht, wenn die Ausländer vor Dollaranlagen zurückschrekken, die langfristigen Zinssätze angesichts der anziehenden Geldmengenzahlen steigen, der Dollar einbricht und die Inflationsaussichten sich verschlechtern, obwohl die Wirtschaft in eine ausgewachsene Rezession eintritt.

Das kann man das Desaster-Szenario nennen, da eine Rezession eine überaus brüchige Finanzstruktur einem Test unterziehen würde, den sie wohl kaum überstehen könnte, ohne ernsthaften Schaden zu nehmen. Die hochverschuldeten Länder sind gerade einmal in Phase 3 ihres Anpassungsprozesses eingetreten. Eine Nachfrageschwäche für ihre Exportgüter würde sie in Phase 2 zurückwerfen, und dieser Rückschlag könnte mehr sein, als sie verkraften können. Bei uns ist der Anpassungsprozeß noch weniger weit fortgeschritten. Eine Rezession würde die Ertragskraft der Schuldner mindern, sie würde auch den Wiederverkaufswert der als Nebensicherheit dienenden Vermögenswerte aushöhlen. Wenn die Banken versuchen, zwangsversteigerte Besitztümer zu liquidieren, setzen sie einen sich selbst verstärkenden Prozeß in Gang: andere Schuldner werden in den Ruin getrieben. Im Ölbereich und in der Landwirtschaft ist dieser Prozeß bereits im Gange; in einer Rezession würde er sich auf andere Wirtschaftsbereiche ausdehnen.

Das ist der Punkt, an dem wir uns heute befinden (August 1985). Als Marktteilnehmer muß ich einige Entscheidungen treffen, die auf meiner Auswertung der wahrscheinlichen Entwicklung der Dinge beruhen. Die Theorie der Reflexivität, insoweit sie bis jetzt entwickelt wurde, zeitigt keine klar umrissenen Prognosen, sie kann aber hilfreich dabei sein, meine Einschätzung zu formulieren. Ich habe sie in dieser Eigenschaft schon früher genutzt, und ich werde es jetzt erneut versuchen.

Ich schlage ein Experiment vor. Ich werde die Einschätzungen, die mich gegenwärtig bei meinen Investmententscheidungen leiten, aufschreiben und sie während der Fertigstellung dieses Buches überprüfen. Ich werde das Experiment abschließen, wenn dieses Buch in Druck geht. Der Leser wird die Ergebnisse dann beurteilen können. Dies wird einen Praxis-Test des Wertes meines Ansatzes darstellen, falls es einen gibt. Es wird auch einen Einblick in den Entscheidungsfindungsprozeß eines Marktteilnehmers geben.

Es bedarf einiger Worte der Erklärung zu dem von mir gemanagten Investment-Fonds. Der Quantum-Fonds ist ein einzigartiges Werkzeug: er nutzt Kredite, er ist in vielen Märkten tätig und – was am wichtigsten ist – ich führe ihn, als ob es mein eigenes Geld wäre (was es zu einem großen Teil auch ist). Viele Fonds weisen eines dieser Merkmale auf, ich kenne aber keinen anderen, der sie alle verbindet.

Der beste Weg, die Rolle der Kreditfinanzierung zu verstehen, besteht darin, sich ein normales Anlage-Portfolio – wie das Wort schon sagt – als etwas Flaches und Lockeres vorzustellen. Kreditfinanzierung bringt eine dritte Dimension ins Spiel: den Kredit. Was ein locker verknüpftes, flaches Portfolio war, wird zu einer fest verknüpften, dreidimensionalen Struktur, in der die Kapitalbasis 144 den eingesetzten Kredit absichern muß.

Kreditnutzende Fonds setzen ihr geborgtes Kapital in der Regel genau so ein wie ihre Kapitalbasis. Beim Quantum-Fonds ist das nicht der Fall. Wir sind in vielen Märkten tätig, und im allgemeinen legen wir unser Kapital in Aktien an und nutzen unsere Kreditfinanzierung zur Spekulation in Terminmärkten. Der Begriff Terminmärkte umfaßt in diesem Zusammenhang sowohl Futures auf Aktien-Indizes als auch auf Bonds und Währungen. Der Aktienmarkt ist im allgemeinen weniger liquide als die Terminmärkte. Indem wir nicht unser ganzes Fondsvermögen in relativ illiquide Aktien anlegen, umgehen wir die Gefahr eines katastrophalen Einbruchs im Falle einer Nachschußforderung.

Beim Management des Fonds unterscheide ich zwischen makroökonomischen und mikroökonomischen Anlagekonzepten. Die erstgenannten diktieren unsere Engagements in den verschiedenen Futuresmärkten, während die letztgenannten sich in der Auswahl unserer Aktien niederschlagen. Damit kommt dem Besitz einer speziellen Aktie sowohl ein makro- als auch ein mikroökonomischer Aspekt insofern zu, als sie das gesamte Währungsengagement des Fonds berührt und – wie es bei ausländischen Aktien der Fall ist – auch das Währungsrisiko des Fonds betrifft. Im Gegensatz dazu hat eine Position in einem Aktien-Index oder einer Währung nur einen makroökonomischen Aspekt. Natürlich sind wir in der Lage, einen makroökonomischen Aspekt einer Aktien-Position jederzeit durch Aktien-Index- und Währungs-Futures zu neutralisieren.

Insofern es um die Währungen geht, glaube ich, daß ein System frei schwankender Wechselkurse eine existenzielle Wahl darstellt: Man kann nicht umhin, sein Kapital in irgendeiner Währung anzulegen; keine Entscheidung über das Währungsrisiko zu treffen, ist auch eine Entscheidung, ausgenommen natürlich, man kauft sich eine Währungs-Option, wobei man eine nicht unerhebliche Summe zur Vermeidung der Wahl zu bezahlen hätte. Die logische Konsequenz meiner Haltung lautet, daß ich mich dazu verplichtet fühle, eine Entscheidung zu den Währungen zu treffen, auch wenn ich kein durchformuliertes makroökonomisches Anlagekonzept habe. Die Folgen können vernichtend sei. Zuweilen beneide ich meine ahnungsloseren Kollegen im Fonds-Management, die nicht wissen, daß sie vor einer existentiellen Entscheidung stehen. Sie vermieden z.B. die Verluste, die ich im Zeitraum von 1981-1985 einfuhr, als der Dollar immer weiter aufwertete.

Man kann erkennen, daß der Quantum-Fonds einige der Merkmale eines Aktienfonds mit denen eines Commodity-Fonds kombiniert. Rückwirkend betrachtet, arbeitete der Quantum-Fonds anfänglich ausnahmslos mit Aktien, erst als die makroökonomischen Bedingungen zunehmend instabiler wurden, gewannen Bonds und Währungen zunehmend an Bedeutung. Während der letzten Jahre ist die makroökonomische Spekulation ausschlaggebend geworden. Der Grad des von uns eingesetzten Kredits ist wesentlich geringer als bei reinen Warentermin-Fonds, und unser Engagement in verschiedenen

Märkten trägt zum Gleichgewicht ebenso bei, wie es auch zur Kreditierung des Portfolios dient.

Das maximale Engagement des Fonds in irgendeine Richtung unterliegt selbstauferlegten Grenzen. Wenn man sich auf die Grenzen der FED-Bestimmungen hinsichtlich der Vergabe von Effektenkrediten verlassen würde, so würde man den Ärger nur so heraufbeschwören, da man gezwungen wäre, die Positionen zu den unpassendsten Momenten aufzulösen. Die Sicherheitsmarge läßt sich anhand der frei verfügbaren Kaufkraft berechnen, dies ist aber kein verläßliches Maß, da verschiedene Anlagevarianten sehr unterschiedliche Einschußforderungen mit sich bringen. US-Aktien verlangen z.B. eine 50%ige Margin, ausländische Aktien nur 30-35%, und die Sicherheitsleistung für den S&P liegt bei nur 6%. Wo man sein Risiko begrenzen soll, ist eine der schwierigsten Fragen, wenn man mit einem kreditunterstützten Fonds arbeitet, und es gibt hier keine absolut verbindliche Antwort. Generell versuche ich, nicht über 100% des tatsächlichen Fonds-Kapitals in irgendeinem Markt hinauszugehen, aber ich neige dazu, meine Einschätzung hinsichtlich der einen Markt bestimmenden Faktoren anzupassen, um mein jeweils aktuelles Denken darauf abzustimmen. Ich würde beispielsweise nichtmarktbezogene Aktien und marktbezogene Aktien zusammen aufstocken oder sie auch unterscheiden – je nach meiner Einschätzung.

Allgemein formuliert, mache ich mir mehr Sorgen um das Erhalten des Fonds-Kapitals als um die jüngsten Gewinne, damit neige ich auch dazu, mit selbsterrichteten Limits lockerer umzugehen, wenn meine Anlagekonzepte zu funktionieren scheinen. Die Grenze zwischen Kapital und Gewinnen zu ziehen, ist keine leichte Aufgabe, da praktisch das gesamte Kapital aus angesammeltem Gewinn besteht. Die rückblickende Bilanz bis zum Beginn des Experiments ist unten aufgeführt.

In der nachfolgenden Grafik kann man sehen, daß das einzige Jahr vor 1985, in dem sich der Fonds mehr als verdoppelte, 1980 war; dem folgte 1981 ein Debakel.

Während Phase 1 des Experiments drehten sich die Aktivitäten des Fonds vornehmlich um makroökonomische Anlagen, die mikroökonomischen Konzepte änderten sich nicht wesentlich, und ihr Beitrag zur Performance des Fonds war relativ unbedeutend. Dementsprechend richtete ich die gesamte Investment-Einstellung des Fonds nur auf den makroökonomischen Aspekt hin aus. Während der Kontrollphase änderte sich die Lage: einzelne Anlagekonzepte trugen in zunehmendem Umfang zur Performance des Fonds bei. Das stimmte mit meiner makroökonomischen Einschätzung überein, daß es an der Zeit war, sich im Aktienmarkt zu engagieren. Da die mikroökonomischen Erwägungen nur während des Kontrollzeitraums wichtig waren, sehe ich mit einer Ausnahme von ihrer Diskussion ab: mein Engagement in japanischen Aktien im Immobilienbereich geht in die Diskussion von Phase 2 ein.

Quantum Fonds N.V.			
Datum	Netto-Wert pro „A"-Anteil	Veränderung gegen Vorjahr	Fonds-Vermögen
31.01.69	41.25	———	———
31.12.69	53.37	+29.4%	6.187.701
31.12.70	62.71	+17.5%	9.664.069
31.12.71	75.45	+20.3%	12.547.644
31.12.72	107.26	+42.2%	20.181.332
31.12.73	116.22	+8.4%	15.290.922
31.12.74	136.22	+17.5%	18.018.835
31.12.75	174.23	+27.6%	24.156.284
31.12.76	282.07	+61.9%	43.885.267
31.12.77	369.99	+31.2%	61.652.385
31.12.78	573.94	+55.1%	103.362.566
31.12.79	912.90	+59.1%	178.503.226
31.12.80	1.849.17	+102.6%	381.257.160
31.12.81	1.426.06	22.9%	193.323.019
31.12.82	2.236.97	+56.9%	302.854.273
31.13.83	2.795.79	+24.9%	385.532.688
31.12.84	3.057.79	+9.4%	448.998.187
16.08.85*	4.379.00	+44.3%	647.000.000

*noch nicht revidiert

Die makroökonomische Haltung des Fonds ist in der jedem Tagebuch-Eintrag folgenden Tabelle zusamengefaßt, die Aktivitäten und die Performance des Fonds sind am Ende jeder Phase des Experiments grafisch ausgewiesen. Die grafische Darstellung der Kontrollphase ist in zwei Teile untergliedert worden, weil sie ungefähr doppelt so lang ist wie die experimentellen Phasen. Damit sind die Grafiken in vier etwa gleich lange Perioden unterteilt.

ACHTUNG: Hier die Erklärung für die in Klammern gesetzten Ziffern (1) bis (6), die in den Tagebuch-Tabellen des Real-Time-Experiments auftauchen:

(1) beinhaltet den Netto-Dollarwert von Futures-Kontrakten.
(2) Netto-Käufe (+) oder -Verkäufe (-) seit dem letzten Bericht.
(3) Berechnung auf den gemeinsamen Nenner der 30-jährigen Regierungsanleihen. Der Nennwert von 100 Millionen $ in 4-jährigen Treasury Notes entspricht z.B. einem Kurswert von 28,5 Millionen Dollar bei den 30-jährigen Regierungsanleihen.
(4) US-Treasury Bills und Notes mit einer Restlaufzeit bis zu zwei Jahren; auch diese wurden auf den gemeinsamen Nenner der 30-jährigen Bonds gebracht (s. 3).

(5) Diese Bonds weisen eine erheblich geringere Volatilität als US-Regierungsanleihen auf. Am 30. Juni 1986 z.B. hatten japanische Regierungsanleihen im Nennwert von 100 Millionen $ ungefähr die gleiche Volatilität wie 66,2 Millionen $ in 30-jährigen US-Regierungsanleihen. Wie haben diese Beträge nicht bereinigt.

(6) Netto-Fremdwährungsengagement, eingeschlossen Aktien, Bonds, Futures, Bargeld und Einschußzahlungen; ist gleich dem Beteiligungskapital des Fonds – eine Minus-Position in Dollar zeigt den Betrag an, um den das Engagement in den wichtigen Währungen (DM-verwandte europäische Währungen, Yen und Brit. Pfund) das Vermögen des Fonds übertrifft. Engagements in anderen Währungen (von denen die meisten nicht so stark schwanken wie die großen Währungen) werden getrennt ausgewiesen. Bei der Berechnung der Dollar-Engagements werden sie nicht für bedeutend erachtet.

Die prozentualen Veränderungen des Buchwerts in diesen Tabellen beziehen sich ebenfalls auf den Wert pro Fondsanteil. Die Zahlen für den Gesamtwert des Quantum Fonds werden, wenn auch nur in geringem Umfang, durch die Kosten für Ausgabe und Rückkauf der Fondsanteile beeinflußt.

11
PHASE 1: AUGUST 1985 - DEZEMBER 1985

BEGINN DES EXPERIMENTS: SONNTAG, 18. AUGUST 1985*

Der Aktienmarkt hat sich kürzlich die These zu eigen gemacht, daß der schnelle Anstieg der Geldmenge auf eine stärkere Wirtschaft hindeutet. Zyklische Aktien begannen anzuziehen, während zinsreagible und konservative Aktien einen Rückschlag erlitten. Ich mußte mich entscheiden, welche Haltung ich einnehmen wollte. Ich neigte dazu, die These anzuzweifeln, besaß aber nicht genügend Überzeugung, um gegen sie anzutreten. Dementsprechend tat ich gar nichts. Mein Aktiendepot besteht vornehmlich aus Gesellschaften, die von einer Unternehmensumstrukturierung profitieren würden, und aus Sachversicherungsgesellschaften, die einem eigenen Zyklus folgen.

Was Währungen betrifft, tendierte ich zum Szenario des „soft landing". Ich konnte mir ganz gut die Möglichkeit vorstellen, daß eine stärkere Wirtschaft den Dollar festigen würde. Da so viele Spekulanten short waren, könnte dies zu einem scharfen, wenn auch nur vorübergehenden Kursanstieg führen. Damit war es nicht ohne Risiko, im Dollar short zu sein. Folglich hatte ich meine Währungsanlagen deutlich reduziert. Aus Gründen, die ich unten erläutern werde, stockte ich sie in den letzten paar Tagen wieder auf.

Ich neigte dazu, die Aussichten eines soft landing optimistisch einzuschätzen, weil die Schwäche des Dollar durch die Behörden verursacht wurde; ein plötzlicher Einbruch wäre viel gefährlicher gewesen. Seit der Wiederwahl Reagans haben sich die Behörden in die richtige Richtung bewegt, und es scheint zwischen ihnen ein größeres Ausmaß an Zusammenarbeit zu geben. Praktisch alle Exzesse des imperialen Kreislaufs befinden sich in einer Korrekturphase: Die Banken kehren zu solideren Praktiken zurück, das Budgetdefizit wird gekürzt, und die Zinsen werden gesenkt.

*Charts, die die Positionen und die Performance des Quantum Fonds während Phase 1 zeigen, finden Sie auf den Seiten 185 ff. Die Erklärung der in Klammern gesetzten Bezugsgrößen (1) bis (6) in den Tagebuch-Tabellen finden sich auf S. 160.

16. Aug. 1985

	Schluß 16.08.85		Schluß 16.08.85
DM	2.7575	S&P 500	186.12
¥	236.75	US T-Bonds	76 24/32
£	1.4010	Eurodollar	91.91
Gold	337.90	Rohöl	28.03
		Jap. Bonds	———

QUANTUM FONDS-VERMÖGEN	647,000,000 $
Nettowert pro Anteilsschein	4,379 $
Veränderung seit 31.12.84	+ 44,3%

Depotstruktur (in Mill. Dollar)

Investment-Positionen(1)	long	short	Nettodevisen-Position (6)	long	short
Aktien			DM-verwandt	467	
US-Aktien	666	(62)	Jap. Yen	244	
Ausländische Aktien	183		Pfund Sterling	9	
Bonds (3)			US-Dollar		(73)
US-Reg.-Anl.			Andere Währungen	50	
Kurzfristig (4)		(67)			
Langfristig		(46)			
Rohstoffe					
Öl		(121)			
Gold					

Mein Optimismus wird durch die Einsicht gebremst, daß die Zeit, in der die vergangenen Exzesse korrigiert werden, die Phase des größten Risikos sein wird. Die Exzesse folgten einem bestimmten Bedürfnis, sonst hätten sich sich überhaupt nicht entwickelt. Kann das System ohne sie funktionieren? Außerdem kann der Korrekturprozeß eine eigene Dynamik entwickeln und einen sich selbst verstärkenden Prozeß in die entgegengesetzte Richtung in Gang setzen.

Alles hängt von den Aussichten für die Wirtschaft ab. Wenn die Wirtschaft in der zweiten Jahreshälfte 1985 stärker wird, wäre alles gut.

Selbst wenn es 1986 zu einer erneuten Schwäche käme, befände sich die Finanzstruktur bereits in einer besseren Position, um die Folgen zu überstehen. Dies scheint aber in jedem Falle noch zu weit entfernt, um irgendeine Bedeutung für gegenwärtige Anlageentscheidungen zu haben.

Ich denke, ich bin zu schlecht qualifiziert, um mich mit der Gewitztheit der Profis zu messen, die weit mehr Informationen zur Vorhersage des gegenwärtigen Wirtschaftsverlaufs zur Verfügung haben. Das ist der Grund, warum ich mich entschlossen habe, mich aus zyklischen Aktien herauszuhalten.

Die allerwichtigste Variable sind die Konsumentenausgaben. Einige Experten behaupten, daß die Verbraucher sich finanziell übernommen haben, andere führen an, daß man sich auf die Ausgabefreudigkeit des amerikanischen Verbrauchers verlassen könne, wenn man Geld zur Verfügung stelle. Wie sollte ich das beurteilen können? Das einzige konkurrenzfähige Argument, das ich habe, ist die Theorie der Reflexivität. Es bringt mich dazu, von der allgemeinen Meinung zur negativen Seite hin abzuweichen. Ich glaube, daß wir uns in einer Phase der Kreditkontraktion befinden, in der die Nebensicherheiten allmählich ausgehöhlt werden. Dazu würde es passen, wenn die Verbraucher auf die Anreize nicht reagieren würden. Dies ist die typische Keynesianische Situation, in der der Gaul ans Wasser geführt wird: wird er saufen? Ich brauche mehr Beweismittel, bevor ich auf der negativen Seite irgendeine Überzeugung entwickeln kann.

Kürzlich habe ich solche Signale erhalten. Das vielleicht überzeugendste war das Verhalten des Marktes selbst. Der Aktienmarkt verhielt sich verdächtig schwach. Es mag überraschen, daß ich den Aktienmarkt als gültigen Indikator akzeptieren würde, nachdem ich das Prinzip aufgestellt hatte, daß die Märkte immer voreingenommen sind. Ich habe aber auch behauptet, daß der Markt einen Weg findet, Vorhersagen wahr werden zu lassen.

Verschiedende Konjunkturberichte deuteten ebenfalls eine andauernde Schwäche an. Die Autoverkäufe z.B. gaben nach. Ich legte auf diese Berichte keinen besonders großen Wert, da die gegenwärtige Schwäche gut erkannt wurde. Wichtiger wird sein, was passieren wird, wenn General Motors seine Verkaufsförderung mit niedrigen Zinsangeboten startet. Wesentlich mehr beeindruckte mich der Bericht, daß die diesjährigen Ernteerträge einen neuen Rekord aufstellen würden. Das bedeutete, daß entweder die Schwierigkeiten in der Landwirtschaft zunehmen würden oder daß noch viel mehr Geld zur Subvention der Agrarpreise ausgegeben werden müßte.

Die Währungen stießen gegen die obere Begrenzung ihrer Tradingrange. Man erwartete, daß die Bundesbank den Diskontsatz zurücknehmen würde, die Deutsche Mark wollte aber nicht nachgeben. Am Mittwoch, dem 14. August, entschloß ich mich, eine halbe Position in der Deutschen Mark einzugehen; als der Diskontsatz tatsächlich gesenkt wurde und die Mark dennoch fest blieb, kaufte ich den Rest der Position nach. Am Donnerstag nachmittag gab die Federal Reserve einen starken Anstieg von M1 bekannt, der Anstieg bei M3 fiel geringer aus. Die Bonds gaben nach, und ich erkannte, daß meine These zu den Währungen vor einem Test stand. Wenn die konventionelle Auffassung sich durchsetzen würde, dann sollten die Auslandswährungen in Erwartung einer stärkeren US-Wirtschaft und höherer Zinssätze fallen. Wenn aber ein Umschwung stattgefunden hatte, dann sollten die Besitzer von Dollar-Anlagen auf den Anstieg des Geldangebots mit einem Umtausch eines Teils dieses Geldes in ausländische Währungen reagieren. Wie es sich traf, gaben die Währungen nicht nach, und meine These wurde bestätigt.

Dann wurde die Lage noch klarer. Am Freitag waren die Zahlen sowohl der neu begonnenen Hausbauten als auch der Baugenehmingungen schwach, insbesondere bei Mehrfamilienhäusern. Das bestätigte meinen Verdacht, daß sich die Baubranche in Schwierigkeiten befand. In diesem Falle mußte der kommerzielle Immobilienbereich sich in einer noch schlechteren Verfassung befinden. Die Bonds erlebten eine Rallye, der Aktienmarkt blieb aber unter Druck.

Ich möchte keine Wette darauf abschließen, daß die Abschwächung in der Wirtschaft sich in eine Rezession auswachsen wird: Die Kreditkontraktion wird den Anstieg der Geldmenge aufwiegen. Ich habe den Verdacht, daß das Auseinanderklaffen von M1 und M3 ein Indiz dafür ist, daß der Gaul nicht säuft. Ich bin darauf vorbereitet, in den Währungen die Maximal-Position einzugehen – sowohl auf langfristiger wie auf kurzfristiger Basis – und in den Bonds bei einer Rallye short zu gehen. Sollten die Währungen nicht heftig reagieren, muß ich vorsichtiger werden und bei meinen kurzfristigen Währungspositionen einen Verlust mitnehmen.

Man könnte fragen, warum ich in den Bonds short gehen würde, obwohl ich eine Rezession erwarte. Die Antwort lautet, daß ich eine Rezession erwarte, weil die langfristigen Zinsen wegen des schwächer werdenden Dollars steigen werden. Das ist der imperiale Kreislauf, der in den Rückwärtsgang schaltet. Ich bin mir klar darüber, daß mein Verkauf verfrüht sein mag; konsequenterweise werde ich nur eine kleine Anfangsposition errichten. Ich denke auch darüber nach, den Aktienmarkt leerzuverkaufen, aber nur, falls er in Reaktion auf einen fallenden Dollar eine Rallye vollführt. Sowohl meine Währungs- als auch meine Bond-Positionen sollten erst einmal funktionieren, bevor ich zusätzliche Risikopositionen eingehe.

Der größte Teil meiner Währungspositionen besteht in der Deutschen Mark. Ich habe auch eine bedeutende Position im Yen, erwarte aber, daß der Yen sich weniger stark und auch später bewegen wird. Ich sollte erklären, warum. Japan verfügt über eine sehr hohe Sparquote, und die inländische Investitionstätigkeit ebbt allmählich ab. Durch die Anlage der Ersparnisse im Ausland ist Japan in der Lage, ein Produktionsniveau zu halten, das den inländischen Konsum weit übertrifft. Das ist der Weg, auf dem Japan zur führenden Wirtschaftsmacht der Welt werden wird: Eine hohe Sparquote, ein beständiger Exportüberschuß und eine Anhäufung ausländischer Vermögenswerte gehen Hand in Hand, um Japans Macht und Einfluß in der Welt zu stärken. Mit dem imperialen Kreislauf ist Japan sehr glücklich, und es möchte ihn gerne so weit wie möglich verlängern. Diese Politik wird von japanischen Beamten wie folgt ausgedrückt: „Wir möchten, daß die Vereinigten Staaten als führende wirtschaftliche Macht der Welt gedeihen, da das uns gestattet, als Nummer zwei zu gedeihen.“ Tatsächlich benutzt Japan die Vereinigten Staaten so, wie ein Fahrradfahrer das vor ihm fahrende Auto benutzt: zur Verminderung des Gegenwinds. Japan möchte so lange wie möglich im Windschatten der Vereinigten Staaten bleiben, und es ist bereit, zu diesem Zweck das US-Haushaltsdefizit zu finanzieren. Der langfristige Kapitalabfluß aus Japan stieg von 17,7 Mrd. $ im Jahre 1983 auf 49,7 Mrd. $ im Jahre 1984, und dieser Trend verstärkt sich noch. Das ist der einzig wichtige Faktor, der den Yen unten hält. Nun, nachdem der Trend des Dollar sich umgekehrt hat, mag der Yen gegen den Dollar steigen, gegen die europäischen Währungen wird er wahrscheinlich fallen.

Ich hatte erhebliche Schwierigkeiten, zu dieser Schlußfolgerung zu gelangen. In den 70er Jahren verfolgte Japan die Politik, den Außenwert des Yen hoch zu halten, was für Exporteure, die gewinnbringend exportieren wollten, eine schwierige Hürde errichtete. Diese Politik war sehr erfolgreich darin, diejenigen Branchen zu favorisieren, in denen Japan den größten Wettbewerbsvorteil hatte, erfolgreich auch darin, die älteren, weniger profitablen Exporte zu entmutigen. Ich hätte erwartet, daß Japan in einem Umfeld, in dem der Rest der Welt zunehmend weniger bereit war, den japanischen Exportüberschuß hinzunehmen, erneut den Kursmechanismus zur Beschränkung seiner Exporte eingesetzt hätte, anstatt sich selbst Quotenregelungen im Export auszusetzen. Das hätte eine Politik des hohen Wechselkurses bedeutet.

Ich erkannte nicht den fundamentalen Unterschied zwischen den beiden Ausgangsbedingungen. In den 70er Jahren war die inländische Investitionstätigkeit noch sehr hoch, und die verfügbaren Ersparnisse mußten zugeteilt werden; ein hoher Wechselkurs diente als wirksame Methode, Reserven zu errichten. Heute gibt es einen Exzess bei den Sparmitteln, für den Ventile gefunden werden müssen. Der Export von Kapital ist die beste Antwort. Der Widerstand gegen japanische Exporte bleibt ein Stein des Anstoßes, Japan hofft aber, ihn durch die Gewährung großzügiger Kreditkonditionen zu überwinden. Daraus resultiert die Bereitschaft, das US-Haushaltsdefizit zu finanzieren.

Die amerikanische Reaktion ist gemischt. Einige Stellen in der Regierung drängen auf einen höheren Yen-Kurs, andere machen sich für einen Verkauf der US-Regierungsanleihen an Japan stark. Ironischerweise war es der amerikanische Druck auf eine Liberalisierung der Finanzmärkte, der zu dem massiven japanischen Kauf von US-Treasury-Bonds geführt hat. Das Zinsgefälle zugunsten der USA war sehr groß und erreichte zuweilen sogar 6 %. Sobald die Schleusentore geöffnet wurden, drängten sich die japanischen Institutionen hinein. Seit der Dollar zu fallen begonnen hat, ist die Gesamtrendite weniger günstig geworden, aber das hat japanische Anleger nicht entmutigt. Im Gegenteil: jetzt, da der Dollar sich abgeschwächt hat, scheinen sie zu fühlen, daß das Währungsrisiko geringer ist. Japanische Anleger verhalten sich mehr herdenartig als ihre amerikanischen Gegenstücke. Sollte ihre Voreingenommenheit die Richtung wechseln, so könnte es zu einer Massenflucht in die entgegengesetzte Richtung kommen. Das ist aber sehr unwahrscheinlich: Die Behörden treten als Schäfer auf, und sie werden alles Nötige tun, um einer Panik vorzubeugen. Wenn meine Analyse zutrifft, werden sie den Yen-Anstieg wahrscheinlich bescheiden genug ausfallen lassen, um die herrschende Voreingenommenheit zugunsten der US-Regierungsanleihen zu bewahren.

Ich sollte auch meine Einschätzung zum Ölpreis darlegen. Nachgebende Preise sind hier mehr oder weniger unausweichlich. Die Produktionskapazität übersteigt die Nachfrage bei weitem, und das Kartell befindet sich im Auflösungsprozeß. Fast alle Mitglieder der OPEC – mit Ausnahme Saudi Arabiens und Kuwaits – umgehen die festgelegten Preise. In der Folge ist die Produktion Saudi Arabiens auf ein unhaltbar niedriges Niveau gefallen. Im Gleichschritt mit der Fördermenge hat Saudi Arabiens Einfluß in der OPEC abgenommen. Der einzige Weg, auf dem Saudi Arabien die Kontrolle wiedergewinnen könnte, wäre ein totaler Preiskrieg, der die Stärke seines Marktes als Billigproduzent demonstrieren würde. Aber seine Marktstärke vereint sich mit einer politischen Schwäche. Das Resultat ist eine Patt-Position, die Saudi Arabien bewegungslos verharren läßt. Die Marktteilnehmer machen sich auf den drohenden Sturm gefaßt, aber währenddessen herrscht Ruhe. Die Spot-Preise sind recht fest, da niemand bereit ist, irgendwelche Lagerbestände zu halten. Je länger sich der Druck aufstaut, desto größer wird der Sturm sein, wenn er denn endlich einsetzt. Die Angebotskurve hat sich umgekehrt. Die meisten Produzenten müssen eine gewisse Dollarsumme erwirtschaften; wenn die Preise fallen, werden sie versuchen, die Verkaufsmenge zu erhöhen, bis der Preis unter den Punkt fällt, an dem die Produzenten mit hohen Produktionskosten noch die Gewinnschwelle erreichen. Viele von ihnen werden nicht in der Lage sein, ihre Schulden zu bedienen. Die USA werden gezwungen sein, Schutzzölle zu errichten, um die inländischen Produzenten zu schützen, und dieser Schutz wird sich wahrscheinlich auch auf Mexiko erstrecken, vorausgesetzt, es bleibt seiner Linie beim Schuldendienst weiterhin treu.

Ich habe eine ganze Zeit lang eine Short-Position in Öl gehalten, und das hat mich eine Menge Geld gekostet. Die Futures werden mit einem großen Abschlag zum Kassakurs gehandelt: das Aufrechterhalten der Position kann pro Monat 2% kosten. Ich tendiere jetzt dazu, die Positionen, die ich in den nächstfälligen Monaten halte, zu schließen und eine Short-Position mit Termin im nächsten Frühling aufzubauen. Der Preis wäre niedriger, aber der

Kursabschlag pro Monat wäre auch niedriger. Wenn meine Analyse stimmt, dann wird der Einbruch um so stärker sein, je später er kommt.

Die Einschätzungen, die ich hier dargelegt habe, reichen als Basis für das aus, was ich als makroökonomische Investment-Entscheidungen bezeichne. Sie beantworten aber nicht die Frage: Was wird aus dem imperialen Kreislauf werden? Bei diesem Thema ist meine Kristallkugel trüb.

Wenn sich sonst nichts verändert, wird die Rezession, falls es eine gibt, mild verlaufen. Die Geldpolitik ist gelockert worden, bevor wir in eine Rezession eingetreten sind, die Lagerbestände unterliegen strengen Kontrollen, und ein nachgebender Dollar sollte den Handelsgüter-Sektor entlasten, obwohl der positive Effekt vielleicht erst mit einer Verzögerung von 16 bis 18 Monaten spürbar wird. Einige andere Dinge haben sich aber verändert. Die Finanzstruktur ist bereits in der Klemme, und sie ist vielleicht nicht in der Lage, eine Rezession durchzustehen: Einzelne Fälle von Zahlungsunfähigkeit könnten sich selbst verstärken – sowohl national als auch international. Die Notenbanken sind sich der Gefahr voll bewußt, und sie sind entschlossen, alles in ihrer Kraft stehende zu unternehmen, um ihr vorzubeugen. Wenn es zu einer Entscheidung zwischen Rezession und Inflation kommt, stehen die Chancen gut für die Inflation. Das ist keine Prognose, sondern eine Interpretation der gegenwärtigen Geldpolitik.

Inflation wäre nicht schlechthin schädlich: sie würde die Schuldenlast sowohl durch eine Absenkung der Realverzinsung als auch durch einen Anstieg der Rohstoffpreise tragbarer machen. Die Frage ist, ob eine Politik der Inflation erfolgreich sein könnte. Sie wird wahrscheinlich eine allergische Reaktion der Finanzmärkte auslösen, eingeschlossen eine Flucht aus dem Dollar und einen Anstieg der nominalen Zinssätze. Wenn die Ausländer unser Haushaltsdefizit nicht mehr bezahlen wollen, wird es so oder so zu einer Reduktion unseres BSP kommen. Dann aber dürften die Japaner zu einer weiteren Kreditvergabe an uns bereit sein, selbst wenn sie daraus eine negative Gesamtrendite erwirtschaften würden.

MONTAG, 09. SEPTEMBER 1985

Das Experiment hat einen schlechten Start erwischt. Die Währungen erreichten ihren Gipfelpunkt, kurz nachdem ich meine volle Position eingegangen war, und brachen während der letzten drei Tage scharf ein. Auch die Bonds erreichten einen Gipfel und fielen dann.

Der Anstieg bei den Bonds reichte aus, um mich aus meinen kleinen Short-Positionen mit Verlust zu vertreiben, ich halte aber an meinen Long-Positionen in den Währungen fest, die jetzt ebenfalls einen Verlust aufweisen. Das einzige, was sich zu meinen Gunsten entwickelt hat, ist Öl, wo ich einen

06. Sept. 1985

	Schluß 06.09.85	%- Veränd. ab 16.08.		Schluß 06.09.85	%- Veränd. ab 16.08.
DM	2.9235	-6.0	S&P 500	188.24	+1,.1
¥	242.10	-2.3	US T-Bonds	75 16/32	-1.6
£	1.3275	-5.2	Eurodollar	91.66	-0.3
Gold	320.70	-5.1	Rohöl	27.75	-1.0
			Jap. Bonds	——	

QUANTUM FONDS-VERMÖGEN 677,000,000 $
Nettowert pro Anteilsschein 4,238 $
Veränderung seit 16.08.85 - 3,2%

Depotstruktur (in Mill. Dollar)

Investment-Positionen (1)	long	short	Netto-Veränd. (2) seit 16.08.	Netto-devisen Pos. (6)	long	short	Netto-Veränd. (2) seit 16.08.
Aktien				DM-verwandt	491		+24
US-Aktien	653	(65)	-16	Jap. Yen	308		+64
Ausländische Aktien	163		-20	Pfund Sterling	10		+1
				US-Dollar		(182)	-109
Bonds (3)				Andere Währungen	45		-5
US-Reg.-Anl.							
Kurzfristig (4)			+67				
Langfristig			+46				
Rohstoffe							
Öl		(145)	-24				
Gold							

festen Markt dazu nutzte, meine Short-Positionen bis zum nächsten Frühling zu verlängern. Alles in allem ist mein Trading dürftig gewesen, und ich habe seit dem Beginn des Experiments starke Verluste erlitten. Glücklicherweise verleihen mir die Gewinne, die ich früher in diesem Jahr erzielte, noch eine ganz zufriedenstellende Position.

Der Grund des Rückschlags liegt in einer Flut von Daten, die eine wirtschaftliche Erholung anzeigen. Das Geldangebot ist gestiegen, das Handelsdefizit hat abgenommen, und die Arbeitsmarktzahlen wie auch die Einzelhandelsumsätze haben sich verbessert. Insbesondere die Autoverkäufe explodierten in den ersten zehn Tagen, nachdem die Automobilfirmen entgegenkommende Kreditkonditionen anboten. Offenkundig sieht es danach aus, daß der Gaul also doch säuft.

Ich bin geneigt, diese Ansicht anzufechten, und wenn ich genau genug hinschaue, kann ich genug Eigentümlichkeiten erkennen, um die meisten der Daten zu erklären. Eine Tatsache aber bleibt: Der Anstieg bei den Autoverkäufen reicht aus, um den ziemlich aggressiven Produktionsplan zu rechtfertigen, an dem die Automobilfirmen gearbeitet haben. Eine nähere Untersuchung zeigt, daß fast die ganze Verbesserung auf dem Arbeitsmarkt mit der Automobilindustrie zu tun hatte. Die kritische Frage lautet: Wie entwikkelt sich das Ausgabeverhalten der Konsumenten im allgemeinen? Sind die Automobilverkäufe symptomatisch für das Verhalten der Konsumenten, oder werden sie durch sinkende Ausgaben in anderen Bereichen aufgewogen? Die Antwort werden wir erst kennen, wenn es zu spät ist.

Derzeit halte ich an meiner Ansicht fest, daß die Wirtschaft recht schwach ist. Die Abschwächung des Dollars war nicht groß genug, um den produzierenden Unternehmen irgendeine Erleichterung zu bringen. Die Landwirtschaft befindet sich in einem schlechteren Zustand denn je. Der Hausbau könnte der Wirtschaft neuen Auftrieb verleihen – Hausbauten hängen in erster Linie von den Zinssätzen und der Arbeitsmarktsituation ab –, ich glaube aber, daß die negativen Auswirkungen der Kreditkontraktion und des Zerfalls der Nebensicherheiten, wie am Beispiel des Zusammenbruchs von EPIC, der Vermögensplanungs-Tochter der Community Savings & Loan Association of Maryland dargestellt, die Bauwirtschaft unter Druck setzen werden. Die Verschuldung der Konsumenten ist gewaltig, und hohe Autoverkäufe heute werden die künftigen Verkäufe einschränken. Wenn im nächsten Monat die 1986er Modelle zum Verkauf kommen, sollte die Wirtschaft auf den gleichen Stand zurückfallen, auf dem sie sich befand, bevor die Automobilfirmen anfingen, sie mit verkaufsfördernden Kreditkonditionen zwangszuernähren.

Die Federal Reserve zögert wegen der vielen Schwachpunkte der Finanzstruktur, die Kredite zu verknappen. Wenn die Dollars schneller gedruckt werden als die Ausländer sie aufzunehmen bereit sind, sollte der Wechselkurs seine Abwärtsbewegung wieder aufnehmen – es sei denn, die Wirtschaft ist stark genug, um die Federal Reserve zu einer strikteren Politik zu bewegen. Es läuft immer auf das gleiche Problem hinaus: die Stärke der Wirtschaft.

Da ich es nicht lösen kann, werde ich mich vom Markt leiten lassen. Die Deutsche Mark scheint ein Chartmuster vollendet zu haben, das aus einem scharfen Anstieg, einem ebenso scharfen Einbruch, einer hälftigen Korrektur des Einbruchs und einer sich anschließenden Konsolidierung besteht. Wenn das Chartmuster fortbesteht, sollten wir uns am unteren Ende des zweiten Einbruchs befinden. Das würde gut zu meinem wirtschaftlichen Szenario passen. Wenn das Chartmuster zerstört wird, werde ich meine Position halbieren müssen, bis ich das wirtschaftliche Szenario wieder neu einschätzen kann.

DEUTSCHE MARK, Dezember 1985

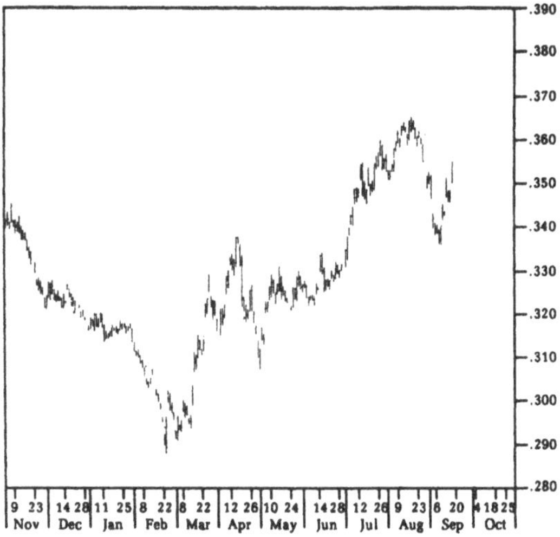

ERKENNBARES CHARTMUSTER
Feb./März Gegenwärtiger Stand

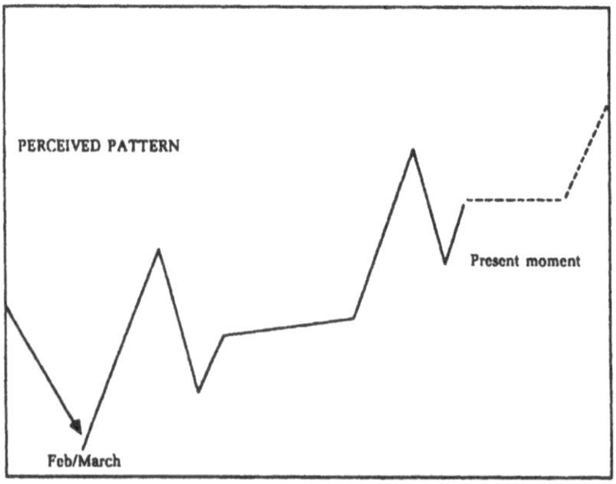

Das wird unausweichlich in einen Verlust einmünden, weil ich, wenn ich recht habe, meine Positionen nicht wieder errichten kann, ohne draufzuzahlen, und weil ich, wenn ich falsch liege, mit der halben Position, die ich behalten habe, einen zusätzlichen Verlust erleiden werde. Das ist die Strafe, die ich dafür zu bezahlen habe, daß ich zur falschen Zeit eine zu große Position eingegangen bin.

Wenn meine Währungsposition sicherer aussähe, würde ich erwägen, bei der nächsten Refundierung einige Regierungsanleihen zu kaufen, weil die Realverzinsung wieder einmal auf ein untragbares Niveau zusteuert, insbesondere dann, wenn Saudi Arabien wirklich seine Ölförderung erhöhen sollte.

Meine Einschätzung der längerfristigen Aussichten beginnen sich wieder der pessimistischen Seite zuzuwenden. Die Finanzstruktur hat einen weiteren Schaden erlitten. Die EPIC-Story habe ich bereits erwähnt, nun ist auch das Agrarkreditwesen mit seinen Problemen an die Öffentlichkeit getreten, und die Liquiditätskrise in Südafrika stellt einen neuen Präzedenzfall dar, der die Banken dazu ermutigen dürfte, beim nächsten Auftauchen einer ähnlichen Situation schneller zu handeln. Obwohl die US-Wirtschaft Zeichen der Stärke signalisiert, ist die Position der Finanzinstitute schwächer als sie noch vor einigen Wochen zu sein schien.

SAMSTAG, 28. SEPTEMBER 1985

Wir leben in aufregenden Zeiten. Das notfallmäßige Treffen der Finanzminister und Notenbankchefs der Gruppe der fünf führenden Wirtschaftsnationen letzten Sonntag im Plaza Hotel stellt ein historisches Ereignis dar. Es kennzeichnet den offiziellen Übergang von einem System des freien Floatens zu einem System des geregelten Floatens. Wer mein Kapitel zur Reflexivität in den Devisenmärkten gelesen hat, weiß, daß ich diese Veränderung als überfällig ansehe.

Mit Ach und Krach gelang es mir, an meinen Währungspositionen festzuhalten, und nach dem Treffen der Gruppe der Fünf erzielte ich den Spekulationsgewinn meines Lebens. Ich stürzte mich Sonntag nacht (Montag morgen in Hongkong) in den Markt und kaufte zusätzliche Yen-Positionen, an denen ich während des steigenden Marktes festhielt. Die Gewinne der letzten Woche machten die gesamten Verluste aus dem Trading mit Währungen der letzten vier Jahre mehr als wett, und insgesamt liege ich nun deutlich vorne.

Was mir den Mut gab, an meinen Währungs-Positionen festzuhalten, war die ausgeprägte Schwäche des Aktienmarktes. Die Stärke des Dollars hängt von der Stärke der Wirtschaft ab. Eine Abschwächung bei den Aktienkursen kann einen erheblichen Einfluß auf die Ausgabe-Entscheidungen der Verbraucher und die Investitions-Entscheidungen der Geschäftsleute haben. Sollte es darüberhinaus zu einer Rezession kommen, so wird sie einen Preisverfall

27. Sept. 1985

	Schluß 27.09.85	%-Veränd. ab 06.09.		Schluß 27.09.85.	%-Veränd. ab 06.09.
DM	2.6820	+8.3	S&P 500	181.30	-3.7
¥	217.24	+10.3	US T-Bonds	75 18/32	+0.1
£	1.4190	+6.9	Eurodollar	91.71	+0.1
Gold	328.40	+2.4	Rohöl	28.93	+4.3
			Jap. Bonds		——

QUANTUM FONDS-VERMÖGEN	675,000,000 $
Nettowert pro Anteilsschein	4,561 $
Veränderung seit 06.09.85	+7.6%
Veränderung seit 16.08.85	+4.2%

Depotstruktur (in Mill. Dollar)

Investment-Positionen (1)	long	short	Netto-Veränd. (2) seit 06.09.	Netto-devisen Pos. (6)	long	short	Netto-Veränd. (2) seit 06.09.
Aktien				DM-verwandt	550		+59
US-Aktien	530	(85)	-143	Jap. Yen	458		+150
Ausländische Aktien	142		-21	Pfund Sterling		(44)	-54
				US-Dollar		(289)	-107
Bonds (3)				Andere Währungen	16		-29
US-Reg.-Anl.							
Kurzfristig (4)							
Langfristig		(77)	-77				
Rohstoffe							
Öl		(176)	-31				
Gold							

der Nebensicherheiten herbeiführen, und der Aktienmarkt ist eine der wichtigsten Quellen für Nebensicherheiten.

Die Deutsche Mark hielt sich gerade noch innerhalb des erkannten Chartmusters, und meine Nerven wurden auf eine harte Probe gestellt. Als sich aber die Gruppe der Fünf traf, legte die Mark in Übereinstimmung mit dem Chartmuster eine Rallye vor. Ich bin froh, berichten zu können, daß die Reaktion des Marktes das Chartmuster durchbrach. Chartmuster sind dazu da, durch historische Ereignisse gebrochen zu werden – und das Treffen ist sicherlich ein historisches Ereignis.

DEUTSCHE MARK, Dezember 1985

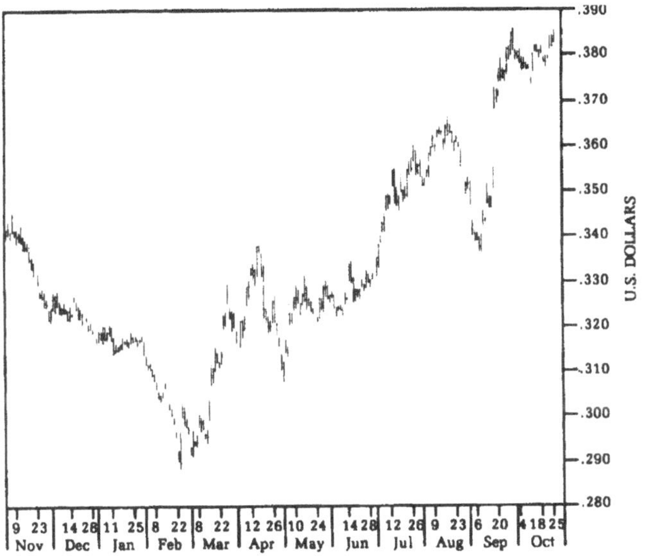

Abdruck des Charts mit Genehmigung des wöchentlich erscheinenden CRB Futures Service. Der FCS ist eine Publikation des Commodity Research Bureau, ein Knight-Ridder Business Information Service. Anschrift der Redaktionsbüros von CRB: 100 Church St., Suite 1850, New York 10007. Alle Veröffentlichungen sind urheberrechtlich geschützt und dürfen ohne Genehmigung nicht reproduziert werden.

Das Treffen kam auf Initiative des Schatzamtes zustande. Die Federal Reserve wurde erst relativ spät zugezogen. Der wichtigste Zweck des Treffens war, die Stärke des protektionistischen Drucks abzubauen. Es wurde auf der Grundlage eines Notstandes abgehalten, und es gab im Vorfeld keine umfassende politische Zielsetzung. Dennoch kam es zu einer gemeinsamen Verpflichtungserklärung, die Politik wird erst noch folgen. Wie das Währungsgefüge geregelt werden wird, bleibt noch offen. Ein Eingriff in den Markt kann nur kurzfristig wirkungsvoll sein, er muß durch andere Maßnahmen unterstützt werden. Nach meiner Meinung werden die Japaner den größten Beitrag zu leisten haben. In Japan hat die Notenbank noch genügend Prestige und Einfluß, um den Yen – mehr oder weniger nach Wunsch – nach oben zu lenken, um ihn aber oben zu halten, werden die Behörden den Kapitalabfluß eindämmen und durch Steuersenkungen, zunehmende staatliche Ausgaben oder durch beides zusätzliche inländische Verwendungsmöglichkeiten für die Ersparnisse finden müssen. Zusätzlich werden weitere Schritte unternommen werden müssen, um die zollfremden Importbeschränkungen abzubauen. Wenn nicht genug unternommen wird, wird sich die Festigung des Yen nur schwer durchhalten lassen.

Das Problem der europäischen Währungen stellt sich anders dar. Spekulative Kapitalflüsse sind ausgeprägter, und die Notenbanken sind schwächer. Die Mark bewegte sich wesentlich weniger als der Yen, was darauf hindeutet, daß die Spekulanten und die Besitzer liquider Mittel hinsichtlich der Bedeutsamkeit des jüngsten Kursausreißers im Zweifel bleiben. Wenn die Mark weiterhin an Boden gewinnen sollte, wird die Schwierigkeit darin bestehen, den Trend aufzuhalten. Es würde mich nicht überraschen, wenn Volcker den größten Teil seiner Zeit am Sonntag nicht für eine Diskussion darüber verwendet hätte, wie man den Dollar abschwächen könne, sondern darüber, wie man seinen Fall aufhalten könne.

Seit dem Treffen habe ich mich auf den Yen konzentriert, weil er, soweit es um die protektionistische Gesinnung geht, die maßgebliche Währung ist. Wenn die Interventionspolitik aber erfolgreich ist, beabsichtige ich, länger in der Mark als im Yen engagiert zu bleiben. Der Yen könnte gegen den Dollar auf ein vernünftiges Niveau – sagen wir einmal 200 – steigen, die Mark aber könnte überbewertet werden. Schließlich dürfte die Musik aber im Gold spielen, vor allem im Falle einer Rezession in den USA.

Die Bewegung bei den Aktienkursen ist deutlich schlechter ausgefallen als ich erwartet habe. Nach dem Treffen der Gruppe der Fünf kaufte ich zu Tradingzwecken S&P-Futures, mußte die Position aber mit Verlust auflösen. Das Marktverhalten ist insgesamt bedenklich. Die Aushöhlung der Nebensicherheiten scheint deutlich schlimmer zu sein, als ich vor einigen Monaten angenommen hatte. Ich glaube jetzt, daß die Wirtschaft in eine Rezession abgleiten wird, noch bevor die jetzt eingeleiteten Maßnahmen Zeit gehabt haben, eine Erleichterung herbeizuführen. Ich glaube auch, daß bald neue Maßnahmen ins Haus stehen. So wie der protektionistische Druck einen Wechsel im herrschenden Wechselkurs-System herbeiführte, wird der Druck der hohen Realverzinsung beim November-Gipfel wohl auch eine weitreichende Einigung über die zu ergreifenden Gegenmaßnahmen und eine Entspannung bringen. Über die nächsten sechs Monate mache ich mir Sorgen, aber ich sehe für positive politische Initiativen jetzt bessere Aussichten als jemals zuvor seit Entstehen des imperialen Kreislaufs. Alles in allem sehe ich keinen großen Bewegungsspielraum, um Aktien gegenüber eine bearishe Haltung einzunehmen, wohl aber einen großen Wert in Barmitteln; ich wünschte, ich hätte mehr davon.

Meine Short-Positionen im Öl haben sich gegen mich entwickelt. Die Sowjetunion hat ihre Lieferungen gedrosselt, und die Insel Khark ist definitiv außer Betrieb gesetzt. Ich habe mich entschlossen, meine Shortpositionen im März und April durch eine Longposition im Januar abzusichern. Der Preisabschlag zwischen jetzt und Januar ist am größten. Eine Shortposition ungesichert zu halten, ist sehr teuer geworden. Durch die Long-Position im Januar habe ich praktisch die Zeit angehalten; ich beabsichtige, meine Short-Position später wieder neu zu errichten.

SONNTAG, 20. OKTOBER 1985

Der Devisenmarkt ist während des Wochenendes bzw. während des Besuchs des japanischen Premierministers Yasuhiro Nakasone in den Vereinigten Staaten voll von Gerüchten gewesen. Ich neige dazu, diese Gerüchte unberücksichtigt zu lassen.

18. Okt. 1985

	Schluß 18.10.85	%-Veränd. ab 27.09.		Schluß 18.10.85	%-Veränd. ab 27.09.
DM	2.6265	+2.1	S&P 500	187.04	+3.2
¥	214.75	+1.1	US T-Bonds	76 22/32	+1.5
£	1.4290	+0.7	Eurodollar	91.80	+0.1
Gold	362.80	+10.5	Rohöl	29.52	+2.0
			Jap. Bonds		——

QUANTUM FONDS-VERMÖGEN	721,000,000 $
Nettowert pro Anteilsschein	4,868 $
Veränderung seit 27.09.85	+6.7%
Veränderung seit 16.08.85	+11.2%

Depotstruktur (in Mill. Dollar)

Investment-Positionen (1)	long	short	Netto-Veränd. (2) seit 27.09.	Netto-devisen Pos. (6)	long	short	Netto-Veränd. (2) seit 27.09.
Aktien				DM-verwandt	680		+130
US-Aktien	522	(148)	-71	Jap. Yen	546		+88
US Index-Futures		(121)	-121	Pfund Sterling		(72)	-28
Ausländische Aktien	152		+ 10	US-Dollar		(433)	-144
Bonds (3)				Andere Währungen	34		+18
US-Reg.-Anl.							
Kurzfristig (4)							
Langfristig			+77				
Rohstoffe							
Öl		(37)	+139				
Gold							

Genaugenommen benutze ich die gegenwärtige Stärke, um meine Short-Positionen im Dollar etwas abzubauen. Ich habe vor, sie während der Refundierungsphase für US-Staatsanleihen weiter auszubauen.

Seit dem Treffen der Gruppe der Fünf hat es zwischen dem Schatzamt und dem Weißen Haus auf der einen Seite und der Federal Reserve auf der anderen eine Menge an Auseinandersetzungen gegeben, wovon einiges an die Presse durchgesickert ist. Die Politiker scheinen eine „schmutzige Intervention" in die Devisenmärkte zu befürworten, während die Federal Reserve allen von ihr verkauften Dollars durch den Verkauf einer äquivalenten Menge an Treasury Bills den spekulativen Reiz nahm. Die Politiker argumentieren, daß eine dermaßen neutralisierte Intervention auf lange Sicht nicht funktionieren werde; wenn man aber den Verkauf von Dollars die Geldmenge aufblähen ließe, so würde der Wechselkurs zwangsläufig nachgeben. Volckers Antwort ist, daß es keine Notwendigkeit für eine dermaßen aggressive Vorgehensweise gibt, da der Dollar so oder so nachgeben wird. Wenn die Märkte mit Dollars überschwemmt würden, könnte der Dollar in einen freien Fall übergehen, der nur schwer aufzuhalten wäre. Volcker scheint sich mehr darum zu sorgen, einem Einbruch vorzubeugen als eine Abschwächung einzuleiten, und ich stimme mit dem überein, was ich für seinen Standpunkt halte.

Wäre ich an seiner Stelle, so würde ich die Zinssätze stabil halten, bis die Refundierung abgeschlossen ist, und den Ausländern all die Dollars verkaufen, die sie zum Kauf der Regierungsanleihen haben möchten; nach der Auktion würde ich die Zinssätze zurücknehmen. Das würde sicherstellen, daß die Auktionen erfolgreich verliefen, und es würde mich mit einer gefüllten Kriegskasse versorgen, um den Verfall des Dollars aufzuhalten, wenn er weit genug gegangen wäre. Die Wirtschaft ist sehr schwach, und sowohl Dollar als auch Zinssätze müssen heruntergebracht werden. Mit einem Zuwarten mit der Zinssenkung bis nach den Auktionen könnte ich einen umfangreichen, neutralen Dollarverkauf auf einem Niveau durchführen, das später sehr günstig aussehen würde.

Diese Argumentationskette ist es, die mich dazu bringt, jetzt einige Dollars zuzukaufen. Der Markt könnte sich enttäuscht zeigen, wenn es bei den Zinsen nicht zu einer sofortigen Maßnahme kommt, was es der Federal Reserve ermöglichen würde, die Dollars zu höheren Kursen zu verkaufen. Das ist der Zeitpunkt, zu dem ich meine Short-Positionen noch weiter auszubauen gedenke. Ich bin auch daran interessiert, bei der Refundierung Bonds zu kaufen, unabhängig davon, ob sie in der Zwischenzeit zu weit steigen. Im Aktienmarkt habe ich keinerlei größere Transaktionen durchgeführt, ich habe aber meine Longpositionen verringert und meine Shortpositionen bis zu einem Punkt aufgestockt, an dem ich eine leicht negative Haltung zum Markt zu haben scheine, obwohl meine Long-Positionen meine Shorts in den derzeitigen Dollarsummen bei weitem übetreffen. Ich bin dabei, meine Shortpositionen in texanischen und kalifornischen Banken auszubauen.

SAMSTAG, 02. NOVEMBER 1985

Mein Timing war schlecht. Meine Dollarverkäufe sahen gut aus, bis die japanische Notenbank mich und den ganzen Markt mit einer Anhebung der kurzfristigen Zinssätze überraschte.

Ich betrachtete dies als den Beginn einer neuen Phase im Plan der Gruppe der Fünf, in der die Wechselkurse nicht nur durch direkte Interventionen, sondern auch durch eine Anpassung der Zinssätze beeinflußt werden. Folglich stürzte ich mich auf den Yen. Als der Yen sich bewegte, kaufte ich auch

01. Nov. 1985

	Schluß 01.11.85	%-Veränd. ab 18.10.		Schluß 01.11.85	%-Veränd. ab 18.10.
DM	2.5910	+1.4	S&P 500	191.48	+2.4
¥	208.45	+2.9	US T-Bonds	78 23/32	+2.6
£	1.4415	+0.9	Eurodollar	92.07	+0.3
Gold	326.10	-10.1	Rohöl	30.39	+2.9
			Jap. Bonds	92.75	

QUANTUM FONDS-VERMÖGEN	759,000,000 $
Nettowert pro Anteilsschein	5.115 $
Veränderung seit 18.10.85	+5.1%
Veränderung seit 16.08.85	+16.8%

Depotstruktur (in Mill. Dollar)

Investment-Positionen (1)	long	short	Netto-Veränd. (2) seit 18.10.
Aktien			
US-Aktien	546	(148)	+24
US Index-Futures		(46)	+75
Ausländische Aktien	209		+57
Bonds (3)			
US-Reg.-Anl. Kurzfristig (4)	28		+28
Langfristig	456		+456
Rohstoffe			
Öl		(186)	-149
Gold			

Nettodevisen Pos. (6)	long	short	Netto-Veränd. (2) seit 18.10.
DM-verwandt	630		50
Jap. Yen	813		+267
Pfund Sterling		(88)	-16
US-Dollar		(596)	-163
Andere Währungen	34		0

die Deutsche Mark zurück, die ich verkauft hatte. Ich verlor zwar Geld an diesem Trade, erreichte aber die vergrößerte Position, die ich haben wollte. Zu den heutigen Kursen habe ich einen Gewinn mit diesem Manöver erzielt.

Es ist etwas Ungesundes daran, wenn man seine Risikoposition innerhalb eines laufenden Trends vergrößert, weil es für einen zwischenzeitlichen Kursrückschlag verwundbar macht. Man wird sich noch daran erinnern, daß ein Kursrückschlag mich früher in diesem Experiment beinahe dazu brachte, meine Währungspositionen zur falschen Zeit abzustoßen. Der Grund, warum ich dennoch bereit bin, meine Position zu vergrößern, ist, daß ich denke, daß sich der Spielraum für einen Kursrückschlag verkleinert hat. Eine der Schlußfolgerungen, die ich über frei floatende Wechselkurse getroffen habe, ist, daß die kurzfristige Volatilität an Wendepunkten am größten ist und sich verringert, wenn sich ein Trend etabliert hat. Das ist jetzt der Fall. Der Umstand, daß wir uns nicht länger in einem System frei floatender Wechselkurse befinden, verkleinert das Risiko eines Kursrückschlages noch weiter. Die Marktteilnehmer haben die neuen Regeln noch nicht erkannt; die Höhe des Risikos, das sie einzunehmen bereit sind, wird durch die Volatilität beeinflußt, die sie in der Vergangenheit mitbekommen haben. Das gleiche gilt auch für mich, sonst hätte ich die Größe meiner Position viel früher erreicht, und ich hätte noch mehr Geld an der Bewegung verdient. Zu der Zeit, wenn alle Marktteilnehmer sich angepaßt haben, werden die Regeln des Spiels sich erneut ändern. Wenn die Behörden die Situation geschickt handhaben, wird der Lohn der Spekulation in den Währungen gleichauf sein mit dem Risiko. Schließlich wird die Spekulation durch das Ausbleiben des Lohns entmutigt werden, die Behörden werden ihr Ziel erreicht haben, und für mich wird es Zeit werden, mit der Spekulation aufzuhören.

Ich habe auch den Beginn der Bewegung in den Bonds verpaßt. Als die Zinssätze in Japan – und in geringerem Umfang auch in Deutschland – anzogen, erkannte der Markt, daß sie in den Vereinigten Staaten fallen mußten, und die Bondkurse zogen im Vorgriff darauf an. Mein gut zurechtgelegter Plan, in der Auktion zu kaufen, wurde unterlaufen. Ich mußte dem fahrenden Zug hinterherlaufen und aufspringen, so gut es noch ging. Bis jetzt habe ich eine halbe Position zu nicht gerade guten Kursen gekauft. Ich habe vor, sie bei der nächsten Auktionsserie im November zu verdoppeln. Aus Gründen, die ich darlegen muß, muß ich auch darüber nachdenken, meine Position im Aktienmarkt zu erhöhen.

Dies ist eine gute Zeit, den gesamten Ausblick neu zu beurteilen. Die Kontroverse im Umfeld des Gramm-Rudman-Nachtragsgesetzes hat eindeutig gezeigt, daß die öffentliche Meinung für eine Kürzung des Haushaltsdefizits ist. Das Gramm-Rudman-Nachtragsgesetz war ein brillanter Einfall, um den Präsidenten in die Lage zu versetzen, Programme zu kürzen, die ansonsten als unantastbar gegolten hätten. Die Kürzungen würden nach den Wahlen von 1986 in Kraft treten. Das Repräsentantenhaus ist noch weiter gegangen, indem es darauf bestand, daß die Kürzungen bereits im laufenden Fiskaljahr beginnen sollten und im Verteidigungsbereich noch weiter gehen müßten. Die Fassung des Senats hätte die Republikaner bei der 1986er Wahl begünstigt, die Demokraten des Repräsentantenhauses drehten den Spieß aber herum, indem sie viele soziale Programme ausschlossen und das Datum des Inkrafttretens vorverlegten. Das Weiße Haus befindet sich in der Klemme: Es muß beim Haushaltsdefizit etwas unternehmen, um den Weg für niedrigere Zinssätze zu ebnen, eine Anhebung der Steuern vor den 1986er Wahlen wäre aber selbstmörderisch. Es gibt einen Ausweg: auf dem Gipfeltreffen eine gütliche Einigung mit der Sowjetunion zu finden und die Verteidigungskosten zu reduzieren. Die Budgetfrage wäre gelöst, und die Republikaner könnten als Partei des Friedens in die 1986er Wahlen gehen. Es bleibt abzuwarten, ob Reagan an dieser Lösung interessiert ist.

Wenn es so käme, würden wir in eine Phase großen Wohlstands eintreten, mit niedrigeren Zinssätzen, einem niedrigeren Dollar und einem Boom des Aktienmarktes. Der von diesen Bewegungen ausgelöste Enthusiasmus würde helfen, die Wirtschaft wieder in Fahrt zu bekommen, und der auf dem letzten Jahrestreffen der Weltbank in Seoul angekündigte Baker-Plan würde dazu beitragen, die hochverschuldeten Länder vor dem Zusammenbruch zu bewahren. Die Fusionsmanie bekäme durch die niedrigeren Zinssätze einen letzten Schub, sie würde aber schließlich an Schwung verlieren, da die steigenden Aktienkurse neue Übernahmen unwirtschaftlich machen würden. Durch die Vorteile der Unternehmensumstrukturierung würden die Gewinne in einem günstigeren Umfeld in die Höhe schießen, und die Aktien könnten bei der aufgetretenen Verknappung des Grundkapitals durch die Decke gehen. Schließlich würde dem Boom ein Zusammenbruch folgen, bei dem die unwirtschaftlichen Übernahmen zutage treten und auch das internationale Schuldenproblem wiederkehren würde, um uns zu quälen; die Aktienkurse müßten aber noch steigen, bevor sie zusammenbrechen könnten. Deswegen erwäge ich, meine Position im Aktienmarkt zu erhöhen.

Wir nähern uns dem Moment der Wahrheit. Wenn Reagan seine Chance verpatzte, wären die Folgen schwerwiegend. Wir befinden uns auf des Messers Schneide einer Rezession, und wir benötigen sowohl niedrigere Zinssätze als auch einen niedrigeren Dollar, um einer Auflösung des Kreditgefüges vorzubeugen. Selbst dann dürfte noch eine Menge an geldpolitischer Stimulation erforderlich sein, um die Wirtschaft wieder in Fahrt zu bringen. Es braucht Zeit, bis die Abschwächung des Dollars eine Entlastung von der Konkurrenz der Importe bringt. Zuerst mag die Erwartung höherer Preise die inländische Nachfrage auf die importierten Waren hin lenken. Nur ein deutliches Nachgeben der kurzfristigen Zinssätze, begleitet von höheren Bond- und Aktienkursen, könnte diese Haltung noch rechtzeitig umkehren, um eine Rezession zu verhindern. Ohne eine Einigung beim Gramm-Rudman-Gesetz könnte der Bondmarkt enttäuscht reagieren, die Federal Reserve würde zögern, die Zinsen aggressiv zu senken, und die Aushöhlung der Nebensicherheiten würde sich fortsetzen.

Der Zusammenbruch des internationalen Zinn-Abkommens liefert ein perfektes Beispiel für die Erosion der Nebensicherheiten. Der Kollaps der OPEC ist nur eine Frage der Zeit. Ich stocke meine Shortpositionen im Öl mit Fälligkeit Januar bis März auf. Andererseits kaufe ich Aktien der Ölraffinerien, weil der zunehmende Ausstoß ihren Gewinnspannen zugute kommen sollte. Was das Gesamtbild betrifft, geht es in den kommenden Wochen um die Wurst. Das Gipfeltreffen findet am 19. November statt, und die Haushaltsdebatte muß ein Ende gefunden haben, bevor die nächste Auktion stattfinden kann. Aus diesem Grund habe ich mich entschlossen, bis zur Auktion abzuwarten, bevor ich eine volle Position in den Bonds eingehe.

SAMSTAG, 09. NOVEMBER 1985

Meine Einschätzung zu den Währungen ist einem Test unterzogen worden. Nach einem scharfen Anstieg im Yen gab es am vergangenen Dienstag einen scharfen Einbruch. Man hat mir gesagt, daß die Bundesbank den Dollar unter 2,60 DM kaufte, ihn aber am Freitag bei 2,6450 DM wieder verkaufte. In Übereinstimmung mit meiner Behauptung, daß das Risiko kleiner geworden ist, ließ ich mich nicht in Panik versetzen.

Der Bondmarkt ist auf dem Sprung zu einem Ausbruch nach oben. Es bestehen große Options-Positionen in Treasury Bond-Futures, die am kommenden Freitag auslaufen. Sollte der Kurs des Future bis dahin über 80 klettern, habe ich vor, einen Teil meiner Position – oder auch die gesamte Position – zu verkaufen, weil ich glaube, daß der Markt anfällig ist. Das Weiße Haus kann vor dem Gipfeltreffen am 19. November keinem Kompromiß zum Haushaltsdefizit zustimmen, und die Demokraten werden ihren Vorteil weiter ausspielen. Das bedeutet für den Zeitraum der kommenden Woche eine Patt-Situation, der alsbald nach der Lösung die Auktion folgen wird. Ich wäre froh, mich aus dem Markt mit einem Gewinn zurückziehen zu können, was mir zum Zeitpunkt der Auktion eine starke Position einräumen würde.

Auch der Aktienmarkt ist fest gewesen. Die Divergenzen blieben zwar bestehen, am Freitag gewann der Markt aber an Breite. Ein Ausbruch bei den Bonds könnte mit einem Zwischenhoch des Aktienmarktes zusammenfallen, woran sich eine Korrektur anschließen sollte. Ich möchte diese Gelegenheit nutzen, um meine Shorts einzudecken und mich darauf vorzubereiten, eine Longposition einzugehen. Sollte die Korrektur nicht stattfinden, werde ich meine Shortpositionen mit Verlust eindecken und, falls das Gipfeltreffen erfolgreich ist, zu höheren Kursen long gehen.

08. Nov. 1985

	Schluß 08.11.85	%-Veränd. ab 01.11.		Schluß 08.11.85.	%-Veränd. ab 01.11.
DM	2.6220	-1.2	S&P 500	193.72	+1.2
¥	205.50	+1.4	US T-Bonds	79 21/32	+1.2
£	1.4170	-1.7	Eurodollar	92.14	+0.1
Gold	324.20	-0.6	Rohöl	30.45	+0.2
			Jap. Bonds	93.70	+1.0

QUANTUM FONDS-VERMÖGEN	782,000,000 $
Nettowert pro Anteilsschein	5.267 $
Veränderung seit 01.11.85	+3.0%
Veränderung seit 16.08.85	+20.3%

Depotstruktur (in Mill. Dollar)

Investment-Positionen(1)	long	short	Netto-Veränd. (2) seit 01.11.	Nettodevisen-Position (6)	long	short	Netto-Veränd. (2) seit 01.11.
Aktien				DM-verwandt	654		+24
US-Aktien	569	(127)	+44	Jap. Yen	806		-7
US Index-Futures			+46	Pfund Sterling		(86)	+2
				US-Dollar		(592)	+4
Ausländische Aktien	206		-3	Andere Währungen		42	+8
Bonds (3)							
US-Reg.-Anl.							
Kurzfristig (4)	82		+54				
Langfristig	498		+42				
Rohstoffe							
Öl		(187)	-1				
Gold							

SAMSTAG, 23. NOVEMBER 1985

Die Märkte kommen mir weiterhin zuvor. Sowohl Aktien als auch Bonds zogen im Vorgriff auf das Gipfeltreffen stark an, und die Kaufgelegenheit, auf die ich in Verbindung mit der Auktion der Staatsanleihen gewartet hatte, kam nicht zustande. Anstatt meine Bonds zu verkaufen, vergrößerte ich meine Position und kaufte mir auch noch einige Aktienindex-Futures, da ich nicht wegen eines taktischen Fehlers eine strategische Chance verpassen wollte.

22. Nov. 1985

	Schluß 22.11.85	%-Veränd. ab 08.11.		Schluß 22.11.85.	%-Veränd. ab 08.11.
DM	2.5665	+2.1	S&P 500	201.52	+4.0
¥	201.00	+2.2	US T-Bonds	80 27/32	+1.5
£	1.4640	+3.3	Eurodollar	92.02	-0.1
Gold	326.90	+0.8	Rohöl	30.91	+1.5
			Jap. Bonds	94.80	+1.2

QUANTUM FONDS-VERMÖGEN	841,000,000 $
Nettowert pro Anteilsschein	5.669 $
Veränderung seit 08.11.85	+7.6%
Veränderung seit 16.08.85	+29.5%

Depotstruktur (in Mill. Dollar)

Investment-Positionen(1)	long	short	Netto-Veränd. (2) seit 08.11.
Aktien			
US-Aktien	664	(83)	+139
US Index-Futures	126		+126
Ausländische Aktien	251		+45
Bonds (3)			
US-Reg.-Anl. Kurzfristig (4)	105		+23
Langfristig	969		+471
Japanische Bonds(5)	354		+354
Rohstoffe			
Öl		(241)	-27
Gold			

Nettodevisen-Position (6)	long	short	Netto-Veränd. (2) seit 08.11.
DM-verwandt	668		+14
Jap. Yen	827		+21
Pfund Sterling		(87)	-1
US-Dollar		(567)	+25
Andere Währungen		40	-2

Auch in japanischen Bond-Futures ging ich eine bedeutende Position ein. Dies ist ein neuer Markt, in dem ich keinerlei frühere Erfahrungen habe; die Marktteilnehmer, mit denen ich konkurriere, müssen aber noch weniger Erfahrung haben. Der japanische Bondfutures-Markt brach zusammen (von 102 auf 92), als die japanische Regierung die kurzfristigen Zinssätze anhob.

Die Erfahrung hat mich gelehrt, daß sich die besten Kaufgelegenheiten für langlaufende Bonds dann bieten, wenn die Renditestruktur invers ist – was heute in Japan der Fall ist. Der Anstieg bei den japanischen Zinssätzen ist zwangsläufig vorübergehend: die Gruppe der Fünf möchte die weltweite wirtschaftliche Aktivität stimulieren, nicht dämpfen. Einer Rücknahme der US-Zinssätze würden sich die anderen großen Industrienationen anschließen, und diese Zinssenkung könnte weiter führen, als man sich derzeit vorzustellen vermag, wenn der Einfluß auf die Währungen ausgeschaltet werden könnte. Ich schließe auf Japan die gleiche Wette ab wie auf die USA, und die Chancen scheinen dort sogar noch besser zu stehen.

Ich bin nun in alle Richtungen voll investiert: in Aktien, Bonds und Währungen. Ich hätte bessere Einstiegskurse erzielt, wenn ich nicht versucht hätte, besonders trickreich zu sein – oder wenn der Trick funktioniert hätte. Die Hauptsache aber ist, daß ich die Positionsgröße erreicht habe, die ich hatte haben wollen. Ich warte auf eine Gelegenheit, aus den Bonds heraus- und in Aktien hineinzugehen, ich halte es aber nicht für klug, meine gesamte Position noch weiter aufzustocken.

Mehr oder weniger haben sich die Dinge so entwickelt, wie ich erwartet habe. Das einzige Problem war die Gramm-Rudman-Novellierung. Der Kongreß verabschiedete eine einmonatige Fristverlängerung für die Schuldenobergrenze, was den Ablauf der Auktion ermöglichte, während das Schicksal des Gramm-Rudman-Gesetzes ungelöst blieb.

Das Gipfeltreffen entsprach meinen Erwartungen. Ich glaube, daß sich eine radikale Veränderung des Verhältnisses USA/Sowjetunion entwickelt. Beide Seiten müssen ihre Militärausgaben reduzieren, und beide Seiten können von einer engeren Zusammenarbeit viel profitieren. Die Gelegenheit bot sich, und Präsident Reagan griff zu. Da er beim SDI-Programm keinerlei Zugeständnisse machte, versetzte sich Reagan selbst in die Lage, eine weitere Phase der Entspannung einzuleiten, ohne sich der Kritik eines Ausverkaufs an die Russen auszusetzen. In diesem Zusammenhang mag die Gramm-Rudman-Novellierung gerade als Mechanismus recht kommen, um den Verteidigungshaushalt zu kürzen, ohne so zu erscheinen, als ob man das gewollt hätte. Der größte kürzbare Posten des Militärbudgets betrifft die Ruhestandsleistungen – Stockmann erhob vor seinem Ausscheiden aus dem Amt einen leidenschaftlichen Einspruch dagegen –, das Gramm-Rudman-Gesetz könnte aber die perfekte Entschuldigung dafür bieten. Ich erwarte, daß eine ziemlich harte Version des Gramm-Rudman-Gesetzes in Kraft treten wird, eine Fassung, die näher am Entwurf des Weissen Hauses als an dem des Senates liegen wird. In der gegenwärtigen Situation wäre das für die Wahlaussichten der Republikaner 1986 nicht mehr so abträglich, wie es noch vor einigen Wochen schien.

Dem Gramm-Rudman-Gesetz würde kurzfristig eine Diskontsatzsenkung folgen. Das bringt mich dazu, gegenwärtig die maximale Position in den Bonds zu halten. Ich sehe zwar, daß es nach den Auktionen am Markt einige Verstimmungen geben könnte; wenn meine Analyse aber richtig ist, bleibt immer noch ein gewisser Spielraum.

Ich beabsichtige, nach der Diskontsatzsenkung meine Bond-Position zu verkleinern und meine Aktienpositionen auszubauen. Aktien haben nach oben mehr Luft als Bonds. Falls und sobald die Wirtschaft sich erholt, werden sich die Aktien besser als die Bonds entwickeln. Sollte die Wirtschaft weiterhin darniederliegen, könnte die Senkung der kurzfristigen Zinsen erheblich weiter als erwartet gehen, der Dollar geriete aber ebenfalls unter Druck, so daß die Renditekurve wahrscheinlich steiler werden würde. Man sollte sich daran erinnern, daß die politische Entspannung für den Dollar bearish gegenüber den europäischen Währungen ist. Wenn man in den Bonds bleiben möchte, so sollte man dies am kurzen Ende tun.

Wir sind vielleicht kurz vor einem großen Aktienmarkt-Boom. Die Industrieunternehmen haben unter der Kombination unangemessener Preise und unangemessener Nachfrage gelitten. Diese ungünstigen Bedingungen haben im Unternehmensbereich Amerikas zu einer Umstrukturierung der Großhandelsunternehmen geführt. Viele Firmen sind durch Übernahmen und kreditfinanzierte Aufkäufe verschluckt worden. Diejenigen, die überlebt haben, haben den Gürtel enger geschnallt, sich von verlustbringenden Abteilungen getrennt und die laufenden Geschäftskosten gesenkt. Die Produktionskapazität ist eher verkleinert als erhöht worden, und die Marktanteile haben sich auf eine kleinere Anzahl von Produzenten konzentriert. Der niedrigere Dollar ist nun dabei, den Preisdruck abzumildern; jede Belebung der Nachfrage dürfte direkt auf die Gewinne durchschlagen. Niedrigere Zinssätze und eine niedrigere Inflationsrate machen zusammen ein gegebenes Ertragsniveau wertvoller. Nach einer Phase, in der die Unternehmensaktien mit einem Abschlag von ihrem Liquidationswert gehandelt wurden, treten wir jetzt vielleicht in eine Phase ein, in der sie wieder mit einem Aufgeld verkauft werden. Bevor wir aber dahin gelangen, werden wir, eingeleitet durch die nachgebenden Zinssätze, wahrscheinlich noch eine weitere Welle von Übernahmen durchmachen.

ENDE VON PHASE 1: SONNTAG, 08. DEZEMBER 1985

Jetzt könnte ein guter Augenblick sein, um das Real-Time-Experiment zu beenden. Ich habe in allen Richtungen die maximalen Positionen erreicht, und ich habe auch meine Absicht dargelegt, innerhalb vernüftiger Grenzen allmählich von Bonds in Aktien überzuwechseln. Gegenwärtig besteht ein großer Teil meiner Aktienmarkt-Positionen aus Index-Futures. Mit der Zeit werde ich versuchen, spezielle Konzepte zur Aktienanlage zu entwickeln, und meine Performance wird durch die Gültigkeit dieser Konzepte zunehmend beeinflußt werden.

Eine detaillierte Auflistung meiner Investment-Aktivitäten von dort an würde uns zu weit vom Gegenstand des Experiments, insbesondere von der Vorhersage der Zukunft des imperialen Kreislaufs, abbringen. Ich werde mein

06. Dez. 1985

	Schluß 06.12.85	%-Veränd. ab 22.11.		Schluß 06.12.85.	%-Veränd. ab 22.11.
DM	2.5115	+2.1	S&P 500	212.02	+5.2
¥	202.10	-0.5	US T-Bonds	83 28/32	+3.7
£	1.4425	-1.5	Eurodollar	92.33	+0.3
Gold	322.30	-1.4	Rohöl	28.74	-7.0
			Jap. Bonds	99.21	+4.7

QUANTUM FONDS-VERMÖGEN	867,000,000 $
Nettowert pro Anteilsschein	5.841 $
Veränderung seit 22.11.85	+3.0%
Veränderung seit 16.08.85	+33.4%

Depotstruktur (in Mill. Dollar)

Investment-Positionen (1)	long	short	Netto-Veränd. (2) seit 22.11.	Nettodevisen-Position (6)	long	short	Netto-Veränd. (2) seit 22.11.
Aktien				DM-verwandt	729		+61
US-Aktien	724	(72)	+71	Jap. Yen	826		-1
US Index-Futures	368		+242	Pfund Sterling		(119)	-32
Ausländische Aktien	271		+20	US-Dollar		(569)	-2
Bonds (3)				Andere Währungen	33		-7
US-Reg.-Anl.							
Kurzfristig (4)	90		-15				
Langfristig	661		-308				
Japanische Bonds(5)	300		-54				
Rohstoffe							
Öl		(150)	+64				
Gold							

regelmäßiges Tagebuch weiterführen, es wird aber einem Kontrollzweck dienen und nicht der Formulierung einer Vorhersage. Anders gesagt, ich möchte meine Erwartungen hinsichtlich der Zukunft des imperialen Kreislaufs zum jetzigen Zeitpunkt „einfrieren“ und sie dem Test der Ereignisse unterziehen. Überflüssig zu erwähnen, daß ich mein Depot weiterhin verändern werde, wenn ich es für angebracht halte.

Ich habe wie immer, eine so sichere Ansicht über den Verlauf der kommenden Dinge, die sich in der Größe der Marktpositionen ausdrückt, die ich einzugehen bereit bin. Beim Beginn des Experiments sagte ich, daß meine Kristallkugel hinsichtlich des längerfristigen Ausblicks ziemlich trübe sei. Das Experiment hat eine bemerkenswerte Veränderung herbeigeführt: Ich habe jetzt eine recht klare Vision der Zukunft, und diese Vision weicht erheblich von den – zugegebenermaßen versuchsweisen – Ansichten ab, mit denen ich begonnen habe. Ich betrachtete den imperialen Kreislauf als vorübergehenden Notbehelf, dessen innere Widersprüche ihn zwangsläufig untragbar machen müßten, und meine Schlußfolgerung lautete, daß die Probleme, die der imperiale Kreislauf in Schach gehalten hatte, nach seiner Auflösung mit neuer Kraft wieder hervorbrechen würden. Im Speziellen brächte der imperiale Kreislauf eine künstliche Verlängerung der Phase der Kreditexpansion hervor, in der die USA als „letztmöglicher Schuldner" agierten. Sobald es dem imperialen Kreislauf nicht mehr gelänge, von außen immer größere Mengen an Kapital anzuziehen, würde der letzte Motor der wirtschaftlichen Stimulation stehenbleiben, und die Kreditkontraktion würde eine unhaltbare Situation hervorbringen. Ohne eine nachhaltige Ausweitung des Geldangebots würde die Schuldenlast untragbar; bei einer nachhaltigen Ausweitung aber ginge der Dollar in den freien Fall über.

Jetzt beginne ich, die Umrisse einer anderen, vorläufigen Lösung zu erkennen, der es gelingen könnte, die Exzesse des imperialen Kreislaufs zu korrigieren, ohne uns in einen schädlichen Kreislauf hineinzudrängen. Die Lösung besteht in einem Wechsel von der steuerlichen zur monetären Stimulation in den USA und einer Kontrolle des Dollarverfalls durch internationale Kooperation. Die neue Konstellation ist fast das genaue Gegenteil des imperialen Kreislaufs: Ein schwächerer Dollar und eine gedämpfte Wirtschaft werden von niedrigeren Haushalts- und Handelsbilanzdefiziten und – am allerwichtigsten – niedrigeren Zinssätzen begleitet. Mit Hilfe eines schwächeren Dollarkurses werden die Preise etwas schneller als zuvor steigen, was die Veränderung in der Realverzinsung noch deutlicher werden läßt. Eine sinkende Realverzinsung wird – gemeinsam mit einer möglichen Erholung der Exporttätigkeit – das Haushaltsdefizit als wichtigste treibende Kraft der Wirtschaft ersetzen. Steigende Preise werden dazu beitragen, der Erosion der Nebensicherheiten entgegenzuwirken und der Etablierung eines sich selbst verstärkenden deflationären Prozesses vorbeugen. Gleichzeitig wird die Koordination der internationalen Wirtschaftspolitik den Verfall des Dollars in Grenzen halten und damit die Möglichkeit eines sich selbst verstärkenden inflationären Prozesses ausschalten. Das Ergebnis wäre ein höheres Maß an Stabilität, als wir es seit dem Zusammenbruch des Bretton Woods-Abkommens gesehen haben.

Wenn wir das früher entwickelte Bezeichnungssystem übernehmen, können wir die wichtigsten Beziehungen der sich neu abzeichnenden Lage der Dinge wie folgt beschreiben:

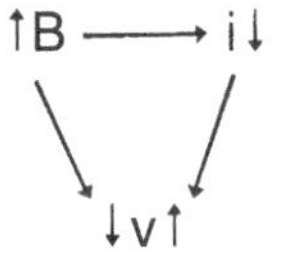

Das Bild ist viel einfacher als das des imperialen Kreislaufs, da die Wechselkurse sich stabilisiert haben. Das Ausmaß, in dem die Zinsen sinken werden, hängt davon ab, wieviel Stimulation nötig sein wird, um die Wirtschaft vor dem Abrutschen in eine Rezession zu bewahren.

Obwohl die neue Konstellation praktisch das genaue Gegenteil des imperialen Kreislaufs ist, gibt es einen grundlegenden Unterschied zwischen beiden. Die neue Konstellation ist das vorsätzliche Ergebnis einer abgestimmten internationelen Wirtschaftspolitik, während der imperiale Kreislauf die unbeabsichtigte Folge im Widerspruch zueinander stehender Wirtschaftspolitik war. Der imperiale Kreislauf war sich selbst verstärkend, bis er exzessiv und reif für eine Umkehr wurde; auch die Umkehr würde sich selbst verstärkend werden, bis sie absichtlich kontrolliert würde. Der Mechanismus der Kontrolle betrifft zuerst das Management der Wechselkurse und in zweiter Instanz die Koordination der internationalen monetären und fiskalen Politik.

Das Auftauchen einer konzertierten Wirtschaftspolitik ist es, was mich dazu veranlaßt hat, im Verlauf des Experiments meine Erwartungen zu ändern. Ich war mir der Möglichkeit des Auftauchens einer derartigen Politik bewußt und konzentrierte mich auf den Unterschied zwischen der ersten und der zweiten Amtsperiode Reagans. Während der ersten drei Monate des Experiments traten einige historische Ereignisse auf, die eine bloße Möglichkeit in historische Realität verwandelten: das Treffen der Gruppe der Fünf, die Baker-Rede in Seoul, die Gramm-Rudman-Novellierung und das Gipfeltreffen in Genf.

Was das Auftauchen der neuen wirtschaftlichen Ausrichtung so faszinierend macht ist, daß die konkreten Maßnahmen, aus denen sie sich zusammensetzt, noch nicht einmal formuliert worden sind. Das Treffen der Gruppe der Fünf war nur eine Verpflichtung, eine koordinierte Wechselkurspolitik zu verfolgen, aber keine Übereinkunft darüber, wie diese Politik aussieht; der Baker-Plan zur internationalen Verschuldung ist gewiß kein Plan, sondern bloß ein Hinweis auf die Notwendigkeit eines Plans; das Gipfeltreffen mag einen Neuanfang in der Beziehung der Supermächte darstellen, es hat aber keine konkreten Ergebnisse hervorgebracht, und das Schicksal des Gramm-Rudman-Gesetzes ist zur Zeit dieser Niederschrift noch ungewiß.

Die eigentliche Politik muß erst noch formuliert werden. Wie weit sie reichen wird, wird zum Teil von der Weitsicht der Politiker, hauptsächlich aber vom Druck der Notwendigkeit abhängen. Notwendigkeit kann in diesem Zusammenhang definiert werden als das Bedürfnis, die Integrität des Finanz- und Handelssystems zu bewahren, oder, anders ausgedrückt, einem Kollaps des Kreditwesens vorzubeugen und den Protektionismus in Schach zu halten. Diese Definition ist ziemlich unbekümmert: Sie schließt weder einzelne Fälle von Zahlungsverzug noch einzelne Fälle von Handelsbeschränkungen aus; das kritische Problem ist, daß weder die Fälle von Zahlungsverzug noch der Protektionismus einen Punkt erreichen sollten, an dem sie sich selbst verstärken.

Der Erfolg ist keineswegs gesichert. Die zurückliegende Erfahrung ist nicht ermutigend. Eine in etwa ähnliche Konstellation von Umständen führte in den 30er Jahren zum Kollaps sowohl des Kreditwesens als auch des internationalen Handels. Aber eben weil die Erinnerung an die 30er Jahre noch so lebendig ist, sind die Aussichten, daß wir ähnliche Fehler vermeiden werden, recht günstig. Über einige politische Ziele herrscht eine allgemeine politische Übereinkunft, nämlich über die kontrollierte Abschwächung des Dollars und eine konzertierte Senkung der Zinsen. In anderen Punkten herrscht weniger Übereinstimmung: Wie soll man das US-Haushaltsdefizit reduzieren, und wie die Wirtschaft der Schuldnerländer stimulieren? Es ist schwierig, selbst bei den Zielen, die allgemein anerkannt sind, zu einem gemeinsamen Handeln zu finden. Japan zum Beispiel wurde verpflichtet, seine Zinssätze anzuheben, weil die USA nicht in der Lage waren, rechtzeitig das Problem des Haushaltsdefizits zu lösen. Wie kann man also auch nur das geringste Vertrauen haben, daß es zu einem angemessenen Handeln in Bereichen kommt, in denen sogar die Übereinstimmung hinsichtlich der Ziele fehlt?

Gewiß ist die Situation bei weitem nicht ohne Risiken, und die Risiken sind, wie wir sehen werden, am größten im kurzfristigen Bereich. Gerade weil die Risiken dermaßen groß sind und ihre Bedrohlichkeit erkannt wurde, kann man eine berechtigte Hoffnung haben, daß die notwendigen Maßnahmen ergriffen werden. Ich bin nicht der einzige, der so denkt. Die Finanzmärkte haben dem politischen Neuanfang in unmißverständlicher Weise den Rücken gestärkt. Der Anstieg der Bond- und Aktienkurse ist gleich auf zweierlei Art hilfreich: er ermutigt die Behörden, den eingeschlagenen Weg weiter zu verfolgen, und er erhöht die Erfolgschancen. Die Stärke des Bondmarktes zum Beispiel erweitert den Handlungsspielraum der Federal Reserve, die Zinsen zu senken. Wir haben es mit einem reflexiven Prozeß zu tun, bei dem die Ausrichtung der Wirtschaftspolitik und die Richtung der Finanzmärkte einander wechselseitig verstärken.

Die Reaktion der Finanzmärkte ist es gewesen, die mir den Mut gegeben hat, eine dermaßen große Marktposition einzugehen. Man wird sich daran erinnern, daß ich bei den Währungen, als der Trendwechsel noch unsicher war, eher zögerlich war und daß ich nur um Haaresbreite davon entfernt war, meine Position zu verkleinern, als sich der Markt gegen mich entwikkelte. Das Real Time-Experiment trug in der Tat dazu bei, mir zu helfen, an dieser Position festzuhalten, weil es meine Überzeugung stärkte, meine Ideen klar formuliert zu sehen. Mein Erfolg am Markt hat das Vertrauen in meine Fähigkeit bestärkt, den Verlauf der Ereignisse noch früher vorherzusagen. 1985 kristallisiert sich als rekordbrechendes Jahr des Quantum Fonds heraus: Eine Wertsteigerung um mehr als 100% innerhalb eines Jahres ist schon eine tolle Sache. Ich muß vorsichtig sein. Die Anwendung des Konzepts der Reflexivität zur Vorhersage des künftigen Verlaufs der Ereignisse ist selbst ein reflexiver Prozeß, und ein hohes Maß an Erfolg ist oftmals der Vorläufer eines deutlichen Rückschlages. Im Experiment ist deutlich geworden, daß meine Wahrnehmung bruckstückhaft ist und daß sie von den Ereignissen korrigiert werden kann. Wenn ich anfange, mich auf längerfristige Prognosen zu verlagern und – was noch schlimmer ist – sie auch zu veröffentlichen, setze ich mich vielleicht der Gefahr eines großen Einbruchs aus. Das ist eine Gefahr, vor der ich mich schützen möchte. Wenn wir das Experiment nun untersuchen, wird es interessant sein zu sehen, was von meinem derzeitigen Schlachtplan übrig geblieben sein wird.

Es ist tatsächlich weniger gefährlich, zum gegenwärtigen Zeitpunkt eine große Position im Markt zu halten, als das eventuelle Ergebnis der Politik vorherzusagen, die nun festgelegt wird. Der bloße Umstand, daß es den Versuch gibt, die Weltwirtschaft nun in die Hand zu nehmen, reicht aus, um den Finanzmärkten Auftrieb zu verleihen. Selbst wenn die Hoffnungen enttäuscht werden sollten, so wird es eine Zeit lang dauern, bis der Mißerfolg deutlich wird; damit sollte schon der Versuch einer konzertierten Politik ausreichen, um die gegenwärtige Rallye für eine Weile zu stützen. Das eventuelle Ergebnis steht auf einem ganz anderen Blatt. Es kann keine Garantie dafür geben, daß die Erwartungen des Marktes erfüllt werden. Ich muß aufpassen, daß mein Vertrauen in den Bullenmarkt nicht mein Urteilsvermögen über die wirkliche Welt beeinträchtigt. Ich habe mich dermaßen stark im Markt engagiert, daß ich es schwierig finde, den Durchblick zu behalten.

Ich werde versuchen, die Zukunft des imperialen Kreislaufs auf zwei verschiedenen Wegen zu beurteilen: einmal, indem ich mich der „These“ anschließe, daß die gegenwärtige Marktrallye die Erfolgschancen des imperialen Kreislaufs beinhaltet und sie gleichzeitig beurteilt, zum anderen, indem ich das theoretische Rüstzeug von Kreditexpansion und -kontraktion anwende, das ich zu formulieren versucht habe. Beide Ansätze arbeiten mit dem Konzept der Reflexivität, allerdings klebt der erste sehr dicht an der den Finanzmärkten innewohnenden Reflexivität, während der zweite die reflexive Verbindung zwischen Kredit und Nebensicherheiten zu erklären versucht. Es muß kaum erwähnt werden, daß ich mich mit dem ersten Ansatz auf wesentlch soliderem Untergrund bewege.

Ich glaube, daß der Markt zu der Ansicht gelangt ist, daß die Wirtschaft fundamental schwach sei und daß die Inflation praktisch nicht existiere. Eine kurze Rallye der zyklischen Aktien im Frühsommer ist ausgelaufen, und die damals erreichten Hochs sind noch nicht übertroffen worden. Die Rallye hatte sich auf die irrige Erwartung einer kurz bevorstehenden Wirtschaftsbelebung gestützt, und sie war sehr selektiv: Andere Bereiche des Aktienmarktes gaben nach, während die zyklischen Werte anzogen.

Dem folgte eine allgemeine Schwächephase des Marktes, die durch Übernahmeaktivitäten und Aktienrückkäufe abgemildert wurde. Die Rohstoffe erreichten ebenfalls neue Tiefs und hinkten bei der laufenden Erholung hinterher. Insbesondere die Metalle haben sich im Verhältnis zu den Währungen sehr schwach entwickelt.

Die jüngste Rallye des Aktienmarktes ist um einiges breiter angelegt als die kurze Rallye der zyklischen Werte; sie folgt einer Rallye des Bondmarktes auf den Fersen, und ihr ging eine Abschwächung des Dollars voraus. Offensichtlich nehmen die Märkte eine nachgebende Wirtschaft vorweg. Ob sie noch weiter verfallen wird, ist eine offene Frage. Die Ökonomen schließen fast einmütig eine Rezession aus, Aktien- und Bondmärkte verhalten sich aber so, als ob sie schon eine ausgemachte Sache wäre: Die Aktienkurse steigen, weil die Anleger „über das Tal hinwegsehen". Es ist möglich, daß die Abschwächung des letzten Jahres als Rezessions-Äquivalent gedient hat, alternativ könnte es zu einer weiteren Abschwächung kommen. In jedem Fall ist der Ablauf der Ereignisse sehr ungewöhnlich und hat die Anleger überrascht: Keiner der technischen Indikatoren, die normalerweise einen signifikanten Aufschwung des Aktienmarktes signalisieren, hat ein Signal gegeben. Der Leitartikel des Wall Street Journal vom 27. November mit dem Titel „Seltsame Rallye" hat diesen Sachverhalt unterstrichen.

Jeder Rezession seit dem zweiten Weltkrieg ist eine Verknappung des Geldangebots durch die Federal Reserve vorangegangen, was an irgendeinem Punkt zum Enstehen einer inversen Zinskurve führte. Die Erklärung für die gegenwärtige Abfolge der Ereignisse muß anderswo gesucht werden. An diesem Punkt kommt mein zweiter Ansatz, der meine Hypothese über den Kreditzyklus verwendet, ins Spiel.

Sie werden sich daran erinnern, daß ich ein reflexives Verhältnis zwischen der Kreditvergabe und dem Wert der Nebensicherheiten, die als Sicherheit für die Kredite dienen, für möglich gehalten habe. Neue Netto-Kreditvergabe dient als Anreiz, der die Fähigkeit der Schuldner zur Bedienung ihrer Schulden erhöht. Wenn die Summe offener Kredite steigt, wird ein wachsender Anteil der neuen Kredite zur Bedienung offener Schulden benutzt, und die Kreditvergabe muß exponentiell wachsen, um ihren stimulierenden Effekt zu behalten. Wenn die Nebensicherheiten voll ausgenutzt worden sind, führt der Wertverfall der Nebensicherheiten zu einer weiteren Liquidation von Krediten und läßt eine typische Abfolge von Boom und Zusammenbruch entstehen.

Unter Anwendung dieses Modells behaupte ich, daß die Nachkriegsphase der Kreditexpansion zu Ende gegangen ist und wir uns nun in einer Phase der Kreditkontraktion befinden, soweit es die reale Wirtschaft betrifft. Alle früheren Rezessionen in der Nachkriegszeit traten während der Expansionsphase auf, deswegen mußten sie durch Geldverknappung ausgelöst werden. Wir befinden uns heute in der Kontraktionsphase, in der keine Abschwächung eingeleitet werden muß: In Abwesenheit neuer Stimulantien wie zum Beispiel einem steigenden Haushaltsdefizit wird die Erosion der Nebensicherheiten diesen Job übernehmen.

Das Problem ist, daß das wirkliche Leben nicht so einfach ist wie das Modell, mit dem ich gearbeitet habe. Insbesondere ereignet sich der Übergang von der Kreditexpansion zur Kreditkontraktion nicht an einem einzigen Zeitpunkt, weil das eine Implosion auslösen würde, die die Behörden zu verhindern haben. Die offiziellen Interventionen komplizieren die Angelegenheit. Der Wendepunkt tritt nicht zu einem ganz bestimmten Zeitpunkt ein, sondern verschiedene Bereiche der Kreditstruktur folgen verschiedenen Fahrplänen. Um unsere Position innerhalb des Kreditzyklus zu bestimmen, ist es erforderlich, den Prozeß zu zergliedern und die Hauptelemente des Kreditwesens einzeln zu betrachten.

Dieser Ansatz führt zum Jahr 1982 als dem Wendepunkt für die hochverschuldeten Länder, 1984 als dem Wendepunkt für die US-Finanzinstitute und 1986 als dem Wendepunkt für das US-Haushaltsdefizit. Die Kreditkontraktion in den unterentwickelten Ländern hat wahrscheinlich 1984 ihren Gipfel erreicht; der Anpassungsprozeß ist maßgeblich verantwortlich für das Überangebot an Basisrohstoffen. Der Anpassungsprozeß der US-Banken und Savings and Loan-Institute hat sich erst kürzlich auf die Nebensicherheiten in den Bereichen Immobilien, Grundbesitz, Reedereien und Ölbranche auszuwirken begonnen. Die Reduktion des Haushaltsdefizits hat noch keinen Fortschritt gezeigt, und es steht zu erwarten, daß sie durch eine Senkung der Zinssätze völlig kompensiert werden wird. Noch zwei weitere, wichtige Bausteine müssen in das Puzzlespiel eingefügt werden: Fusionsmanie und Konsumentenausgaben.

Kreditfinanzierte Übernahmen und andere Spielarten der Fusionsmanie sind bedeutende Kreditnehmer, tendenziell bringen sie aber auch eine entsprechende Summe an Barvermögen hervor. Oberflächlich betrachtet, scheinen sie expansiv zu sein, tatsächlich aber passen sie zur Abschwächungsphase des Kreditzyklus': Sie erhöhen die Gesamtsumme der Verschuldung, ohne die Wirtschaft zu stimulieren. Der Cash Flow wird zur Bedienung der Schulden eingesetzt statt zum Erwerb physischer Güter, der Verkauf von Wirtschaftsgütern trägt zum Druck auf den Wert der Nebensicherheiten bei, und die Ausgabe von Junk Bonds unterstützt die Versteifung der Zinsstrukturkurve: Der Netto-Effekt auf die Wirtschaft ist eher belastend als stimulierend.

Die Konsumentenausgaben sind die große Unbekannte. Die Verschuldung der Verbraucher hat über die Jahre hinweg stetig zugenommen, und die Rückzahlungsbedingungen sind bis zu einem Punkt hin gestreckt worden, an dem man sich eine weitere Streckung nicht mehr vorzustellen vermag. Bis vor kurzem konnten Häuser mit einer Anzahlung von 5% gekauft werden, und Kredite für Autokäufe konnten über 5 Jahre zurückgezahlt werden. Die Ausfallquote bei Verbraucherkrediten hat im Jahresverlauf 1985 bedrohlich zugenommen, der gleichzeitige Rückgang der Zinssätze und die Abschwächung des Dollars sollten die Lage aber entschärfen können. Werden diese Entwicklungen nur das Problem des Kreditausfalls im Zaum halten, oder werden sie auch einen neuen Nachfrageschub auslösen? Das ist die zentrale Frage, von der der kurzfristige Ausblick abhängt.

Sollten die Verbraucherausgaben flau bleiben, dürfte der Bullenmarkt bei Bonds und Aktien durchaus andauern, wir könnten sogar einen der größten Bullenmärkte aller Zeiten bekommen. Eine Zunahme im inländischen Sparverhalten würde die Reduktion ausländischer Kapitalzuflüsse aufwiegen und es den Zinsen ermöglichen, sich trotz des nachgebenden Dollars abzuschwächen. Der Aktienmarkt würde von beiden Entwicklungen profitieren. Niedrigere Zinssätze würden der Wert der vorliegenden Gewinne heraufsetzen, und ein nachgebender Dollar würde die Gewinnspannen durch eine Dämpfung des Import-Preisdrucks verbessern. In einer nachgebenden Wirtschaft würden die Arbeitskosten niedrig bleiben. Unter dem Druck schlechter wirtschaftlicher Bedingungen und Unternehmensübernahmen haben die Unternehmensführungen ihre Anlagen umgruppiert und ihre Gesamtkosten reduziert; wenn sich die Bedingungen verbessern, so macht sich das direkt bemerkbar. Sollten die Zinssätze fallen, so käme es zu einem letzten Schub bei den Firmenübernahmen und den kreditfinanzierten Übernahmen, in dessen Verlauf irrwitzige Preise bezahlt werden würden; die jüngsten Entwicklungen machen aber vergangene Akquisitionen überlebensfähiger, und Geschäfte, die bei ihrem Abschluß noch ungesund aussahen, sehen heute besser aus. Letztendlich sollte der Anstieg der Aktienkurse die kreditfinanzierten Übernahmen unwirtschaftlich werden lassen, und die Übernahmeaktivitäten sollten versiegen. Für die wirkliche Wirtschaft wäre dies eine sehr positive Entwicklung, weil es die Attraktivität von Investitionen in Sachwerte erhöhen würde, was nicht nur die Nachfrage, sondern auch das Angebot stimulieren würde. Sollten wir diesen Punkt erreichen, so wäre unsere Wirtschaft gesünder als in der letzten Zeit. Schließlich könnte der Boom unkontrollierbar werden und uns der Gefahr eines großen Crashs aussetzen; bevor wir diesen Punkt erreichen werden, müßten die Aktienkurse aber noch ein ordentliches Stück weiter steigen. Das ist ein Argument, um jetzt Aktien zu kaufen.

Sollten andererseits die Verbraucherausgaben unter dem Einfluß niedrigerer Zinssätze zunehmen, so wird der Boom an den Finanzmärkten kurzlebig sein, und die Wirtschaft wird wahrscheinlich dem Stop-and-Go-Muster folgen, wie es uns vom britischen Beispiel her bekannt ist. Bei unzureichender inländischer Sparquote und inländischer Investitionstätigkeit müßten die Exzesse im Kreditwesen und im Verbrauch vom Ausland genährt werden, und wir wären wieder in der Situation, die am Ende des imperialen Kreislaufs herrschte. Entweder wir erhöhen die Zinsen und setzen den imperialen Kreislauf wieder in Gang, oder wir drucken Geld und setzen damit einen schädlichen Kreislauf in die andere Richtung in Bewegung.

Die Wirklichkeit wird wahrscheinlich zwischen diese beiden Extreme fallen, das will aber nicht viel besagen, weil die Extreme eine fast unendliche Vielfalt von Möglichkeiten eröffnen. Ich kann das Verbraucherverhalten nicht besser vorhersagen als zu Beginn des Experiments. Alles, was ich tun kann, ist, die Auswirkungen der verschiedenen Alternativen auszuwerten.

Man kann sehen, daß eine Phase gebremster Komsumentenausgaben viel dazu beitragen würde, die letzten beiden Bereiche des exzessiven Kreditwesens zu korrigieren. Die Fusionsmanie würde an Schwung verlieren, wenn der Aktienmarkt steigen würde, und die Überschuldung der Verbraucher würde korrigiert werden, sobald die Sparquote steigen und die Kreditgeber ihre Maßstäbe heraufsetzen würden. Nach einer gewissen Zeit wären die Bedingungen günstig für ein ausgewogeneres Wachstum.

Wenn zurückliegende Exzesse korrigiert werden, so ist das immer eine Periode höchsten Risikos. Das ist jetzt der Fall. Eine Reihe kleinerer Katastrophen hat sich bereits ereignet. Dem EPIC-Debakel schlossen sich andere aus dem Hyopthekenbereich an; der staatliche Einlagensicherungsfonds der Sparkassen und das Agrarkreditwesen sind mit ihren Problemen an die Öffentlichkeit gegangen; der internationale Zinn-Rat konnte seinen Verpflichtungen nicht nachkommen, der Zinnhandel an der Londoner Metallbörse wurde ausgesetzt, und viele Metall-Händler sind aus dem Geschäft ausgestiegen. Die größte japanische Reederei hat bankrott gemacht; jetzt gerade erst mußte die Aktienbörse von Singapur für einige Tage schließen, und offensichtlich werden noch weitere Ereignisse hinzukommen. Wir sehen uns zumindest zwei Schocks gegenüber, die in ihrer Größe alles übertreffen, was wir bis jetzt kennengelernt haben: der eine betrifft das Öl, der andere die internationale Verschuldung.

Der Einbruch der Ölpreise ist lediglich eine Frage der Zeit. Hat er erst einmal begonnen, so wird er aus eigener Kraft nicht mehr aufzuhalten sein. Die meisten Länder arbeiten mit einer perversen Angebotskurse: je tiefer der Ölpreis ist, desto mehr müssen sie verkaufen, um ihre Bedürfnisse zu befriedigen. Sich selbst überlassen, könnte der Ölpreis zeitweilig bis in den einstelligen Bereich zurückfallen; aber er wird sich nicht selbst überlassen werden. Bei Preisen unterhalb von 22 $ muß die inländische Öl-Industrie geschützt werden; andernfalls würden die Verluste das Vermögen der Banken, sie aufzufangen, übersteigen. Ich würde irgendeine Art von Protektion erwarten, die sich auch auf Mexiko und Kanada erstreckt. Ich frage mich, wie die

Produzenten aus der Nordsee geschützt werden. Für die Europäische Gemeinschaft wird es schwierig werden, dieses Problem zu lösen. Die Art und Weise der Problemlösung könnte über die Zukunft des gemeinsamen Marktes bestimmen.

Das Problem der internationalen Verschuldung ist nicht verschwunden. Die Verschuldung der unterentwickelten Länder hat sogar noch weiter zugenommen, auch wenn es einigen Ländern gelungen ist, ihren Verschuldungsgrad zu verbessern. Der negative Finanztransfer hat wahrscheinlich 1984 seinen Gipfel erreicht und beginnt nun abzunehmen, da die Schuldnerländer auf einer Reflationierung ihrer Wirtschaft bestehen. Der Zusammenhalt des Gläubigerkollektivs hat nachgelassen. Insbesondere der Run auf Südafrika hat einen Keil zwischen amerikanische und europäische Banken getrieben. In den Vereinigten Staaten klaffen die Interessen der großen Geschäftsbanken und der regionalen Banken auseinander. Der Baker-Plan zeugte von einem Problembewußtsein, ist aber weit von einer Lösung entfernt. Bis eine Lösung gefunden worden ist, bleibt das System anfällig für Zwischenfälle, auch wenn nicht klar ist, wo sich der nächste Zwischenfall ereignen wird. Das Bankensystem ist nun stark genug, um einem einzelnen Schock zu widerstehen; die Gefahr liegt darin, daß mehrere Schocks zusammentreffen.

Es gibt noch eine dritte Gefahr, die sich entwickeln wird, sobald der Aktienmarkt an Schwung gewinnt: Die Gefahr eines Crash am Aktienmarkt. Gegenwärtig sind sich die Marktteilnehmer der Probleme sehr wohl bewußt und halten folglich recht viel Liquididät. Es liegt aber in der Natur eines Booms, daß er immer größere Mengen an Kredit anzieht. Falls sich ein finanzieller Schock ereignet, wenn die Marktteilnehmer am Aktienmarkt überschuldet sind, so könnte die Zwangsliquidation eine Implosion der Aktienkurse verursachen. Von diesem Stadium sind wir noch weit entfernt: Zur Zeit könnte ein plötzlicher finanzieller Schock – wie etwa die Pleite noch einer weiteren Bank – einen kurzen, scharfen Kurseinbruch auslösen, der Markt würde sich aber wieder erholen. Der Bullenmarkt wird wahrscheinlich von derartigen Einbrüchen durchsetzt sein, bis die Marktteilnehmer aufhören, sich vor ihnen zu fürchten. Das ist der Zeitpunkt, an dem wir reif für einen Crash sind.

Das Finanzsystem ist schwer auf die Probe gestellt worden, und die Proben sind noch nicht vorbei. Tatsache ist, daß das System überlebt hat und daß die jüngsten Veränderungen in der Führung der Wirtschaft die Chancen erhöht haben, daß es auch weiterhin überleben wird. Der Prozeß der Kreditkontraktion ist bisher ohne einen Zusammenbruch abgelaufen, und jetzt kann man einen Weg erkennen, auf dem er ohne einen Zusammenbruch abgeschlossen werden könnte – wenn auch auf Kosten einer verlängerten Phase unterdurchschnittlichen Wachstums.

Zumindest nach der Definition ist ein unterdurchschnittliches Wachstum alles andere als wünschenswert, es könnte aber die politischen Ziele der gegenwärtigen Regierung perfekt erfüllen. Man hat seit langem erkannt, daß für Kapitaleigner ein Zustand freier Verfügbarkeit von Waren und Dienstleistungen lohnender ist als ein Zustand, bei dem alle Ressourcen vollkommen ausgeschöpft sind. Nicht nur, daß den Kapitaleignern dann ein größerer Teil der nationalen Produktion zukommt; auch die Unternehmer genießen eine wesentlich größere Handlungsfreiheit. Das ist momentan gewiß der Fall. Die Zügel der Regierung liegen heute in den Händen von Leuten, die an das freie Unternehmertum glauben und es im größtmöglichen Ausmaß – oder auch darüber hinaus – unterstützen.

Wenn auch aus anderen Gründen, so hat es übrigens auch Japan als vorteilhaft empfunden, seine Wirtschaft mit einer definitiv unterhalb des Möglichen liegenden Wachstumsrate auszubauen. Japan möchte zu einer Großmacht in der Welt werden, und der Weg, diesen Status zu erreichen, besteht nicht darin, den inländischen Verbrauch anzukurbeln, sondern darin, eine hohe inländische Sparquote zu behaupten, die erst zum Ausbau der heimischen Produktionskapazität und dann zur Akquirierung ausländischen Vermögens genutzt wird. Japan hat auf den amerikanischen Druck mit einer Anhebung des Außenwertes seiner Währung geantwortet, es wird aber seine inländische Wirtschaftspolitik nur in dem Ausmaß ändern, das zur Stützung des Yen erforderlich ist.

Einer der überzeugendsten Gründe, ein weiterhin flaues Wirtschaftswachstum zu erwarten, liegt darin, daß es den politischen Zielen der beiden führenden Länder dient. Die Konstellation, die sich als Folge des imperialen Kreislaufs zu entwickeln scheint, verdient es, als Goldenes Zeitalter des Kapitalismus beschrieben zu werden.

Es ist schwer zu glauben, daß die goldenen Zeiten des Kapitalismus noch einmal wiederkehren könnten. Alles in allem hat ungehindertes Unternehmertum in der Vergangenheit erschreckende Ergebnisse gezeitigt. Werden wir diese Erfahrung noch einmal machen? Hoffentlich nicht. Vielleicht haben wir ja aus vergangenen Fehlern etwas gelernt.

Der fatale Schwachpunkt eines freien Marktsystems ist die ihm innewohnende Instabilität. Der Glaube, daß sich die Finanzmärkte selbst regulieren, ist schlichtweg falsch. Finanzminister Baker ist sich glücklicherweise dieses Umstandes bewußt, und seit seinem Wechsel ins Schatzamt hat die Regierung begonnen, eine aktive wirtschaftliche Führungsrolle zu übernehmen. Gewiß ist es nicht eine Politik des Laissez-Faire gewesen, die uns an die Schwelle eines neuen Goldenen Zeitalters des Kapitalismus geführt hat, sondern eine konzertierte Wirtschaftspolitik, die dazu geschaffen wurde, den Exzessen eines freien Marktsystems entgegenzuwirken. Es bleibt abzuwarten, wie gut wir unsere Lektionen gelernt haben.

In jedem Falle sind die Segnungen des neuen Goldenen Zeitalters sehr ungleichmäßig verteilt. Es liegt in der Natur des Kapitalismus, daß der Graben zwischen Gewinnern und Verlierern recht breit ist. Weite Teile der Bevölkerung – vor allem aus den Bereichen Finanzen, Technologie, Dienstleistungen und Verteidigung – florieren. Andere – insbesondere die älteren Industriezweige, die Landwirtschaft und der Sozialbereich – leiden. Mit Finanzgeschäften werden Vermögen gemacht, und die Aktionäre üben mehr Macht aus als während der vergangenen fünfzig Jahre; gleichzeitig befinden sich aber auch die Firmenbankrotte auf einem Fünfzig-Jahres-Hoch, sowohl was ihre Anzahl als auch die Größe der betroffenen Unternehmen angeht. Die Schuldnerländer ringen mit der Depression, und ein ganzer Kontinent – Afrika – hungert; zur gleichen Zeit steuert China mit dem größtmöglichen Tempo auf ein freies Marktsystem zu, und die Sowjetunion ist, wenn auch vorsichtiger, auf dem Sprung, sich in die gleiche Richtung zu bewegen.

Wieso die Reagan-Regierung so erfolgreich dabei war, ihre Ziele zu erreichen, ist eine faszinierende Frage. Die Demokraten sind in jeder Hinsicht zur Partei der Verlierer degradiert worden, was sich schon darin niederschlägt, daß es die Demokraten sind, die im Kongreß auf einen Protektionismus drängen, während Präsident Reagan eine außer Frage stehende Gabe hat, den Amerikanern das Gefühl zu vermitteln, daß sie die Gewinner sind. Die Revitalisierung dieses Gefühls ist aber auf Kosten einer erheblichen Verschlechterung der zugrundeliegenden Wirklichkeit erreicht worden, was sich in unserem nationalen Verschuldungsgrad zeigt.

Offen gestanden, bin ich von der Kraft des wieder auftauchenden Kapitalismus überrascht worden. Ich hatte den imperialen Kreislauf als einen vorübergehenden Notbehelf betrachtet, der zum Scheitern verurteilt war. Da ich sehe, daß er durch ein neues Arrangement ersetzt worden ist, das als das Goldene Zeitalter des Kapitalismus beschrieben werden kann, muß ich die Anpassungsfähigkeit des Systems und seine Überlebensfähigkeit anerkennen. Es wird sich erst noch zeigen, ob es den Politikern gelingt, seine Schwächen einzudämmen: die inhärente Instabilität der Finanzmärkte und die durch die Instabilität hervorgerufenen schädlichen Auswirkungen.

P.S., MONTAG ABEND, 09. DEZEMBER 1985

Ich habe mich entschlossen, den Wechsel von Bonds in Aktien vorzuziehen. Zum Teil unterliege ich dabei dem Einfluß des „Bullenmarktes meines Lebens“, wie ich es gerade formuliert habe, teilweise auch anderen Überlegungen.

Eine Senkung des Diskontsatzes kommt vielleicht nicht unmittelbar nach einer Einigung über die Gramm-Rudman-Novellierung. Die Märkte sind stabil, und die Federal Reserve ist vorsichtig. Die Wirtschaftsdaten für Dezember dürften recht gut aussehen, teilweise, weil das Weihnachtsgeschäft auf wenige Tage konzentriert ist und teilweise, weil die Investmentorders vor dem Jahresende plaziert werden dürften, um die steuerlichen Änderungen zu umgehen. Die nächsten Daten zum Wachstum dürften ebenfalls gut ausse-

09. Dez. 1985

	Schluß 09.12.85	%-Veränd. ab 06.12.		Schluß 09.12.85	%-Veränd. ab 06.12.
DM	2.5345	-0.9	S&P 500	204.25	-3.7
¥	203.55	-0.7	US T-Bonds	82 16/32	-1.6
£	1.4575	+1.0	Eurodollar	91.87	-0.5
Gold	316.20	-1.9	Rohöl	27.51	-4.3
			Jap. Bonds	97.00	-2.2

QUANTUM FONDS-VERMÖGEN	890,000,000 $
Nettowert pro Anteilsschein	5.998 $
Veränderung seit 06.12.85	+2.7%
Veränderung seit 16.08.85	+37.0%

Depotstruktur (in Mill. Dollar)

Investment-Positionen (1)	long	short	Netto-Veränd. (2) seit 06.12.	Nettodevisen-Position (6)	long	short	Netto-Veränd. (2) seit 06.12
Aktien				DM-verwandt	693	-36	
US-Aktien	739	(66)	+21	Jap. Yen	828	+2	
US Index-Futures	277		-91	Pfund Sterling		(115)	+4
				US-Dollar		(516)	+53
Ausländische Aktien	270		-1	Andere Währungen	45		+12
Bonds (3)							
US-Reg.-Anl.							
Kurzfristig (4)	90						
Langfristig	717		+56				
Japanische Bonds (5)	253		-47				
Rohstoffe							
Öl		(157)	-7				
Gold							

hen, weil sie Aktienkurse und Geldversorgung mit einschließen. In diesem Umfeld könnten Bonds anfällig werden und Aktien das größere Aufwärtspotential besitzen. Die These, die ich gerade formuliert habe, beginnt, ins Bewußtsein der Anleger vorzudringen, auch wenn noch die Vorsicht überwiegt. Traditionell ist das Jahresende eine gute Zeit: wir könnten in den nächsten vier bis fünf Wochen einige Kursfeuerwerke erleben.

NETTOWERT PRO ANTEILSSCHEIN DES FONDS IM VERGLEICH ZUR MARKTENTWICKLUNG
Phase eins: 19.08. bis 08.12.1985

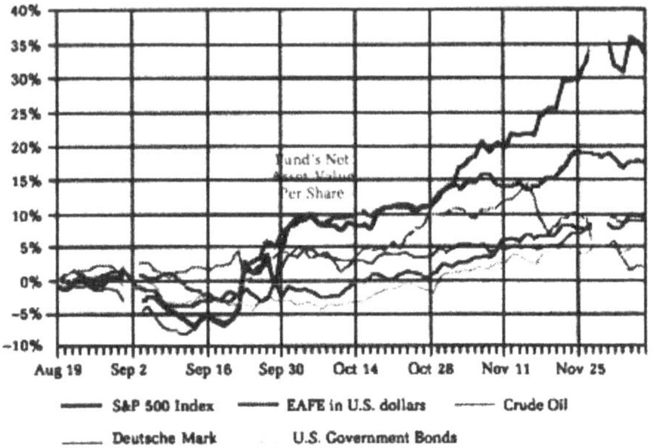

(S&P 500-Index, EAFE in US-Dollar, Rohöl, Deutsche Mark, US-Regierungsanleihen)

GEWINNE UND VERLUSTE DES FONDS
(aufgeschlüsselt in die größeren Positionen)

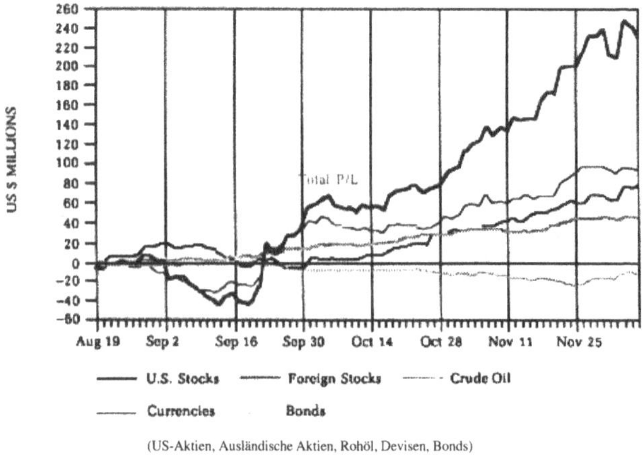

(US-Aktien, Ausländische Aktien, Rohöl, Devisen, Bonds)

Anmerkung:

(1) Berechnung aller Kurse als prozentuale Veränderung gegenüber dem ersten eingetragenen Tag.

(2) EAFE ist Morgan Stanleys Capital International Index für europäische, australische und fernöstliche Märkte in Dollar.

(3) Die Kurse für Öl und Regierungsanleihen sind die Schlußkurse des nächstfälligen Futureskontrakts.

(4) Währungsgewinne und -verluste schließen nur Termin- bzw. Futureskontrakte ein. Gewinne und Verluste bei ausländischen Aktien schließen die Währungsgewinne oder -verluste aus den Positionen ein.

DEVISENKURSE
Phase eins: 19.08. bis 08.12.1985

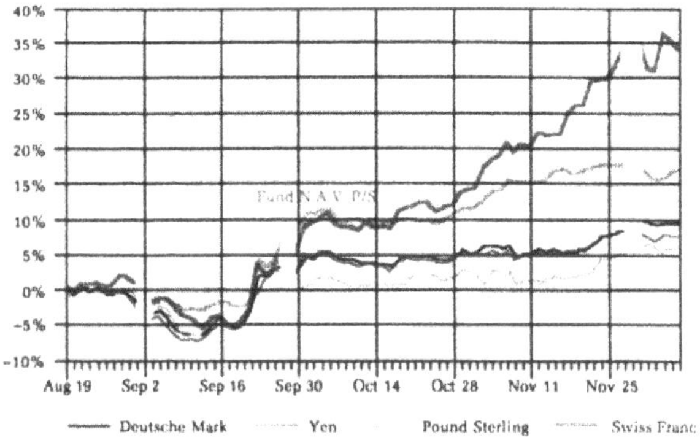

(Deutsche Mark, Yen, Pfund Sterling, Schweizer Franken)

NETTO-WÄHRUNGS-POSITION
(Linie stellt das Fondsvermögen dar)

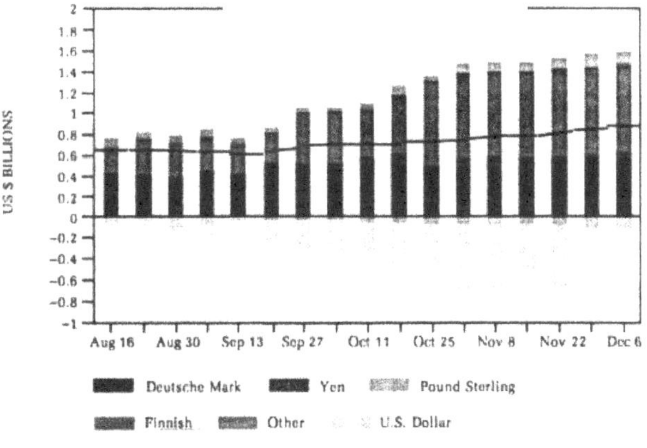

(Deutsche Mark, Yen, Pfund Sterling, Finmark, Andere, US-Dollar)

Anmerkung:

(1) Die Kurse werden in US-Dollar als prozentuale Veränderung gegenüber dem ersten aufgeführten Tag abgebildet. Es werden die New Yorker Schlußkurse verwendet.

(2) Netto-Frendwährungsengagement, eingeschlossen Aktien, Bonds, Futures, Bargeld und Einschußzahlungen; ist gleich dem Beteiligungskapital des Fonds. Eine Short-Position in Dollar zeigt den Betrag an, um den das Engagement in den Währungen das Vermögen des Fonds übertrifft.

(3) Währungs-Position auf Basis der Wochenschlußkurse.

US-AKTIENMARKT
Phase eins: 15.08. bis 08.12.1985

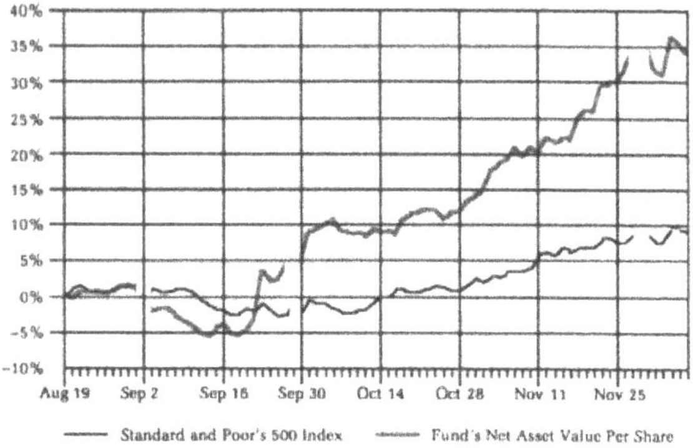

(Standard & Poors 500-Index, Nettowert pro Anteilsschein des Fonds)

POSITIONEN IM US-AKTIENMARKT
in Milliarden US$

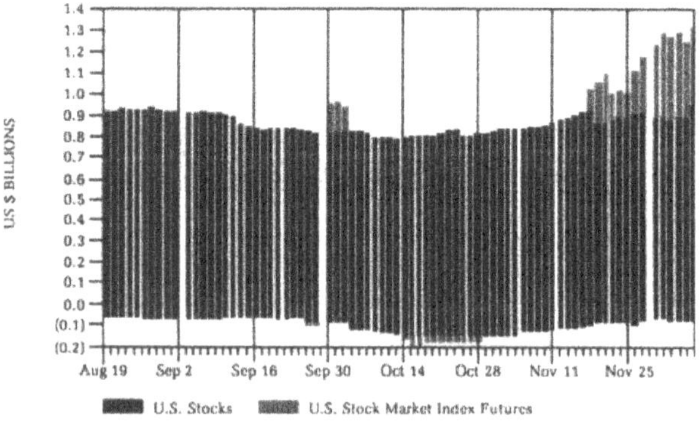

(US-Aktien, Futures auf US-Aktien-Indizes)

GEWINNE UND VERLUSTE AM US-AKTIENMARKT
in Milliarden US$

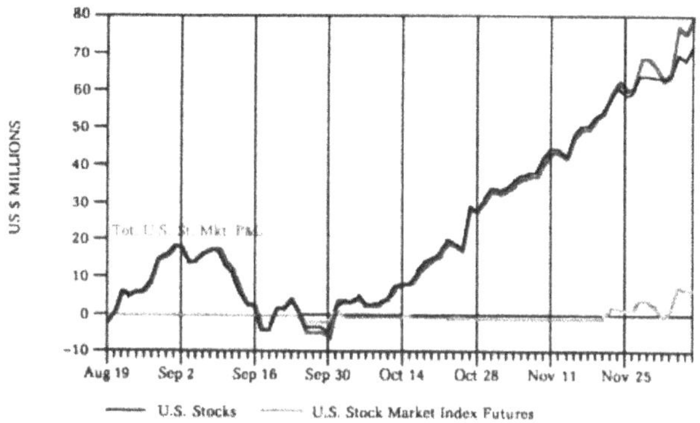

(US-Aktien, Futures auf US-Aktien-Indizes)

Anmerkung:

(1) Die Gesamtsumme der Gewinne und Verluste am US-Aktienmarkt schließt Aktienpositionen und Index-Futures ein.

AUSLÄNDISCHE AKTIENMÄRKTE
Phase eins: 19.08. bis 08.12. 1985

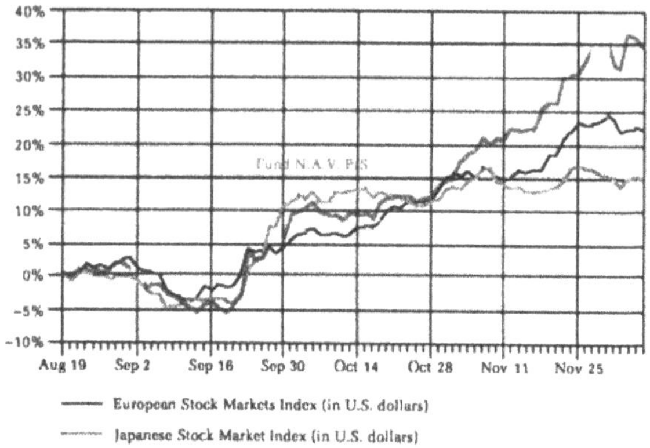

(Index der europäischen Aktienmärkte in US-Dollar, Index des japanischen Aktienmarktes in US-Dollar)

POSITIONEN IN AUSLÄNDISCHEN AKTIEN
in Millionen US$

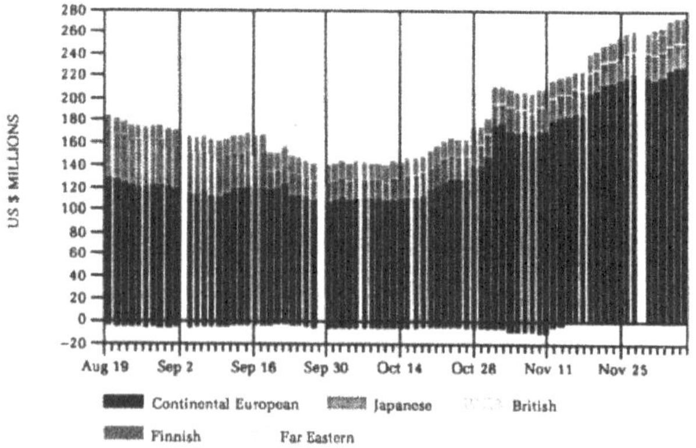

(Kontinental-europäische, japanische, britische, finnische, fernöstliche)

AUSLÄNDISCHE AKTIEN GEWINNE/VERLUSTE
in Millionen US$

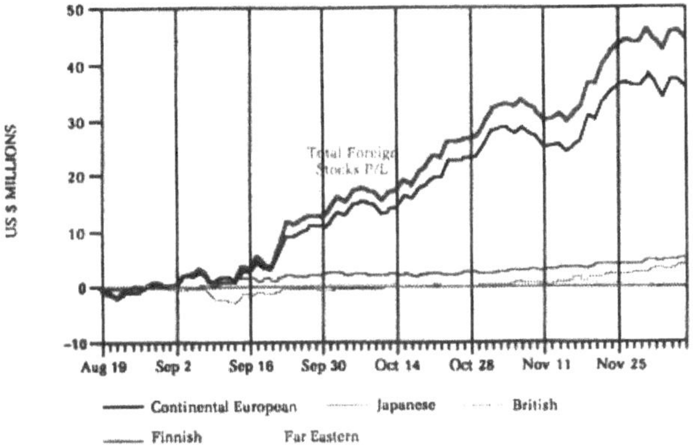

(Kontinental-europäische, japanische, britische, finnische, fernöstliche)

Anmerkung:

(1) Die Gesamtsumme der Gewinne und Verluste in ausländischen Aktienmärkten schließt die Fremdwährungsgewinne oder -verluste auf die ausländischen Aktienpositionen ein.

(2) Unter die fernöstlichen Positionen fallen Hongkong, Korea, Taiwan, Australien und Thailand.

ROHSTOFFPREISE
Phase eins: 19.08. bis 08.12.1985

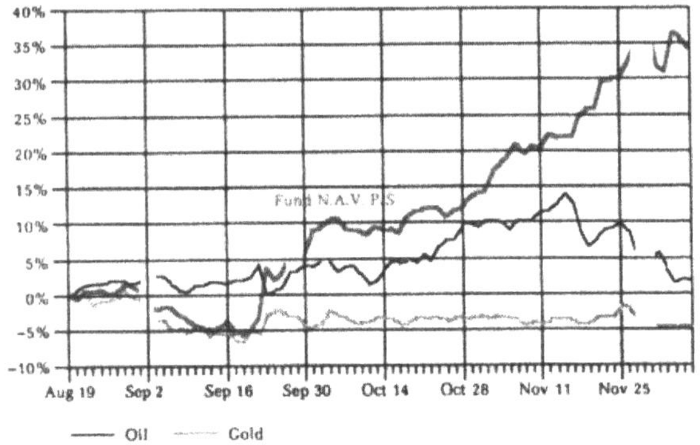

(Öl, Gold)

ROHSTOFF-POSITIONEN
in Millionen US$

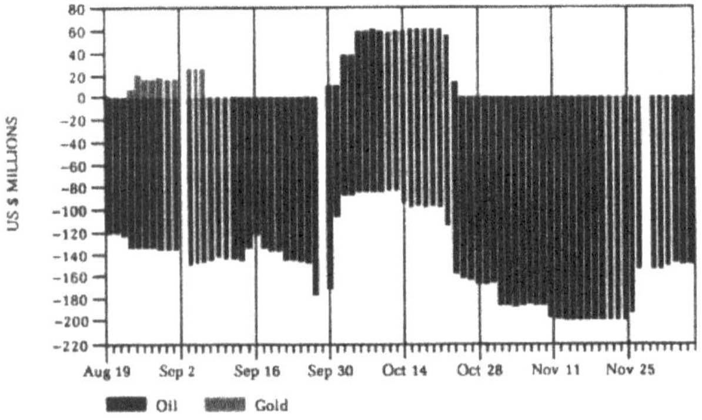

(Öl, Gold)

GEWINNE UND VERLUSTE BEI ROHSTOFFEN
in Millionen US$

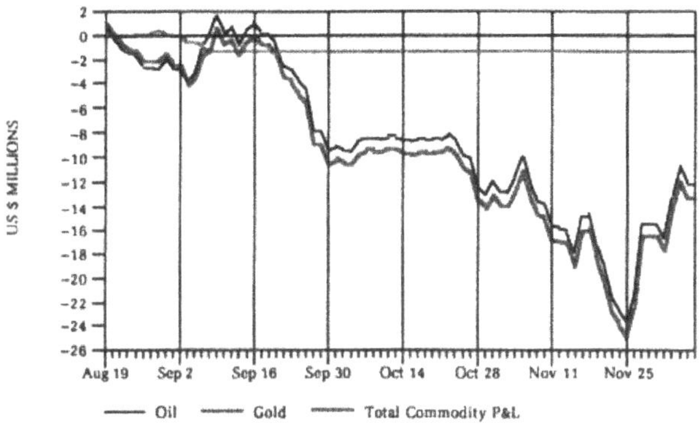

(Öl, Gold, Gesamtgewinne und -verluste mit Rohstoffen)

FESTVERZINSLICHE WERTPAPIERE

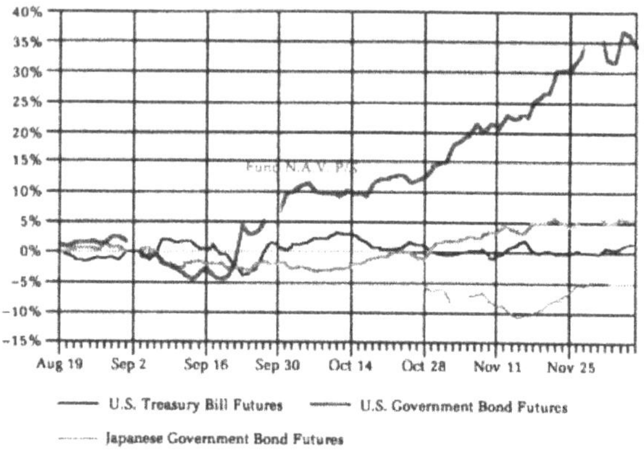

(US-Treasury Bill-Futures, Futures auf US-Regierungsbonds, Japanische Government Bond-Futures)

POSITIONEN IN FESTVERZINSLICHEN WERTPAPIEREN in Milliarden US $

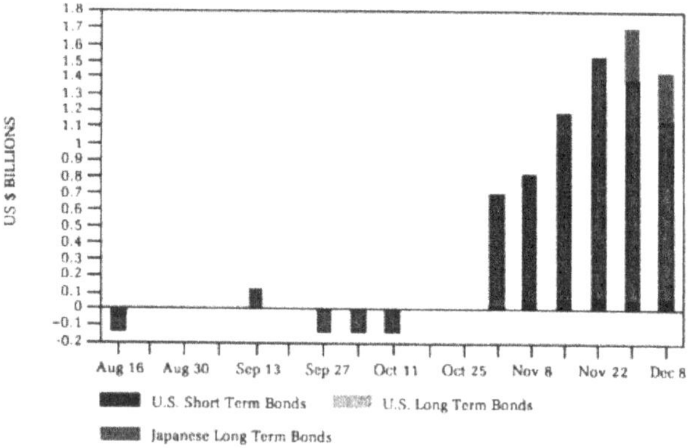

(Kurzfristige US-Bonds, langfristige US-Bonds, langfristige japanische Bonds)

11 – Phase 1: August 1985 – Dezember 1985

GEWINNE UND VERLUSTE BEI FESTVERZINSLICHEN WERTPAPIEREN in Millionen US $

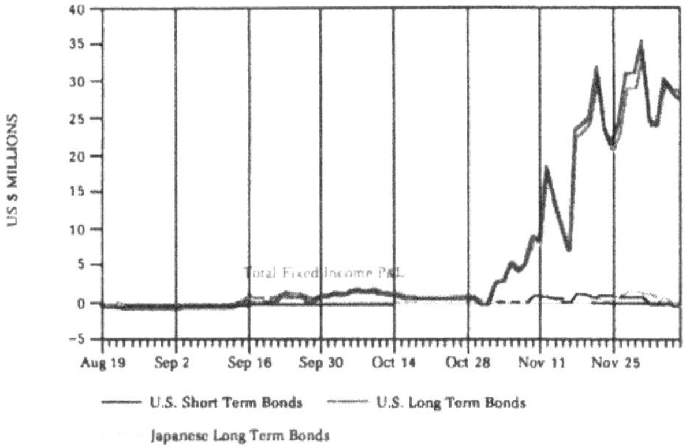

(Kurzfristige US-Bonds, langfristige US-Bonds, langfristige japanische Bonds)

Anmerkung:

(1) Positionen und Gewinne und Verluste bei kurzfristigen US-Bonds schließen Treasury Bills, Futures auf Treasury Bills und Eurodollar und Treasury-Notes mit einer Laufzeit bis zwei Jahren ein.

(2) Alle US-Regierungsanleihen wurden auf den gemeinsamen Nenner der 30-jährigen Regierungsanleihen gebracht. Die Basis für diese Berechnung ist der Kurseffekt der jeweiligen Renditeveränderung. Der Nennwert von 100 Millionen $ in 4-jährigen Treasury Notes entspricht z.B. einem Kurswert von 28,5 Millionen Dollar bei den 30-jährigen Regierungsanleihen.

(3) Japanische Bonds weisen eine erheblich geringere Volatilität als US-Regierungsanleihen auf. Am 30. Juni 1986 z.B. hatten japanische Regierungsanleihen im Nennwert von 100 Millionen $ ungefähr die gleiche Volatilität wie 66,2 Millionen $ in 30-jährigen US-Regierungsanleihen. Wir haben diese Beträge nicht bereinigt.

(4) Positionen auf Basis der Wochenschlußkurse dargestellt.

12
KONTROLLPHASE: JANUAR 1986 - JULI 1986*

SAMSTAG, 11. JANUAR 1986**

Aktien- und Bondmarkt erlitten einen deutlichen Einbruch, und es hat mich schlimm erwischt. Ich war mein größtmögliches Engagement im Aktienmarkt zum Verfallstermin des Dezember-Futures eingegangen – der mit einem zeitweisen Hoch des Aktienmarktes zusammenfiel –, und ich löste mich nicht von meinen Bond-Positionen. Folglich war ich zum Zeitpunkt des Kurseinbruchs voll in Aktien und Bonds investiert. Ich spielte mit dem Gedanken, meine Bondposition zu halbieren und verkaufte tatsächlich Bonds im Gegenwert von etwa 100 Millionen Dollar, als der Markt fiel und ich keine Lust verspürte, ihm nach unten zu folgen. Später kaufte ich die Bonds, die ich verkauft hatte, verfrüht zurück. Richtig handelte ich nur in den Devisen und in europäischen Aktien. Ich stieß meine übertrieben großen Währungspositionen in einem Moment vorübergehender Stärke ab, so daß ich jetzt nur noch mit meinem Eigenkapital in den Fremdwährungen engagiert bin – in einer Shortposition des brit. Pfundes gegen die DM –, aber keinen Kredit mehr einsetzte. Bei anziehenden Kursen verkaufte ich auch meine Positionen an den ausländischen Aktienmärkten, so daß meine Gesamtposition trotz des Kursanstiegs stabil blieb.

Wie üblich, wurde der Einbruch von einer Vielzahl von Faktoren ausgelöst.

Der wichtigste dieser Faktoren war ein positiver Bericht vom Arbeitsmarkt, der den Markt davon überzeugte, daß eine Diskontsatzsenkung zu erwarten sei. Auch die gegen Libyen ergriffenen Maßnahmen hatten einen nachteiligen Effekt; es gab mehrere unbestätigte Gerüchte, daß die Araber Aktien, Bonds und Dollars verkauften. Der Aktienmarkt könnte auch von

*Dieses Kapitel ist hauptsächlich wegen seines dokumentarischen Werts aufgenommen worden. Es wirkt recht wiederholend. Leser, die kein besonderes Interesse an meinen makroökonomischen Verfahren haben, mögen zu Seite 251 weiterblättern.

**Die Charts, die die Engagements und die Entwicklung des Quantum-Fonds für die Zeit vom 09. Dezember bis zum 31. März 1986 zeigen, folgen ab Seite 224. Die Erklärungen für die in Klammern gesetzten Bezugsgrößen (1) bis 6) finden sich auf Seite 160.

10. Januar 1986

	Schluß 10.01.86	%-Veränd. ab 09.12.		Schluß 10.01.86	%-Veränd. ab 09.12.
DM	2.4675	+2.6	S&P 500	205.96	+0.8
¥	202.45	+0.5	US T-Bonds	83 04/32	+0.8
£	1.4880	+2.1	Eurodollar	91.85	0
Gold	341.70	+8.1	Rohöl	25.79	-6.3
			Jap. Bonds	98.55	+1.6

QUANTUM FONDS-VERMÖGEN	942,000,000 $
Nettowert pro Anteilsschein	6,350 $
Veränderung seit 09.12.85	+5.9%
Veränderung seit 16.08.85	+45.6%

Depotstruktur (in Mill. Dollar)

Investment-Positionen(1)	long	short	Netto-Veränd. (2) seit 09.12.
Aktien			
US-Aktien	1,011	(65)	+273
US Index-Futures	717		+440
Ausländische Aktien	318		+48
Bonds (3)			
US-Reg.-Anl.			
Kurzfristig (4)			-90
Langfristig	958		+241
Japanische Bonds (5)	259		+6
Rohstoffe			
Öl		(224)	-67
Gold			

Nettodevisen-Position (6)	long	short	Netto-Veränd. (2) seit 09.12.
DM-verwandt	609		-84
Jap. Yen	612		-216
Pfund Sterling		(278)	-163
US-Dollar		(1)	+515
Andere Währungen	21		-24

der Margin-Pflicht für Junk-Bonds beeinflußt worden sein. Zwei Tage nach dem ersten Einbruch brach der Bondmarkt am Freitag nachmittag wegen der Bedenken über die Verfassungsmäßigkeit des Gramm-Rudman-Gesetzes durch eine bedeutende Unterstützung bei 9 1/2% in den 30-jährigen Bonds.

Was den Markt so anfällig für diese Entwicklungen machte, war die zum Zeitpunkt ihres Auftretens vorherrschende Euphorie. Unglücklicherweise ließ auch ich mich von ihr fangen. Aus diesem Grunde war ich bei dem Einbruch voll investiert. Ich betrachte die gegenwärtige Phase als eine typische Korrektur innerhalb eines Bullenmarktes. Ihre Kraft – ein 5%-iger Verlust bei den Index-Futures innerhalb von wenigen Stunden – läßt erahnen, was noch kommen wird, falls der Bullenmarkt sich wirklich noch weiter entfaltet.

Normalerweise überstehen Booms am Aktienmarkt eine Reihe von Tests, so daß der Markt für unverwundbar gehalten wird und erst dann reif für den Kollaps ist. Noch sind wir von diesem Punkt weit entfernt. Die Stimmungslage ist immer noch sehr skeptisch. Das einzige, was sich abgespielt hat, ist die Enttäuschung des Marktes über die als sicher geltende Diskontsatzsenkung. Das kurze Ende des Bondmarktes hat bereits eine Korrektur vollzogen – Eurodollar-Futures fielen um fast einen halben Punkt; das lange Ende könnte überreagieren. Sollte das geschehen, so erwarte ich schon bald eine Gegenbewegung. Wie schon früher stützt sich meine Haltung auf den Glauben, daß die Wirtschaft noch keinen rechten Schwung hat. Die Federal Reserve mag den Diskontsatz nicht senken, sie hat aber andererseits auch keinen Grund, einen Anstieg des Tagesgeldsatzes vom gegenwärtigen Niveau aus zuzulassen. Die Verfassungsdiskussion des Gramm-Rudmann-Gesetzes erachte ich ebenfalls als gegenstandslos; das Verfahren wird funktionieren, sobald über die Vorlage entschieden sein wird. Falls diese Einschätzung falsch ist, werde ich meine Position mit einem erheblichen Verlust schließen müssen. Bis dahin beabsichtige ich aber, an ihr festzuhalten. Ich erwarte, daß der größte Druck auf den Bondmarkt morgen deutlich wird: Es bleibt abzuwarten, wie groß der Schaden ausfallen wird. Ab jetzt sollte sich der Aktienmarkt besser entwickeln als der Bondmarkt.

Das Problem ist, daß ich jetzt nicht kaufen kann, da ich vorher nicht verkauft habe. Alles, was ich tun kann, ist, die Situation auszusitzen und zu hoffen, daß die Sache nicht aus dem Ruder läuft. Meine Barreserven sind groß genug, um mich die Sache überstehen zu lassen, aber man kann sich niemals sicher sein. Die Kursabschwächung verringert meine Barreserven und erhöht mein Risiko stärker als vor dem Einbruch. Da ich erwarte, daß der Einbruch vorübergehender Natur ist, gibt es derzeit keinen Grund, die Barmittel aufzustocken. Gleichzeitig wäre es absolut unvernünftig, meine Barreserven noch weiter zu reduzieren.

P.S. vom MITTWOCH, dem 15. JANUAR 1986

Die Gruppe der Fünf trifft sich am kommenden Wochenende. Ich weiß, was ich an ihrer Stelle tun würde: Ich würde die Zinssätze gemeinsam zurücknehmen. Das würde beweisen, daß die Behörden zusammenarbeiten und daß sie Herr der Lage sind. Das wiederum würde dazu beitragen, die Stabilität im Devisenhandel aufrechtzuerhalten; ohne diese Maßnahme könnte es schwierig werden, einem zeitweisen Anstieg des Dollars vorzubeugen. Das Feld dazu ist durchaus bestellt: Das Gramm-Rudman-Verfahren funktioniert, und der Umgang mit Junk-Bonds ist an die Kandarre genommen worden. Japan wartet darauf, daß die USA die führende Rolle im Zinssenkungsprozeß übernehmen. Es ist richtig, daß M1 den Zielkorridor übertroffen hat und daß die Wirtschaft im vierten Quartal 1985 um etwa 3 1/2 % gewachsen ist. Wenn das der übliche Ablauf der Dinge ist, gibt es keinen Grund zum Handeln; wenn die Behörden aber die Notwendigkeit spüren, das Ruder in der Hand zu behalten, dann ist es jetzt an der Zeit dazu. Eine Senkung des Diskontsatzes würde bedeuten, sich offiziell vom Monetarismus zu verabschieden; der Bondmarkt würde diesen Schritt aber akzeptieren, da er gemeinsam mit anderen Nationen unternommen würde, die Wechselkurse stabil sind und Volckers Ruf als fähiger Finanzpolitiker außer Frage steht. Die Frage ist, ob er diesen Schritt tun möchte.

Ich zögere noch zu glauben, daß die Behörden das tun werden, was ich gerne von ihnen hätte. Gleichwohl bin ich unter dem Druck meiner bereits riskanten Position dazu bereit, derzeit darauf zu wetten. Das heißt, daß ich einige Eurodollar-Futures kaufen werde, die relativ risikoarm sind. Das einzige Risiko besteht darin, daß ich mich noch weiter engagiere und meine Position zur falschen Zeit auflösen muß. Ich bin aber bereit, dieses Risiko auf mich zu nehmen, da ich im negativen Fall meine Position ohnehin verkleinern muß. Zusammengefaßt lautet meine These, daß die Behörden die Initiative übernommen haben. Wenn sie sie nicht behalten, welchen anderen Grund außer meinem Widerstreben, einen Verlust mitzunehmen, hätte ich, an einer kreditfinanzierten Position festzuhalten? Es gibt im Französischen einen militärischen Begriff: reculer pour mieux sauter. Ich werde das Gegenteil tun. Ich werde nach vorne gehen, um meine Positionen umzuschichten. Ich werde meine Positionen verkleinern, die ich langfristig für unhaltbar einschätze, kurzfristig aber noch ausbauen werde.

DIENSTAG MORGEN, 21. JANUAR 1986

Das Treffen der Gruppe der Fünf brachte keine faßbaren Ergebnisse. Nach all dem dem Treffen vorausgegangenen Wirbel und den Gerüchten konnte man keine dramatischen Beschlüsse erwarten, nichtsdestoweniger war das knappe Communiqué alles andere als aufschlußreich.

Ich muß mich auf meine eigenen Vermutungen über das tatsächliche Geschehen verlassen.

Ich glaube, daß das Ziel einer weltweiten Zinssenkung zwar erkannt wurde, daß die beiden wirklich unabhängigen Zentralbanken – die Deutschlands und der USA – sich aber weigerten, sich einer konzertierten Aktion anzuschließen. Ich vermute, daß die Federal Reserve bereits vor dem Treffen vorsichtig versucht hat, die Geldpolitik zu lockern – die Zahlen am kommenden Freitag werden darüber eindeutiger Aufschluß geben –, daß sie aber eine Antwort des Marktes haben möchte, um festzulegen, wann der Diskontsatz gesenkt werden soll, und nicht die des Konsortiums von Regierungen.

20. Januar 1986

	Schluß 20.01.86	%-Veränd. ab 10.01.		Schluß 20.01.86	%-Veränd. ab 10.01.
DM	2.4580	+0.4	S&P 500	207.53	+0.8
¥	202.45	0	US T-Bonds	83 17/32	+0.5
£	1.4125	-5.1	Eurodollar	91.91	+0.5
Gold	354.10	+3.6	Rohöl	21.27	-17.5
			Jap. Bonds	98.00	-0.6

QUANTUM FONDS-VERMÖGEN	1,006,000,000 $
Nettowert pro Anteilsschein	6,775 $
Veränderung seit 10.01.86	+6.7%
Veränderung seit 16.08.85	+55.4%

Depotstruktur (in Mill. Dollar)

Investment-Positionen(1)	long	short	Netto-Veränd. (2) seit 10.01.	Nettodevisen-Position (6)	long	short	Netto-Veränd. (2) seit 10.01.
Aktien				DM-verwandt	559		-50
US-Aktien	1014	(73)	-5	Jap. Yen	612		0
US Index-Futures	584		-133	Pfund Sterling		(270)	+8
Ausländische Aktien	314		-4	US-Dollar	105		+106
Bonds (3)				Andere Währungen	31		+10
US-Reg.-Anl. Kurzfristig (4)	88		+88				
Langfristig	1026		+68				
Japanische Bonds (5)	261		+2				
Rohstoffe							
Öl		(159)	+65				
Gold							

Es der Gruppe der Fünf zu gestatten, die US-Geldpolitik zu bestimmen, würde einen viel zu gefährlichen Präzedenzfall schaffen, als daß er für eine auf ihre Unabhängigkeit bedachte Notenbank akzeptabel wäre.

Was an dem Ergebnis verunsichert, ist die Folge einer möglichen Entzweiung von Baker und Volcker. Im Rückblick kommt dem Streit zwischen Volcker und der Regierung wegen der Margin-Pflicht für Junk-Bonds eine größere Bedeutung zu. Volcker scheint sich darum zu sorgen, daß eine zu aggressive Senkung der Zinssätze lediglich einen Boom am Aktienmarkt auslösen würde, der mit einem Crash enden könnte – und ich wäre der letzte, ihm darin zu widersprechen. Der Umstand, daß er hierüber besorgt ist, macht die Entwicklung dieses Booms weniger wahrscheinlich. In jedem Falle hat die Gruppe der Fünf etwas an Dynamik verloren, und das ist eine gefährliche Entwicklung.

Ich sah mich veranlaßt, die zusätzliche Position, die ich vor dem Treffen eingegangen war, zu reduzieren, entschloß mich aber, mit meinem Vorhaben, die Kredite abzubauen, zuzuwarten, bis die nächsten Daten der Federal Reserve verfügbar waren. Statt die Eurodollar-Futures, die ich gekauft hatte, zu verkaufen, verkaufte ich einige Index-Futures auf den S&P 500, da ich den Aktienmarkt für anfälliger hielt.

Im Tagesverlauf beschleunigte sich die Abschwächung bei den Energie-Kursen, bis sie schließlich in einen regelrechten Kurssturz übergingen. Am Ende des Tages hatten Aktien, Bonds und Währungen allesamt die Tagesverluste wieder wettgemacht. Das stellt ein bedeutendes Ereignis dar. Der lange erwartete Kollaps der Ölpreise findet endlich statt.

Abgesehen von einer Intervention der Regierung gibt es nichts, was einen sich ausbildenden freien Fall aufhalten könnte; die Regierungen schreiten aber nur in Notfällen ein. Der Verdacht eines Streits zwischen Volcker und Baker verringert die Chancen für eine rechtzeitige Aktion noch weiter. Wir befinden uns damit vor einer Phase höchsten Risikos für das Bankensystem. Was passiert mit all den Energie-Anleihen und den energie-abhängigen Schuldnerländern?

Ich bin überzeugt, daß man die Situation nicht außer Kontrolle geraten läßt, da man bereits über ein geeignetes Gegenmittel verfügt: eine Importsteuer auf Öl mit Sonderkonditionen für Mexiko. Um aber eine solche Steuer zu erheben, müßte sich Präsident Reagan um 180 Grad drehen; nur ein Notfall würde ihm eine Entschuldigung liefern. Daher wird sich die Situation erst noch verschlimmern müssen, bevor das Gegenmittel verabreicht wird. Es ist erforderlich, daß ich meine Kredite so weit als möglich abbaue. Der Rückgang der Ölpreise hat viele positive Auswirkungen sowohl auf Aktien als auch auf Bonds; es wäre aber unangemessen, auf kreditfinanzierter Basis auf sie zu spekulieren, insbesondere, da die erste Antwort des Marktes wahrscheinlich genau wie meine eigene ausfallen wird.

SAMSTAG, 22. FEBRUAR 1986

Ich habe meine Kreditpositionen zu früh abgestoßen: Es ist mir nicht gelungen, den ganzen Gewinn aus dem kräftigen Anstieg des Aktien- und Bondmarktes auzunutzen. Ich ging sogar teilweise short in den Bonds, als ich hörte, daß das untergeordnete Gericht im Begriff war, gegen die Verfassungsmäßigkeit des Gramm-Rudmann-Gesetzes zu entscheiden. Die Entscheidung verzögerte sich aber um eine Woche, und der Einbruch der Ölpreise

21. Februar 1986

	Schluß 21.02.86	%-Veränd. ab 20.01.		Schluß 21.02.86	%-}Veränd. ab 20.01.
DM	2.2960	+6.6	S&P 500	224.62	+8.2
¥	182.20	+10	US T-Bonds	90 06/32	+8.0
£	1.4545	+3.0	Eurodollar	92.10	+0.2
Gold	341.10	-3.7	Rohöl	13.53	-36.4
			Jap. Bonds	101.60	+3.7

QUANTUM FONDS-VERMÖGEN	1,205,000,000 $
Nettowert pro Anteilsschein	8.122 $
Veränderung seit 20.01.86	+19,9%
Veränderung seit 16.08.85	+86.2%

Depotstruktur (in Mill. Dollar)

Investment-Positionen (1)	long	short	Netto-Veränd. (2) seit 20.01.	Nettodevisen-Position (6)	long	short	Netto-Veränd. (2) seit 20.01.
Aktien				DM-verwandt	783		+224
US-Aktien	1064	(185)	-62	Jap. Yen	726		+114
US Index-Futures		(92)	-676	Pfund Sterling		(343)	-73
Ausländische Aktien	426		112	US-Dollar	39		-66
Bonds (3)				Andere Währungen	81		+50
US-Reg.-Anl.							
Kurz-fristig (4)			-88				
Lang-fristig	215		-811				
Japanische Bonds (5)			-261				
Rohstoffe							
Öl		(55)	+104				
Gold							

überwog alle anderen wichtigen Sachverhalte, so daß ich die Position mit einem Verlust schließen mußte. Kurz gesagt, mein Trading war erbärmlich. Dessen ungeachtet entwickelte sich der Fonds gut, wozu unsere Short-Positionen im Öl und im Dollar beitrugen. Auch die Auswahl unserer Aktien arbeitete für uns.

Tatsache ist, daß ich mich gegenwärtig nicht gut fühlen würde, wenn ich zu stark engagiert wäre – wahrscheinlich rührte daher mein erbärmliches Trading, als ich noch die kreditfinanzierte Position hielt. Ich betrachte die Abschwächung der Ölpreise als eine Kombination aus zwei Einflüssen: einmal als wirtschaftlichen Stimulus und dann als finanziellen Schock. Die Märkte reagieren auf den ersten Einfluß, während ich extrem empfänglich für den zweiten bin.

Wir nähern uns in der internationalen Schuldenfrage dem Punkt der Wahrheit. Bei einem Ölpreis unter 15 $ hat Mexiko ein voraussichtliches Zinszahlungsproblem in Höhe von 10 Mrd. $. Um das auszugleichen, muß einiges geschehen. Mexiko muß seinen Gürtel noch enger schnallen, die Banken werden einen Verlust hinnehmen müssen, und die Vereinigten Staaten werden in Form von Subventionen oder einer Preisgarantie für mexikanisches Öl etwas Geld locker machen müssen. Das ist zu schaffen, aber es ist eine komplizierte und delikate Aufgabe. Die von den Banken gewährten Zugeständnisse werden auf andere Schuldnerländer ausgedehnt werden müssen. Die großen Geschäftsbanken insgesamt sind nun in der Lage, eine deutliche Zinssenkung der Darlehen an die unterentwickelten Länder aufzufangen, die Bank of Amerika z.B. wird aber wahrscheinlich in den Zusammenbruch getrieben werden. Sie wird nach dem Beispiel der Continental Illinois Bank gerettet, und die Einleger werden geschützt werden. Die Einleger geraten vielleicht nicht einmal in Panik, evtl. aber der Aktienmarkt. Die Stärke des Marktes, kombiniert mit der hohen Summe der im Futures- und Optionshandel involvierten Kredite, macht den Markt sehr anfällig für eine plötzliche Trendumkehr. Im Januar betrug sie innerhalb von zwei Stunden 5%, beim nächsten Mal könnten es 10% oder 15% sein. Ich glaube, daß das Risiko eines Kollapses vom Bankensysten auf die Finanzmärkte übergegangen ist, und ich würde mir sehr dumm vorkommen, wenn ich mich davon erwischen ließe. Meine Vorsicht mag mich teuer zu stehen kommen, sie wird aber auch mein Überleben sichern.

Als ich hörte, daß Präsident de la Madrid von Mexiko heute nacht eine Rede halten wird, nahm ich als Versicherungspolice für das Wochenende in einigen S&P- und Dollarfutures Leerverkäufe vor.

DONNERSTAG, 27. MÄRZ 1986

Seit ich meine zinsfinanzierten Engagements Ende Januar reduzierte, habe ich keine bedeutsamen Transaktionen vorgenommen. Rückblickend habe ich zu früh gehandelt, da ich den besten Teil der Bondmarktrallye verpaßte. Offensichtlich habe ich den bullishen Effekt der Ölpreisabschwächung unterschätzt. Offen gestanden dachte ich nicht, daß man den Ölpreis so weit fallen ließe, ohne daß Interventionen der Regierung stattfänden. *Mit Ausnahme von* Interventionen der Regierung gibt es nichts, was den Ölpreis an einem weiteren Verfall hindern könnte, da die Angebotskurve invers verläuft: Je tiefer der Ölpreis fällt, desto mehr Öl muß verkauft werden, um die Bedürfnisse der Förderländer abzudecken. Letztendlich werden die inländischen

Produzenten geschützt werden müssen. Das war der Grund, warum ich meine Short-Positionen auf Kontrakte in West-Texas-Oil in Brent-Kontrakte umänderte – ein Schritt, der sich als kostspielig herausstellte, weil ich in einen kurzfristig engen Markt geriet.

Meine Entscheidung, die kreditfinanzierte Position zu verkleinern, kann ich nur subjektiv begründen. Mit Kredit zu arbeiten heißt, einen erheblichen Streß einzugehen, und ich habe kürzlich genug Geld verdient, um mich dem nicht auszusetzen. Eine Chance zu verpassen, ist aber auch schmerzhaft. Glücklicherweise habe ich den Markt nicht verpaßt, ich habe nur nicht den maximalen Profit aus ihm gezogen.

In den Währungen blieb ich weitgehend inaktiv. Das einzige, was ich tat, war, die Cross-Position DM/£ weiter auszubauen. Ich erkannte, daß sich das Wesen des Devisenmarktes erneut veränderte. Der Geist der Kooperation, der aus dem ersten Treffen der Fünf erwachsen war, schwächte sich beim zweiten Treffen ab, und die Behörden verloren die Kontrolle über den Markt. Sowohl die Japaner als auch die Deutschen fingen an, sich Sorgen zu machen. Die amerikanischen Behörden waren gespalten. Volcker teilte die Bedenken, während der Rest der Administration spürte, daß die Klagen Japans ein willkommenes Zeichen dafür waren, daß der schwächere Dollar Wirkung zu zeigen begann. Der Dollar fiel aus eigener Kraft, und es war nicht klar, was die Kursabschwächung verursachte; der Verfall der Ölpreise muß etwas damit zu tun gehabt haben. Ein Teil des Einflusses war einmalig – es wurden weniger Dollar für die Finanzierung des Ölgeschäfts benötigt, – aber der Trend war ausgeprägt genug, um spekulative Positionen anzuziehen.

Ich hielt meine Shortposition im Dollar aufrecht, nicht, weil ich irgendwelche großartigen Überzeugungen hatte, sondern weil ich keine klare Einschätzung hatte und weil ich fühlte, daß meine Chancen, mit dem Trading von Währungen Geld zu verdienen, den Ärger und das zunehmende Risiko nicht rechtfertigten.

Es war bequemer, die Position zu halten statt sie zu verändern, und meine fehlende Überzeugung versetzte mich in die Lage, die Situation nötigenfalls neu abzuschätzen.

Dann kam der Rücktritt Preston Martins, und der hinter den Kulissen geführte Streit über die Zinssätze trat offen zutage. Der Markt reagierte mit einer scharfen Rallye im Dollar. Auch das britische Pfund vollzog eine Rallye gegen die DM, und ich stand vor einem großen Verlust in den Währungen – dem ersten seit Einführung des Floating. Das zwang mich dazu, die makroökonomische Situation neu zu überdenken.

Was ich vorfinde, ist eine fortgesetzte wirtschaftliche Stagnation. Elemente der Stärke und der Schwäche befinden sich in einem wohlausgewogenen Gleichgewicht. Die Stärke rührt vornehmlich von den niedrigeren Zinssätzen und dem durch die wachsenden Gewinnspannen ausgelösten Optimismus her; Hausbau, die Auffüllung der Lagerbestände, neue Geschäftsgrün-

26. März 1986

	Schluß 26.03.86	%-Veränd. ab 21.02.		Schluß 26.03.86	%-Veränd. ab 21.02.
DM	2.3305	-1.5	S&P 500	237.3	+5.6
¥	179.65	+1.4	US T-Bonds	98 15/32	+9.2
£	1.4575	+1.4	Eurodollar	92.83	+0.8
Gold	344.40	+1.0	Rohöl	12.02	-11.2
			Jap. Bonds	105.50	+3.8

QUANTUM FONDS-VERMÖGEN	1,292,000,000 $
Nettowert pro Anteilsschein	8.703 $
Veränderung seit 21.02.86	+7.2%
Veränderung seit 16.08.85	+99.6%

Depotstruktur (in Mill. Dollar)

Investment-Positionen(1)	long	short	Netto-Veränd. (2) seit 21.02.
Aktien			
US-Aktien	1,272	(170)	+223
US Index-Futures	124		+216
Ausländische Aktien	536		+110
Bonds (3)			
US-Reg.-Anl. Kurzfristig (4)			
Langfristig	326		+111
Japanische Bonds (5)			
Rohstoffe			
Öl		(28)	+27
Gold			

Nettodevisen-Position (6)	long	short	Netto-Veränd. (2) seit 21.02.
DM-verwandt	1,108		+325
Jap. Yen	492		-234
Pfund Sterling		(389)	-46
US-Dollar	81		+42
Andere Währungen	63		-18

dungen und die zunehmende Beschäftigung im Dienstleistungssektor sind weitere positive Einflüsse. Die Hauptquelle der negativen Einflüsse liegt in der Ölbranche. Im Investitionsbereich ist Öl eine der wesentlichen Komponenten, seine Bedeutung kommt in etwa der des Automobilsektors gleich. Andere Investitionsbereiche sind gleichfalls schwach, obwohl erwartet werden kann, daß sie sich im Laufe der Zeit erholen werden. Eine andere Quelle der Schwäche, das reduzierte Haushaltsdefizit, hat noch nicht genug Zeit gehabt, um sich bemerkbar zu machen. Die Sparquote scheint sich zu verbessern, was die Verbraucherausgaben in Grenzen hält. Die Anleger reagieren auf die niedrigeren Zinssätze mit dem Einstieg in Aktien und langfristige Bonds. All das bewirkt sowohl für die Bonds als auch für die Aktien bullishe Tendenzen.

Angesichts der rückläufigen Konjunktur sehe ich keinen Grund, meine Short-Positionen im Dollar zu verringern. Ich sehe die gegenwärtige Stärke des Dollar eher als Grund für die Erwartung weiter fallender Zinssätze. Also habe ich mich entschlossen, meine Long-Position in Bonds wieder aufzubauen. Bonds auf Basis einer Rendite von 7 1/2% zu kaufen, wenn man sie für 9 1/4% verkauft hat, ist keine leichte Entscheidung; die Logik der Situation zwingt mich aber dazu. Es ist inkonsequent, im Dollar short zu sein, ohne in den Bonds long zu sein – und ich glaube, es wäre falsch, jetzt den Dollar zu kaufen. Wie sieht es mit dem verwendeten Kredit aus? Alles in allem war es meine Abneigung, mit Krediten zu arbeiten, die mich damals dazu brachte, meine Position zu reduzieren. Ohne Zweifel erhöht der Einsatz von Kredit die Spannung, genauso aber verminderte es die Spannung, daß ich im Dollar short war, ohne in den Bonds long gegangen zu sein. Ich werde dem durch eine erhöhte Aufmerksamkeit begegnen.

Wie sind die Aussichten für einen nachhaltigen Rückschlag bei Aktien und Bonds? Wenn ich mir die innere Dynamik des Marktes ansehe, so finde ich, daß der Boom noch viel zu jung und zu kraftvoll ist, als daß er von alleine zusammenbrechen könnte. Die Anleger sind noch sehr vorsichtig, mich eingeschlossen. Die Aktien nähern sich gerade einem Punkt, an dem sie zu teuer für Übernahmen werden, und die Realverzinsung ist angesichts des Einbruchs der Ölpreise noch zu hoch. Entweder der Dollar oder die Zinssätze oder auch beide müssen nachgeben. Da sich der Dollar stabilisiert hat, sind es die Zinssätze, die sich noch weiter bewegen müssen.

Allein aus internen Gründen hat der Boom noch einen langen Weg vor sich: Die Aktienkurse könnten sich verdoppeln oder noch mehr vervielfachen, bevor sie anfällig werden. Einige der kleineren Aktienmärkte sind wesentlich stärker gefährdet. Italien ist so ein Fall. Sollten wir wirklich einen Crash bekommen, dürfte Italien vor den Vereinigten Staaten davon betroffen sein.

Gegenwärtig liegt die einzige Gefahr in einem von außen kommenden Schock. Sein möglicher Ursprung ist deutlich zu erkennen: Die Ölpreise befinden sich auf Kollisionskurs. Öl wird auch weiterhin fallen, bis sein Verfall irgendein katastrophales Ereignis auslöst, das den Trand stoppen oder umkehren wird. Wir können zwischen zwei Arten von kathartischen Ereignissen unterscheiden: militärischen und finanziellen.

Militärische/politische Entwicklungen sind stets schwierig vorherzusagen. Die Spannungen im Mittleren Osten nehmen zu. In Ägypten hatten wir beinahe eine Revolution, der Krieg zwischen Iran und Irak zeigt Zeichen einer Eskalation, das Einlaufen der amerikanischen Flotte in die Bucht von Sidra lief ohne ernsthafte Zwischenfälle ab. Wir müssen uns aber auf weitere Zwischenfälle einstellen. Da diese Ereignisse nicht vorhersehbar sind, ist alles, was ich tun kann, weiter wachsam zu sein. Ein vorsichtiger Einsatz von Kredit dient dazu, diese Wachsamkeit zu erhöhen.

Die finanziellen Auswirkungen der niedrigeren Ölpreise sind wesentlich klarer. Insbesondere Mexiko stellt sich darauf ein, daß etwas passiert. Wird es eine wohlgeordnete Rettungsaktion oder eine Konfrontation geben? Mexiko hat damit aufgehört, um Zinserleichterungen nachzusuchen. Wahrscheinlich wird irgendeine Art von auf Öl lautendem Wertpapier ausgegeben werden, um die von Mexiko benötigten Zugeständnisse zu verschleiern und ihrer Ausweitung auf andere Schuldnerländer vorzubeugen.

Was schwieriger auszuloten ist, ist die Reaktion der Märkte. Eine ordentliche Kursbereinigung würde den bullishen Trend verstärken, Zweifel an einer ordentlichen Bereinigung aber würden den Markt testen. Gegenwärtig stehen die Chancen gut, daß der Markt den Test überstehen wird, aber es wäre das Beste, während dieser Entscheidung keine Position zu halten.

SONNTAG, 6. APRIL 1986*

Am letzten Dienstag ging ich in S&P-Futures mit einer Summe short, die gleich groß meiner Long-Position im Bondmarkt ist. Ich warte nun auf den richtigen Einstiegspunkt, um meine Short-Position zu vergrößern, aber auch, um meine Gesamtposition noch weiter zu verkleinern.

Vize-Präsident Bush hat seine Absicht angekündigt, bei seinem Besuch in Saudi-Arabien über die Ölpreise zu sprechen.

Dieses hat eine negative Reaktion der Administration hervorgerufen, die zweifellos von seinem alten Feind Donald Regan in die Wege geleitet wurde. Das Endergebnis ist, daß sich die Chancen für eine Importsteuer auf Öl verringern. Es besteht zwar immer die Möglichkeit, daß die OPEC-Staaten sich einigen und die Produktion einschränken, ich halte diese Chance aber eher für niedrig. Nun, wo die Struktur zu Bruch gegangen ist, brauchen wir ein kathartisches Ereignis, um eine neue Struktur in Kraft zu setzen. Nachdem Saudi-Arabien den entscheidenden Schritt getan hat, warum sollte es jetzt das Risiko einer Notlösung auf sich nehmen? Die Vereinigten Staaten produzieren Öl teuer; wenn der gegenwärtige Kurs beibehalten wird, kann die US-Produktion dauerhaft verringert werden. Es stand zu erwarten, daß die US-Produktion protegiert werden würde; die jüngsten Ereignisse haben diese Möglichkeit aber verkleinert. Ich erwarte, daß sich der Druck auf die Ölpreise fortsetzen wird.

*Die Charts, die die Positionen und die Performance des Quantum Fonds vom 31. März 1986 bis zum 21. Juli 1986 zeigen, folgen ab Seite 239. Die Erklärung für die in Klammern gesetzten Bezugsgrößen (1) bis (6) in den Tagebuch-Eintragungen finden sich auf Seite 160.

04. April 1986

	Schluß 04.04.86	%-Veränd. ab 26.03.		Schluß 04.04.86	%-Veränd. ab 26.03.
DM	2.3955	-2.8	S&P 500	228.69	-3.6
¥	180.42	-0.4	US T-Bonds	100 11/32	+1.9
£	1.4500	-1.7	Eurodollar	93.13	+0.3
Gold	335.40	-2.6	Rohöl	12.74	+6.0
			Jap. Bonds	104.15	-1.3

QUANTUM FONDS-VERMÖGEN	1,251,000,000 $
Nettowert pro Anteilsschein	8.421 $
Veränderung seit 26.03.86	- 3 %
Veränderung seit 16.08.85	+93.1%

Depotstruktur (in Mill. Dollar)

Investment-Positionen (1)	long	short	Netto-Veränd. (2) seit 26.03.
Aktien			
US-Aktien	1171	(167)	-98
US Index-Futures		(572)	-696
Ausländische Aktien	499		-37
Bonds (3)			
US-Reg.-Anl. Kurzfristig (4)			
Langfristig	652		+326
Japanische Bonds (5)			
Rohstoffe			
Öl		(29)	-1
Gold			

Nettodevisen-Position (6)	long	short	Netto-Veränd. (2) seit 26.03.
DM-verwandt	1094		-14
Jap. Yen	474		-18
Pfund Sterling		(380)	+9
US-Dollar	63		-18
Andere Währungen	50		-13

Nachgebende Ölpreise sind so lange bullish, bis sich ihr Einfluß ins Gegenteil verkehrt. So eigenartig es auch aussehen mag, die meisten Vorhersagen haben die Reduzierung der US-Ölproduktion nicht berücksichtigt. Statt die Wirtschaft zu stimulieren, ist der anfängliche Einfluß negativ. Alles in allem scheint die Wirtschaft schwächer zu sein als die vorherrschenden Erwartungen. Aus diesem Grunde bin ich nicht bereit, meine Short-Position im Dollar zu reduzieren. Genaugenommen habe ich vor, sie durch das Eindekken meiner Short-Positionen im Brit. Pfund noch zu vergrößern. Scheinbar habe ich daran schon länger festgehalten als erwünscht war. Der Zinsvorsprung lockt Kapital ins Britische Pfund, und ich habe kein ausreichend starkes Argument, um mich gegen den Trend zu stemmen.

NETTOWERT PRO ANTEILSSCHEIN DES FONDS IM VERGLEICH ZUR MARKTENTWICKLUNG
Kontroll-Phase: 09.12.1985 bis 20.07.1986

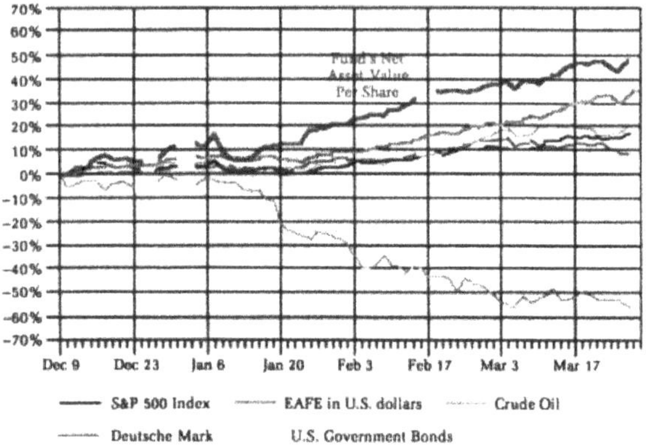

(S&P-Index, EAFE in US-Dollar, Rohöl, Deutsche Mark, US-Regierungsanleihen)

GEWINNE UND VERLUSTE DES FONDS
(aufgeschlüsselt in größeren Positionen)

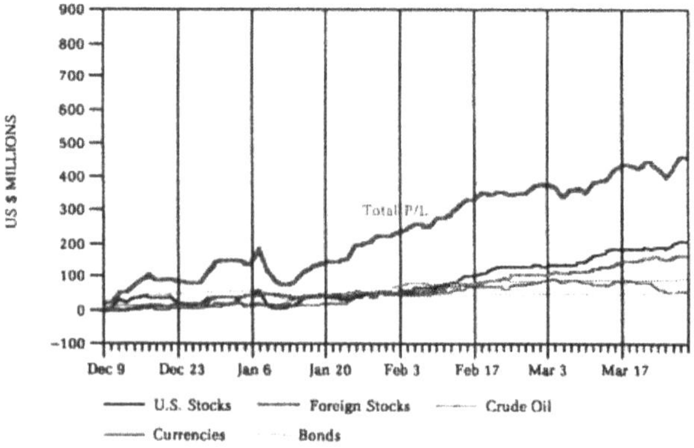

(US-Aktien, Ausländische Aktien, Rohöl, Währungen, Bonds)

Anmerkung:

(1) Berechnung aller Kurse als prozentuale Veränderung gegenüber dem ersten eingetragenen Tag.

(2) EAFE ist Morgan Stanleys Capital International Index für europäische, australische und fernöstliche Märkte in Dollar.

(3) Die Kurse für Öl und Regierungsanleihen sind die Schlußkurse des nächstfälligen Futureskontrakts.

(4) Währungsgewinne und -verluste schließen nur Termin- bzw. Futureskontrakte ein. Gewinne und Verluste bei ausländischen Aktien schließen die Währungsgewinne oder -verluste aus den Positionen ein.

DEVISENKURSE
Kontroll-Phase: 09.12.1985 bis 20.07.1986

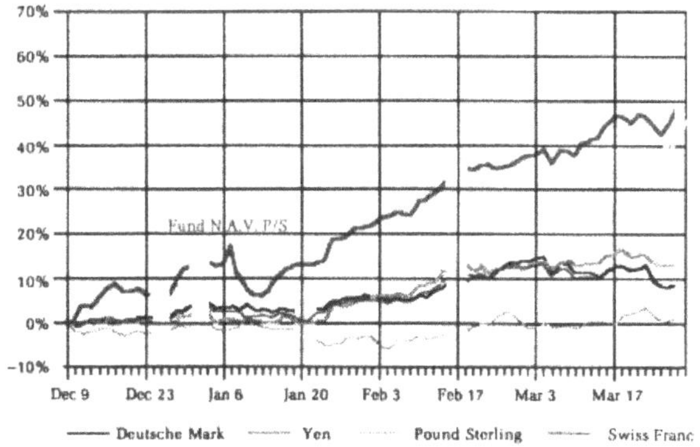

(Deutsche Mark, Yen, Pfund Sterling, Schweizer Franken)

NETTO-WÄHRUNGS-POSITION
(Linie stellt das Fondsvermögen dar)

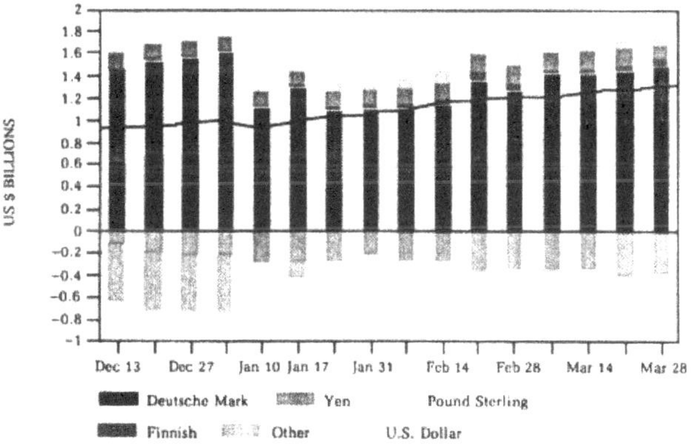

(Deutsche Mark, Yen, Pfund Sterling, Finmark, Andere..., US-Dollar)

Anmerkung:

(1) Die Kurse werden in US-Dollar als prozentuale Veränderung gegenüber dem ersten aufgeführten Tag abgebildet. Es werden die New Yorker Schlußkurse verwendet.

(2) Netto-Fremdwährungsengagements, eingeschlossen Aktien, Bonds, Futures, Bargeld und Einschußzahlungen; ist gleich dem Beteili-gungskapital des Fonds. Eine Short-Position in Dollar zeigt den Betrag an, um den das Engagement in den Währungen das Vermögen des Fonds übertrifft.

(3) Währungspositionen auf Basis der Wochenschlußkurse.

US-AKTIENMARKT
Kontrollphase: 09.12.1985 bis 20.07.1986

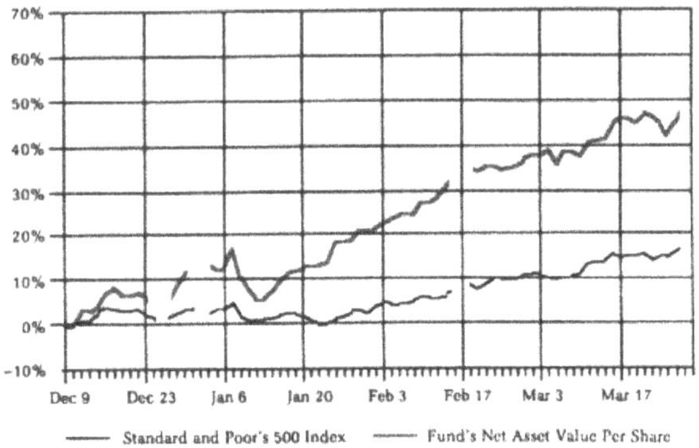

(Standard und Poor's 500 Index, Nettowert pro Anteilsschein des Fonds)

POSITIONEN AM US-AKTIENMARKT
in Milliarden US$

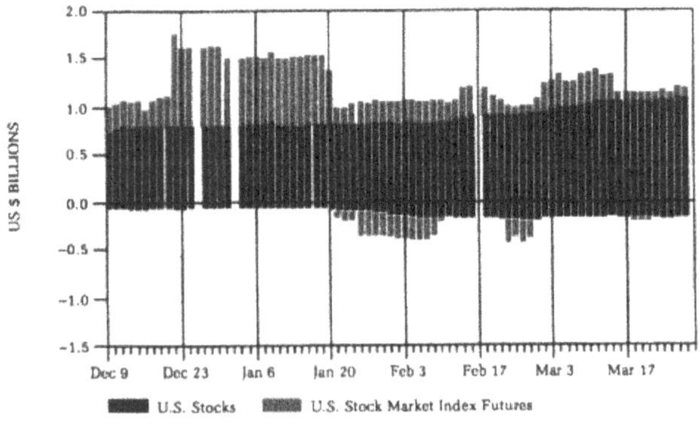

(US-Aktien, Index-Futures auf den US-Aktienmarkt)

GEWINNE UND VERLUSTE AM US-AKTIENMARKT
in Millionen US$

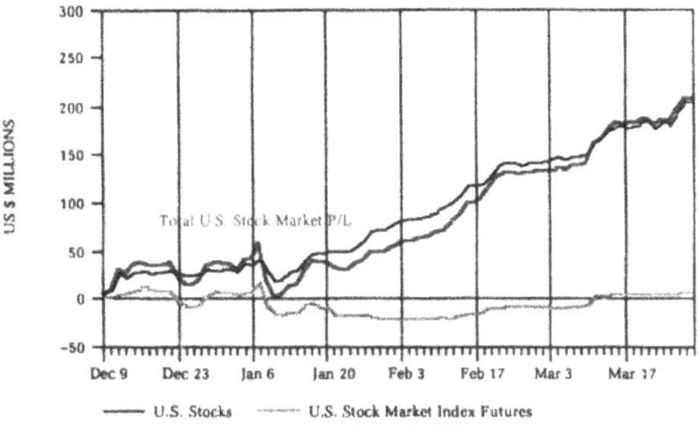

(US-Aktien, Index-Futures auf den US-Aktienmarkt)

Anmerkung:
(1) Die Gesamtsumme der Gewinne und Verluste am US-Aktienmarkt schließt Positionen in Aktien und in Index-Futures ein.

KURSENTWICKLUNG AUSLÄNDISCHER AKTIENMÄRKTE
Kontrollphase: 09.12.1985 bis 20.07.1986

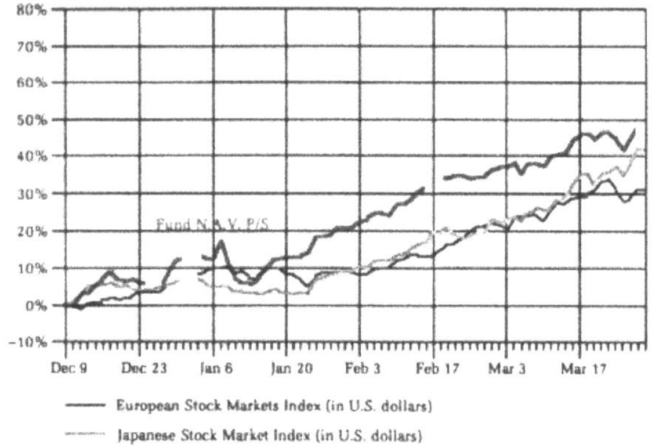

(Index der europäischen Aktienmärkte (in US-Dollar), Index des japanischen Aktienmarktes (in US-Dollar))

POSITIONEN IN AUSLÄNDISCHEN AKTIEN
in Millionen US$

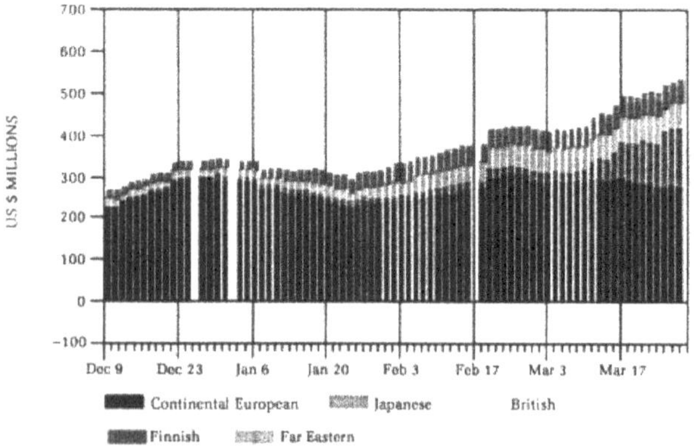

(Kontinental-europäische, japanische, britische, finnische, fernöstliche)

G/V IN AUSLÄNDISCHEN AKTIEN
in Millionen US$

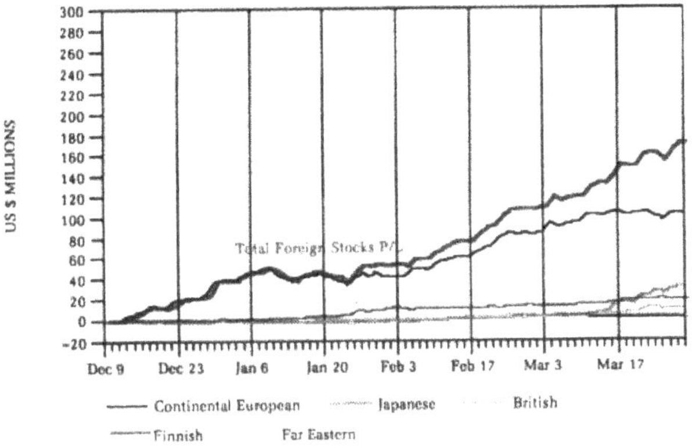

(Kontinental-europäische, japanische, britische, finnische, fernöstliche)

Anmerkungen:

(1) Die Gesamtsumme der Gewinne und Verluste in ausländischen Aktienmärkten beinhaltet die Währungsgewinne oder -verluste bei ausländischen Aktien.

(2) Unter die fernöstlichen Positionen fallen Hongkong, Korea, Taiwan, Australien und Thailand.

ROHSTOFFPREISE
Kontrollphase: 09.12.1985 bis 20.07.1986

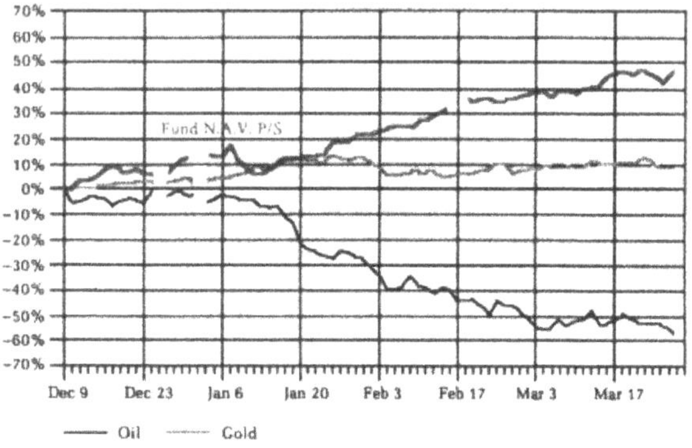

(Öl, Gold)

ROHSTOFF-POSITIONEN
in Millionen US$

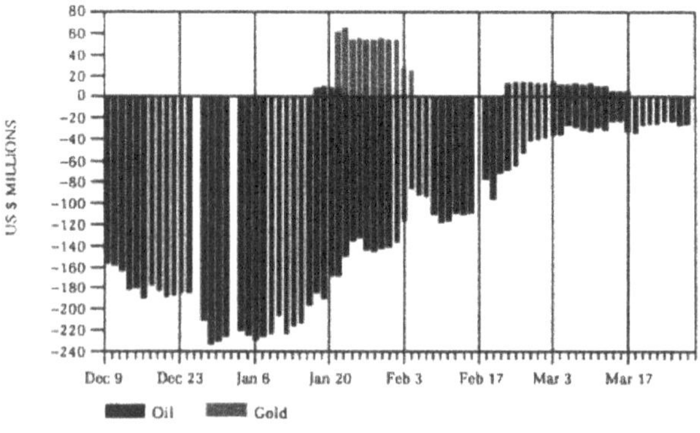

(Öl, Gold)

GEWINNE UND VERLUSTE BEI ROHSTOFFEN
in Millionen US$

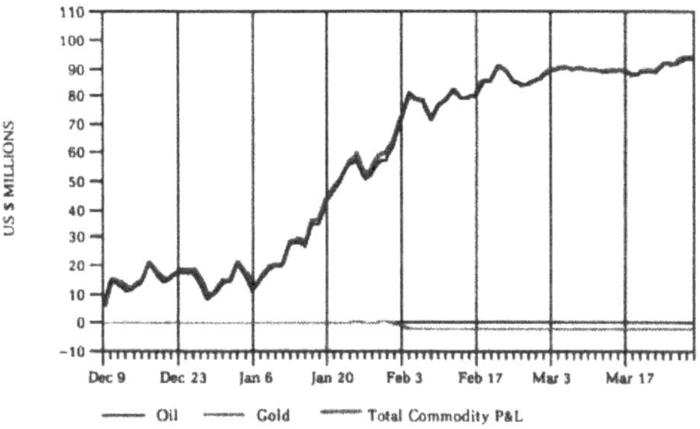

(Öl, Gold, Gesamtgewinne und -verluste mit Rohstoffen)

FESTVERZINSLICHE WERTPAPIERE

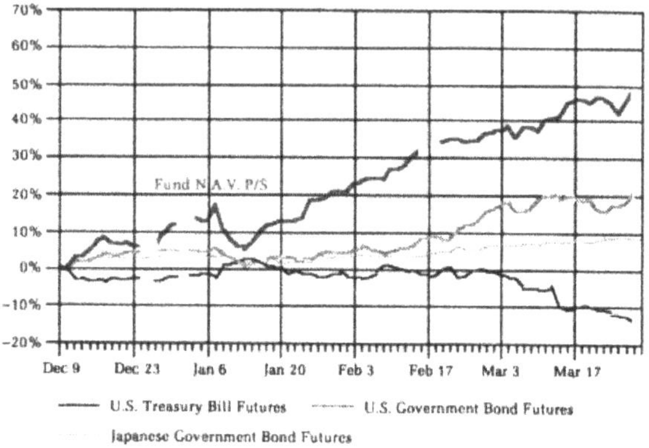

(Futures auf US-Treasury Bills, Futures auf US-Regierungsbonds, Futures auf japanische Regierungsbonds)

POSITIONEN IN FESTVERZINSLICHEN WERTPAPIEREN in Milliarden US$

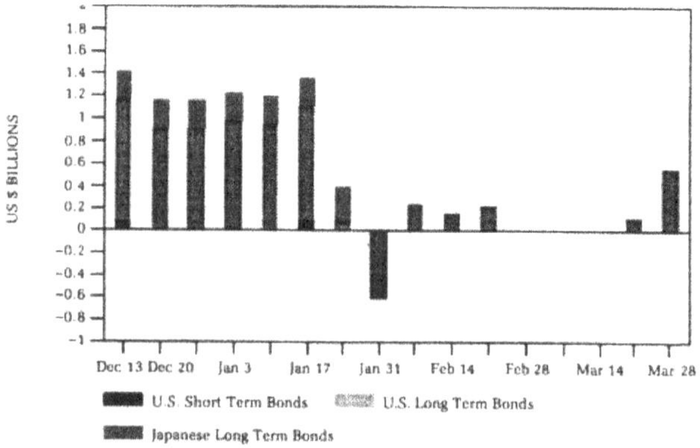

(Kurzfristige, US-Bonds, langfristige US-Bonds, langfristige japanische Bonds)

GEWINNE UND VERLUSTE
BEI FESTVERZINSLICHEN WERTPAPIEREN
in Millionen US$

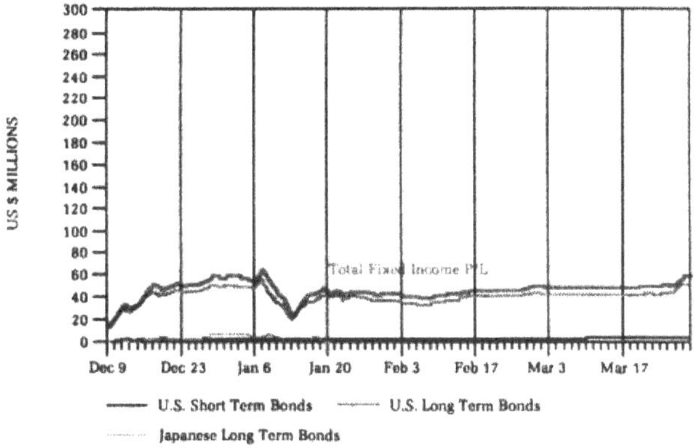

(Kurzfristige US-Bonds, langfristige US-Bonds, langfristige japanische Bonds)

Anmerkungen:

(1) Positionen und Gewinne und Verluste bei kurzfristigen US-Bonds schlies-sen Treasury-Bills, Futures auf Treasury-Bills und Eurodollar und Trea-sury-Notes mit einer Laufzeit bis zwei Jahren ein.

(2) Alle US-Regierungsanleihen wurden auf den gemeinsamen Nenner der 30-jährigen Regierungsanleihen gebracht. Die Basis für diese Berechnung ist der Kurseffekt der jeweiligen Renditeveränderung. Der Nennwert von 100 Millionen $ in 4-jährigen Treasury-Notes entspricht z.B. einem Kurswert von 28,5 Millionen Dollar bei den 30-jährigen Regierungsanleihen.

(3) Japanische Bonds haben eine erheblich geringere Volatilität als US-Regierungsanleihen. Am 30. Juni 1986 z.B. hatten japanische Regierungsanleihen im Nennwert von 100 Millionen $ ungefähr die gleiche Volatilität wie 66,2 Millionen $ in 30-jährigen US-Regierungsanleihen. Wir haben diese Beträge nicht bereinigt.

(4) Positionen auf Basis der Wochenschlußkurse dargestellt

Mit der von mir aufgebauten Cross-Position – long Bonds/short S&P-Futures – bin ich sehr zufrieden, weniger glücklich aber mit meiner Long-Position in Aktien. Ich warte auf eine Gelegenheit, um dieses Engagement zu reduzieren. Ich erwarte zwar keinen Kollaps, aber eine Korrektur unbekannten Ausmaßes. Die anfängliche Reaktion sollte sowohl für Aktien als auch für Bonds positiv sein. Sie kann aber erst nach dem Treffen der OPEC am 15. April erfolgen.

MITTWOCH, 09. APRIL 1986

Der Markt sprang während der letzten beiden Tage hin und her, und ich tat es ihm gleich. Am Montag vollzog Öl eine scharfe Rallye, und Bonds, Aktien und Devisen brachen ein; am Dienstag kehrten alle Märkte ihre Richtung um. Die Bewegung am Montag traf mich an allen Fronten. Mir wurde klar, wie anfällig mein Portefeuille für Schwankungen des Ölpreises war, ich erkannte auch, daß die Hebelwirkung größer war als ich angenommen hatte. Ich hatte meine Cross-Position DM/Brit. Pfund vernachlässigt, die sich mit Macht gegen mich wandte. Um einmal den Betrag zu nennen: Ich verlor seit Beginn der Korrektur schlappe 100 Millionen Dollar, und das trotz meiner Absicherung über die S&P-Futures, die mir etwa 20 Millionen Dollars ersparten.

Am Montag halbierte ich sowohl meine Position in Dollar/Britisches Pfund als auch im Öl und deckte 40% meiner S&P-Shortposition ein. Am Dienstag deckte ich den Rest meiner S&P-Short-Position ein und erwarb im Aktienbereich einige Schnäppchen. Das Resultat sieht so aus, daß ich meine Position in Aktien und Bonds vergrößert, die in Devisen und Öl aber verkleinert habe.

Gestützt auf Informationen, die ich Montagmorgen erhielt, änderte ich meine kurzfristige Einschätzung zu Öl.

Ich wurde auf zwei positive Sachverhalte aufmerksam: zum einen auf die Wahrscheinlichkeit, daß die Autofahrer in diesem Sommer mehr Treibstoff verbrauchen werden, insbesondere wegen des Einflusses des Terrorismus auf Flugreisen, zum anderen auf die absehbare Entwicklung, daß die Ölgesellschaften ihre Nordsee-Ölförderung als zusätzliche Lieferquelle schließen werden, da sie durch ihr Gewinnsicherungsabkommen mit Saudi Arabien fast genauso viel Geld machen können. Daher kann es im Vorfeld des OPEC-Treffens in der nächsten Woche eine Trading-Rallye geben. Durch den Kauf von Brent errichte ich eine Cross-Position Brent gegen WTI (inländische Ölsorte). In Erwartung rückläufiger Einfuhrzölle erscheint mir das sinnvoll.

Hinsichtlich des britischen Pfundes habe ich keine konkreten Vorstellungen. Es reagiert derzeit eher auf das positive Zinsgefälle als auf den Ölpreis. Wenn es weiter zulegt, wird das Zinsgefälle abgebaut werden, da die Regie-

08. April 1986

	Schluß 08.04.86	%-Veränd. ab 04.04.		Schluß 08.04.86	%-Veränd. ab 04.04.
DM	2.3325	+2.6	S&P 500	242.38	+6.0
¥	179.80	+0.3	US T-Bonds	101 31/32	+1.6
£	1.4650	+1.0	Eurodollar	93.30	+0.2
Gold	340.00	+1.4	Rohöl	12.47	-2.1
			Jap. Bonds	103.58	-0.5

QUANTUM FONDS-VERMÖGEN	1,290,000,000 $
Nettowert pro Anteilsschein	8.684 $
Veränderung seit 26.03.86	+3.1%
Veränderung seit 16.08.85	+99.1%

Depotstruktur (in Mill. Dollar)

Investment-Positionen (1)	long	short	Netto-Veränd. (2) seit 04.04.	Nettodevisen-Position (6)	long	short	Netto-Veränd. (2) seit 04.04.
Aktien				DM-verwandt	810		-284
US-Aktien	1231	(169)	+58	Jap. Yen	504		+30
US Index-Futures			+572	Pfund Sterling		(177)	+203
Ausländische Aktien	578		+79	US-Dollar	153		+90
Bonds (3)				Andere Währungen	57		+7
US-Reg.-Anl. Kurzfristig (4)							
Langfristig	656		+4				
Japanische Bonds (5)							
Rohstoffe							
Öl		(12)	+17				
Gold							

rung das Pfund nicht steigen lassen kann. Das schränkt das Aufwärtspotential des britischen Pfundes ein; das allein ist aber kein guter Grund, um short zu sein. Die schlichte Wahrheit ist, daß ich diese Position vernachlässigt und es versäumt habe, Gewinne mitzunehmen; jetzt muß ich aus der Position ohne Gewinn aussteigen. Die Hälfte der Position habe ich sofort verkauft, den Rest hoffe ich, zu besseren Kursen verkaufen zu können. Der Kreditzins in Großbritannien wurde tatsächlich am Dienstag um 1/2% gekürzt, was die Rallye in den US-Aktien und -Bonds auslöste.

Die Aktien- und Bondmärkte reagierten negativ auf den Anstieg der Ölpreise, aber das hat mich noch bullisher werden lassen. Die wirkliche Gefahr besteht in meinen Augen in einem weiteren Preisverfall. Ich betrachtete den Kursrückgang als eine gesunde Korrektur innerhalb eines Bullenmarktes und als eine Kaufgelegenheit, die ich im Rahmen des Vernünftigen auszunutzen beschloß. Ich bin jetzt voll investiert.

Der Trick scheint zu funktionieren. Die grundlegende wirtschaftliche Schwäche wird nun allenthalben erkannt, und es gibt einen allgemeinen Konsens hinsichtlich weiterer, koordinierter Zinssenkungen. Diese Erwartung ist groß genug, um die Bedenken wegen Libyen zu verdrängen, obwohl eine Vergeltung durch die USA dort fast unausweichlich ist.

Nach einer Phase erhöhter Aktivität hoffe ich, mich nun wieder zurücklehnen zu können. Ich werde den Krediteinsatz reduzieren, wenn auch noch nicht so bald. Ich würde die Gewinne gerne eine Zeit lang laufen lassen.

MITTWOCH, 21. MAI 1986

Im April blieb ich im großen und ganzen ziemlich passiv, und das wenige, das ich tat, diente der Verkleinerung meiner Positionen. Ich verkaufte einen kleinen Teil meiner Aktien, einen größeren Teil der Devisenpositionen und fast die gesamte Bond-Position. Anfang Mai wurde ich aktiver. Zum Zeitpunkt der Quartalsrefundierung unternahm ich einen Ausflug in die Bonds, der zuerst sehr gut aussah, sich hernach aber sehr negativ entwickelte. Ich nahm meine Verluste früh mit, begann aber dann, als die Bonds noch schwächer wurden, erneut mit dem Aufbau einer Position. Andererseits ging ich in S&P-Futures eine bedeutende Position ein, so daß ich jetzt in Aktien eine leicht negative Position habe, die meine positive Position in den Bonds mehr oder weniger aufwiegt.

Außerdem habe ich während des steigenden Marktes eine Short-Position im Öl aufgebaut, die gegenwärtig einen Verlust ausweist. Des weiteren bin ich dabei, eine Short-Position im Gold zu errichten. Wie schon erwähnt, haben mich meine Trading-Aktivitäten einiges an Geld gekostet, aber sie haben mich in eine Lage versetzt, in der ich mich wohl fühle. Mein Ziel ist eher, meine Verluste zu begrenzen, statt viel Geld zu verdienen.

Die Aussichten für den Dollar bleiben recht unklar: eine Halb-und halb-Mischung scheint das Sicherste zu sein. Die Abschwächung des Dollarkurses führte weiter als von den Behörden beabsichtigt, außerdem gibt es zwischen den Großmächten mehr Unstimmigkeiten, als mir lieb ist. Zudem geht die Federal Reserve, die immer noch unter dem Einfluß des Monetarismus steht, von einer Erholung der Konjunktur in der zweiten Jahreshälfte aus. All das trägt dazu bei, die Wahrscheinlichkeit für weitere Zinssenkungen zu verringern.

20. Mai 1986

	Schluß 20.05.86	%-Veränd. ab 08.04		Schluß 20.05.86	%-Veränd. ab 08.04.
DM	2.3100	+1.0	S&P 500	236.11	-2.6
¥	168.18	+6.5	US T-Bonds	96 05/32	-5.7
£	1.5215	+3.9	Eurodollar	92.96	-0.4
Gold	339.00	-0.3	Rohöl	16.04	+28.6
			Jap. Bonds	102.42	-1.1

QUANTUM FONDS-VERMÖGEN	1,367,000,000 $
Nettowert pro Anteilsschein	9.202 $
Veränderung seit 08.04.86	+6.0%
Veränderung seit 16.08.85	+111.0%

Depotstruktur (in Mill. Dollar)

Investment-Positionen (1)	long	short	Netto-Veränd. (2) seit 08.04.	Nettodevisen-Position (6)	long	short	Netto-Veränd. (2) seit 08.04.
Aktien				DM-verwandt	485		-325
US-Aktien	1208	(58)	+88	Jap. Yen	159		-345
US Index-Futures		(770)	-770	Pfund Sterling		(21)	+156
Ausländische Aktien	573		-5	US-Dollar	744		+591
				Andere Währungen	148		+91
Bonds (3)							
US-Reg.-Anl.							
Kurzfristig (4)							
Langfristig	313		-343				
Japanische Bonds (5)							
Rohstoffe							
Öl		(75)	-63				
Gold		(29)	-29				

MONTAG, 21. JULI 1986: ENDE DER KONTROLLPHASE

Seit Ende des Real-Time-Experiments habe ich meinen ersten strategischen Kurswechsel vorgenommen. Ohne die These aufzugeben, daß wir uns im „Bullenmarkt unseres Lebens“ befinden, habe ich mir eine neue These zu eigen gemacht, nämlich, daß der Bullenmarkt durch eine vom Kollaps der Ölpreise hervorgerufene deflationäre Spirale abgekürzt werden könnte. Diese Hypothese wird innerhalb der nächsten Monate einem Test unterworfen werden; sollten wir diesen Test überstehen, so wird die Hypothese des „Bullenmarktes unseres Lebens“ in Kraft bleiben – seine Lebensdauer wird sich sogar verlängern. Somit werde ich also in näherer Zukunft mit zwei sich widersprechenden Thesen arbeiten. Dies ist ein geeignetes Objekt für ein zweites Real-Time-Experiment; ich werde also die Kontrollphase hier beenden.

An meinem Wertpapierdepot habe ich seit dem letzten Bericht nicht viel verändert. Meine wichtigste Aktion betraf die Devisen – und sie war kostspielig. Zuerst deckte ich meine gesamte Position im Dollar ein und ging dann auf niedrigerem Niveau erneut eine völlig abgesicherte Position ein. Mein erster Schritt wurde durch einige Anzeichen ausgelöst, die signalisier-

21. Juli 1986

	Schluß 21.07.86	%-Veränd. ab 20.05.8		Schluß 21.07.86	%-Veränd. ab 20.05.
DM	2.1195	+8.2	S&P 500	236.22	0
¥	179.65	-6.8	US T-Bonds	99 31/32	+4.0
£	1.4995	-1.4	Eurodollar	93.64	+0.7
Gold	355.00	+4.7	Rohöl	13.09	-18.4
			Jap. Bonds	103.32	+0.9

QUANTUM FONDS-VERMÖGEN		1,478,000,000 $
Nettowert pro Anteilsschein	9.885 $	
Veränderung seit 08.04.86	+7.4%	
Veränderung seit 16.08.85	+126.7%	

Depotstruktur (in Mill. Dollar)

Investment-Positionen (1)	long	short	Netto-Veränd. (2) seit 20.05.	Nettodevisen-Position (6)	long	short	Netto-Veränd. (2) seit 20.05.
Aktien				DM-verwandt	795		+310
US-Aktien	1089	(86)	-147	Jap. Yen	549		+390
US Index-Futures		(950)	-180	Pfund Sterling		(25)	- 4
Ausländische Aktien	604		+31	US-Dollar	159		-585
				Andere Währungen	202		+54
Bonds (3)							
US-Reg.-Anl. Kurzfristig (4)	29		+29				
Langfristig		(570)	-883				
Japanische Bonds (5)	1334		+1334				
Rohstoffe							
Öl		(43)	+32				
Gold		(34)	- 5				

ten, daß die US-Konjunktur sich verbessern würde: Die Frühindikatoren und der Index der Einkaufsmanager für Mai waren trügerisch stark. Zu den Währungen hatte ich keine klare Einschätzung, und ich verspürte wenig Lust, meine angesammelten Gewinne zu verlieren. Ich dachte mir, daß man einen auf Dollar lautenden Fonds, der sich im Dollar engagiert, genauso gut als neutral bezeichnen kann wie eine Halb-und halb-Position. Überflüssig zu erwähnen, daß ich die Position dicht am oberen Rand der Tradingrange schloß.

Tatsache ist, daß es sehr schwierig ist, innerhalb eines schwankenden Devisenmarktes eine „neutrale" Position zu halten. Die Marktteilnehmer müssen eine existentielle Entscheidung treffen, und wenn sie keine klare Einschätzung haben, müssen sie zwangsläufig die falsche Entscheidung treffen. Natürlich kann man seine Position durch den Kauf von Devisenoptionen „neutralisieren", in diesem Fall muß man aber für die Neutralität eine ganze Menge Geld bezahlen. Während der letzten Monate der Kontrollphase hatte ich keinen so engen Marktkontakt wie während des Experimentes selbst.

Ich arbeitete an den mehr theoretischen Teilen des Buches und verbrachte Mai und Juni in Europa. Die makroökonomischen Bewegungen, die ich während der Kontrollphase vollzogen habe, geben dies wieder: Sie tragen nur sehr wenig zum Gesamtergebnis bei; wenn ich das Trading in den Währungen berücksichtige, war ihr Netto-Beitrag sogar negativ. Wie die folgende Tabelle zeigt, kam der größte Teil der Gewinne von der Aktien-Seite.

Die Zusammensetzung des Aktien-Portefeuilles im Detail zu diskutieren würde zu weit führen; es verdient aber, herausgestellt zu werden, daß zumindest zwei größere Anlageschwerpunkte eng mit dem Konzept des „Bullenmarktes unseres Lebens" verwandt sind: der eine betrifft finnische Aktien, der andere japanische Eisenbahn- und Immobilienaktien. Das Immobilienkonzept erstreckt sich auch auf Hongkong. Zusammengerechnet machen diese Anlagen mehr als zwei Drittel meiner Aktienpositionen außerhalb der USA und 40% meiner gesamten Aktienpositionen aus.

Ob der „Bullenmarkt unseres Lebens" die nächsten Monate überstehen wird, wird Gegenstand eines neuen Experiments sein. Wie immer auch das Ergebnis aussehen wird, die These hat mir bis jetzt für das Management meines Investmentfonds gute Dienste geleistet. Ich hoffe, daß die Wiederaufnahme des Experiments meinen Blick genauso schärfen wird wie beim letzten Mal.

Quantum Fonds

Gewinne & Verluste 1. Hj. 1986 (in Mill. Dollar)

Aktien	+	341%
Bonds	+	22,3%
Devisen	+	53,3%
Öl	+	82%
Gold	-	2,2%
Übrige	-	16,8%
Zusammen	**+**	**479,8%**

NETTOWERT PRO ANTEILSCHEIN DES FONDS
IM VERGLEICH ZUR MARKTENTWICKLUNG
Kontrollphase: 09.12.1985 bis 20.07.1986

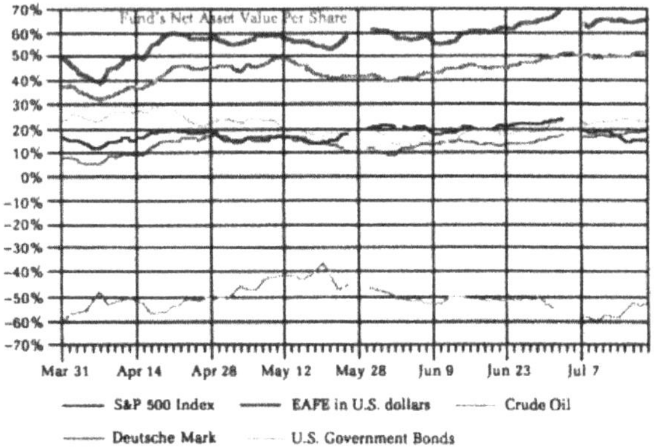

(S&P 500-Index, EAFE in US-Dollar, Rohöl, Deutsche Mark, US-Regierungsanleihen)

GEWINNE UND VERLUSTE DES FONDS
(aufgeschlüsselt in die größeren Positionen)

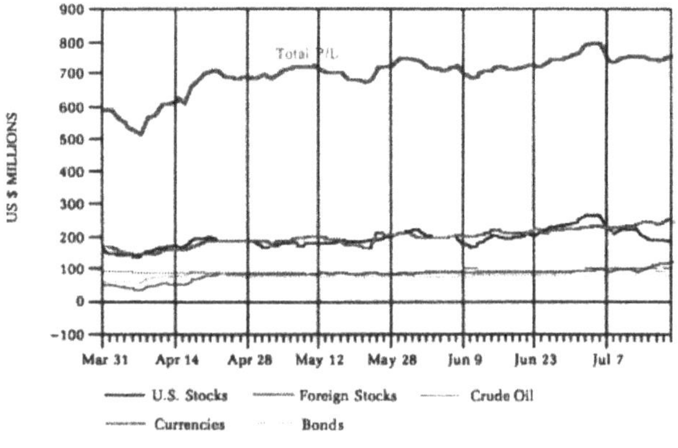

(US-Aktien, Ausländische Aktien, Rohöl, Devisen, Bonds)

(1) Berechnung aller Kurse als prozentuale Veränderung gegenüber dem ersten eingetragenen Tag.
(2) EAFE ist Morgan Stanleys Capital International Index für eruopäische, australische und fernöstliche Märkte in Dollar.
(3) Die Kurse für Öl und Regierungsanleihen schließen nur Termin- und Futureskontrakte ein. Gewinne und Verluste bei ausländische Aktien schließen die Währungsgewinne oder -verluste aus den Positionen ein.

DEVISENKURSE
Kontrollphase: 09.12.1985 bis 20.07.1986

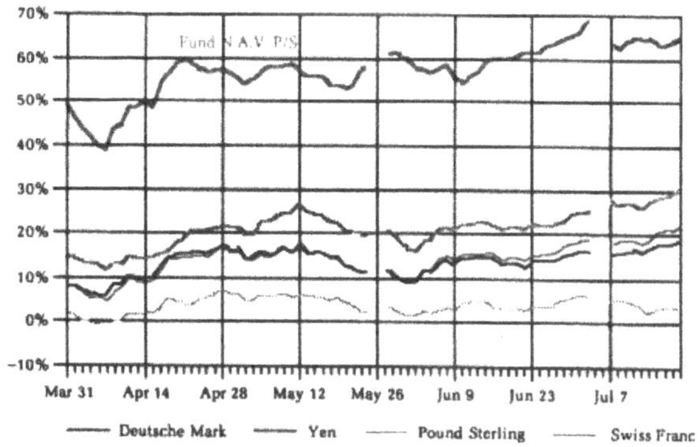

(Deutsche Mark, Yen, Pfund Sterling, Schweizer Franken)

NETTO-WÄHRUNGS-POSITION
IN MRD. US-DOLLAR
(Linie stellt das Fondsvermögen dar)

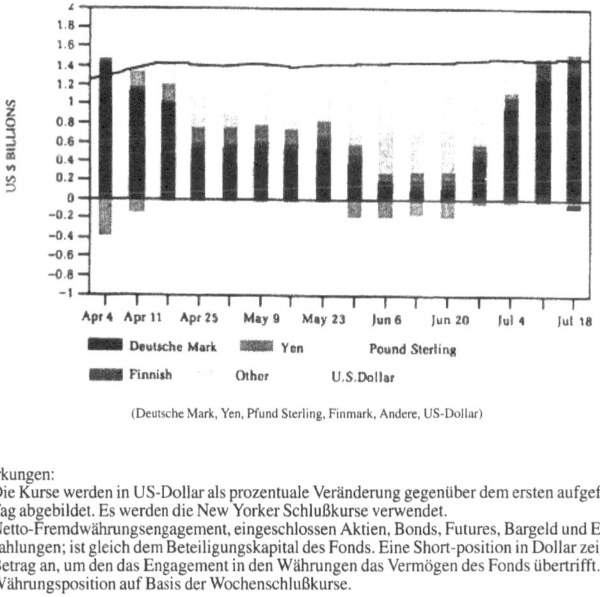

(Deutsche Mark, Yen, Pfund Sterling, Finmark, Andere, US-Dollar)

Anmerkungen:
(1) Die Kurse werden in US-Dollar als prozentuale Veränderung gegenüber dem ersten aufgeführten Tag abgebildet. Es werden die New Yorker Schlußkurse verwendet.
(2) Netto-Fremdwährungsengagement, eingeschlossen Aktien, Bonds, Futures, Bargeld und Einschlußzahlungen; ist gleich dem Beteiligungskapital des Fonds. Eine Short-position in Dollar zeigt den Betrag an, um den das Engagement in den Währungen das Vermögen des Fonds übertrifft.
(3) Währungsposition auf Basis der Wochenschlußkurse.

US-AKTIENMARKT
Kontrollphase: 09.12.1985 bis 20.07.1986

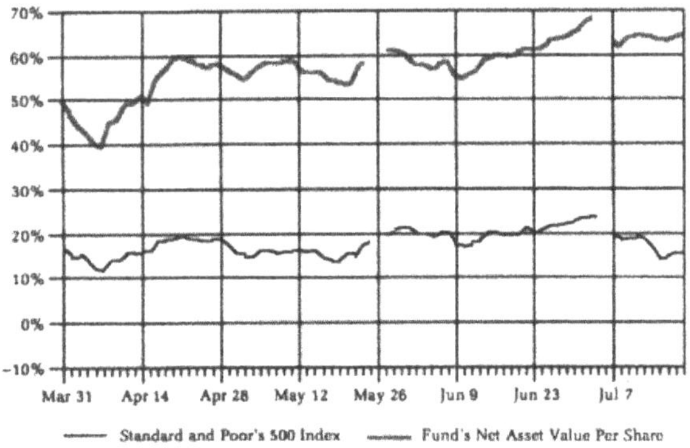

(Standard and Poors 500-Index, Nettowert pro Anteilsschein des Fonds)

POSITIONEN IM US-AKTIENMARKT
(aufgeschlüsselt in die größeren Positionen)

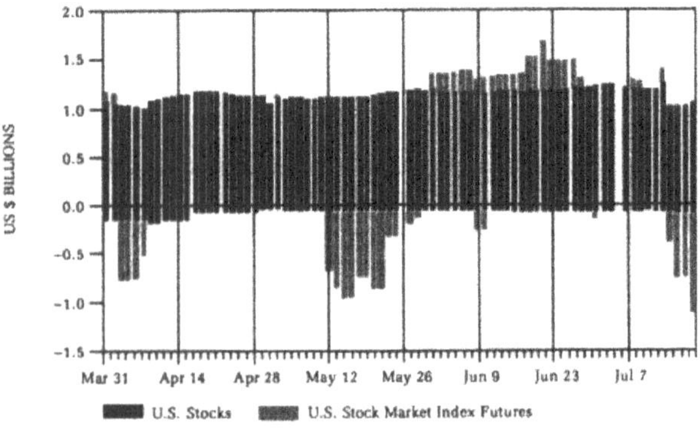

(US-Aktien, Futures auf US-Aktien-Indizes)

GEWINNE UND VERLUSTE AM US-AKTIENMARKT

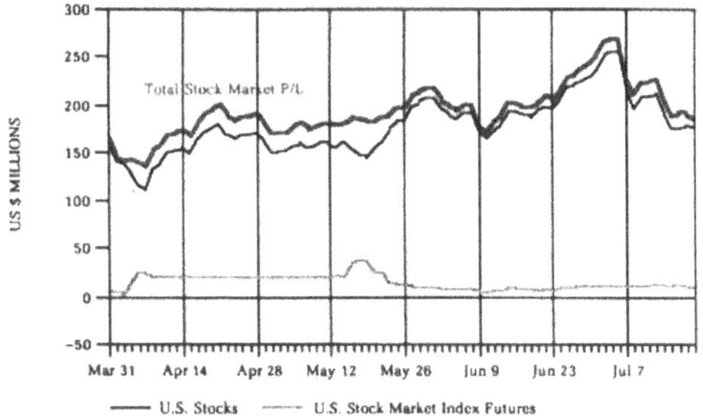

(US-Aktien, Futures auf US-Aktien-Indizes)

Anmerkungen:

(1) Die Gesamtsumme der Gewinne und Verluste am US-Aktienmarkt schließt Aktienpositionen und Index-Futures ein.

KURSE AUSLÄNDISCHER AKTIENMÄRKTE
Kontrollphase: 09.12.1985 bis 20.07.1986

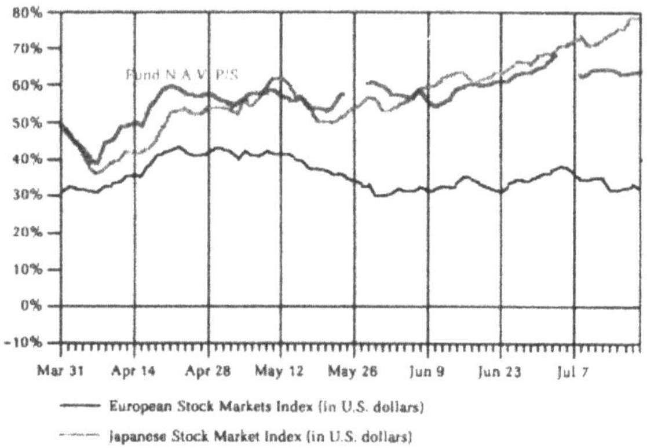

(Index der europäischen Aktienmärkte (in US-Dollar)
Indes des japanischen Aktienmarktes (in US-Dollar))

POSITIONEN IN AUSLÄNDISCHEN AKTIEN
IN MILLIONEN US $

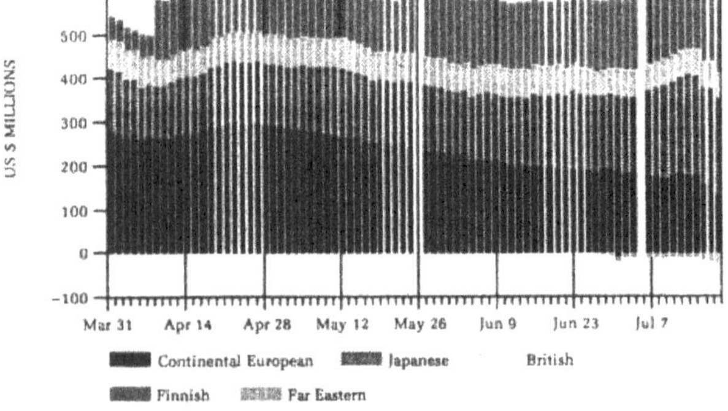

(Kontinental-europäische, japanische, britische, finnische, fernöstliche)

GEWINNE/VERLUSTE BEI AUSLÄNDISCHEN AKTIEN
In Millionen US Dollar

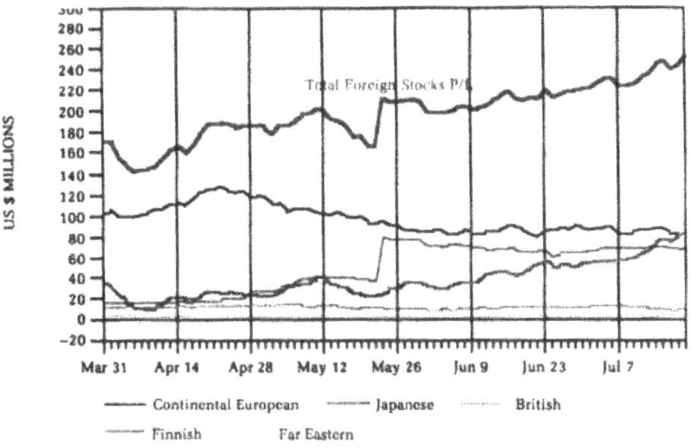

(Kontiental-europäische, japanische, britische, finnische, fernöstliche)

Anmerkungen:
(1) Die Gesamtsumme der Gewinne und Verluste in ausländischen Aktienmärkten schließt die Fremdwährungsgewinne oder -verluste auf die ausländischen Aktienpositionen ein.
(2) Unter die fernöstlichen Positionen fallen Honkong, Korea, Taiwan, Australien und Thailand.

ROHSTOFFPREISE
in Millionen US $

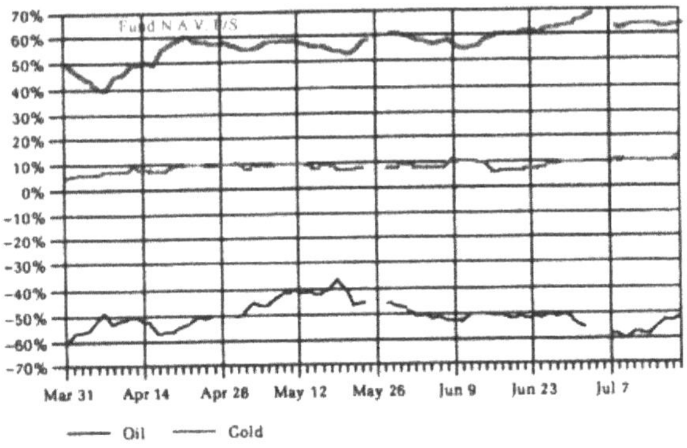

(Öl, Gold)

ROHSTOFFPOSITIONEN
Kontrollphase: 09.12.1985 bis 20.07.1986

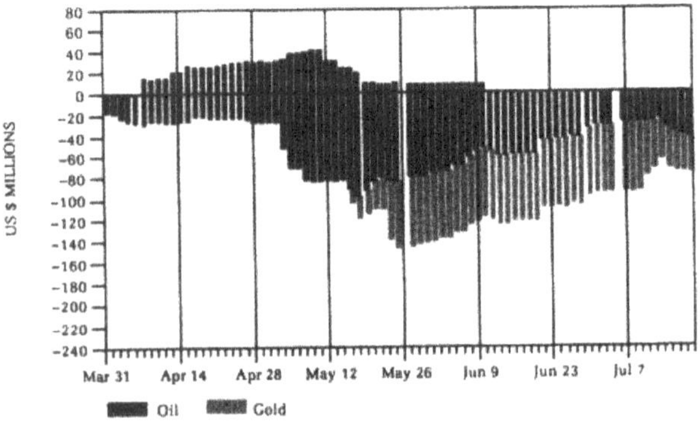

(Öl, Gold)

GEWINNE UND VERLUSTE BEI ROHSTOFFEN
in Millionen US $

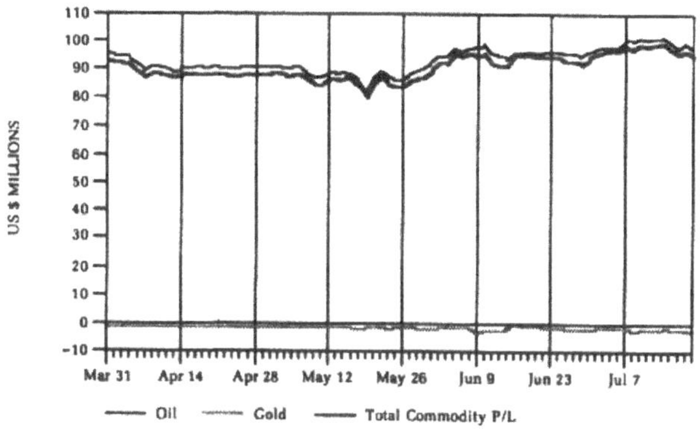

(Öl, Gold, Gesamtgewinne und -verluste mit Rohstoffen)

FESTVERZINSLICHE WERTPAPIERE
Kontrollphase: 09.12.1985 bis 20.07.1986

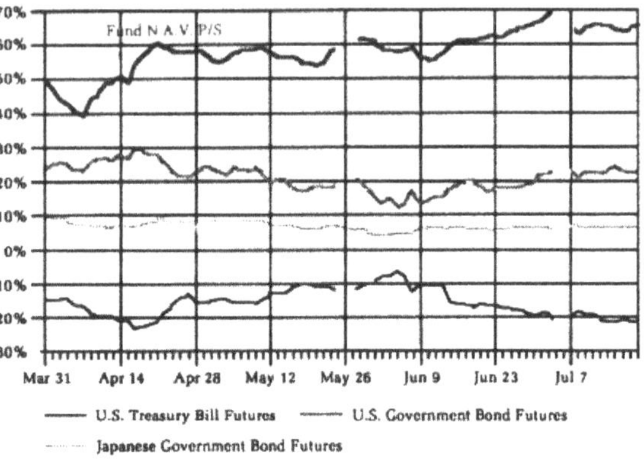

(US-Treasury Bill-Futures, Futures auf US-Regierungsbonds, Futures auf Japanische Goverment Bonds)

POSITIONEN IN FESTVERZINSLICHEN WERTPAPIERERN
in Milliarden US $

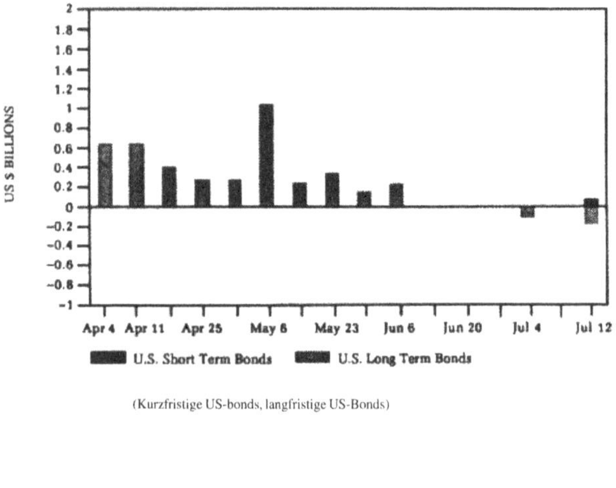

(Kurzfristige US-bonds, langfristige US-Bonds)

GEWINNE UND VERLUSTE BEI FESTVERZINSLICHEN WERTPAPIEREN in Milliarden US $

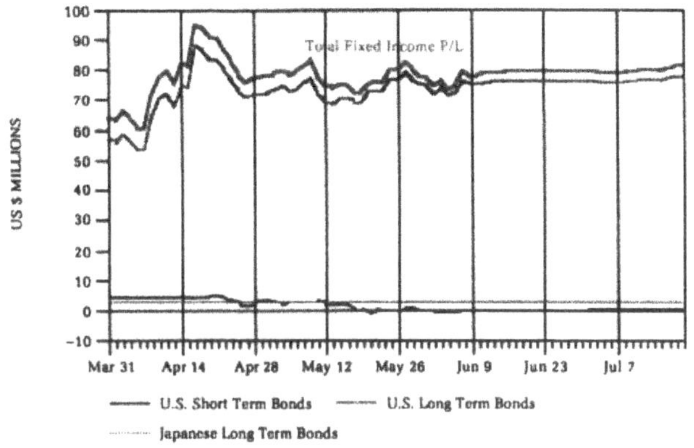

(Kurzfristige US-Bonds, langfristige US-Bonds, langfristige japanische Bonds)

Anmerkungen:

(1) Positionen und Gewinne bei kurzfristigen US-Bonds schließen Treasury Bills, Futures auf Treasury Bills und Eurodollar und Treasury-Notes mit einer Laufzeit bis zu zwei Jahren ein.

(2) Alle US-Regierungsanleihen wurden auf den gemeinsamen Nenner der 30-jährigen Regierungsanleihen gebracht. Die Basis für diese Berechnung ist der Kurseffekt der jeweiligen Renditeveränderung. Der Nennwert von 100 Millionen $ in 4-jährigen Treasury Notes entspricht z.B. einem Kurswert von 28,5 Millionen Dollar bei den 30-jährigen Regierungsanleihen.

(3) Japanische Bonds weisen eine erheblich geringere Volatilität als US-Regierungsanleihen auf. Am 30. Juni 1986 z.B. hatten japanische Regierungsanleihen im Nennwert von 100 Millionen US $ ungefähr die gleiche Volatilität wie 66,2 Millionen $ in 30-jährigen US-Regierungsanleihen. Wir haben diese Beträge nicht bereinigt.

(4) Positionen auf Basis der Wochenschlußkurse dargestellt.

13
PHASE 2: JULI 1986 - NOVEMBER 1986

MONTAG, 21. JULI 1986*

Die Möglichkeit einer deflationären Spirale ist mir nie aus dem Kopf gegangen. Als ich mit dem Real-Time-Experiment begann, nahm diese These sogar den vordersten Platz in meinem Bewußtsein ein. Schließlich ließ ich sie zugunsten einer Bullenmarkt-These fallen, dachte aber weiter über sie nach und handelte während der Kontrollphase gelegentlich auch nach ihr.

Die These, wie ich sie gegenwärtig sehe, stützt sich auf den Kollaps des Ölpreises. Langfristig sollten niedrigere Ölpreise die Konjunktur stimulieren, da sie die Produktionskosten senken und die verfügbaren Einkommen erhöhen. Der Effekt ähnelt dem einer Steuersenkung, mit dem zusätzlichen Vorteil, daß er zu Lasten der OPEC und nicht des US-Schatzamtes geht. Kurzfristig betrachtet, ist der Effekt negativ.

Zu allererst ist er ein direkter Schlag gegen die Ölproduktion und gegen die Explorationsausgaben. Noch wichtiger ist, daß fallende Produktionskosten ein starker Anreiz sind, Käufe zu verschieben. Was könnte bei nominalen Zinssätzen von etwa 7% in den USA und 4% in Japan – bei zugleich nachgebenden Produzentenpreisen von 8 1/2% in den USA und noch mehr in Japan – besser sein, als Barguthaben aufzubauen, bevorzugt im japanischen Yen? Der deflationäre Effekt ist vermutlich temporär, weil sich Käufe nicht auf ewig verschieben lassen, insbesondere, wenn die durch niedrige Zinsen und niedrigere Preise angeregte Nachfrage zunimmt. Solange er aber anhält, besteht die Gefahr, daß die Last der angesammelten Schulden zusammenbrechen und die Chancen für eine evtl. Steigerung der Nachfrage verbauen wird.

Die letzte Woche erfolgte Ankündigung von LTV Corp., freiwillig ein gerichtliches Vergleichsverfahren zu eröffnen, stellt ein Paradebeispiel dar. Unter dem Schutz des Gerichts kann LTV seine Kostenstruktur verbessern und sich im Wettbewerb besser behaupten, bis auch Bethlehem Steel in den

---

Charts, die die Positionen und die Performance des Quantum-Fonds während Phase 2 zeigen, folgen ab Seite 292.
Die Erklärung für die in Klammern gesetzten Bezugsgrößen (1) bis (6) in den Tagebuch-Einträgen finden sich auf Seite 160.

Bankrott getrieben wird und vielleicht die ganze Branche in die Klemme gerät. Während sich dieses Drama abspielt, werden die Kunden wahrscheinlich nur ganz spärlich Aufträge erteilen. Dieses Szenario ist die Dramatisierung dessen, was sich in der einen oder anderen Weise in vielen Wirtschaftsbereichen abspielt. Texas und andere ölproduzierende Regionen werden sich sehr schnell in Katastrophengebiete verwandeln. Das Gesetz zur Steuerreform droht den Markt für gewerblich nutzbare Immobilien zu zerstören, es schwächt auch den Investitionsgüterbereich. Die Landwirtschaft befindet sich in einer tiefen Rezession, und die Verteidigungsausgaben, die eine der treibenden Kräfte der Konjunktur waren, sind rückläufig. Die Verbraucherausgaben bleiben der letzte größere Quell der Stärke. Wenn das Verbrauchervertrauen erschüttert wird, wird die Nachfrage der Endverbraucher niemals wie erwartet anspringen. Wie Keynes sagte: „Langfristig betrachtet, sind wir alle tot."

Die Situation wird noch verschlimmert durch die Instabilität der Devisenmärkte. Die Abschwächung des Dollarkurses verkleinert den Spielraum für eine monetäre Stimulation erheblich. Die Aussichten auf einen verhängnisvollen Kreislauf, innerhalb dessen sich eine schwache Konjunktur und ein schwacher Dollar gegenseitig verstärken, ist jetzt größer als jemals zuvor seit Beginn des Experiments.

Die Kombination eines kurzfristig negativen und eines langfristig positiven Einflusses wird als J-Kurve bezeichnet. Normalerweise wird dieser Begriff in Zusammenhang mit den Devisen verwendet, er läßt sich aber auch auf den Ölpreis anwenden. Er beschreibt die Auswirkungen eines einmaligen Preisverfalls. Wenn der Preisverfall endlos weitergeht, wird der Abwärtsteil der J-Kurve immer länger, bis es angemessener ist, eher von einer Rutschpartie als von einer J-Kurve zu sprechen.

Ich war mir der mit einem Kollaps der Ölpreise verbundenen Gefahren bewußt, lange bevor die Märkte sie zu erkennen begannen, und ich habe mich durch den Umstand, daß die Märkte sie fortgesetzt ignorierten, in ein trügerisches Sicherheitsgefühl einlullen lassen. Ich ließ mich sogar von den möglichen Zeichen einer Erholung gefangennehmen, bis das jüngste Marktverhalten mir einen Wink mit dem Zaunpfahl gab. Als der Aktienmarkt am 7. Juli ins Trudeln geriet, war meine erste Reaktion, das als eine typische technische Reaktion innerhalb eines Bullenmarktes zu betrachten, die sich in dieser Form zu Beginn jedes Quartals zu ereignen scheint. Mir wurde klar, daß wir uns in einer Situation befanden, in der jeder Einbruch des Aktienmarktes sich selbst bestätigen konnte; allerdings konnte ich immer noch nicht glauben, daß dieser Einbruch genau dann kommen sollte, als der Markt reif für eine technische Korrektur war. Zudem wäre es sehr ungewöhnlich, wenn die Mehrheit der technischen Analysten den Trendwechsel richtig erkannt hätte. Erst eine Woche später, als die Kursabschwächung den Rahmen einer technischen Korrektur sprengte, nahm ich den Sachverhalt ernst.

Ich sehe die bearishe These nicht als gültige Prognose dessen an, was uns erwartet, sondern als einen mächtigen Einfluß auf die Finanzmärkte. Zugleich sehe ich keinen Grund, die bullishe These zu verwerfen. Im Gegenteil: Sollte sie den harten Test überstehen, dem sie gegenwärtig ausgesetzt ist, so wird sie verstärkt werden, und ihre Lebensdauer wird sich verlängern. Damit befinde ich mich in der unangenehmen Lage, zumindest kurzfristig mit zwei einander widersprechenden Thesen arbeiten zu müssen. Derzeit ist die bearishe These die stärkere, aber ich kann nicht behaupten, meine Aktionen im voraus oder von Beginn an auf sie abgestimmt zu haben. Damit besteht die Gefahr, daß ich genau zu dem Zeitpunkt nach ihr handle, an dem ihre Auswirkungen voll auf den Markt durchschlagen – anders gesagt: daß ich am Tief verkaufe.

Ich habe mich früher oft in ähnlichen Situationen befunden und gewisse Techniken für den Umgang mit ihnen entwickelt. Es ist für mich sogar üblicher, mit zwei einander zumindest teilweise entgegengesetzten Thesen zu arbeiten, statt alles auf eine These auszurichten wie am Ende von Phase 1.

Grundsätzlich baue ich keine Positionen ab, die auf einer These beruhen, die gültig bleibt; eher gehe ich auf der Gegenseite zusätzliche Positionen auf Basis der neuen These ein. Das Ergebnis ist eine riskante Balance, die jeden Augenblick neu adjustiert werden muß. Kann der Balanceakt das Portefeuille nicht schützen, so muß ich mich zur Sicherung meines Überlebens an allen Fronten zurückziehen. Ist der Balanceakt erfolgreich, so gewinne ich zusätzliche Liquidität, ohne erwünschte Positionen aufgeben zu müssen. Um es zu erläutern: Wenn ich mit einer voll investierten Position beginne und dann einen gleichgroßen Gegenwert leerverkaufe, so bleibe ich bei einem 20%-igen Kursrücksetzer, selbst wenn er Long- und Short-Seite gleichermaßen betrifft, nur mit 80% auf der Long-Seite investiert. Wenn ich meine Short-Positionen zur rechten Zeit eindecke, so komme ich sogar noch mit einem Gewinn heraus; aber selbst, wenn ich meine Short-Positionen mit Verlust eindecke, bin ich noch besser dran, als wenn ich meine Long-Positionen zur falschen Zeit verkauft hätte. In der Praxis ist das Vorgehen wesentlich komplexer, da sich der Balanceakt nicht auf den Aktienmarkt beschränkt.

Nehmen wir einmal die gegenwärtige Situation.* Ich reagierte ziemlich spät. Der Einbruch war bereits eine Woche alt, und der Markt war vom Top aus bereits um 5% gefallen, als ich zu handeln begann. Am Montag, dem 14. Juli, kaufte ich sogar einige S&P-Futures. Mein Argument war, daß der Markt, falls wir es mit einer technischen Reaktion zu tun hatten, höher schließen müßte. Der Dow hatte am vorangegangenen Montag, dem 7. Juli, 63 Punkte eingebüßt, und die Bären würden für den folgenden Montag einen

*Noch einmal: Lesern, die nicht speziell an meinen Marktaktionen interessiert sind, wird geraten, dieses Kapitel mit Ausnahme des Eintrags vom 22. Oktober 1986, der eine interessante Abfolge von Boom und Zusammenbruch des japanischen Aktienmarktes analysiert, zu überschlagen.

weiteren scharfen Kurseinbruch erwarten, um einen wasserfallartigen Bärenmarkt zu etablieren. Als der Markt tatsächlich tiefer schloß, drehte ich meine Positionen am nächsten Tag und errichtete bis zum Wochenende eine Short-Position, die meine Long-Position wahrscheinlich aufwog. Ich ging auch in einigen langlaufenden Bonds short und in einigen T-Bill-Futures long. Dann machte ich mich über den japanischen Bond-Futuresmarkt her und verdoppelte meine Short-Position im US-Anleihemarkt. Der Gedanke hinter diesen Aktionen ist, daß ich letztlich eine konzertierte Aktion zur Zinssenkung erwarte. Angesichts des nachgebenden Dollars könnten die US-Bonds negativ reagieren, während die japanischen Bonds zulegen könnten. Die tagtägliche Entwicklung der Struktur des Portefeuilles wird in den Tabellen ab Seite 264 ausgewiesen.

Ich befinde mich nun in der Position, in der ich sein wollte, aber sie kann sich von Minute zu Minute verändern. Bis der Wettstreit der beiden Thesen entschieden ist, muß ich wesentlich aktiver und beweglicher als früher sein. So verkaufte ich z.B. heute (Montag, 21. Juli) 500 S&P-Kontrakte, um in der Lage zu sein, noch mehr zu höheren Kursen zu verkaufen, falls die Enttäuschung darüber, daß der „wasserfallartige“ Kursrückgang sich nicht fortsetzt, über Shorteindeckungen eine Rallye auslösen sollte.

Was ich als nächstes tun werde, wird vom Ergebnis des OPEC-Treffens abhängen, das am kommenden Montag beginnt. Wenn das Kartell zusammenbricht, bin ich auf das Schlimmste gefaßt. Sollte entgegen meinen Erwartungen doch eine Einigung erzielt werden, so muß ich die Situation neu abschätzen.

MONTAG ABEND, 28. JULI 1986

Es ist schwierig, einen Zug-um-Zug-Bericht meiner Aktivitäten während der letzten Wochen zu geben. Ich verringerte mit einem kleinen Verlust meine Short-Position in S&P-Futures auf 5000 Kontrakte (587 Millionen $), ich deckte mit einem kleinen Gewinn einen Teil meiner Short-Position in US-Regierungsanleihen ein, und ich nahm auch einen Gewinn auf einen Teil meiner jüngst eingegangenen Short-Positionen im Dollar mit. Das hat den Effekt, mein Risiko in allen Positionen ein wenig zu reduzieren und mich in eine, wie ich glaube, vollkommen abgesicherte Position zu bringen.

Heute, Montag, nahm ich meine Gewinne aus meinem Plus bei den Short-Positionen in US-Regierungsanleihen mit.

Dann fiel der Dollar aus irgendwelchen Gründen auf neue Tiefs, und ich fühlte mich verpflichtet, über den Zaun auf die bearishe Seite hinüberzuspringen. Ich war ein Teil der Menge geworden, die ihre Bond- und Index-Futures ablud. Ich verkaufte die S&P-Index-Futures, die ich eine Woche zuvor zu höheren Kursen erworben hatte, ebenso wie die Bond-Futures, die ich am Morgen zu höheren Kursen eingedeckt hatte.

Mir war nicht klar, ob die Märkte ein positives oder ein negatives Ergebnis des OPEC-Treffens vorwegnahmen; alles, was ich erkennen konnte, war, daß der Dollar, aus welchen Gründen auch immer, fiel – und das war bearish für Bonds und Aktien. Eine Marktbewegung, für die es keine eindeutige Erklärung gibt, kann um so schrecklicher sein. Ich beschloß, zuerst zu handeln und dann nach einer Erklärung zu suchen. Ich werde die Lage morgen erneut untersuchen und, falls erforderlich, die heutigen Aktivitäten umdrehen.

28. Juli 1986

	Schluß 28.07.86	%-Veränd. ab 21.07.	28.07.86	Schluß ab 21.07.	%-Veränd.
DM	2.1515	-1.5	S&P 500	240.23	+1.7
¥	158.30	+11.9	US T-Bonds	97	-3.0
£	1.4795	-1.3	Eurodollar	93.43	-0.2
Gold	347.9	-2.0	Rohöl	10.90	-16.7
			Jap. Bonds	103.31	0

QUANTUM FONDS-VERMÖGEN	1514,000,000 $
Nettowert pro Anteilsschein	10.126 $
Veränderung seit 21.07.86	+2.4%
Veränderung seit 16.08.85	+132.2.%

Depotstruktur (in Mill. Dollar)

Investment-Positionen (1)	long	short	Netto-Veränd. (2) seit 21.07.
Aktien			
US-Aktien	1020	(99)	+82
US Index-Futures		(1053)	-103
Ausländische Aktien	581		-23
Bonds (3)			
US-Reg.-Anl. Kurzfristig (4)	59		+30
Langfristig		(572)	-2
Japanische Bonds (5)	1663		+329
Rohstoffe			
Öl		(37)	+6
Gold			+34

Nettodevisen Position (6)	long	short	Netto-Veränd. (2) seit 21.07.
DM-verwandt	678		-117
Jap. Yen	434		-115
Pfund Sterling		(25)	0
US-Dollar	427		+268
Andere Währungen	341		+139

DIENSTAG ABEND, 31. JULI 1986

Am Dienstag nahm ich einen bescheidenen Gewinn auf die am Montag verkauften S&P-Futures mit und deckte auch meine Bond-Futures ein, nur um einen Teil von ihnen zu höheren Kursen zu verkaufen.

Am Mittwoch erreichte der Aktienmarkt ein geringfügig niedrigeres Tief. Ich versuchte, noch mehr S&P-Futures einzudecken, der Futuresmarkt vollführte aber eine Rallye, und ich kam nur mit 1100 Kontrakten zum Zuge. Im anziehenden Ölmarkt tätigte ich weitere Leerverkäufe.

31. Juli 1986

	Schluß 31.07.86	%-Veränd. ab 28.07.		Schluß 31.07.86	%-Veränd. ab 28.07.
DM	2.1040	+2.2	S&P 500	236.59	-1.5
¥	155.30	+1.9	US T-Bonds	97	0
£	1.4928	+0.9	Eurodollar	93.46	0
Gold	352	+1.2	Rohöl	11.72	+7.6
			Jap. Bonds	103.64	+0.3

QUANTUM FONDS-VERMÖGEN	1 503,000,000 $
Nettowert pro Anteilsschein	10.050 $
Veränderung seit 28.07.86	-0.8%
Veränderung seit 16.08.85	+130,5%

Depotstruktur (in Mill. Dollar)

Investment-Positionen (1)	long	short	Netto-Veränd. (2) seit 28.07.	Nettodevisen-Position (6)	long	short	Netto-Veränd. (2) seit 28.07.
Aktien				DM-verwandt	679		+1
US-Aktien	983	(106)	-44	Jap. Yen	431		-3
US Index-Futures		(973)	+80	Pfund Sterling		(15)	+10
Ausländische Aktien	582	(44)	-43	US-Dollar	408		-19
				Andere Währungen	171		-170
Bonds (3)							
US-Reg.-Anl. Kurzfristig (4)	124		+65				
Langfristig		(442)	+130				
Japanische Bonds(5)	1686		+23				
Rohstoffe							
Öl		(73)	-36				
Gold							

Heute morgen erreichte der Dollar neue Tiefs, und ich beabsichtige, mich in den Aktien-Index-Futures auf eine bearishere Position zurückzuziehen. Es sieht so aus, als ob sich die OPEC nicht über mehr als eine Auflistung der unterschiedlichen Standpunkte geeinigt hätte. Die nächste Bewegung beim Öl sollte nach unten gerichtet sein. Das war das Signal, auf das ich gewartet hatte, um zu entscheiden, auf welches Pferd ich setzen sollte.

Auch die Aussichten für eine Rezession scheinen stärker zu werden. Neben dem kurzfristigen Grund einer deflationären Spirale gibt es auch noch einen langfristigen, der auf einem Rückgang der Investitionen basiert. Die Instabilität der Finanzmärkte stellt weltweit eine wirksame Abschreckung für Anlageinvestitionen dar. In den USA trägt die Steuerreform noch zusätzlich zur Unsicherheit bei, in Europa und Japan setzt der Niedergang des Dollars die Gewinnmargen unter Druck. Das Problem ist, daß die Regierungen weit weniger Spielraum als üblich haben, um eine antizyklische Politik zu etablieren. Dies gilt insbesondere für die USA, die durch die Notwendigkeit eingeengt sind, sich das Vertrauen ausländischer Investoren zu erhalten. Japan und Europa könnten mehr tun, aber sie bewegen sich nur langsam. Mittlerweile wird der Druck der angesammelten Schulden drückend: Bethlehem Steel stellte die Dividendenzahlungen für ihre Vorzugsaktien ein.

Nach unten scheint alles offen, nach oben aber begrenzt. Nach der gestrigen Rallye befindet sich der Aktienmarkt immer noch in einem Bereich, der zu einer normalen technischen Reaktion passen würde; heute könnte der Tag sein, an dem dieses Bild zerbricht. Wenn das stimmen sollte, so werden meine Aktivitäten ohne Zweifel dazu beitragen.

MONTAG ABEND, 4. AUGUST, 1986

Die Short-Position, die ich am letzten Dienstag einging, scheint gut zu laufen: Die Index-Futures schlossen am Freitag auf einem neuen Tief und legten den Grundstein zu einem neuerlichen Schwarzen Montag. Heute hat der Aktienmarkt niedriger eröffnet, nur Öl notierte von der Eröffnung an fester. Ich befürchtete, daß die OPEC zu irgendeiner Art von Übereinkunft gelangt sein könnte und versuchte, die Hälfte meiner Short-Position einzudecken. Dann aber begannen die Einzelheiten eines Abkommens durchzusickern, und der Aktienmarkt startete eine Rallye.

Es gelang mir nur, ein Viertel meiner Short-Position einzudecken. Mit der gesamten Transaktion habe ich zwar einen kleinen Gewinn erzielt, aber mit dem Teil der Position, den ich nicht eindecken konnte, trage ich noch einen nicht realisierten Verlust vor mir her. Gegenwärtig neige ich dazu, diesen Verlust mitzunehmen, da die bearishen Aussichten durch die heutige Quotenregelung untergraben werden. Der Umstand, daß der Iran und Saudi Arabien zu einem Einvernehmen gefunden haben, ist sehr bedeutsam: Er zeigt, daß es

04. August 1986

	Schluß 04.08.86	%-Veränd. ab 31.07.		Schluß 04.08.86	%-Veränd. ab 31.07.
DM	2.0865	+0.8	S&P 500	236.00	-0.2
¥	154.30	+0.6	US T-Bonds	97 25/32	+0.8
£	1.4695	-1.6	Eurodollar	93.57	+0.1
Gold	360	+2.4	Rohöl	13.29	+13.3
			Jap. Bonds	104.11	+0.5

QUANTUM FONDS-VERMÖGEN	1 504,000,000 $
Nettowert pro Anteilsschein	9.834 $
Veränderung seit 28.07.86	-2.1%
Veränderung seit 16.08.85	+125,5%

Depotstruktur (in Mill. Dollar)

Investment-Positionen (1)	long	short	Netto-Veränd. (2) seit 31.07.
Aktien			
US-Aktien	1015	(96)	+42
US Index-Futures		(703)	+270
Ausländische Aktien	562	(44)	-20
Bonds (3)			
US-Reg.-Anl.			
Kurzfristig (4)	122		-2
Langfristig		(383)	+59
Japanische Bonds (5)	2388		+702
Rohstoffe			
Öl		(85)	-12
Gold			

Nettodevisen-Position (6)	long	short	Netto-Veränd. (2) seit 31.07.
DM-verwandt	601		-78
Jap. Yen	421		-10
Pfund Sterling		(15)	0
US-Dollar	497		+89
Andere Währungen	197		+26

weder in Saudi Arabiens politischem noch militärischem Interesse liegt, daß die Ölpreise noch weiter sinken. Die Vereinbarung mag zu Bruch gehen; das wird aber erst später sein. In der Zwischenzeit macht es keinen Sinn, in Öl oder in Aktien weiter short zu sein. Bedauerlicherweise bin ich in beidem short. Ich möchte mich gerne meiner Positionen entledigen, aber ich muß geduldig sein: noch viele andere Marktteilnehmer befinden sich in einer ähnlichen Situation; nach der ersten Rallye wird es zu einer Gegenbewegung kommen. So oder so muß ich mich auf einen Verlust einstellen.

SAMSTAG, 9. AUGUST 1986

Im Lauf der Woche habe ich meine Positionen in allen Bereichen verringert. Am Dienstag habe ich meine Short-Positionen in Index-Futures, Öl- und Bankaktien eingedeckt, außerdem verkaufte ich einige meiner Devisenpositionen und meiner kurzlaufenden Bonds. Am Mittwoch, nachdem die erste Welle der Shorteindeckungen abgeflaut war, fing ich damit an, meine Short-Positionen im Öl einzudecken. Am Donnerstag verkaufte ich meine Short-Positionen in den Bond-Futures. Heute habe ich den größten Teil meiner Währungspositionen verkauft.

Die einzigen größeren Posten, die ich jetzt noch halte, sind die Positionen in Aktien und in japanischen Bond-Futures. Die einzige neue Position, die ich einging, ist eine Short-Position in US-Regierungsanleihen. Dies war ein taktischer Schritt, den ich heute nach einer scharfen, durch Short-Eindeckungen getragenen Rallye unternahm und der in gewisser Weise durch meine japanischen Bond-Futures abgesichert ist.

Der Anlagewert des Fonds erlitt den ersten Rücksetzer seit Januar: der Wert je Anteilsschein fiel im Verlauf der Woche um 4,2%. Die Verluste rührten vornehmlich aus meinem Glücksspiel im Öl und aus einigen meiner Aktienpositionen her. Die Veränderungen im Umfeld der Märkte haben uns schließlich doch noch erwischt: Mehrere unserer Anlagekonzepte wurden zerschlagen, und da wir ohne jede funktionierende Absicherung arbeiteten, wurde unser Anlagewert in Mitleidenschaft gezogen. Wahrscheinlich haben wir die negativen Auswirkungen noch gar nicht in ihrem vollen Ausmaß zu spüren bekommen: normalerweise geht alles, was schief gehen kann, zur gleichen Zeit schief. Aus diesem Grunde ziehe ich es vor, mich nach allen Seiten in die Defensive zu begeben, sobald die Dinge anfangen, falsch zu laufen. Zwei Wochen voll hektischer Aktivitäten brachten keine greifbaren Resultate: es ist an der Zeit, ruhiger zu werden. Noch bin ich viel zu sehr in den tagtäglichen Schwankungen des Marktes gefangen, aber ich werde versuchen, meine Perspektive wiederzugewinnen. Mit den reduzierten Positionen kann ich leichter neue Anlagen und Umschichtungen vornehmen.

Die OPEC-Übereinkunft betrachte ich als ein wichtiges Ereignis. Die ölproduzierenden Länder befanden sich an der Klippe zum Abgrund und wichen zurück: wahrscheinlich werden sie der Klippe jetzt für einige Zeit fernbleiben. Die inverse Angebotskurve für Öl wirkt in zweierlei Richtung: wenn der Ölpreis erst einmal steigt, verringert sich der Druck, Öl zu jedem Preis zu fördern. Kurzfristig hat das Ölkartell damit neues Leben erhalten. Dessen Dauer ist ungewiß, aber es ist sicher lange genug, um meine Investmententscheidungen auf es zu stützen. Ich erwarte bis zum Jahresende Ölpreise von nicht unter 15 $, eher wohl um 18 $.

Was habe ich davon? Mein negatives Szenario war am Kollaps der Ölpreise aufgehängt; sollte ich es jetzt aufgeben und wieder uneingeschränkt

08. August 1986

	Schluß 08.08.86	%-Veränd. ab 04.08.		Schluß 08.08.86	%-Veränd. ab 04.08.
DM	2.0660	+1.0	S&P 500	236.88	+0.4
¥	153.75	+0.4	US T-Bonds	99 3/32	+1.3
£	1.4765	+0.5	Eurodollar	93.61	0
Gold	375.60	+4.2	Rohöl	14.83	+11.6
			Jap. Bonds	104.01	-0.1

QUANTUM FONDS-VERMÖGEN	1 472,000,000 $
Nettowert pro Anteilsschein	9.628 $
Veränderung seit 04.08.86	-2.1%
Veränderung seit 16.08.85	+120.8%

Depotstruktur (in Mill. Dollar)

Investment-Positionen (1)	long	short	Netto-Veränd. (2) seit 04.08.	Nettodevisen-Position (6)	long	short	Netto-Veränd. (2) seit 04.08.
Aktien				DM-verwandt	164		-437
US-Aktien	1002	(47)	+36	Jap. Yen	141		-280
US Index-Futures			+703	Pfund Sterling		(25)	-10
				US-Dollar	1192		+695
Ausländische Aktien	593	(30)	+45	Andere Währungen	177		-20
Bonds (3)							
US-Reg.-Anl.							
Kurzfristig (4)	49		-73				
Langfristig		(552)	-169				
Japanische Bonds (5)	2385		-3				
Rohstoffe							
Öl			+85				
Gold		(15)	-15				

bullish werden? Das war meine erste Reaktion; ich habe mich aber zurückgehalten, da ich mir zu vieler anderer Negativentwicklungen bewußt bin. Nachdem eine Hürde, nämlich der Ölpreis, genommen worden ist, zeigen sich weitere hinter ihr. Die bedeutendste ist die Dollarschwäche. Ich ziehe es vor, bis zur Stabilisierung des Dollars vorsichtig zu bleiben.

Wenn ich mich nach einem negativen Szenario umschaue, finde ich mich bei dem Argument wieder, mit dem ich das Real-Time-Experiment begann. Damals befand sich der imperiale Kreislauf in Auflösung, und es bestand die Gefahr, daß er sich in die entgegengesetzte Richtung entwickeln könnte: eine schwache Wirtschaft würde einen schwachen Dollar hervorbringen und damit einem Nachgeben der Zinssätze im Wege stehen. Sowohl die Wirtschaft als auch der Dollar sind heute schwach genug, um dieses Szenario realistisch werden zu lassen. Was könnte es noch aufhalten? Ich glaube, daß nur das Erkennen der Gefahr uns noch retten kann. Der Aktienmarkt sagt uns, daß wir auf eine Rezession zusteuern, das Gewicht der notleidenden Kredite nimmt zu, und der protektionistische Druck hat bis zu einem Punkt zugenommen, an dem im Kongreß nur noch einige Stimmen fehlten, um ein Veto des Präsidenten zu diesem Thema zu überstimmen. Die Behörden müssen erkennen, daß etwas getan werden muß. Schon einmal – beim Plaza – Treffen der Gruppe der Fünf – ist es ihnen gelungen, einen Konsens zu erzielen. Unter dem Druck der Gegebenheiten sollte es nicht allzu schwierig sein, das noch einmal zu wiederholen. Japan und Deutschland könnten ihre Zinsen zurücknehmen, und die Vereinigten Staaten könnten durch eine Stützung des Dollars mitwirken. Für das Wochenende flog Volcker zu Emmingers Beerdigung nach Deutschland, und ich habe keinen Zweifel, daß dieses Thema diskutiert werden wird. Aus diesem Grund habe ich meine Währungspositionen gestern verkauft. Leerverkäufe von US-Bond-Futures machen weniger Sinn, es sei denn als Absicherung. Sollte der Dollar weiterhin neue Tiefs machen, werde ich diese Position als Ersatz für meine Short-Position im Dollar eingehen; stabilisiert sich der Dollar, so kann ich in Futures auf Aktienindizes dagegen long gehen. In jedem Fall kann ich meine Short-Position in US-Bonds durch meine Long-Positionen in Futures auf japanische Bonds ausgleichen.

Alles in allem arbeite ich also weiterhin mit zwei alternativen Szenarien; anstelle des Öls ist aber jetzt der Dollar zur kritischen Variablen geworden. Wenn es den Behörden gelingt, den Dollar zu stabilisieren, werde ich das bullishe Szenario zuversichtlicher verfolgen; gelingt es ihnen nicht, so rückt der verhängnisvolle Kreislauf bedrohlich nahe. Derzeit bin ich – wenn auch vorsichtig – bereit, auf eine positive Lösung zu setzen. Wenn wir eine Hürde geschafft haben, sollten wir auch die nächste nehmen können. Sollte sich aber das Eindecken meiner Dollar-Positionen als Fehler herausstellen, so werde ich mich entweder erheblich abstrampeln oder aber eine böse Niederlage einstecken müssen. In Anbetracht der Sinnlosigkeit meiner Hedging-Anstrengungen bis heute werde ich mich wahrscheinlich für letzteres entscheiden. Immerhin habe ich keinen Krediteinsatz mehr im Portefeuille, über den ich mir Sorgen zu machen hätte.

MONTAG ABEND, 18. AUGUST 1986

Der Aktienmarkt hat mit einer starken Performance gedreht, auch der Bondmarkt ist fest geblieben, und die Währungen scheinen sich stabilisiert zu haben. Das Anlagevermögen des Fonds hat ein neues Hoch erreicht. Ich bin nun bereit, mit mehr Zuversicht auf das bullishe Szenario zu setzen. Wir haben am Rande des Abgrundes gestanden und befinden uns jetzt auf dem Wege des Rückzugs. Der Grundstein für eine koordinierte Senkung der Zinssätze ist gelegt worden. Bedingt durch die steigenden Ölpreise, bewegen wir uns auf eine Periode steigender Lagerbestände zu. Angesichts der sich stabilisierenden Währungen werden die positiven Auswirkungen des Wertverfalls

18. August 1986

	Schluß 18.08.86	%-Veränd. ab 08.08.		Schluß 18.08.86	%-Veränd. ab 08.08.
DM	2.0170	+2.4	S&P 500	247.38	+4.4
¥	154.32	-0.4	US T-Bonds	101 4/32	+2.0
£	1.4900	+0.9	Eurodollar	93.81	+0.2
Gold	376.40	+0.2	Rohöl	15.61	+5.3
			Jap. Bonds	105.08	+1.0

QUANTUM FONDS-VERMÖGEN	1 594,000,000 $
Nettowert pro Anteilsschein	10.423 $
Veränderung seit 08.08.86	+8.3%
Veränderung seit 16.08.85	+139.0%

Depotstruktur (in Mill. Dollar)

Investment-Positionen(1)	long	short	Netto-Veränd. (2) seit 08.08.	Nettodevisen-Position (6)	long	short	Netto-Veränd. (2) seit 08.08.
Aktien				DM-verwandt	169		+5
US-Aktien	1088	(40)	+93	Jap. Yen	199		+58
US Index-Futures	347		+347	Pfund Sterling		(19)	+6
Ausländische Aktien	677	(19)	+95	US-Dollar	1245		+53
Bonds (3)				Andere Währungen	223		+46
US-Reg.-Anl.							
Kurzfristig (4)	43		-6				
Langfristig		(465)	+87				
Japanische Bonds (5)	2427		+42				
Rohstoffe							
Öl	28		+28				
Gold	11		+26				

Die ziemlich hektischen Aktivitäten des letzten Monats sind grafisch in den Tabellen ab Seite 264 ff. zusammengefaßt.

des Dollars spürbar werden. Diese kurzfristigen Positiva sollten langfristige Negativa wie die Abwärtsbewegung in der Bauindustrie und die Investitionsschwäche aufwiegen. Das Endergebnis sollte, wie von uns erwartet, eine Fortsetzung des unterdurchschnittlichen Wachstums sein. Vor diesem Hintergrund können die Aktienmärkte dieser Welt vielleicht weiterhin auf neue Hochs klettern. Das Steuerreform-Gesetz dürfte für den Rest des Jahres einen dämpfenden Effekt ausüben, da sowohl langfristige Gewinne als auch kurzfristige Verluste in diesem Jahr steuerlich günstiger bewertet werden als im nächsten; diese Überlegung ist aber vielleicht schon vom Markt eskomptiert worden. Professionelle Anleger haben eine Menge an Barmitteln aufgenommen und viele Absicherungsgeschäfte getätigt. Wenn es noch eine Überraschung geben sollte, dann wird sie nach oben weisen. Dies ist eine komplette Drehung im Vergleich zur Situation, die noch vor einigen Wochen vorzufinden war, als ich spürte, daß das Aufwärtspotential begrenzt und das Abwärtspotential unbegrenzt war.

Ich bin nun bereit, Phase 2 des Experimentes abzuschließen. Statt eines Wendepunktes stellte es sich als Zwischenspiel eines – wie ich glaube – fortgesetzten Bullenmarktes heraus. Ich werde zu einem gemächlicheren Managementstil und weniger häufigen Überprüfungen zurückkehren. Der Fonds ist gut positioniert, obwohl ich mit einer etwas größeren Position in Aktien und – etwas abenteuerlustiger – mit einer Long-Position im Öl glücklicher wäre.

MONTAG, 08. SEPTEMBER 1986

Am vergangenen Montag durchbrach der Goldpreis unter dem Einfluß eines boomenden Platinmarktes die 400 $-Marke, und Bonds und Aktien erlitten einen scharfen Einbruch. Ich ignorierte diesen Einbruch und schien am Donnerstag recht zu bekommen: der Dow Jones erreichte ein neues Hoch. Die anderen Indizes folgten ihm aber nicht, und am Freitag neigte der gesamte Markt zur Schwäche. Bei den führenden Werten hat es wenig Veränderung gegeben: Zyklische Aktien und Ölwerte haben an Boden gewonnen, aber die ehemals führenden Werte, bei denen die Anleger große Gewinne haben, laufen schlecht. Ich glaube, daß das Steuerreform-Gesetz dafür verantwortlich ist: der Steuersatz auf langfristige Kapitalgewinne wird im nächsten Jahr höher liegen.

Der Markt sorgt sich des weiteren wegen der Inflation. Meine strategische Einschätzung hat sich nicht geändert: Wenn es den Behörden gelingt, ihre Politik zu koordinieren, sollten wir weiterhin ein unterdurchschnittliches Wachstum haben. Die relative Stabilität des Dollars ermutigt mich. Gleichwohl sieht es danach aus, als ob der Markt sein Potential nach unten ausloten wollte. Gegenwärtig rechne ich nicht mit mehr als, sagen wir, 40 Punkten im Dow Jones.

S&P-FUTURES
(September-Kontrakt)

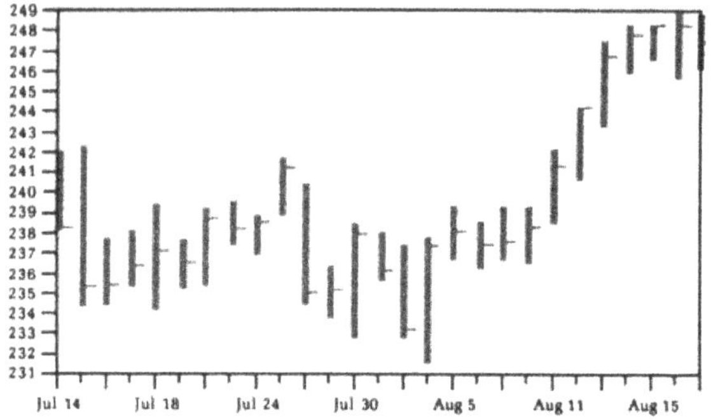

POSITIONEN IM GEGENWERT
VON MRD. US$

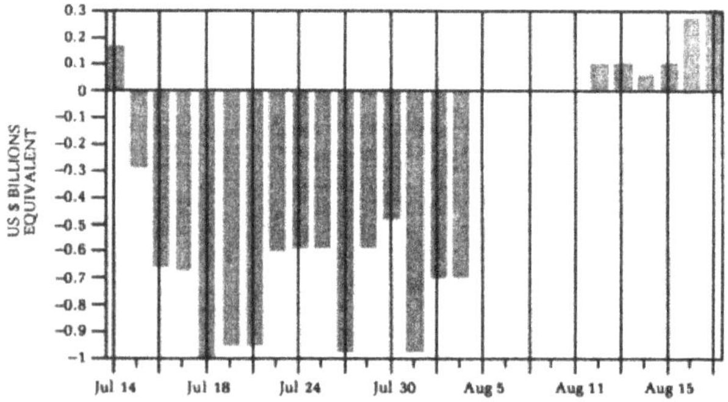

GEWINNE UND VERLUSTE MIT S&P-INDEX-FUTURES
(in Mill. US$)

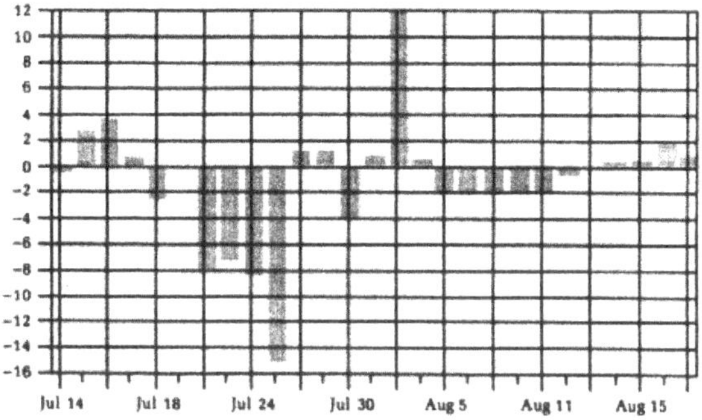

AUFSTELLUNG DER S&P-INDEX-TRANSAKTIONEN

Datum	Schluß-kurs	Offene Positionen in Mill. $	Käufe in Höhe v. Mill. $	Kurs	Verkäufe in Höhe v. Mill. $	Kurs	Kurs Kumul. real G&V in Mill. $	Unreal G&V in Mill. $
14. Juli	238.3	153	153	238.98				(o.435)
15. Juli	235.05	(301)			(456)	237.44	(0.986)	3.059
16. Juli	235.1	(647)			(347)	236.04	(0.986)	4.377
17. Juli	236.15	(655)			(6)	237.50	(0.986)	1.523
18. Juli	236.85	(982)			(324)	236.12	(0.986)	(1.421)
21. Juli	236.35	(921)	59	236.10			(0.884)	0.613
22. Juli	238.4	(929)	35	235.45	(36)	237.50	(0.576)	(7.376)
23. Juli	237.95	(602)	334	238.75			(3.709)	(3.607)
24. Juli	238.4	(595)					(3.709)	(4.732)
25. Juli	240.9	(602)					(3.709)	(10.982)
28. Juli	234,85	(939)			(353)	235.20	(3.709)	4.668
29. Juli	235.1	(588)	374	234.58	(22)	235.20	(1.417)	2.215
30. Juli	237.7	(484)	156	234.79	(47)	235.61	(0.623)	(3.565)
31. Juli	235.95	(952)			(473)	236.68	(0.623)	1.458
1. Aug.	233.15	(671)	360	233.76	(35)	234.93	2.713	8.893
4. Aug.	237.05	(682)					2.713	(2.334)
5. Aug.	237.75	0	685	237.80			(1.779)	
6. Aug.	237.3	0					(1.779)	
7. Aug.	237.45	0					(1.779)	
8. Aug.	238.1	0					(1.779)	
11. Aug.	241.3	0					(1.779)	
12. Aug.	244.2	61	103	241.18	(43)	243.45	(1.382)	0.755
13. Aug.	246.45	55			(6)	246.62	(1.246)	1.186
14. Aug.	247.55	37			(19)	247.50	(0.772)	0.955
15. Aug.	248.05	70	32	247.97			(0.772)	1.041
18. Aug.	248.25	256	185	247.11			(0.772)	1.951
19. Aug.	247.4	292	37	246.44			(0.772)	1.220

ROHÖL
(NYMEX September-Kontrakt)

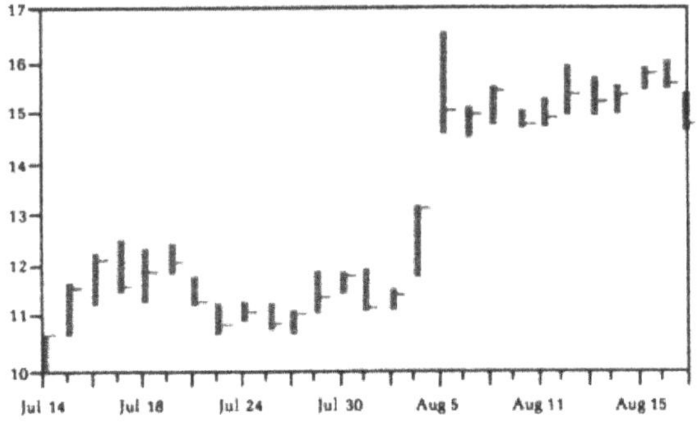

POSITIONEN
(in Millionen US$)

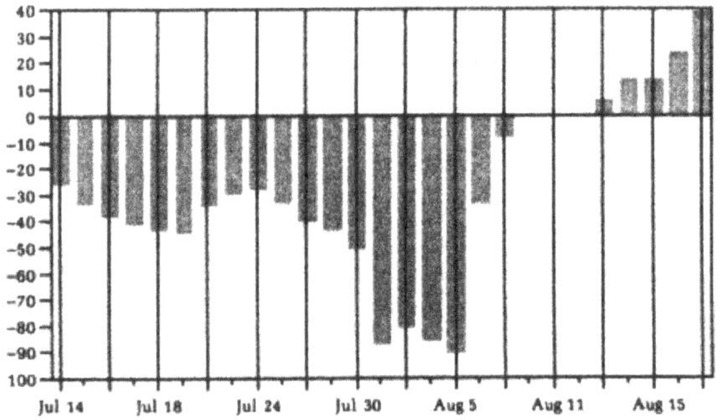

ROHÖL -GEWINNE UND VERLUSTE
(in Millionen US$)

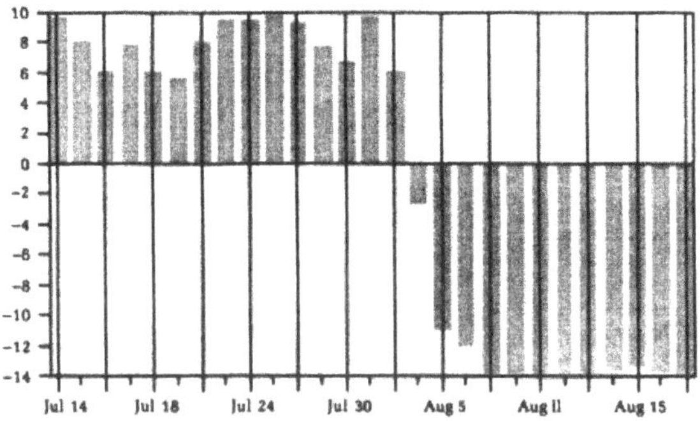

AUFLISTUNG DER ÖL-VERWANDTEN KONTRAKTE[1]

von	bis	Art der Transaktion	Größe der Transaktion in Mill US$	Durchschn. Kurs in US$/Barrel	Summe offener Kontrakte in Mill. US$	Real. G&V im Zeitraum in Mill. US$	Gesamt-summe G&V in Mill. US$
	14. Juli	Offene Short-Position	—	15.478	(25.534)	—	7.750
15. Juli	17. Juli	Vergrößerte Short-Position	(14.029)	13.038	(41.924)	0.000	7.466
21. Juli	24. Juli	Rückkauf	13.737	12.455	(26.535)	3.090	9.032
25. Juli	31. Juli	Vergrößerte Short-Position	(46.679)	11.449	(87.654)	0.877	9.395
01. Aug.	08. Aug.	Eingedeckte Short-Position	99.156	15.271	0.000	(19.824)	(13.186)
12. Aug.	19. Aug.	Aufbau neuer Long-Position	29.44	15.405	28.837	0.000	(13.789)

(1) Die Daten enthalten die Positionen in NYMEX-Rohöl und NYMEX-Heizöl für mehrere Fälligkeiten. Die aufgeführten Kurse sind gewichtige Durchschnitte aller offenen Kontrakte, ausgedrückt in US$/Barrel.

DEUTSCHE MARK
(September-Kontrakt)

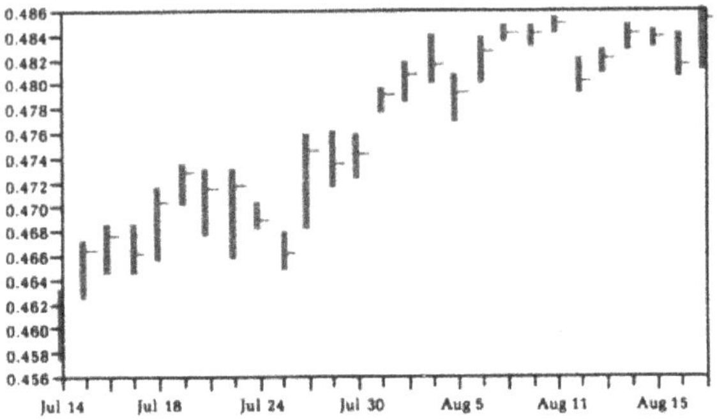

POSITIONEN
(in Millionen US $)

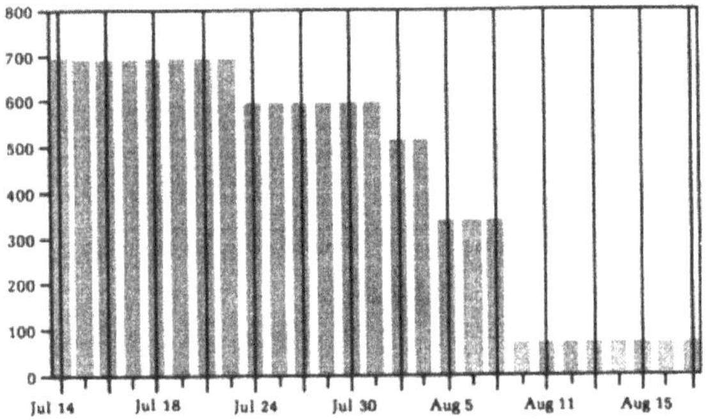

DEUTSCHE MARK - GEWINNE UND VERLUSTE
(in Millionen US $)

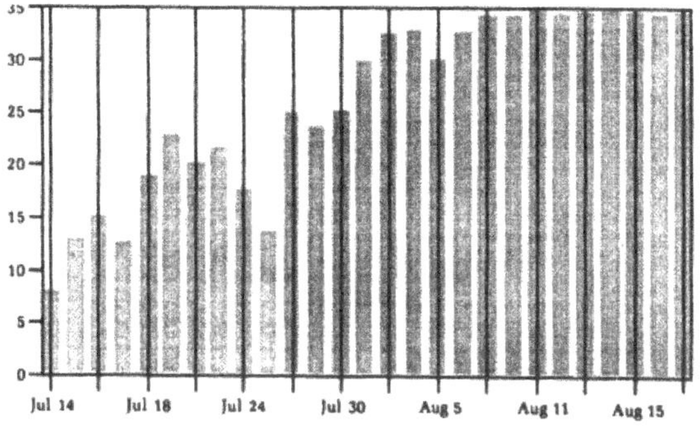

AUFLISTUNG DER TRANSAKTIONEN
IN DEUTSCHE MARK-FUTURES
UND TERMINGESCHÄFTEN[1]

Datum	Art der Transaktion	Größe der Transaktion in Mill. US$	Durchschn.-Kurs in US$/DM	Summe offener Kontrakte in Mill. US$	G&V bei den Transaktionen in Mill. US$	Gesamtsumme G&V in Mill. US$
14. Juli	Offene Long-Position	—	0.4580	712.067	—	7.855
24. Juli	Verkleinerte Long-Position	125.182	0.4692	598.683	2.990	17.108
01. Aug.	Verkleinerte Long-Position	81.000	0.4809	530.133	3.857	32.103
05. Aug.	Verkleinerte Long-Position	150.380	0.4784	377.627	6.418	29.977
08. Aug.	Verkleinerte Long-Position	297.205	0.4843	84.431	16.131	33.986

(1) Die Daten schließen die Positionen in September DM-Futures bis zum 17.09. ein. Als Kurs der Terminkontrakte wird der Kurs der Futures zugrundegelegt.

YEN
(September-Kontrakt)

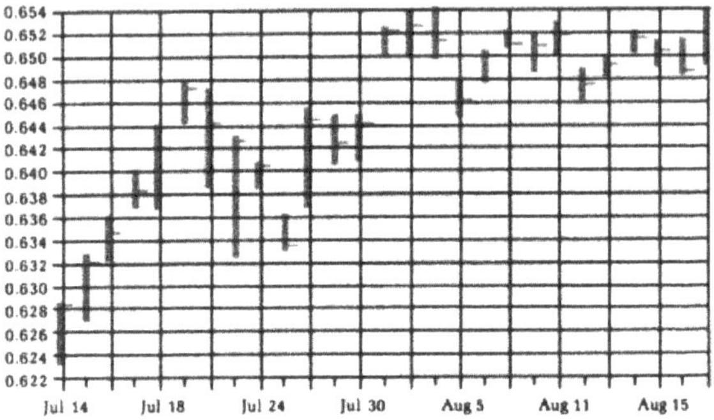

POSITIONEN
(in Millionen US$)

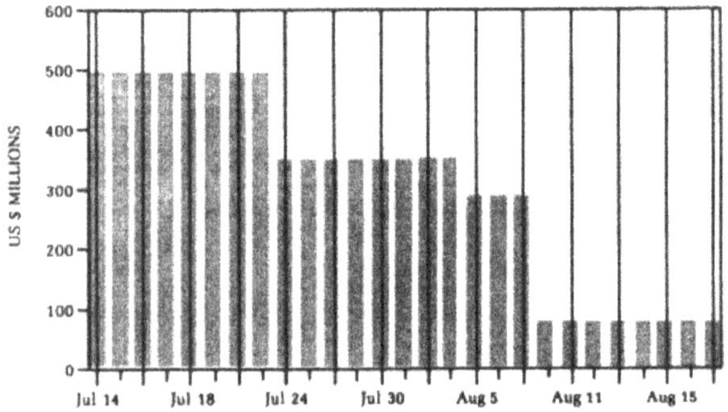

YEN – GEWINNE UND VERLUSTE
(in Millionen US$)

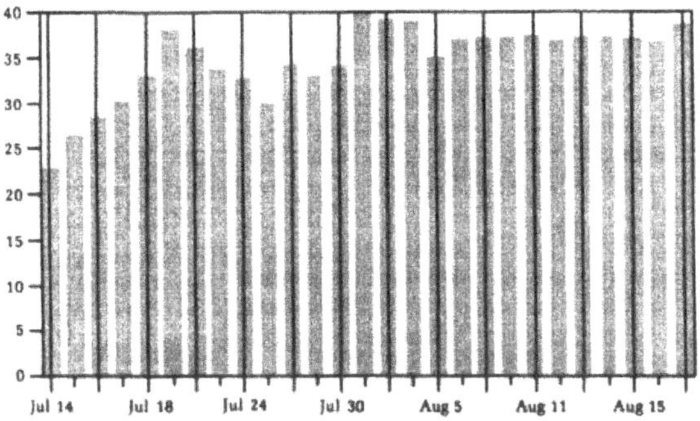

AUFLISTUNG DER TRANSAKTIONEN IN FUTURES AUF DEN JAP. YEN UND TERMINKONTRAKTE[1]

Datum	Art der Transaktion	Größe der Transaktion in Mill. US$	Durchschnitts kurs in US$/100 ¥	Summe offener Kontrakte in Mill. US$	G&V bei den Transaktionen in Mill. US$	Gesamtsumme G&V in Mill. US$
14. Juli	Offene Long-Position	—	0.6122	486.666	16.742	23.634
24. Juli	Verkleinerte Long-Position	(132.040)	0.6408	364.170	5.215	33.178
05. Aug.	Verkleinerte Long-Position	(96.870)	0.6458	269.812	3.140	35.747
08. Aug.	Verkleinerte Long-Position	(188.307)	0.6507	83.977	8.382	38.161

(1) Die Daten schließen Positionen in Sept.-Yen-Futures und Terminkontrakten mit Fälligkeit am 17.09. ein. Der Kurs der Terminkontrakte wird als gleich dem Kurs der Futures angenommen.

05. Sept. 1986

	Schluß 05.09.86	%-Veränd. ab 18.08.		Schluß 05.09.86	%-Veränd. ab 18.08.
DM	2.0487	-1.6	S&P 500	250.48	+1.3
¥	155.40	-0.7	US T-Bonds	97 12/32	-3.7
£	1.4940	+0.3	Eurodollar	94.09	+0.3
Gold	422.80	+12.3	Rohöl	16.37	+4.9
			Jap. Bonds	105.15	+0.1

QUANTUM FONDS-VERMÖGEN	1 638,000,000 $
Nettowert pro Anteilsschein	10.606 $
Veränderung seit 18.08.86	+1.8%
Veränderung seit 16.08.85	+143.2%

Depotstruktur (in Mill. Dollar)

Investment-Positionen (1)	long	short	Netto-Veränd. (2) seit 18.08.	Nettodevisen-Position (6)	long	short	Netto-Veränd. (2) seit 18.08.
Aktien				DM-verwandt	153		-16
US-Aktien	1214	(33)	+133	Jap. Yen	162		-37
US Index-Futures	499		+152	Pfund Sterling	5		+24
				US-Dollar	1318		+73
Ausländische Aktien	654		- 4	Andere Währungen	247		+24
Bonds (3)							
US-Reg.-Anl.							
Kurzfristig (4)	11		-32				
Langfristig			+465				
Japanische Bonds (5)	2385		-42				
Rohstoffe							
Öl	76		+48				
Gold			-11				

Nichtsdestoweniger habe ich beschlossen, meine Position in den S&P-Futures zu halbieren, um die Initiative zu behalten.

Der Rückschlag bei den japanischen Aktien und Bonds schmerzt zwar, aber hier gibt es keinen Handlungsbedarf.

DONNERSTAG MORGEN, 11. SEPTEMBER 1986

Ich habe mich entschieden, eine neutralere Position einzunehmen. Das bedeutet, den Rest meiner S&P-Futures zu verkaufen und vielleicht sogar gegen meine Aktienpositionen short zu gehen, oder eine kleine Short-Position

08. Sept. 1986

	Schluß 08.09.86	%-Veränd. ab 05.09.		Schluß 08.09.86	%-Veränd. ab 05.09.
DM	2.0750	-1.3	S&P 500	248.14	-0.9
¥	156.00	-0.4	US T-Bonds	96 24/32	-0.6
£	1.4835	-0.7	Eurodollar	94.04	-0.1
Gold	411.00	-2.8	Rohöl	15.62	-4.6
			Jap. Bonds	104.30	-0.8

QUANTUM FONDS-VERMÖGEN	1 592,000,000 $
Nettowert pro Anteilsschein	10.304 $
Veränderung seit 05.09.86	-2.8%
Veränderung seit 16.08.85	+136.3%

Depotstruktur (in Mill. Dollar)

Investment-Positionen (1)	long	short	Netto-Veränd. (2) seit 05.09.	Nettodevisen-Position (6)	long	short	Netto-Veränd. (2) seit 05.09.
Aktien				DM-verwandt	151		-2
US-Aktien	1189	(32)	-24	Jap. Yen	137		-25
US Index-Futures	261		-238	Pfund Sterling	6		+1
Ausländische Aktien	647		-7	US-Dollar	1298		-20
Bonds (3)				Andere Währungen	223		-24
US-Reg.-Anl.							
Kurzfristig (4)	8		-3				
Langfristig							
Japanische Bonds (5)	2360		-25				
Rohstoffe							
Öl	72		-4				
Gold							

in US-Regierungsanleihen einzunehmen. Ich habe mich auch dazu entschlossen, im Dollar short zu gehen, insbesondere gegen die DM. Ich erwarte, daß die US-Konjunktur im dritten Quartal Stärke zeigen wird, und meine Informationen besagen, daß die deutsche Wirtschaft sich im zweiten Quartal deutlich erholt hat. Zwischen den USA und Japan ist das Fundament für eine konzertierte Rücknahme der Zinssätze im Austausch gegen einen konzertierten Versuch zur Stabilisierung des Dollars errichtet worden, und ich glaube, daß sich Deutschland, wenn auch zögerlich, dem anschließen wird. Angesichts der momentanen Stärke glaube ich nicht, daß irgendjemand auf den Knopf drückt, es sei denn, eine erneute Attacke auf den Dollar würde die

Behörden unter Zugzwang setzen. Um mich gegen diese Möglichkeit abzusichern, kaufe ich DM. Natürlich könnte ich sowohl in der DM als auch bei den japanischen Bonds verlieren, falls der Dollar weiterhin fest bleibt; ich schätze dieses Risiko aber gering ein.

Der Aktienmarkt gerät zunehmend unter die Herrschaft steuerlicher Überlegungen. Diese sind sehr schwer zu interpretieren, aber ich glaube, daß im Gegenzug der Abwärtsdruck für die nächsten Monate anhalten und damit die Bedingungen für eine starke Jahresendrallye schaffen wird. Wenn ich keine starke Überzeugung habe, verkleinere ich lieber mein Risiko.

SAMSTAG, 13. SEPTEMBER 1986

10. Sept. 1986

	Schluß 10.09.86	%-Veränd. ab 08.09.		Schluß 10.09.86	%-Veränd. ab 08.09.
DM	2.0630	+0.6	S&P 500	247.06	-0.4
¥	154.60	+0.9	US T-Bonds	97 21/32	+0.9
£	1.4812	-0.2	Eurodollar	94.05	0
Gold	404.70	-1.5	Rohöl	14.88	-4.7
			Jap. Bonds	104.01	-0.3

QUANTUM FONDS-VERMÖGEN	1 586,000,000 $
Nettowert pro Anteilsschein	10.269 $
Veränderung seit 08.09.86	-0.3%
Veränderung seit 16.08.85	+135.5%

Depotstruktur (in Mill. Dollar)

Investment-Positionen (1)	long	short	Netto-Veränd. (2) seit 08.09.
Aktien			
US-Aktien	1098	(30)	-89
US Index-Futures	259		-2
Ausländische Aktien	673		+26
Bonds (3)			
US-Reg.-Anl. Kurzfristig (4)	1		-7
Langfristig		(96)	-96
Japanische Bonds (5)	2377		+17
Rohstoffe			
Öl	96		+24
Gold			

Nettodevisen-Position (6)	long	short	Netto-Veränd. (2) seit 08.09.
DM-verwandt	153		+2
Jap. Yen	135		- 2
Pfund Sterling	5		- 1
US-Dollar	1293		- 5
Andere Währungen	277		+54

12. Sept. 1986

	Schluß 12.09.86	%-Veränd. ab 10.09.		Schluß 12.09.86	%-Veränd. ab 10.09.
DM	2.0597	+0.2	S&P 500	230.68	-6.6
¥	155.30	-0.5	US T-Bonds	94 22/32	-3.0
£	1.4772	-0.3	Eurodollar	93.96	-0.1
Gold	416.50	+2.9	Rohöl	15.06	+1.2
			Jap. Bonds	103.05	-0.9

QUANTUM FONDS-VERMÖGEN	1 484,000,000 $
Nettowert pro Anteilsschein	9.610 $
Veränderung seit 08.09.86	-6.4%
Veränderung seit 16.08.85	+120.4%

Depotstruktur (in Mill. Dollar)

Investment-Positionen (1)	long	short	Netto-Veränd. (2) seit 10.09.	Nettodevisen-Position (6)	long	short	Netto-Veränd. (2) seit 10.09.
Aktien				DM-verwandt	905		+752
US-Aktien	1109	(42)	-1	Jap. Yen	355		+220
US Index-Futures	629		-44	Pfund Sterling	3		-2
Ausländische Aktien	629		-44	US-Dollar	221		-1072
Bonds (3)				Andere Währungen	249		-28
US-Reg.-Anl.							
Kurzfristig (4)	1		-1				
Langfristig			+96				
Japanische Bonds (5)	2348		-29				
Rohstoffe							
Öl	97		+1				
Gold							

Der scharfe Kurseinbruch der letzten beiden Tage traf mich unvorbereitet. Ich habe zwar das Programm, das ich mir am Donnerstag morgen vor Markteröffnung vornahm, durchgeführt, aber offensichtlich war das nicht genug, um das Portefeuille zu schützen: wir haben einen bedeutenden Rückschlag erlitten. Ich zögere, weitere Umschichtungen vorzunehmen, da sie den Schaden leicht noch vergrößern könnten. Unsere Positionen sind nicht exzessiv: Ich muß mich nicht unbedingt sofort einschränken. Andererseits habe ich aber auch nur wenig Munition für weitere Engagements zur Verfügung. Ich habe vor, so wenig wie möglich zu tun.

Das steht in scharfem Kontrast zum Kurseinbruch Juli/August, dem ich erfolgreich ausweichen konnte. In gewisser Weise erwischte mich dieser Einbruch jetzt auf dem falschen Bein. Die Hedging-Maßnahmen haben mich emotional erschöpft, und als der nachhaltige Einbruch kam, war ich am Schaltpult eingeschlafen.

Rückblickend hätte ich erkennen sollen, daß das Steuerreform-Gesetz den Markt erschüttern konnte, zumal es zu einer Zeit kam, als der Markt ohnehin konsolidierte.

Der Reiz, erst zu verkaufen und dann preiswerter wieder zu kaufen, war aber nahezu unwiderstehlich. Jetzt ist die Frage: Bis wohin und wie schnell wird der Markt fallen? Die dabei im Auge zu haltenden Daten sind die Rückkäufe der Investmentfonds. Interessanterweise habe ich nicht das Gefühl, daß der Markt – wie im Juli – nach unten offen ist; welche Tiefs auch immer wir erreichen werden, sie werden das Sprungbrett für eine starke Jahresendrallye sein, die nach meiner Meinung die Kurse über das heutige Niveau hinaustragen wird.

SONNTAG, 28. SEPTEMBER 1986

Der Markt hat jetzt wieder ein gewisses Maß an Stabilität zurückgewonnen. Ich kann meine Gedanken konzentrieren und eine längerfristige Strategie verfolgen. Die wichtigste Frage, die sich mir stellt, ist die, ob das von mir als „Goldenes Zeitalter des Kapitalismus“ bezeichnete Szenario noch gültig ist, oder ob wir uns im Übergang in eine andere Phase befinden. Ist das letztere der Fall, wie wird dann das nächste Szenario aussehen?

Die Frage ähnelt sehr derjenigen, die ich vor Beginn des Real-Time-Experimentes stellte: Was wird das Ergebnis des imperialen Kreislaufes sein? Allerdings könnte die Frage anders betont werden: Ist das „Goldene Zeitalter des Kapitalismus“ eine andauernde Erscheinung, oder ist es bloß ein Notbehelf, der jetzt ausgedient hat?

Viele Anzeichen sprechen für die zweite Alternative. Ich möchte nur einige erwähnen: die steiler werdende Zinskurve, den Anstieg des Goldpreises und die Zerfallserscheinungen innerhalb des Prozesses der Gruppe der Fünf. der Aktienmarkt zeigt zudem Anzeichen eines größeren Tops, obwohl er noch nicht den euphorischen Zustand erreicht hat, den man vom „Bullenmarkt unseres Lebens“ erwarten würde; mit anderen Worten: die Blase ist noch nicht reif zum Zerplatzen. Das genau ist der Hauptgrund, dessentwegen ich so gezögert habe, den Gipfelbildungsprozeß anzuerkennen. Statt dessen zog ich es vor, eher an eine technische Korrektur zu denken. Es ist keinesfalls sicher, daß der Bullenmarkt vorüber ist, aber der Einbruch ist zu deutlich gewesen, als daß man ihn als Teil eines andauernden Bullenmarktes behandeln könnte. Es ist besser, die Phase, die ich als das „Goldende Zeitalter des

26. Sept. 1986

	Schluß 26.09.86	%-Veränd. ab 12.09.		Schluß 26.09.86	%-Veränd. ab 12.09.
DM	2.0530	+0.3	S&P 500	232.23	+0.7
¥	154.60	+0.5	US T-Bonds	95 21/32	+1.0
£	1.4360	-2.8	Eurodollar	94.01	+0.1
Gold	427.20	+2.6	Rohöl	14.43	-4.2
			Jap. Bonds	103.36	+0.3

QUANTUM FONDS-VERMÖGEN	1 503,000,000 $
Nettowert pro Anteilsschein	9.728 $
Veränderung seit 12.09.86	+1.2%
Veränderung seit 16.08.85	+123.1%

Depotstruktur (in Mill. Dollar)

Investment-Positionen (1)	long	short	Netto-Veränd. (2) seit 12.09.
Aktien			
US-Aktien	1071	(53)	-49
US Index-Futures		(275)	-330
Ausländische Aktien	623		-6
Bonds (3)			
US-Reg.-Anl.			
Kurzfristig (4)			
Langfristig		(180)	-180
Japanische Bonds (5)	1986		-362
Rohstoffe			
Öl	94		-3
Gold			

Nettodevisen-Position (6)	long	short	Netto-Veränd. (2) seit 12.09.
DM-verwandt	990		+85
Jap. Yen	295		-60
Pfund Sterling		(10)	-13
US-Dollar	228		+7
Andere Währungen	238		-11

Kapitalismus“ bezeichnet habe, für beendet zu erklären und zu versuchen, die nächste Phase zu identifizieren. Selbst wenn sie sich als ein weiterer Teil des „Bullenmarktes unseres Lebens“ herausstellen sollte, wird sie zwangsläufig dermaßen viele andere Merkmale haben, daß es gerechtfertigt erscheint, ihr einen anderen Namen zu geben. Gegenwärtig bin ich mir sehr unsicher darüber, wie sich die Situation entwickeln wird. Indem ich sie zu einer neuen Phase erkläre – selbst wenn sie sich letztlich als Fortsetzung der alten Phase erweisen sollte –, vermeide ich es, in einer unangemessenen Struktur zu erstarren und zwinge mich, meine Sinne wach zu halten. Es ist noch viel zu früh, um schon zu irgendwelchen klaren Schlußfolgerungen zu gelangen.

Die letzte Phase gründete auf einer internationalen Zusammenarbeit, die ein kontrolliertes Nachgeben des Dollars und eine koordinierte Zinssenkung ermöglicht hat.

Die Weltwirtschaft ist schwach geblieben, so daß die monetäre Stimulation zu einem gewaltigen Bullenmarkt von Finanzanlagen geführt hat. Das zunehmende Ungleichgewicht zwischen der „Real-" und der „Finanzwirtschaft" der Welt hat zu Spannungen geführt, die die internationale Kooperation zu unterlaufen drohen und einen Neuanfang erforderlich machen, wenn ein Zusammenbruch vermieden werden soll. Bedauerlicherweise gibt es keine Anzeichen für neue politische Initiativen, sondern nur Gezänk zwischen den Verbündeten. Es ist noch viel zu früh, um vorherzusagen, welcher Weg aus dieser Sackgasse führen wird. Ich kann drei Möglichkeiten erkennen:

1. *Sich weiter „durchwursteln": Die J-Kurve beginnt endlich zu wirken, was der US-Wirtschaft einen gewissen Impuls verleiht, unsere größeren Handelspartner aber schwächt. Die Weltwirtschaft bleibt schwach, die monetäre Politik entgegenkommend. Sobald klar wird, daß das Auseinanderdriften des internationalen Handels- und Finanzsystems vermieden werden konnte, kehrt das Vertrauen zurück, und die enorme Liquididät, die sich angesammelt hat, wird wieder in Finanzanlagen investiert. Wenn es so kommt, werden wir den „Bullenmarkt unseres Lebens" noch sehen.*
2. *Ein verhängnisvoller Kreislauf: Eine schwache Wirtschaft und ein schwacher Dollar verstärken sich gegenseitig und führen zu höheren Zinssätzen und höheren Budgetdefiziten. Der Protektionismus gewinnt die Oberhand und provoziert Vergeltungsmaßnahmen, eingeschlossen die Nichtanerkennung von Schulden.*
3. *Neue politische Initiativen: Unter dem Druck der Finanzmärkte (fallender Dollar, nachgebende Bond- und Aktienmärkte und steigende Goldpreise) finden die Behörden zu einem gemeinsamen Handeln zurück. Der Dollar stabilisiert sich zeitgleich mit einer weiteren Zinssenkungsrunde. Die USA und die Sowjetunion einigen sich auf ein Abrüstungsabkommen, wodurch der Militärhaushalt gekürzt werden kann. Schließlich wird die internationale Verschuldung als ein politisches Problem begriffen, und es werden Maßnahmen getroffen, um die Wirtschaft der unterentwikkelten Länder anzukurbeln.*

Da das Auftauchen eines verhängnisvollen Kreislaufs zwangsläufig eine politische Reaktion hervorrufen wird, können wir zwischen zwei wesentlichen Alternativen unterscheiden: einem weiteren Durchgewurstele und einem verhängnisvollen Kreislauf, auf den neue politische Initiativen folgen. Der tatsächliche Verlauf der Ereignisse wird wahrscheinlich Elemente aus beiden Alternativen vereinigen. Wie auch immer, die Finanzmärkte dürften kurzfristig wahrscheinlich weiter unter Druck stehen. Nach dem OPEC-Treffen setzte ich darauf, daß der Streit zwischen den Vereinigten Staaten und Deutschland beigelegt werden würde und wir uns weiter durchwursteln würden. Ich habe kürzlich damit angefangen, meine Position abzusichern, nichtsdestoweniger hat das Ergebnis des letzten Treffens der Fünf gezeigt, daß ich falsch lag. Ich habe vor, darauf nachhaltig zu reagieren.

Ich kann verstehen, wie es zu diesem toten Punkt kam. Baker brauchte einen Sündenbock, und die Deutschen weigerten sich, diese Rolle zu übernehmen. Die Einzelheiten einer Vereinbarung waren klar erkennbar: ein Zugeständnis der USA, den Dollar zu stabilisieren, im Austausch gegen ein deutsches Zugeständnis, die Zinsen herabzusetzen. Ich habe den Eindruck, daß es Baker war, der sich hier gedrückt hat.

Wenn das so ist, so belegt das die Schwäche seiner Position: Er kann nicht zustimmen, den Dollar vor dem Wahlen im November zu stabilisieren, da er sonst nichts mehr aufzubieten hat, um einen protektionistischen Druck abzuwehren. Bis zu den Wahlen gibt es für die Finanzmärkte noch reichlich Zeit, eine passendere politische Reaktion zu bewirken.

Ich habe vor, dazu meinen Teil beizutragen: Ich plane, meine DM-Position um 500 Millionen $ aufzustocken, meine Short-Position in US-Regierungsanleihen von 180 Millionen $ auf 500 Millionen $ und meine Short-Position im Aktien-Index-Future von 275 Millionen $ auf 750 Millionen $ zu erweitern. Ich möchte auch mit 150 Millionen $ im Gold long gehen. Nach unten scheint der Markt jetzt offener zu sein als noch vor wenigen Wochen: bis die politischen Streitigkeiten gelöst sind, kann schon ein verhängnisvoller Kreislauf eingesetzt haben.

MITTWOCH ABEND, 1. OKTOBER 1986

Ein taktischer Fehler erzeugt den nächsten: vom DM-Kauf abgesehen, war alles, was ich am Montag tat, falsch. Ich spiele nicht die Bedeutung des gestern angekündigten Treffens vor dem Gipfel herab, aber ich muß aufpassen, mich nicht auf einen verhängnisvollen Kreislauf bei mir selbst einzulassen. Aktuell werde ich gar nichts tun. Obwohl ich bis zu diesem Punkt Geld verloren habe, glaube ich, daß mein Portefeuille vernünftig ausgewogen ist. Wenn das stimmt, kann ich eine Rallye bei Aktien und Bonds gut aussitzen, insbesondere, da ich einen Monat lang nach China reisen werde.

01. Okt. 1986

	Schluß 01.10.86	%-Veränd. ab 26.09.		Schluß 01.10.86	%-Veränd. ab 26.09.
DM	2.0175	+1.7	S&P 500	233.60	+0.6
Y	153.85	+0.5	US T-Bonds	96 22/32	+1.1
L	1.4450	+0.6	Eurodollar	94.03	0
Gold	425.20	-0.5	Rohöl	15.16	+5.1
			Jap. Bonds	103.02	-0.3

QUANTUM FONDS-VERMÖGEN	1 511,000,000 $
Nettowert pro Anteilsschein	9.562 $
Veränderung seit 26.09.86	-1.7%
Veränderung seit 16.08.85	+119.3%

Depotstruktur (in Mill. Dollar)

Investment-Positionen (1)	long	short	Netto-Veränd. (2) seit 26.09.
Aktien			
US-Aktien	1014	(83)	-87
US Index-Futures		(575)	-300
Ausländische Aktien	635		+12
Bonds (3)			
US-Reg.-Anl. Kurzfristig (4)			
Langfristig		(466)	-286
Japanische Bonds (5)	1987		+1
Rohstoffe			
Öl	99		+5
Gold	150		+150

Nettodevisen-Position (6)	long	short	Netto-Veränd. (2) seit 26.09.
DM-verwandt	1415		+425
Jap. Yen	282		-13
Pfund Sterling	1		+11
US-Dollar		(187)	-415
Andere Währungen	240		+2

MITTWOCH, 22. OKTOBER 1986

Ich habe meine Reise nach China vorzeitig abgebrochen, da ich mir Sorgen über den japanischen Anteil des Portefeuilles machte. Nachdem ich einen Tag in Tokio verbracht habe, befinde ich mich nun auf dem Weg zurück nach New York.

Die Kursabschwächung am japanischen Aktienmarkt hat sich während der letzten Tage zu einer regelrechten Fluchtbewegung ausgewachsen. Der Markt insgesamt hat um 15% nachgegeben, aber einige meiner Aktien, die allesamt zum Immobilienbereich gehören, stehen 25%-40% unter ihren jüngsten Hochs. Der Bondmarkt, in dem ich eine große Position habe, ist ebenfalls schwach gewesen.

Jetzt, wo ich genau hinsehe, wird mir klar, was vor sich geht: Die Kurssteigerung des Yen ist zu weit gegangen; Japan verliert an die neu-industrialisierten Länder des pazifischen Beckens, und exportorientierte Unternehmen werden hart getroffen. Eine Politik des leichten Geldes ist nicht genug, um mit dieser Situation fertig zu werden, sie ist tatsächlich sogar kontraproduktiv geworden, da sie einen spekulativen Boom erzeugt, der in einem Zusammenbruch enden muß. Da die Behörden das erkannt haben, haben sie

21. Okt. 1986

	Schluß 21.10.86	%-Veränd. ab 01.10.		Schluß 21.10.86	%-Veränd. ab 01.10.
DM	1.9845	+1.6	S&P 500	235.88	+1.0
¥	155.10	-0.8	US T-Bonds	94 22/32	-2.1
£	1.4340	-0.8	Eurodollar	93.92	-0.1
Gold	425.20	0	Rohöl	15.19	+0.2
			Jap. Bonds	101.35	-1.6

QUANTUM FONDS-VERMÖGEN	1 488,000,000 $
Nettowert pro Anteilsschein	9.422 $
Veränderung seit 26.09.86	-1.5%
Veränderung seit 16.08.85	+116.1%

Depotstruktur (in Mill. Dollar)

Investment-Positionen (1)	long	short	Netto-Veränd. (2) seit 01.10.
Aktien			
US-Aktien	1104	(108)	+65
US Index-Futures		(579)	-4
Ausländische Aktien	572		-63
Bonds (3)			
US-Reg.-Anl.			
Kurzfristig (4)			
Langfristig		(466)	
Japanische Bonds (5)	1607		-380
Rohstoffe			
Öl	102		+3
Gold	122		-28

Nettodevisen-Position (6)	long	short	Netto-Veränd. (2) seit 01.10.
DM-verwandt	1316		-99
Jap. Yen		(104)	-386
Pfund Sterling	3		+2
US-Dollar	273		+460
Andere Währungen	235		-5

sich dazu entschlossen, den Aufwertungsdruck auf den Yen durch eine aktive Förderung von Kapitalabflüssen zu bremsen, anstatt die Zinsen noch weiter zu senken. Diese Politik war erfolgreich, der Yen hat sich stabilisiert, und der Markt ist kollabiert.

Ich war in der Vergangenheit aktiver Teilnehmer an einer der klassischen Abfolgen von Boom und Zusammenbruch, und ich war nicht rechtzeitig ausgestiegen. Jetzt hat es mich schlimm erwischt. Es ist klar, daß ich aus dem Markt gehen sollte, aber wie und wann? Ich weiß nicht, was ich tun soll, da meine Kenntnisse des japanischen Marktes äußerst beschränkt sind. Ich erwarte, daß ich für meine Ignoranz einen hohen Preis zu zahlen habe.

Ich empfinde es als ziemlich peinlich, im „Zusammenbruch unseres Lebens“ gefangen zu werden, während ich über den „Bullenmarkt unseres Lebens“ schreibe. Genau das aber passiert gerade. Ich glaube, daß der Kollaps des japanischen Aktienmarktes sich als einer der Meilensteine der zeitgenössischen Finanzgeschichte erweisen wird.

Er erinnert mehr an einen klassischen Crash als an alles, was wir wahrscheinlich in unserem eigenen Markt erleben werden. Der japanische Markt ist gewaltig überbewertet gewesen, und die Sorglosigkeit ist allgegenwärtig geworden, wie mein eigenes Verhalten belegt. Der Präsident der Bank von Japan, Satoshi Sumita, hat wiederholt gewarnt, aber der Markt ignorierte das. Ich höre gerade, daß Investmentfonds ihren Anlegern mündlich 9% Rendite garantierten – eine ungesund Praktik, wenn es überhaupt eine ist. Ich hätte diese Anzeichen eines spekulatives Exzesses erkennen müssen, aber ich habe ihnen keine Aufmerksamkeit geschenkt.

Meine einzige Entschuldigung ist, daß ich nicht ständig in Japan zugegen bin: meine letzte Reise liegt schon fünfzehn Jahre zurück. Zu dieser Zeit war ich Broker, der ausländische Anleger beriet; daher war ich dem Markt auf der Spur und kam unversehrt heraus. Nun bin ich selbst ausländischer Anleger, und mein Schicksal ist typisch für einen ausländischen Investor, der vom Boom angelockt wird: Ich kaufte in einen steigenden Markt hinein, und ich werde in einen fallenden Markt hinein verkaufen müssen; nachdem ich auf dem Papier einen großen Gewinn hatte, werde ich mit einem realen Verlust enden.

Die These, die mich nach Japan zog, ist nicht länger gültig, da sie sich auf die exzessive Liquidität stützte, die den Boom sowohl in den Grundstückspreisen als auch im Aktienmarkt hervorgebracht hatte. Die Aktien der Eisenbahngesellschaften, die sich seit dem letzten Boom 1973 praktisch nicht bewegt hatten, wurden für einen Bruchteil ihres Substanzwertes verkauft. Die Eisenbahngesellschaften haben eine Methode, ihren Substanzwert zu erhöhen, ohne Gewinne zu zeigen: da die Rendite auf kommerziell genutzte Immobilien traditionell niedriger liegt als der Zinssatz, können sie ihre Gewinne durch die Aufnahme von Geld und dessen Investition in weitere Immobilien verstecken. Auf diese Weise können sie sich sowohl ihres physischen

Wachstums als auch der Wertsteigerung ihres Grundbesitzes erfreuen. Das Haar in der Suppe ist, daß die Aktionäre von all diesen Segnungen nichts abbekommen: Die Einsenbahngesellschaften werden kontrolliert, und wenn sie irgendwelche Fahrpreiserhöhungen durchsetzen wollen, können sie nicht ihre Dividende erhöhen. Aber hier liegen Veränderungen in der Luft. Die National Railroad wird in Privatbesitz überführt, und sie muß höhere Gewinne ausweisen, wenn sie an die Öffentlichkeit verkauft werden soll. Außerdem muß das Tempo der Grundstückserschließung forciert werden, wenn die inländische Nachfrage stimuliert werden soll. Das bedeutet, daß die Eisenbahngesellschaften externe Finanzmittel benötigen. Folglich haben sowohl die Gesellschaften als auch die Emissionsbanken ein Interesse daran, die Aktienkurse steigen zu sehen, und tatsächlich haben die meisten Eisenbanhgesellschaften Bonds mit Optionsanleihen auf höhere Kurse herausgebracht. Ausländische Anleger waren die ersten, die diese reflexive These erkannten, zu ihrer Bestätigung aber mußten die inländischen Anleger folgen. Auch das geschah: Zu Beginn des neuen Fiskaljahres (1. Oktober) trieben die neu aufgelegten Investmentfonds (die, die ihren Anlegern 9% Rendite garantierten) die Aktien aus dem Immobilienbereich unter Rekordumsätzen auf ein Allzeithoch. Wie sich herausstellte, war das der Höhepunkt der Käufe. Der Einbruch in New York führte bei Fidelity International Investment Trust, die stark in japanischen Immobilienaktien investiert waren und zum Verkauf gezwungen waren, zu Rückkäufen. Ich war mir dieser Entwicklung zu diesem Zeitpunkt bewußt und hatte vor, bei der nächsten Rallye Material abzugeben, diese Rallye aber kam nie, und der Kursrückgang ging in eine wilde Rutschpartie über. Was ich nicht erkannte, war die Veränderung in der japanischen Regierungspolitik in der Förderung von Kapitalabflüssen. Ich hätte meine Schlüsse daraus ziehen müssen, daß der Yen sich zu stabilisieren begann, aber ich war zu selbstgefällig. Dafür gibt es keine Entschuldigung. Nun hat die reflexive These in die entgegengesetzte Richtung zu wirken begonnen. Die gleichen Faktoren, die dem Aktienmarkt das Genick gebrochen haben, werden wahrscheinlich auch den Boom im Immobilienbereich verlangsamen. Obwohl es einen großen Zuwachs im Bausektor geben wird, liegt der starke Anstieg der Grundstückspreise wahrscheinlich hinter uns. Aus diesem Grunde muß ich versuchen, aus meinen Positionen so gut wie irgend möglich herauszukommen.

Ich muß sehr aufpassen, meinen Fehler durch emotionale Handlungen nicht noch zu verschlimmern. Die Schutzmaßnahmen, die ich vor meiner Abreise ergriff, haben mich vor dem Debakel in Japan nicht geschützt, sie haben mich eigentlich nur Geld gekostet. Meine Verluste in Japan kann ich verschmerzen, wenn ich sie aber durch andere Verluste noch verschlimmere, könnte ich ernsthafte Probleme bekommen. Dennoch kann ich nicht ruhig bleiben. ich muß mich auf die veränderten Umstände einstellen. Wie sehen sie aus?

Zum ersten scheint der Yen sein Top gesehen zu haben, und es würde mich nicht wundern, wenn er um, sagen wir einmal, 10% fallen würde. Der Kapitalabfluß übertifft bei weitem den Leistungsbilanzüberschuß, und daß Nachfrage und Angebot für den Yen während der letzten beiden Monate ausgewogen waren, liegt einzig daran, daß ein Großteil der Kapitaltransaktionen abgesichert war. Wenn die Marktteilnehmer zuversichtlicher geworden sind, daß der Hochpunkt des Yen hinter uns liegt, werden sie eher bereit sein, Dollars zu halten und damit eine Umkehr des Trends einleiten. Die Regierung wird allerdings aus Furcht vor den politischen Konsequenzen den Niedergang des Yen wahrscheinlich nicht allzu weit gehen lassen.

Gestern verkaufte ich meine gesamte Position im Yen, und ich habe vor, mit einer Summe in Höhe etwa der Hälfte meiner Long-Position short zu gehen. Wenn die DM nicht im Einklang mit dem Yen schwach geht, werde ich wohl auch meine Long-Position in der DM vergrößern, zur Hälfte gegen den Dollar, zur anderen Hälfte gegen den Yen. Gleichzeitig verkleinere ich meine Long-Position im Gold, bis ich klarer sehe.

Ich habe auch etwa 20% meiner japanischen Bonds verkauft, um mir etwas mehr Bewegungsspielraum zu schaffen, aber ich denke, daß es ein Fehler wäre, meine gesamte Position zu den derzeit gedrückten Kursen zu verkaufen. Die Zinsen sind um etwa 50-70 Basispunkte gestiegen. Im Gegensatz zu früheren Gelegenheiten dürfte die Regierung sich gegen weitere Stützungen der Zinssätze stemmen, insbesondere, wenn der Aktienmarkt weiter fällt und der Yen weiter nachgibt.

Aus dem gleichen Grund macht auch meine Short-Position in US-Regierungsanleihen weniger Sinn als noch vor einigen Wochen. Japanische Anleger werden wahrscheinlich bei der nächsten Auktion kraftvoll in Erscheinung treten. Angesichts der bis dahin nachhaltig spürbaren Auswirkungen des OPEC-Abkommens habe ich vor, meine Short-Position bei dieser Gelegenheit einzudecken und ggfs. sogar long zu gehen.

Mein Portefeuille in den USA scheint derzeit gut abgesichert zu sein, und ich bin froh, daß das so ist. Ich neige zwar der Short-Seite zu, aber ich halte mich zurück, da ich Angst davor habe, meine Fehler zu vergrößern. Ich habe weniger Bedenken, Gewinne auf die Immobilienaktien in Hongkong mitzunehmen, die sich vornehmlich wegen der japanischen Käufe derzeit auf einem Hoch befinden.

Auch werde ich froh sein, meine Öl-Kontrakte in der zweiten Novemberhälfte bei ihrer Fälligkeit zu verkaufen. Recht besehen, bereite ich mich darauf vor, im Januar zu höheren Kursen Leerverkäufe vorzunehmen, indem ich im Januar-Termin long und im März-Termin zum praktisch gleichen Kurs short gehe. Ich gehe davon aus, daß sich der Terminabschlag bei steigenden Kursen ausweiten wird.

Ich bin davon überzeugt, daß der „Bullenmarkt unseres Lebens" hinter uns liegt. Es mag hier und da zu einem Aufflackern spekulativer Aktivitäten kommen, die ungesunder sind denn je, aber der Hauptschub nach oben ist erschöpft. Das blinde Vertrauen, das ein essentieller Bestandteil eines reifen Bullenmarktes ist, kann nicht in Hast und Eile wiederbelebt werden. Das Ableben des Bullenmarktes verlief weniger spektakulär, als man es von einem „Bullenmarkt unseres Lebens" erwartet hätte, wenngleich es in Italien, Frankreich und jetzt in Japan klassische Gipfelbildungsprozesse gab. Der Hochpunkt, dem wir am nächsten kamen, war der kurzlebige Ansturm auf die Einlösung der Investmentfonds im September. Ich komme mir recht blöde vor, weil ich diese Zeichen nicht erkannt habe. Tatsache ist, daß der Bullenmarkt durch die Notenbanken abgewürgt wurde, noch bevor er sein volles Ausmaß erreicht hatte. Vielleicht senken sie die Zinsen noch einmal; der Effekt dürfte aber nicht noch einmal der gleiche sein. Der Bullenmarkt gründete sich auf eine Flucht aus physischen Anlagen in Kapitalanlagen; eine weitere monetäre Stimulation wird wahrscheinlich eine Flucht in Liquidität auslösen, eingeschlossen Gold.

Derzeit herrscht eine vorübergehende Ruhe: Die OPEC hat ihre Streitigkeiten beigelegt, aber ohne ein solides Fundament; die Wechselkurse haben sich stabilisiert, aber ohne eine gesunde, internationale Kooperation; die US-Konjunktur erfreut sich einer zeitweiligen Atempause, bevor das Gesetz zur Steuerreform in Kraft tritt; der Aktienmarkt wird von Geschäften über Wasser gehalten, die noch vor Jahresende aus dem gleichen Grund zum Abschluß gebracht werden müssen. Was wird das uns das nächste Jahr bescheren?

SAMSTAG, 25. OKTOBER 1986

Es gelang mir, Yen im Gegenwert von 750 Millionen zu verkaufen, bevor er einbrach. Als die DM dem Anstieg des Dollars nicht zu folgen vermochte, reduzierte ich meine DM-Position auf 750 Millionen Dollar. Ich bin nun rundherum abgesichert: long in der DM und short im Yen. Mit diesem Manöver habe ich zwar kein Geld verdient, aber ich vermied es, meine Gewinne preiszugeben.

Ich habe auch versucht, während der ersten Rallye die Hälfte meiner Aktienpositionen loszuschlagen, aber das gelang mir nicht: Der japanische Broker brach sein Wort hinsichtlich unserer Vereinbarung und verkaufte nur die Hälfte der ihm anvertrauten Summe, was einem Achtel meiner Gesamtposition entsprach. Das Schlimmste dabei ist, daß er meine Absicht kennt. Das wird ein grausames Geschäft werden.

Ich fange an, mich mit meinen Short-Positionen in US-Regierungsanleihen und S&P-Futures unwohl zu fühlen. Angesichts der Rallye im Dollar schwächen sich die Gründe für steigende Zinsen ab; sollten die Bonds eine Rallye erleben, könnten die Short-Positionen in den S&P-Futures Schwierigkeiten bekommen. Nun erwartet jedermann, daß die Japaner die Bonds

24. Okt. 1986

	Schluß 24.10.86	%-Veränd. ab 21.10.		Schluß 24.10.86	%-Veränd. ab 21.10.
DM	2.0355	-2.6	S&P 500	238.26	+1.0
¥	161.7	-4.3	US T-Bonds	95 29/32	+1.3
£	1.413	-1.5	Eurodollar	93.99	+0.1
Gold	407.5	-4.2	Rohöl	15.02	-1.1
			Jap. Bonds	101.95	+0.6

QUANTUM FONDS-VERMÖGEN	1 455,000,000 $
Nettowert pro Anteilsschein	9.214 $
Veränderung seit 26.09.86	-2.2%
Veränderung seit 16.08.85	+111.3%

Depotstruktur (in Mill. Dollar)

Investment-Positionen (1)	long	short	Netto-Veränd. (2) seit 21.10.
Aktien			
US-Aktien	1069	(123)	-50
US Index-Futures		(675)	96
Ausländische Aktien	523		-49
Bonds (3)			
US-Reg.-Anl.			
Kurzfristig (4)			
Langfristig	(465)		+1
Japanische Bonds (5)	1234		-373
Rohstoffe			
Öl	99		-3
Gold	80		-42

Nettodevisen-Position (6)	long	short	Netto-Veränd. (2) seit 21.10.
DM-verwandt	792		-524
Jap. Yen		(735)	-631
Pfund Sterling	2		-1
US-Dollar	1396		+1123
Andere Währungen	216		-19

bei der Oktober-Refundierung kaufen werden, deshalb muß ich vorher handeln. Am Dienstag findet die Auktion der 7-jährigen Bonds statt, bei dieser Gelegenheit muß ich etwas tun. Bei der Rallye, die ich im Anschluß an eine erfolgreiche Auktion erwarte, kann ich anfangen, meine Long-Positionen zu verkaufen bzw. zu reduzieren.

Gegenwärtig wird der Aktienmarkt vom Programmhandel und Portefeuille-Absicherungsgeschäften beherrscht. Fundamental betrachtet, sind diese Programme ungesund. In einem fallenden Markt stellen sie praktisch einen Verlust sicher – im Austausch gegen einen ruhigen Schlaf. Nur falls der Kursabschwung sich fortsetzt oder falls der Anleger die Charakterstärke hätte, die

Absicherung in einem schwachen Markt aufzuheben – was unwahrscheinlich ist, da er sich sonst gar nicht erst die Portefeuille-Absicherung gekauft hätte – könnte er einen Gewinn realisieren. Der Ausdruck „Portefeuille-Absicherung“ ist ein unzutreffender Terminus, da er sich auf die Analogie mit einer Lebensversicherung gründet; der Tod aber ist sicher, nicht jedoch ein Crash.

Eine Rallye am Aktienmarkt würde den Fehler der Portefeuille-Absicherung aufdecken; hernach wäre der Markt in einer besseren Ausgangslage für eine Abschwächung. Ich erwarte, daß sich eine solche Abschwächung im Anschluß an die nächste Senkung der kurzfristigen Zinsen anschließt. In der Zwischenzeit könnte der Aktienmarkt sein jüngstes Hoch noch einmal testen. Bei sonst unverändertem Umfeld sollte es wegen der zuvor zu erwartenden, steuerinduzierten Verkäufe zu einer kräftigen Jahresend-Rallye kommen. Natürlich werden auch die Wahlen im November den Markt beeinflussen, ich weiß aber nicht, wie.

SAMSTAG, 1. NOVEMBER 1986

Das war eine hektische, schwierige Woche. Zuerst traf mich der Kollaps der Ölpreise infolge der Entscheidung Saudi Arabiens, sich in neuen „net-back“-Geschäften zu engagieren. Es gelang mir zwar, den größten Teil meiner Position im Rohöl vor dem Einbruch zu verkaufen, aber der Preisrutsch macht es für mich kostspieliger, den Rest meines Planes durchzuführen. Dennoch hatte ich bis Dienstagabend die Hälfte meiner Short-Positionen im Aktienindex eingedeckt und von einer 500 Millionen $-Short-Position in Regierungsanleihen auf eine 800 Millionen $-Long-Position gedreht.
Die Auktion der 7-jährigen Papiere verlief aber nicht gut – ich war wohl der größte Käufer – und am Dienstagabend verlor ich an allen Fronten. Dann tauchten zwei unerwartete Entwicklungen auf: der Rücktritt des saudischen Ölministers Scheich Yamani und die Anzeichen für eine Senkung des japanischen Diskontsatzes. Auf einmal sah meine Position wesentlich erfreulicher aus. Ich ergriff die Gelegenheit beim Schopf, um meine Positionen in japanischen Aktien aus dem Immobilienbereich zu verkleinern und stockte meine Positionen in US-Regierungsanleihen auf 1,2 Mrd. $ auf. Ich vergrößerte auch meine Cross-Position – long DM/short Yen – auf 1 Mrd. $. Ich habe mir zusätzlich DM im Wert von 250 Millionen $ gekauft, womit ich eine leichte Netto-Short-Position im Dollar habe.

Mein zusätzlicher Kauf von US-Bonds erwies sich als zeitlich schlecht gewählt, da der Ölpreis scharf anzog, nachdem der neue saudische Ölminister eine Krisensitzung des OPEC Preiskommittes verlangte. Die Situation ist äußerst verworren, aber die vorherrschende Meinung lautet, daß die Veränderung einen Sieg für den Iran darstellt, und daß die Saudis die Preise anhe-

31. Okt. 1986

	Schluß 23.10.86	%-Veränd. ab 24.10.		Schluß 31.10.86	%-Veränd. ab 24.10.
DM	2.0661	-1.5	S&P 500	243.98	+2.4
¥	163.25	-1	US T-Bonds	98 3/32	+2.3
£	1.4065	-0.5	Eurodollar	94.11	+0.1
Gold	403.60	-1.0	Rohöl	15.27	+1.7
			Jap. Bonds	102.96	+1.6

QUANTUM FONDS-VERMÖGEN	1 469,000,000 $
Nettowert pro Anteilsschein	9.296 $
Veränderung seit 24.10.86	+0.9%
Veränderung seit 16.08.85	+113.2%

Depotstruktur (in Mill. Dollar)

Investment-Positionen(1)	long	short	Netto-Veränd. (2) seit 24.10.	Nettodevisen-Position (6)	long	short	Netto-Veränd. (2) seit 24.10.
Aktien				DM-verwandt	1280		+488
US-Aktien	1015	(99)	-30	Jap. Yen		(955)	-220
US Index-Futures		(327)	348	Pfund Sterling	3		+1
Ausländische Aktien	460		-63	US-Dollar	1141		-255
Bonds (3)				Andere Währungen	201		-15
US-Reg.-Anl.							
Kurz-fristig (4)							
Lang-fristig	1073		+1538				
Japanische Bonds (5)	1232		-1				
Rohstoffe							
Öl		(28)	-127				
Gold	79		-1				

ben werden, selbst wenn sie dann weniger Öl verkaufen. Nach meiner Ansicht werden die Saudis öffentlich dafür plädieren, den Ölpreis auf 18 $ festzulegen, aber sie werden ihre net-back-Geschäfte nicht aufgeben und im Kampf um ihren Marktanteil weiterhin hart bleiben. Da es unmöglich ist, den Ölpreis auf 18 $ zu halten, ohne die Produktion allenthalben zu drosseln, ist es wahrscheinlich, daß die Verhandlungen scheitern werden und daß eine neue Runde des Preiskrieges ausbrechen wird. Die Saudis müssen allerdings aufpassen, den Iran nicht zu verärgern. Ich habe wieder angefangen, im Öl short zu gehen, aber nur in kleinem Umfang, da ich es mir nicht leisten kann, ein hohes Risiko einzugehen. Ich habe bereits in den Bonds eine ausreichend große Risikoposition. Wenn mein Engagement in den Bonds gut läuft, werde ich vielleicht mutiger im Öl – wenn es dann noch nicht zu spät ist.

Während der letzten beiden Tage der Woche wurde eine Reihe positiverer Wirtschaftsdaten veröffentlicht, was meine strategische Position schwächte. Der Dollar zog scharf an, aber die Yen/DM-Cross-Position entwickelte sich zu meinem Vorteil (s. Chart nächste Seite), vor allem am Freitag, nachdem die gemeinsame japanisch-amerikanische Erklärung veröffentlicht worden war. Die Erklärung bestätigt die These, auf der die Cross-Position aufbaut: Wo immer sich auch Druck auf den Dollar aufbaut, er wird sich auf die europäischen Währungen und möglicherweise auf Gold konzentrieren. Sollte sich die US-Konjunktur allerdings als stärker als von mir erwartet erweisen, dürfte die DM wegen ihrer höheren Volatilität noch stärker als der Yen nachgeben. Somit ist die Position nicht unriskant, aber ich sehe den Dollar nicht wesentlich fester. Mein Hauptrisiko liegt in den Bonds und in dem, was sich in eine Cross-Position verwandelt hat: long in Bonds, short in Aktien-Indizes. Wegen der Wirtschaftsdaten mache ich mir nicht übertrieben viele Sorgen, da sie bloß eine zeitweise Erholung vor den steuerlichen Änderungen bestätigen, ich möchte mir eine Meinung über Öl bilden. Meine größten Bedenken aber richten sich auf die Wahlen am kommenden Dienstag, deren Einfluß ich nicht abschätzen kann. Das Problem ist, daß meine Toleranz gegenüber Verlusten durch die bereits erlittenen Verluste sowohl in meinem makroökonomischen Vorgehen – die Absicherung, die ich vor meinem China-Trip vornahm, erwiesen sich als recht kostspielig – als auch in meinem Anlageportefeuille, das sich weiterhin schwertut, geschrumpft ist. Als Folge davon fühle ich mich nervös und ein wenig zu stark engagiert.

YEN gegen DEUTSCHE MARK und YEN gegen DOLLAR
WECHSELKURS

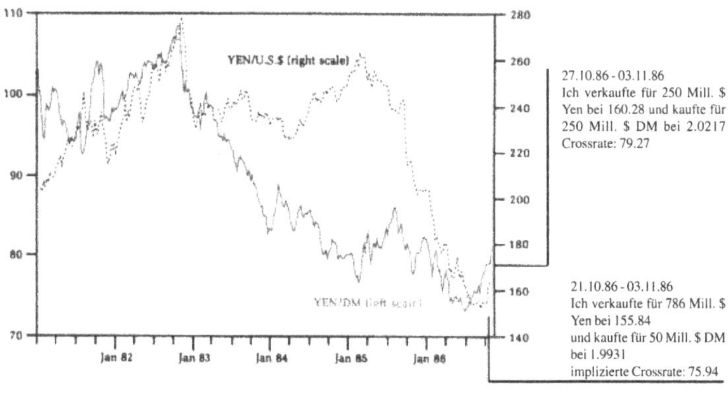

SAMSTAG, 08. NOVEMBER 1986

Meine Wette auf die Auktion der Regierungsanleihen ging nicht auf: ein anfänglicher Gewinn verwandelte sich in einen Verlust. Die Nachrichten zum Öl waren widersprüchlich, und ich entschloß mich, eine abwartende Haltung einzunehmen; gleichzeitig zog ich mich auch von meinen Gold-Positionen zurück. Alles, was ich jetzt noch habe, ist eine Cross-Position – long in Bonds/short in Aktien-Indizes –, die ich als einen vorübergehenden Notbehelf ansehe, eine Long-Position in japanischen Bonds, die ich nach und nach

07. Nov. 1986

	Schluß 07.11.86	%-Veränd. ab 31.10.		Schluß 07.11.86	%-Veränd. ab 31.10.
DM	2.0610	+0.2	S&P 500	245.77	+0.7
¥	163.00	+0.2	US T-Bonds	96 10/32	-1.8
£	1.4310	+1.7	Eurodollar	93.92	-0.2
Gold	388.60	-3.7	Rohöl	15.17	-0.7
			Jap. Bonds	103.09	+0.1

QUANTUM FONDS-VERMÖGEN	1 461,000,000 $
Nettowert pro Anteilsschein	9.320 $
Veränderung seit 31.10.86	+0.3%
Veränderung seit 16.08.85	+113.7%

Depotstruktur (in Mill. Dollar)

Investment-Positionen (1)	long	short	Netto-Veränd. (2) seit 31.10.	Nettodevisen-Position (6)	long	short	Netto-Veränd. (2) seit 31.10.
Aktien				DM-verwandt	1.334		+54
US-Aktien	1022	(71)	+35	Jap. Yen		(956)	-1
US Index-Futures		(544)	-217	Pfund Sterling	7		+4
Ausländische Aktien	436		-24	US-Dollar	1076		-65
Bonds (3)				Andere Währungen	201		-0
US-Reg.-Anl. Kurzfristig (4)							
Langfristig	750		-323				
Japanische Bonds (5)	983		-249				
Rohstoffe							
Öl			+28				
Gold	41		-38				

verkaufen oder in deutsche Bonds wechseln werde, und meine Währungspositionen, die auf einem soliden Fundament zu stehen scheinen. So oder so konnten mich meine makroökonomischen Manipulationen nicht gegen einen Wertverlust meiner Investmentpositionen schützen, und der Vermögenswert des Fonds hat sich verringert.

Dies ist ein guter Augenblick, um das Real-Time-Experiment zu beenden, weil es sich allmählich in eine Auflistung meiner tagtäglichen Tradingaktivitäten verliert. Das ist zwar nicht uninteressant -ich verfolge eine statistische, empirische Methode, die alles in allem genommen positive Ergebnisse zu bringen scheint – aber es ist wegen der Überhand nehmenden Fehler ziemlich vertrackt und führt uns weit fort vom ursprünglichen Zweck des Experiments. Ich könnte es zwar rechtfertigen, den Leser noch eine Zeit lang auf dem beschwerlichen Weg durch meine Millionen-Geschäfte mitzunehmen – einzig um ein ausgewogeneres Bild zu liefern, als Phase 1 allein das vermocht hätte –, irgendwo aber muß ich den Schlußstrich ziehen und mich wieder der ursprünglichen Frage zuwenden, nämlich der Lösung der dem imperialen Kreislauf innewohnenden Widersprüche. Nebenbei fange ich an, mir Gedanken darüber zu machen, ob das Vorhaben, meine Überlegungen für die Öffentlichkeit aufzuzeichnen, sich auf meine Fähigkeit auswirkt, Fehler rasch zu erkennen und zu korrigieren. Denn wenn ich das tue, wird ja meine Aufzeichnung um so schwieriger. Ich denke zum Beispiel an meine Absicherung vor meiner Reise nach China, die mich so teuer zu stehen kam.

NETTOWERT PRO ANTEILSSCHEIN DES FONDS
IM VERGLEICH ZUR MARKTENTWICKLUNG
Phase zwei: 21.07. bis 7.11.1986

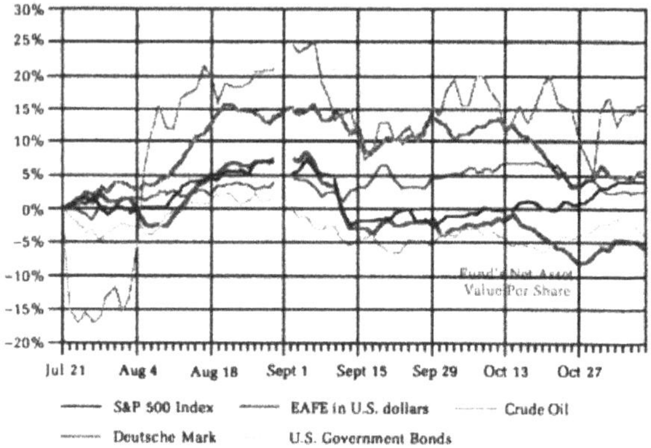

(S&P 500-Index, EAFE in US-Dollar, Rohöl, Deutsche Mark, US-Regierungsanleihen)

GEWINNE UND VERLUSTE DES FONDS
(aufgeschlüsselt in die größeren Positionen)

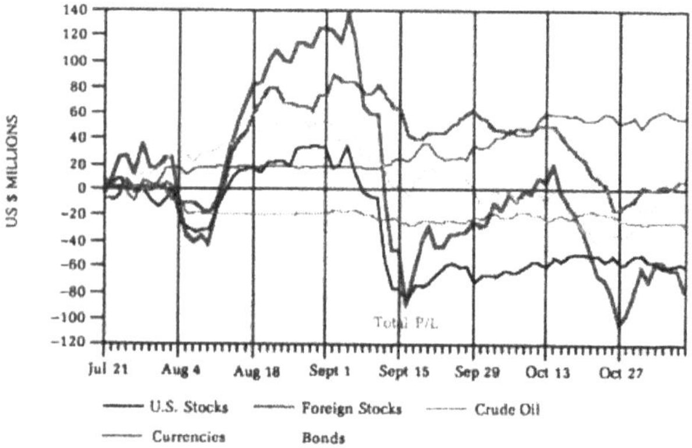

(US-Aktien, Ausländische Aktien, Rohöl, Devisen, Bonds)

Anmerkung:

(1) Berechnung aller Kurse als prozentuale Veränderung gegenüber dem ersten eingetragenen Tag.

(2) EAFE ist Morgan Stanleys Capital International Index für europäische, australische und fernöstliche Märkte in Dollar.

(3) Die Kurse für Öl und Regierungsanleihen entsprechen den Schlußkursen der nächstfälligen Futures.

(4) Währungsgewinne und -verluste umfassen nur die Termin- bzw. Futureskontrakte. Gewinne und Verluste bei ausländischen Aktien beinhalten auch den Währungsgewinn oder -verlust der Position.

DEVISENKURSE
Phase zwei: 21.07. bis 7.11.1986

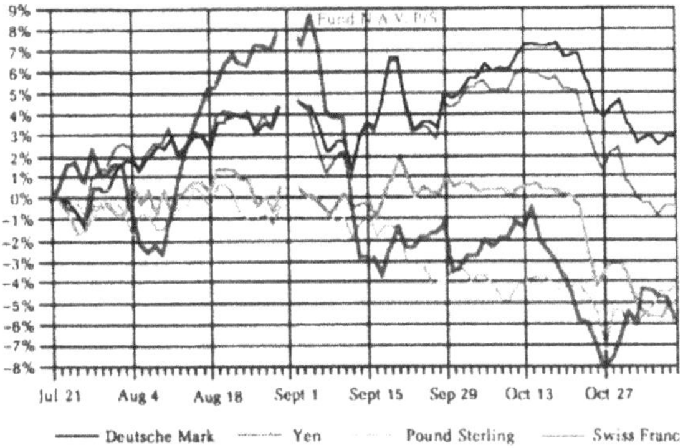

(Deutsche Mark, Yen, Pfund Sterling, Schweizer Franken)

NETTO-WÄHRUNGS-POSITION
(Linie stellt das Fondsvermögen dar)
in Mrd. US-Dollar

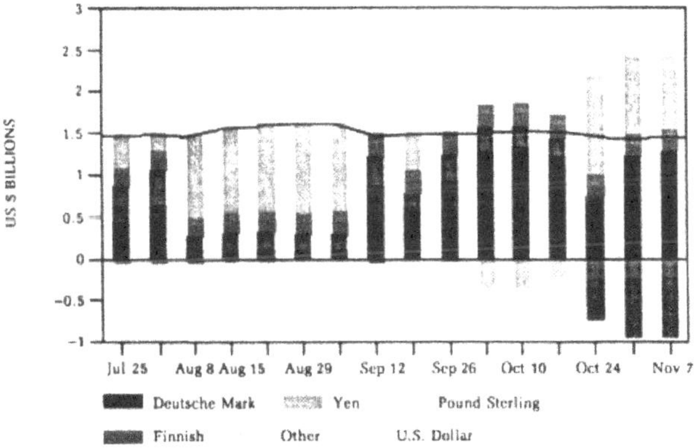

(Deutsche Mark, Yen, Pfund Sterling, Finmark, Andere, US-Dollar)

Anmerkung:

(1) Die Kurse werden in US-Dollar als prozentuale Veränderung gegenüber dem ersten aufgeführten Tag abgebildet. Es werden die New Yorker Schlußkurse verwendet.

(2) Netto-Fremdwährungsengagement, eingeschlossen Aktien, Bonds, Futures, Bargeld und Einschußzahlungen; ist gleich dem Beteiligungskapital des Fonds. Eine Short-Position in Dollar zeigt den Betrag an, um den das Engagement in den Währungen das Vermögen des Fonds übertrifft.

(3) Währungsposition auf Basis der Wochenschlußkurse.

US-AKTIENMARKT
Phase zwei: 21.07. bis 7.11.1986

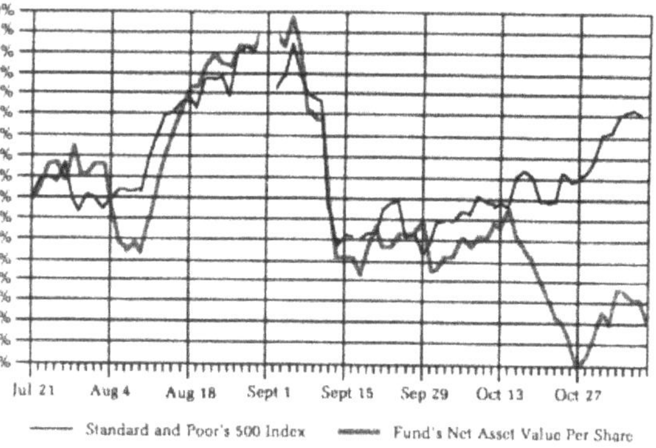

(Standard und Poors 500-Index, Nettowert pro Anteilsschein des Fonds)

POSITIONEN IM US-AKTIENMARKT
in Milliarden US$

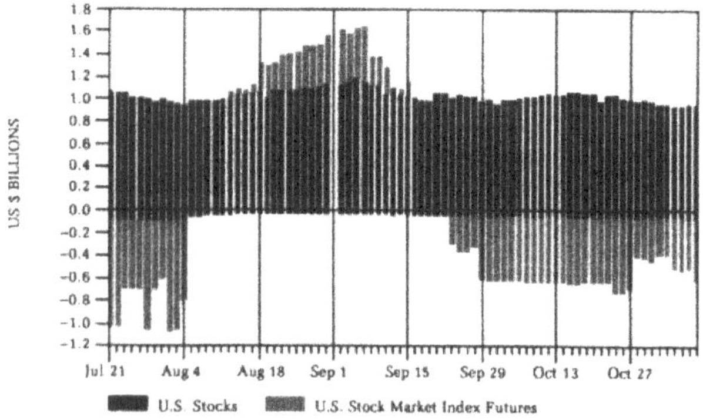

(US-Aktien, Futures auf US-Aktien-Indizes)

GEWINNE UND VERLUSTE AM US-AKTIENMARKT
in Millionen US$

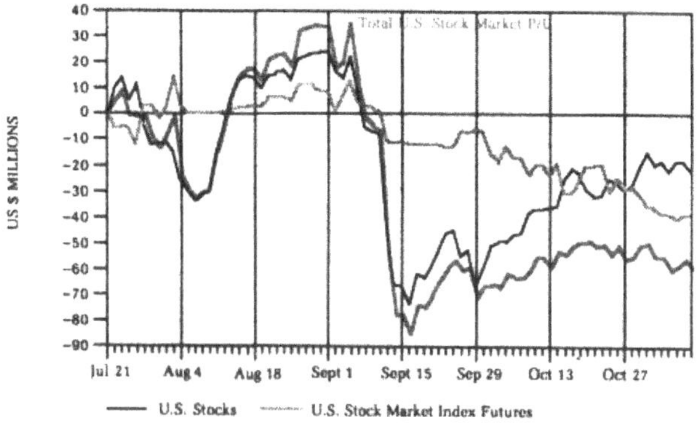

(US-Aktien, Futures auf US-Aktien-Indizes)

Anmerkung:

(1) Die Gesamtsumme der Gewinne und Verluste am US-Aktienmarkt schließt Aktienpositionen und Index-Futures ein.

KURSE AUSLÄNDISCHER AKTIENMÄRKTE
Phase zwei: 21.07. bis 7.11.1986

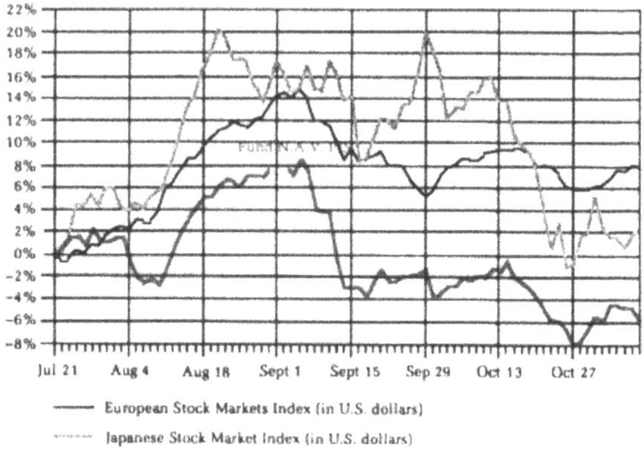

(Index der europäischen Aktienmärkte (in US-Dollar)
(Index des japanischen Aktienmarktes (in US-Dollar))

POSITIONEN IN AUSLÄNDISCHEN AKTIEN
in Millionen US$

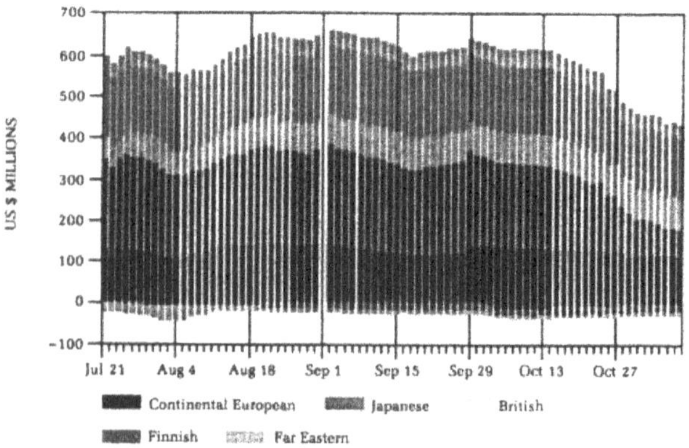

(Kontinental-europäische, japanische, britische, finnische, fernöstliche)

GEWINNE/VERLUSTE BEI AUSLÄNDISCHEN AKTIEN
in Millionen US$

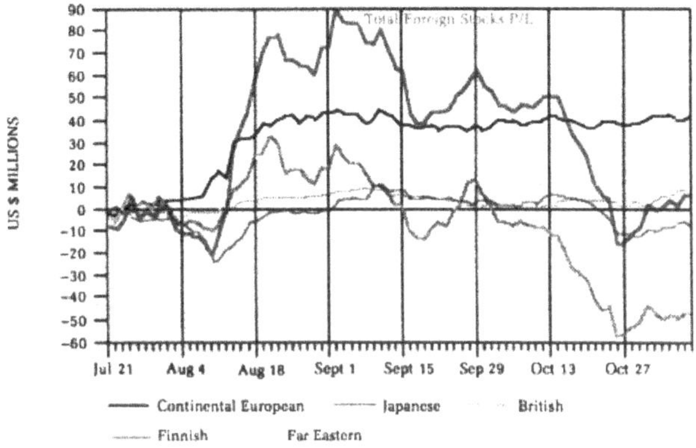

(Kontinental-europäische, japanische, britische, finnische, fernöstliche)

Anmerkung:

(1) Die Gesamtsumme der Gewinne und Verluste in ausländischen Aktienmärkten schließt die Fremdwährungsgewinne oder -verluste auf die ausländischen Aktienpositionen ein.

(2) Unter die fernöstlichen Positionen fallen Hongkong, Korea, Taiwan, Australien und Thailand.

ROHSTOFFPREISE
Phase zwei: 21.07. bis 7.11.1986

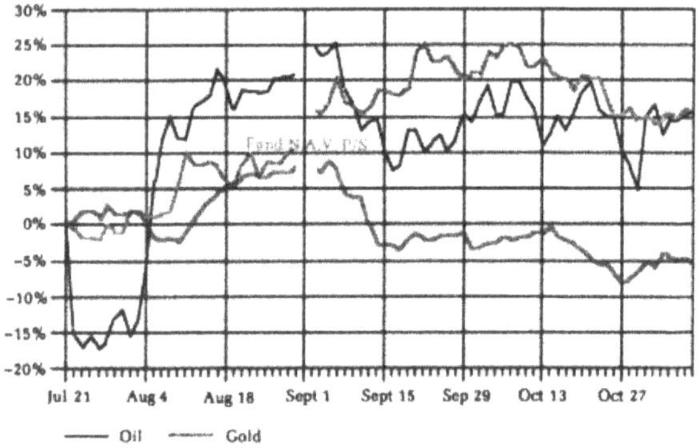

(Öl, Gold)

ROHSTOFF-POSITIONEN

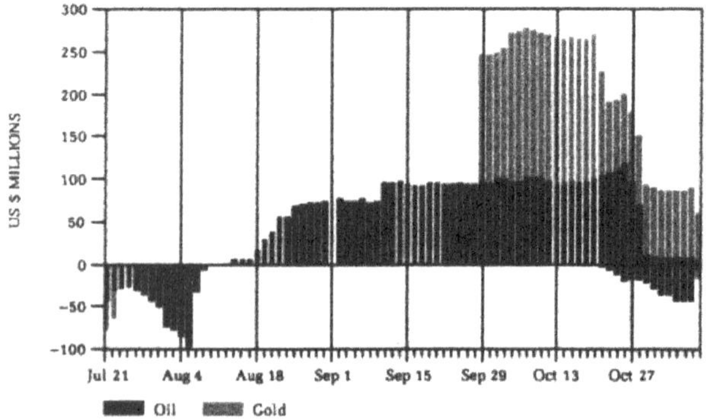

(Öl, Gold)

GEWINNE UND VERLUSTE BEI ROHSTOFFEN
in Millionen US$

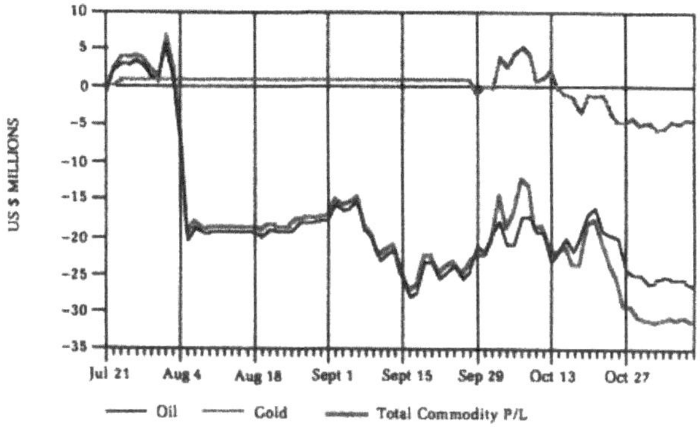

(Öl, Gold, Gesamtgewinne und -verluste mit Rohstoffen)

FESTVERZINSLICHE WERTPAPIERE
Kontrollphase: 21.07. bis 7.11.1986

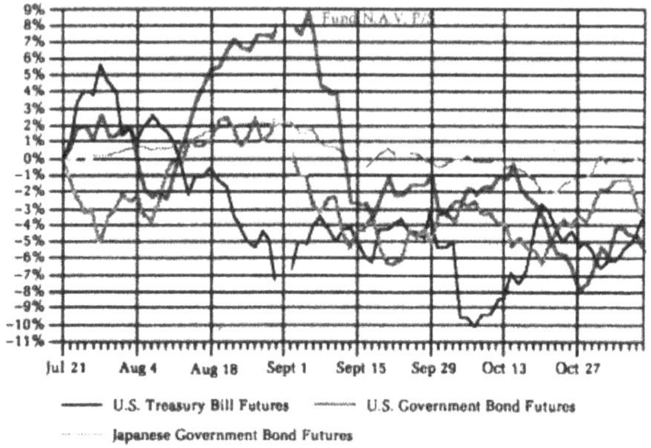

(US-Treasury Bill-Futures, Futures auf US-Regierungsbonds,
Futures auf Japanische Government Bonds)

POSITIONEN IN FESTVERZINSLICHEN WERTPAPIEREN
in Milliarden US$

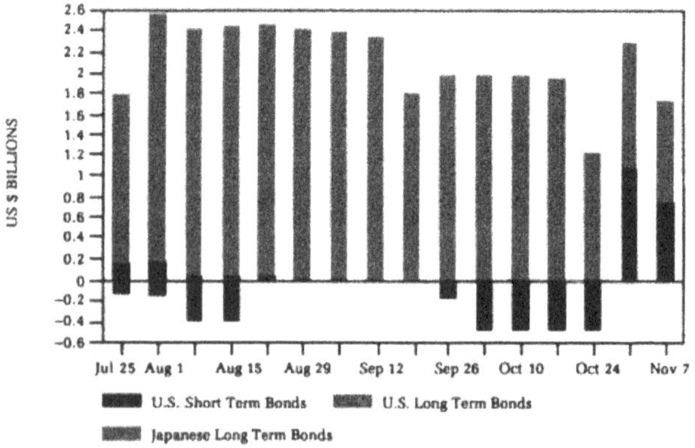

(Kurzfristige US-Bonds, langfristige US-Bonds,
langfristige japanische Bonds)

GEWINNE UND VERLUSTE BEI FESTVERZINSLICHEN WERTPAPIEREN
in Millionen US$

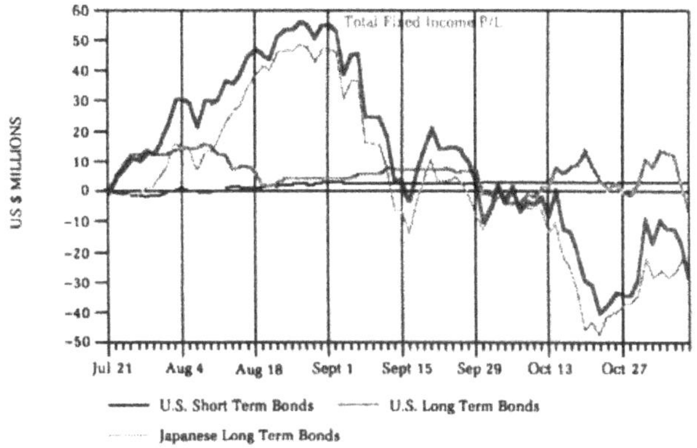

(Kurzfristige US-Bonds, langfristige US-Bonds, langfristige japanische Bonds)

Anmerkung:

(1) Positionen und Gewinne bei kurzfristigen US-Bonds schließen Treasury Bills, Futures auf Treasury Bills und Eurodollar und Treasury-Notes mit einer Laufzeit bis zu zwei Jahren ein.

(2) Alle US-Regierungsanleihen wurden auf den gemeinsamen Nenner der 30-jährigen Regierungsanleihen gebracht. Die Basis für diese Berechnung ist der Kurseffekt der jeweiligen Renditeveränderung. Der Nennwert von 100 Millionen $ in 4-jährigen Treasury Notes entspricht z. B. einem Kurswert von 28,5 Millionen Dollar bei den 30-jährigen Regierungsanleihen.

(3) Japanische Bonds weisen eine erheblich geringere Volatilität als US-Regierungsanleihen auf. Am 30. Juni 1986 z. B. hatten japanische Regierungsanleihen im Nennwert von 100 Millionen US$ ungefähr die gleiche Volatilität wie 66,2 Millionen US$ in 30-jährigen US-Regierungsanleihen. Wir haben diese Beträge nicht bereinigt.

(4) Positionen auf Basis der Wochenschlußkurse dargestellt.

14
DIE SCHLUSSFOLGERUNG: NOVEMBER 1986

Der „Bullenmarkt unseres Lebens" kam zu einem vorzeitigen Ende. Zwar schließe ich die Möglichkeit eines erneuten Bullenmarktes nicht aus; dies aber wäre eine eigenständige Entwicklung.*

Allein der Umstand, daß der „Bullenmarkt unseres Lebens" scheiterte, liefert einen wertvollen Einblick in die Gesamtsituation. Er ist nicht die einzige Entwicklung, die ein vorzeitiges Ende fand, noch bevor sie ein Chaos verursachen konnte. Der imperiale Kreislauf war ein weiteres Beispiel.

Wenn wir erst einmal suchen, tauchen noch weitere Beispiele auf. Die OPEC stand kurz vor ihrem Auseinanderbrechen, aber als sich der Abgrund auftat, wichen die Mitglieder von seinem Rand zurück. Das gleiche gilt auch für das internationale Kreditwesen: Ich habe herausgearbeitet, daß das kollektive System der Kreditgewährung aus einer Notlage heraus geboren wurde, daß es Notfallbedingungen zu seinem Überleben benötigt, und daß es so beschaffen ist, daß es die zu seinem Fortbestand erforderlichen Notfallbedingungen selbst schafft. Im Fall der frei floatenden Wechselkurse habe ich angeführt, daß sie zunehmend instabiler werden, aber die Gruppe der Fünf intervenierte, bevor der destabilisierende Effekt untragbar wurde, und wir kamen zu einem System des „unreinen" Floatens.

Unter diesem Blickwinkel betrachtet, wird das US-Haushaltsdefizit zu einem weiteren dieser Fälle. Ich hatte gedacht, daß 1985 ein Hochpunkt der Defizitfinanzierung gewesen wäre, und daß wir – ob nun mit oder ohne das Gramm-Rudman-Gesetz – eine allmähliche Verbesserung sehen würden. Diese Ansicht muß ich jetzt korrigieren. Tatsächlich erreichten wir den Hochpunkt 1985, aber dieser Wendepunkt führte nicht zu einer entgegengerichteten Entwicklung. Als die Krise sich entschärfte, schwand auch unsere Entschlossenheit, uns mit ihr auseinanderzusetzen. Das Haushaltsdefizit bleibt praktisch unverändert, und es könnte gut wieder einen kritischen Punkt erlangen.

---

* P.S., Januar 1987: Das war eine voreilige Aussage. Aber wenn die Märkte euphorisch werden, wird das „Rand"-Modell, das ich in diesem Kapitel herausarbeite, umso wichtiger.

Von diesen Beispielen ausgehend, können wir verallgemeinernd die Hypothese aufstellen, daß wir in einem Finanzsystem leben, das dazu neigt, an den Rand des Abgrundes zu treten, um dann wieder zurückzuschrecken. Diese Hypothese paßt auch gut zur Tendenz unserer Konjunktur, mit der Rezession zu flirten, um sich dann zu erholen, ohne aber wirkliche Stärke zu erlangen. Zwischen diesen beiden Tendenzen gibt es eine logische Verknüpfung: es ist die Rezessionsgefahr, die eine heilende Wirkung hervorruft. Obwohl wir erwarten dürfen, daß das System jedesmal beim Erreichen des Abgrundes zurückschreckt, können wir uns nicht darauf verlassen; und je zuversichtlicher wir werden, desto größer wird die Gefahr, daß das nicht geschieht. Wir könnten behaupten, daß dies ein System der sich selbst vernichtenden Prophezeiungen sei.

Das System, das ich beschreibe, hat eine gewisse Ähnlichkeit zum Anpassungsprozeß in der klassischen Wirtschaftstheorie: Alles in allem sind sich selbst vernichtende Prophezeiungen eine Art eines sich selbst korrigierenden Mechanismus'. Aber es gibt einige grundlegende Unterschiede. Erstens tendiert der klassische Anpassungsprozeß zu einem Gleichgewicht; im vorliegenden System gibt es keine derartige Tendenz. Zum zweiten unterwirft das hier beschriebene Modell die reale Wirtschaft den Launen des Finanzsystems. Es gibt eine Flucht aus Vermögenswerten in Finanzwerte. Das Geschick einzelner Branchen steht und fällt mit den Wechselkursen, aber alles in allem genommen ist es nicht unfair zu behaupten, daß die reale Wirtschaft geopfert wird, um die Finanzwirtschaft am Laufen zu halten. Diese fundamentale Instabilität bringt Spannungen hervor, die einen politischen Niederschlag finden können. Die Hauptgefahren sind der Protektionismus bei uns und die Aufgabe des Schuldendienstes in den Schuldnerländern. Das ist es, was dieses System so gefährlich macht.

Das ist nicht immer so gewesen. Das erste Mal, daß wir am Abgrund standen, war 1982, obwohl die Situation seit dem Wegfall der festen Wechselkurse 1973 zunehmend instabiler geworden war – und dieser Wegfall selbst ein Zeichen der Instabilität war. Zwischen den Bedingungen vor und nach 1982 scheint es einen qualitativen Unterschied zu geben. Vor 1982 mag das System sich verschlechtert haben, nur deswegen ließ man zu, daß es sich auflöste, aber es war lebensfähig. Seit 1982 ist das System durch und durch ungesund, und es ist nur durch den drohenden Zusammenbruch zusammengehalten worden. Könnte es auf einer tragfähigeren Basis neu errichtet werden? Ich werde diese Frage in Kapitel 18 erörtern. Hier muß ich mich mit dem System abfinden, das ich mit dem Konzept des Kreislaufs von Kredit und Kontrolle beschrieben habe.

Die Tatsache, daß das normale, zyklische Muster durchbrochen war, war mir von Beginn an klar; ich habe betont, daß wir uns in unbekanntes Fahrwasser begaben. Ich begriff aber nicht die Implikationen dieser Tatsache und versuchte, mit dem gleichen alten Zyklenchart durch das unbekannte Terrain zu navigieren. Kein Wunder, daß ich das Ziel verfehlte! Zuerst war ich überrascht vom Auftauchen des imperialen Kreislaufs, dann, im Verlauf des Experiments, vom vorzeitigen Abdanken des „Goldenen Zeitalters des Kapitalismus“. In Phase 2 des Experiments sah ich mich schließlich zu der Erkenntnis gezwungen, daß das Muster von Boom und Zusammenbruch nicht zur gegenwärtigen Situation paßt. Wir brauchen ein anderes Modell. Das Bild, das sich aufdrängt, ist das von der Nadel im Heuhaufen. Wir müssen uns dem Thema aber etwas analytischer nähern.

Der normale Verlauf des Kreditzyklus ist von den Behörden gestoppt worden. Deshalb müssen wir auf der Suche nach einem Anhaltspunkt deren Verhalten betrachten. Wenn eine Katastrophe droht, gehen sie aufeinander zu, schwindet die Gefahr, laufen sie wieder auseinander. Das ist der Mechanismus im Kern des Phänomens des „an-den-Abgrund-Tretens“. Das kollektive System der Kreditvergabe liefert das Paradebeispiel, aber die anderen von mir zitierten Beispiele – das Wechselkurssystem, das Haushaltsdefizit, die OPEC, ja selbst der Bullenmarkt von 1929 – passen auch in dieses Schema. Der Mechanismus wird erst wirksam, wenn ein Zusammenbruch katastrophale Folgen haben würde; aus diesem Grunde ist er erst seit 1982 am Werk. Manchmal wird er wirksam, bevor der Höhepunkt der Krise erreicht ist, wie im Wechselkurssystem und im „Bullenmarkt unseres Lebens“, manchmal erst danach, wie bei der internationalen Schuldenkrise und im Falle der OPEC.

Wieso gelingt es den Interventionen der Behörden nicht, eine dauerhafte Trendumkehr herbeizuführen? Zwei Faktoren spielen hier eine Rolle. Zum einen werden vergangene Exzesse nicht beseitigt, sondern nur unterdrückt, deswegen gären sie weiter. Das gilt vor allem für die Ansammlung notleidender Kredite. Zum anderen mag eine ordentliche Korrektur oder Eindämmung der Exzesse auch nicht ausreichen, um eine entschiedene Umkehr der vorherrschenden Voreingenommenheit herbeizuführen. Die Banken zum Beispiel beschritten nach 1982 weiterhin ihren expansiven Pfad; der Geist des Bullenmarktes könnte leicht wiedererweckt werden, insbesondere in den USA, wo der Vertrauensverlust nicht so schlimm war; und im Falle der OPEC wird sich erst noch zeigen müssen, ob die Erfahrung von 1986 ausreicht, um einen ausreichend starken Zusammenhalt zu bewerkstelligen, der der Wiederholung ähnlicher Ereignisse vorbeugen kann.

Der Einfluß dieser beiden Faktoren schwankt von Fall zu Fall. Demgemäß kommen wir nicht zu einem klar definierten zyklischen Muster, sondern zu etwas Unbestimmtem und Facettenreichem: Einige Trends werden regelrecht umgekehrt, andere klingen nur vorübergehend ab, wieder andere manifestieren sich in anderer Form erneut. Als zum Beispiel die Bankenaufsicht 1984 verschärft wurde, wurden viele der Risiken auf die Finanzmärkte übertragen.

Wie wird all das enden? Theoretisch könnten wir ewig am Abgrund wandeln, aber da nichts ewig währt, werden wir irgendwann einmal aus dem

Trott geraten. Das könnte auf zweierlei Weise geschehen: Das System könnte infolge eines Malheurs zerbrechen, oder wir könnten nach und nach einen Weg weg vom Abgrund finden. Da wir von einer Krise in die nächste stolpern, werden viele der Exzesse korrigiert. Die Banken halten weniger Risikopositionen als 1982, in den Schuldnerländern haben viele strukturelle Veränderungen stattgefunden, sowohl beim Haushalts- als auch beim Handelsbilanzdefizit der Vereinigten Staaten scheint die Gipfelbildung vollzogen, und ein Boom à la 1929 scheint vorzeitig zum Stillstand gekommen zu sein. Andererseits geht die Zuwachsrate bei den Kapitalanlagen weiterhin in einem Tempo vor sich, das die Schaffung „wirklichen" Wohlstandes weit hinter sich gelassen hat, und diese Disparität ist einer der Exzesse, die korrigiert werden müssen.

Eine positive Lösung würde eine größere Stabilität der Wechselkurse, eine weiter anhaltende Senkung der Zinssätze und einen Anstieg der Aktienkurse bis zu einem Punkt erfordern, an dem Anlagen in „realen" Werten eine größere Rendite bringen als der Kauf von Wertpapieren. Es ist schwer zu erkennen, wie ein solcher Zustand erreicht werden soll, solange die Regierung sich weiter mit der jetzigen Quote verschuldet. Eine negative Entwicklung würde eine zunehmende finanzielle Instabilität, Protektionismus, eine weltweite Rezession und eine Flucht aus Finanzanlagen in reale Vermögenswerte einschließen. Ich vermag nicht vorauszusagen, welche Lösung die wahrscheinlichere ist.

Man kann erkennen, daß das Modell, zu dem ich gelangt bin, noch weniger prognostische Kraft besitzt als das Modell von Boom und Zusammenbruch, das ja zumindest die Richtung und die Abfolge der Ereignisse anzeigte. Das „Rand"-Modell leistet nicht einmal das, weil einem Höhepunkt nicht notwendigerweise eine Trendumkehr folgt. Gleichwohl entbehrt das Modell nicht eines gewissen Erklärungswertes.

Die zu Beginn des Experiments gestellte Frage – wie das Ergebnis letztlich aussehen wird – muß unbeantwortet bleiben. In dieser Hinsicht endete Phase 2 des Experiments eher mit einem Achselzucken als mit einem Paukenschlag. Aber es gibt eine weitere, verwandte Frage, die eine klarere Antwort zuläßt: Auf welchen Abgrund bewegen wir uns als nächstes zu? Die richtige Antwort kann helfen, die Spekulation von einem zufallsbestimmten zu einem profitablen Manöver werden zu lassen.

Mit Sicherheit stellt der Protektionismus den nächsten Abgrund dar. Bei einem demokratisch geführten Kongreß sind einige protektionistische Maßnahmen unvermeidbar. Ihre Nachhaltigkeit wird stark vom Tempo der konjunkturellen Entwicklung beeinflußt werden. Wenn die Erfahrung der letzten Jahre überhaupt als Maßstab dienen kann, dann wird man den protektionistischen Druck bis knapp vor den Punkt zunehmen lassen, an dem er das System zerstören würde. Die Regierung hat in dieser Hinsicht bereits ihren Kooperationswillen mit dem Kongreß signalisiert. 1987 wird es wohl einige protektionistische Maßnahmen geben, kombiniert mit einigen Konzessionen an die Schuldnerländer.

Die größte Herausforderung für das System liegt in einer weltweiten Rezession – und die erste Jahreshälfte 1987 wird in dieser Hinsicht eine schwere Prüfung werden. Ein Teil des Konjunkturverlaufs im letzten Quartal 1986 wird wegen des Steueränderungsgesetzes auf den aus 1987 vorgezogenen Aktivitäten beruhen. Ohne Frage wird das Steueränderungsgesetz dazu beitragen, gewisse Verzerrungen in der Wirtschaft aufzulösen; aber immer dann, wenn vergangene Exzesse korrigiert werden, werden ihre negativen Auswirkungen am deutlichsten spürbar. Der von vielen erwartete Rückgang der Verbraucherausgaben hat vielleicht endlich eingesetzt. Außerdem ist die japanische Konjunktur schwach, und die deutsche kühlt sich ab. Eine weltweite Rezession könnte uns, gemeinsam mit einer protektionistischen Gesetzgebung, über die Klippe stoßen.

Wie groß sind die Chancen für eine Rezession? Das Argument, daß eine Rezession unmittelbar bevorstehe, weil seit der letzten vier Jahre vergangen sind, finde ich ziemlich wenig überzeugend. In einer expansiven Phase werden Rezessionen durch den Versuch der Devisenbehörden ausgelöst, die überhitzte Konjunktur abzukühlen. Wir befinden uns aber nicht in einer expansiven Phase, und es gibt keine Überhitzung. Als überzeugenderes Argument ließe sich vorbringen, daß wir uns in einer Phase der Kreditkontraktion befinden, in der die Wirtschaft naturgemäß in eine Rezession abrutschen dürfte, es sei denn, daß sie aktiv stimuliert würde. Es ist schwer zu erkennen, aus welcher Ecke diese Stimulation kommen könnte. Die Devisenbehörden haben zumindest noch eine Zinssenkungsrunde in ihrer Waffenkammer; die Auswirkungen des Kursverlustes des Dollars auf die Handelsbilanz könnten spürbar werden, und die Aussichten auf steigende Ölpreise könnten eine verstärkte Bevorratung fördern. Statt vor einer Rezession stehen wir eher vor einigen weiteren Jahren unterdurchschnittlichen Wachstums.

Meine Analyse ist nicht überzeugend, um es vorsichtig auszudrücken. Was wird den Finanzmärkten 1987 bevorstehen? Das wird der Gegenstand eines laufenden Real-Time-Experimentes sein.

P.S.(1), 29. DEZEMBER 1986

Seit Abschluß des Experiments hat es zwei wichtige Ereignisse gegeben: die Boesky-Affäre und die Einigung der OPEC. Beide haben bullishe Implikationen. Die Boesky-Affäre stellt einen dramatischen Wendepunkt der spekulativen Exzesse des Fusionsfiebers dar. Im Gegensatz zu anderen Wendepunkten gefährdet sie das System nicht; aus diesem Grunde wird man ihr freien Lauf lassen. Sie wird zwar den Prozeß der Unternehmens-Umstrukturierungen nicht zum Erliegen bringen, aber sie wird ihn verlangsamen. Der

Kapitalfluß in die Junk-Bonds wird umgekehrt werden und ihre Risikoprämien deutlich vergrößern. Im Ergebnis wird das die Kreditnachfrage abschwächen und die Federal Reserve dazu bringen, das Geldangebot zu lokkern. All diese Einflüsse sind positiv für die Regierungsanleihen, und indirekt auch für die Blue Chips. Es ist bemerkenswert, daß die Bondmärkte das OPEC-Abkommen achselzuckend hingenommen haben. Höhere Ölpreise werden wahrscheinlich die Erhöhung der Lagerbestände fördern, was den Druck auf die Konjunktur verringert, insbesondere im ersten Quartal 1987.

Zum Jahreswechsel werde ich voll in Bonds und Aktien engagiert bleiben. Ich werde hier erst nach einer Diskontsatzsenkung aussteigen. Eine erneute Dollarschwäche stellt jetzt die größte mögliche Gefahr dar.

P.S.(2), FEBRUAR 1987

Offensichtlich war ich etwas voreilig, als ich meinte, daß der „Bullenmarkt unseres Lebens" zu einem vorzeitigen Ende gekommen sei. Der Aktienmarkt erwachte unmittelbar nach dem Jahreswechsel aus seiner Lethargie und erreichte bald darauf neue Höchststände. Was ich für das Ende des Bullenmarktes gehalten hatte, erwies sich als bloß vorübergehende Unterbrechung, ausgelöst durch die Abschaffung der steuerlichen Vorzugsbehandlung von Kapitalgewinnen. Sobald dieser Druck nachließ, hob der Markt ab.

Der gegenwärtige Anstieg stellt die dritte Welle des im August 1982 begonnenen Bullenmarktes dar. Sie ähnelt in vielerlei Hinsicht der zweiten Welle, die im Oktober 1985 einsetzte, ist aber teilweise schneller und wilder, wie es sich für das fortgeschrittenere Stadium der Hausse geziemt. Die erste Kaufwelle zum Beispiel kam früher als beim letzten Mal und verursachte auch eine deutlichere Kursbewegung (bei den S&P-Futures 6%, verglichen mit nur 4% 1986). Die Parallele zu dem Bullenmarkt, der zum Crash von 1929 führte, wird von vielen erkannt. Die aufeinandergelegten Charts des Dow Jones der 20er und der 80er Jahre zeigen eine verblüffende Übereinstimmung (s. Chart). Robert Prechter, ein Analyst, der seine Prognosen auf die Elliott-Wellen-Theorie stützt, ist zu einem modernen Propheten geworden, dessen Vorhersagen den Markt bewegen können – tatsächlich ist er zu einem großen Teil für die Abweichung vom Kursmuster von 1928 verantwortlich, die sich am 23. Januar 1987 ereignete.

Ebenso wichtig ist auch, daß der japanische Aktienmarkt sich gleichfalls von dem schlimmen Kurseinbruch vom Oktober 1986 erholt und kürzlich neue Höchststände erreicht hat. Wie wirken sich diese Entwicklungen auf die Gültigkeit und Bedeutung meiner Schlußfolgerungen aus?

Die Wiederauferstehung des Bullenmarktes paßt gut zu dem „Rand"-Modell, das ich am Ende des Experiments entwickelt habe. Es ist ein charakterisierendes Merkmal des Modells, daß wir uns an den gleichen Abgrund begeben können, anstatt eine entschiedene Trendwende zu vollziehen.

Die Leichtigkeit, mit der das Modell sich mit der Auferstehung des Bullenmarktes vereinbaren läßt, bestärkt meine Vermutung, daß es nahezu keinerlei prognostischen Wert hat. Es liefert lediglich ein konzeptionelles Gerüst zum Verständnis des Ablaufs der Ereignisse.

Die genauen Prognosen müssen vom Anwender selbst formuliert werden; das Modell stellt nur eine allgemeine Hypothese über die vorherrschenden Erwartungen des Marktes zur Verfügung – insbesondere die, daß sie sich wahrscheinlich als selbstzerstörerisch erweisen werden.

Die Vorhersage des Anwenders mag sich als falsch erweisen; in diesem Fall liegt es an ihm, sie zu korrigieren. Wenn er an den Finanzmärkten selbst teilhat, hat er dazu einen bedeutenden finanziellen Ansporn. Im Falle von Anlageberatern, Akademikern oder Politikern mag es vorteilhafter sein, die eigenen Fehler zu kaschieren, statt sie zuzugeben. Auch in dieser Hinsicht kann das Modell hilfreich sein. Legitimerweise könnte die Frage gestellt werden, ob ich versucht habe, durch die Schaffung des „Rand“-Modells meine eigene Unfähigkeit zur Vorhersage der Ereignisse zu verstecken. Sollte das

DER DOW JONES IN DEN ACHTZIGER
UND DEN ZWANZIGER JAHREN

(DOW achtziger Jahre, DOW zwanziger Jahre)

Quelle: Tudor Investment Corp.

zutreffen, so werde ich dafür einen hohen Preis zu zahlen haben, da ich beabsichtige, das Modell bei meiner Beschäftigung mit dem neuerlichen Bullenmarkt einzusetzen. Das bedeutet, daß ich von der Annahme ausgehe, daß wir uns in einem mit 1929 vergleichbaren Bullenmarkt befinden, der allerdings lange vor Erreichen der luftigen Höhen von 1929 scheitern wird.

Sicher ist es noch ein weiter Weg, bis die dem Markt innewohnende Dynamik – bzw. richtiger: Dialektik – ihn reif für eine Trendwende werden läßt. Wenn sie überhaupt eine Auswirkung hatte, dann hat die Korrektur in der zweiten Jahreshälfte 1986, zusammen mit dem weiteren Verfall des Dollarkurses, die „natürliche" Lebensdauer des Booms verlängert. Wenn er erneut scheitert, dann müssen die Gründe hierfür von außen kommen. Worin diese äußeren Zwänge bestehen könnten, ist ausführlich diskutiert worden: Gefährlicher als eine lebhafte Konjunktur wäre die Verbindung von Rezession und Protektionismus. Letztlich werden die Devisenbehörden einen davoneilenden Boom wohl kaum zulassen, aber davon sind wir, zumindest insoweit es den US-Aktienmarkt betrifft, noch weit, weit entfernt.

Anders sieht es in Japan aus. Die Bewertung japanischer Aktien ist schon lange ohne jeden Bezug zu den Fundamentals. Selbst in Relation zu den niedrigen und noch weiter sinkenden Zinsen in Japan sind die Kurs-Gewinn-Verhältnisse extrem. Zudem sind die veröffentlichten Gewinnausweise vieler Unternehmen durch Gewinne aus Aktiengeschäften künstlich aufgebläht. Die Aussichten auf industriell erzielte Gewinne sind gering, und die Unternehmen setzen ihre Überschüsse zur Spekulation am Aktienmarkt ein. Um diese Anlagen der Unternehmen anzulocken, wurden spezielle Fonds aufgelegt, die illegalerweise eine Mindestrendite garantierten. In der Öffentlichkeit fand eine behördliche Untersuchung dieser „Tokkin-Fonds" zur Zeit des Einbruchs am Aktienmarkt im Oktober 1986 viel Interesse in der Öffentlichkeit. Trotzdem hat der Markt sein Gleichgewicht wiedergefunden und Anfang 1987 neue Höchststände erreicht. Wie weit kann dieser Boom noch gehen? War 1986 Italien der Markt, an dem man nach dem drohenden Unheil Ausschau halten mußte, so ist es 1987 Japan.

Der japanische Aktienmarkt wird von Liquidität angetrieben; die Liquidität entsteht aus der Kombination von schwacher Konjunktur und starkem Yen. Tauschen japanische oder ausländische Anleger Dollars in Yen, so finden stets einige dieser Yen ihren Weg in den Aktienmarkt. Diese Tendenz ist besonders dann stark ausgeprägt, wenn der Yen von der Notenbank in dem Bestreben, den Wechselkurs nicht steigen zu lassen, gestützt wird. Ist die Notenbank nicht am Markt, gibt es zumindest eine Chance, daß die Verkäufer von Yen auch japanische Aktien verkaufen bzw. zumindest nicht kaufen, um stattdessen auf Dollar lautende Anlagen zu erwerben.

Die japanische Regierung hat eine Kampagne unternommen, um Investitionen im Ausland zu fördern. Insgesamt gesehen, ist sie damit sehr erfolgreich gewesen. Der Kapitalabfluß übersteigt stetig den Handelsbilanzüberschuß. Der Yen steigt nur wegen des Zuflusses ausländischen Kapitals und der Sicherungsgeschäfte japanischer Anleger noch weiter an. Sobald die Marktteilnehmer zu der Überzeugung gelangen, daß der Trend sich dreht, werden sie ihre Sicherungsgeschäfte zurückfahren, und der Yen wird aus eigener Kraft fallen. Das geschah im vergangenen Oktober, wenngleich der Einbruch am Aktienmarkt der Schwäche des Yen voranging. Wahrscheinlich wird es wieder so laufen. Seit dem Jahresende hat der Aufwertungsdruck auf den Yen wieder zugenommen, und der Boom am Aktienmarkt hat eine erneute Pacht auf Lebenszeit erhalten. Wenn der Aufwertungsdruck nachläßt, werden die unfreiwilligen Verkäufe der japanischen Notenbank von den freiwilligen Verkäufen der Yen-Anleger abgelöst werden. An diesem Punkt wird der See der Liquidität ein Leck bekommen. Angesichts des überzogenen Niveaus der Aktienkurse könnte sich eine Abschwächung hier schnell in einen Kurssturz verwandeln.

Zwischen der gegenwärtigen Lage Japans und der der Vereinigten Staaten in den 20er Jahren gibt es eine bemerkenswerte Übereinstimmung: Japan rückt als führende Wirtschaftsmacht in den Vordergrund, aber sein Aktienmarkt ist weit weniger gereift als der ausgereifter Volkswirtschaften. Da endet die Übereinstimmung aber auch schon. Japanische Behörden haben eine Tradition der Intervention, und sie haben einen festen Zugriff auf die Beteiligten der Finanzmärkte. Schon einmal, beim Kollaps des Aktienmarktes 1965, gründete die Regierung ein Unternehmen, das die von den entnervten Aktionären auf den Markt geworfenen Aktien aufkaufte und hielt. 1929 wird sich wahrscheinlich nicht noch einmal wiederholen, selbst in Japan nicht.

Die anfänglichen Auswirkungen einer Abschwächung des japanischen Aktienmarktes könnten für andere Märkte recht positiv sein, weil sie wahrscheinlich von einem massiven Kapitalabfluß aus dem japanischen Aktienmarkt in andere Märkte begleitet sein werden. Sollte die Kursabschwächung aber in einen Kurssturz einmünden, so wird das zwangsläufig eine Schockwelle rund um die Welt senden.

TEIL 4
AUSWERTUNG

15
DAS BETÄTIGUNGSFELD DER FINANZIELLEN ALCHEMIE: EINE AUSWERTUNG DES EXPERIMENTS*

Das Real-Time-Experiment ist ganz anders ausgegangen als ich erwartet hatte, außerdem unterscheiden sich die Ergebnisse der zweiten Phase ganz wesentlich von denen der ersten: die von mir im Juni 1986 geschriebene Auswertung mußte im Licht der seitdem geschehenen Ereignisse neu geschrieben werden. Phase 1 zeigt meinen Ansatz, als er erfolgreich war, Phase 2, als das nicht gelang. Das kompliziert die Aufgabe der Auswertung, wird aber auch zu einem umfassenderen Urteil beisteuern.

Bei der Bewertung meines Ansatzes müssen wir zwischen seiner Fähigkeit zur Erzeugung finanzieller Gewinne und seiner Fähigkeit zur Vorhersage künftiger Ereignisse unterscheiden. Die Notwendigkeit dieser Unterscheidung hat weitreichende Konsequenzen, die im Verlauf dieses und des nächsten Kapitels erklärt werden.

Zuerst zu den finanziellen Ergebnissen. Phase 1 fiel mit der ertragreichsten Zeit meines Fonds zusammen. In den elf Monaten zwischen Beginn des Experiments und dem Ende der Kontrollphase steigerte sich der Wert der Anteile des Quantum-Fonds um 126%, verglichen mit 27% beim S&P-Index, 30% bei den Treasury-Bond-Futures, 23% bei der DM und 34% beim Yen. Zugegebenermaßen waren das einträgliche Zeiten für die meisten Anleger, selbst für jene, die auf der verkehrten Seite der Währungsentwicklung standen, aber nur wenige waren so erfolgreich wie mein Fonds. Die Kreditfinanzierung ist dabei nur ein Teil der Erklärung: Man muß schon auf der richtigen Seite des Marktes stehen, um von der Währungsentwicklung zu profitieren.

Auch wenn wir dem Zufall eine gewisse Rolle einräumen, ist es unzweifelhaft, daß die Prozesse der Formulierung und des Testens der Hypothese einen positiven Beitrag zum Ergebnis beigesteuert haben.

Im Gegensatz dazu führte Phase 2 zu einem Verlust. Vom 21. Juli 1986 bis zum Jahresende gaben die Anteile des Quantum-Fonds um 2% nach, verglichen mit einem 2%-igen Anstieg des S&P-Index, einem Rücksetzer

* geschrieben im Juni 1986, überarbeitet im Dezember 1986

der Treasury Bond-Futures um 2%, einem 1%-igen Anstieg der japanischen Regierungsanleihen und einem Anstieg des japanischen Aktienindex um 5%. Die DM befestigte sich um 10%, der Yen gab um 2% nach, Gold stieg um 14% und Öl um 40%. Sieht man beide Phasen im Zusammenhang mit meinem Gesamtergebnis, kann dieses als zufriedenstellend bezeichnet werden.

Die Aufzeichnung zeigt, daß mein Trading auch in Phase 1 nicht fehlerfrei war. Mit dem Kauf der Bonds war ich zu früh und mit dem Verkauf zu spät, wenngleich ich den Mut hatte, die Position zu einem höheren Kurs wieder aufzunehmen. Außerdem erkannte ich ziemlich spät den „Bullenmarkt unseres Lebens“. Das Beste war mein Trading in den Devisen: Die Einsicht, daß die Risikoschwelle durch das Plaza-Treffen der Gruppe der Fünf gesunken war, erwies sich als sehr profitabel.

Phase 2 wurde durch einen großen Fehlgriff beherrscht: Mein Zögern, anzuerkennen, daß der „Bullenmarkt unseres Lebens“ seinen Parcours vollendet hatte, noch bevor er sich seinen Namen wirklich verdient hatte. Besonders schmerzvoll waren die Folgen in Japan, wo ich mich in einer klassischen Sequenz von Boom und Zusammenbruch engagiert und dann den rechtzeitigen Ausstieg verpaßt hatte. Einmal begangen, war der Fehler schwer zu korrigieren, zumindest aber half mir das analytische Gerüst, um zu erkennen, wogegen ich verstoßen hatte. Eine Methode, die in guten Zeiten außergewöhnliche Ergebnisse bringt und in schlechten zur Begrenzung der Verluste beiträgt, muß als erfolgreich bezeichnet werden.

Mein finanzieller Erfolg steht in deutlichem Kontrast zu meiner Fähigkeit zur Vorhersage kommender Entwicklungen. In diesem Zusammenhang müssen wir zwischen Ereignissen in den Finanzmärkten und Ereignissen in der realen Welt unterscheiden. Die Ereignisse in den Finanzmärkten sind maßge-

Quantum Fonds
Fondsanteile der Gruppe A

Jahresende	Nettowert pro Fondanteil	Prozentuale Veränderung im Vergleich zum Vorjahr	Größe des Fonds
31. Dez. 1984	3.057,79 $		488.998.187 $
31. Dez. 1985	6.760,59 $	+ 121,1%	1.003.502.000 $
31. Dez. 1986	9.699,41 $	+ 43,5%	1.567.109.000 $*
31. März 1987	12.554,16 $	+ 29,4%	2.075.679.000 $*

Zum Vergleich: Jährlicher Zuwachs
1969-1986: + 35,4%; 1984-1986: + 78,1%

* nicht revidiert

bend für meinen finanziellen Erfolg, während die Ereignisse in der realen Welt nur für die Auswertung der wissenschaftlichen Verdienste meines Ansatzes von Bedeutung sind.

Auch zur Vorhersage der Ereignisse in den Finanzmärkten ist meine Niederschrift nicht gerade eindrucksvoll. Das Beste, was sich zu ihren Gunsten vortragen läßt, ist, daß mein theoretisches Gerüst mich befähigt, die Bedeutung von ablaufenden Ereignissen zu verstehen – obwohl meine Leistung wirklich nicht fehlerfrei ist. Man sollte eine funktionierende Methode erwarten, die sichere Vorhersagen ermöglicht. Alle meine Vorhersagen aber sind extrem vorsichtig, und sie unterliegen im Licht der Marktentwicklungen ständigen Überprüfungen. Gelegentlich gelange ich auch zu einer festen Überzeugung; das kann dann zu einem erheblichen Gewinn führen. Aber selbst dann besteht die immer gegenwärtige Gefahr, daß der Lauf der Ereignisse nicht mit meinen Erwartungen übereinstimmt. Das Konzept des „Bullenmarktes unseres Lebens“ ist ein typisches Beispiel: es war in Phase 1 sehr profitabel, erwies sich aber in Phase 2 mehr als Hindernis denn als Hilfe. Mein Ansatz funktioniert nicht im Treffen gültiger Vorhersagen, er erlaubt es mir aber, falsche Prognosen zu korrigieren.

Hinsichtlich der Geschehnisse in der realen Welt ist meine Niederschrift schlichtweg trostlos. Das hervorstechende Merkmal meiner Prognosen ist, daß ich unbeirrt an Erwartungen festhalte, die niemals Wirklichkeit werden. Während des Real-Time-Experiments habe ich oft eine Rezession kommen gesehen, die schon hinter der nächsten Ecke wartete, dann aber niemals auftrat. Zu Beginn des Experiments grübelte ich über einen Richtungswechsel des imperialen Kreislaufs nach, der nur durch den Deus ex machina des Plaza-Abkommens der Gruppe der Fünf vermieden wurde. Gehe ich weiter zurück, so habe ich seit 1981 niemals einen Kollaps des Bankensystems ausgeschlossen. Desgleichen erwartete ich, daß dem Einbruch der Ölpreise eine Steuer auf Importöl folgen würde, wofür es aber keinerlei Anzeichen gibt. Um fair zu sein: Es gab auch einige Entwicklungen, die ich korrekt voraussah. Der Einbruch der Ölpreise war eine davon, die Bereitschaft der Japaner zur Finanzierung unseres Haushaltsdefizits eine andere. Obwohl ich das Treffen der Gruppe der Fünf im Plaza-Hotel nicht vorausahnen konnte, paßte es gut in mein theoretisches Gerüst, und ich reagierte korrekt darauf.

Wie können finanzieller Erfolg und Fehlprognosen miteinander in Einklang gebracht werden? Um diese Frage will ich mich in diesem Kapitel kümmern. Bevor ich damit beginne, muß ich den Leser daran erinnern, warum diese Frage sich überhaupt stellt. Wäre dies ein wissenschaftliches Experiment, so würde mein finanzieller Erfolg als Validitätsbeweis für die Hypothese dienen, auf die ich meine Entscheidungen stützte. Aber dieses Experiment erfüllt nicht die Vorbedingungen eines wissenschaftlichen Experiments. Lassen Sie mich als Beleg dafür nur zwei Überlegungen anführen: eine persönliche und eine, die sich auf den Gegenstand der Abhandlung bezieht.

Mein Entscheidungsfindungsprozeß wurde ganz wesentlich von persönlichen Faktoren beeinflußt – wie z.B. meiner An- oder Abwesenheit vom Büro; auch das Real-Time-Experiment selbst war ein wichtiger persönlicher Faktor. Der Umstand, daß die finanziellen Ergebnisse als Kriterium für die Gültigkeit meiner Ideen dienen sollten, steigerte meine Bemühungen über das normale Maß hinaus. Das wird durch die Tatsache unterstrichen, daß mein Verstand während der Kontroll-Phase vernebelter und meine Marktaktionen unentschlossener waren als inmitten des Experiments. Eine solche Vernebung ist völlig normal; der Scharfblick, den ich im Verlauf des Experiments entwickeln konnte, ist hingegen eher die Ausnahme. Die Pflicht, meine Gedanken niederzuschreiben, war sehr hilfreich für mich. Meine Argumente mögen dem Leser vielleicht als nicht besonders gut strukturiert vorkommen, sie sind aber sicher stichhaltiger, als sie es gewesen wären, wenn ich mich nicht der Mühe unterzogen hätte, sie schriftlich zu formulieren. Auch inspirierte mich der Umstand, daß ich in der Lage war, die beiden großen bleibenden Interessen meines Lebens zu vereinen: die philosophische Spekulation und diejenige in den Finanzmärkten. Beide schienen von dieser Kombination zu profitieren: gemeinsam fesselten sie mich mehr als jedes von ihnen einzeln.

Die andere Überlegung hat mit äußeren Ereignissen zu tun. Phase 1 fiel zufälligerweise mit einem Moment der Geschichte zusammen, in dem die Behörden ihre Führungsposition unter Beweis zu stellen versuchten: zuerst arbeiteten sie beim Drücken des Dollarkurses zusammen, dann bei der Senkung der Zinsen. Das von mir benutzte Theoriegebäude war für die Auseinandersetzung mit diesen Entwicklungen besonders gut geeignet. Alles in allem stellt das Wechselspiel zwischen den Märkten und den Kontrollbehörden eines der Hauptthemen des Konzepts von Regulation und Kreditkreislauf dar. An anderen Punkten der Geschichte hätte sich mein Theoriegebäude als weit weniger hilfreich erwiesen haben können.

Zum Beispiel erinnere ich mich an 1981-1982, eine Zeit, als die Federal Reserve versuchte, die Geldmenge zu kontrollieren und es den Marktkräften überließ, den Zins zu bestimmen. Der Markt für Regierungsanleihen, und in geringerem Ausmaß auch der für Aktien und Devisen, wurde einem Kasino immer ähnlicher. Mein Ansatz, Hypothesen zu formulieren und sie am Markt zu überprüfen, wurde mehr als nutzlos. Bis ich einen Markttrend ausgemacht und meine Hypothese zu seiner Erklärung formuliert hatte, hatte der Trend bereits wieder gedreht, und ich mußte eine neue Hypothese finden. Das Ergebnis war, daß ich dem Markt stets hinterherlief und immer wieder abgeschüttelt wurde, bis ich schließlich von dem hoffnungslosen Unterfangen abließ und jemand Qualifizierterem die Aufgabe übergab, in den Futures auf Regierungsanleihen zu spielen. Ich fand einen computerbewehrten Spekulanten, Victor Niederhofer, der ein System entwickelt hatte, das auf der

Annahme basierte, der Markt sei ein Kasino. Er war erfolgreich, bis die internationale Schuldenkrise von 1982 die Regeln des Spiels änderte. Er besaß die selten anzutreffende Stärke, das Konto zu schließen, bevor er all das Geld verloren hatte, das er zuvor für mich gewonnen hatte. Ich könnte argumentieren, daß ein Ansatz, bei dem ich erkennen kann, wann er nicht funktioniert, ein gültiger Ansatz ist; irgendwie ist es aber immer überzeugender, ihn zu einem Zeitpunkt vorzuführen, wenn er funktioniert.

Diese beiden Überlegungen leisten einen großen Beitrag bei der Erklärung meines finanziellen Erfolges während des Experiments. Sie erfüllen aber auch den Zweck, es als wissenschaftliches Experiment zu disqualifizieren. Zum einen beeinflußt allein der Umstand, daß ein Experiment durchgeführt wird, in der Regel nicht dessen Ergebnis; in meinem Falle aber schon. Zweitens sollten wissenschaftliche Theorien eigentlich allgemeingültig sein, meine aber scheint nur vorübergehend zu funktionieren. Der Unterschied zu einem wissenschaftlichen Experiment geht aber noch viel weiter. Ich habe für mein Theoriegebäude niemals den Anspruch der Wissenschaftlichkeit erhoben. Andererseits habe ich geltend gemacht, daß reflexive Prozesse durch eine wissenschaftliche Methode nicht vorhersehbar sind, und das Real-Time-Experiment war ein vorsichtiger Versuch, eine alternative Methode herauszuarbeiten. Um dem gerecht zu werden, habe ich meine Alternative als Alchemie bezeichnet. Wissenschaftliche Methode versucht, die Dinge so zu begreifen wie sie sind, während die Alchemie versucht, einen erwünschten Zustand der Dinge herbeizuführen. Um es anders auszudrücken: Das primäre Ziel der Wissenschaft ist die Wahrheit, das der Alchemie das Gelingen des Vorhabens.

Im Bereich natürlicher Phänomene gibt es keine Unterscheidung zwischen diesen beiden Zielen. Die Natur unterliegt Gesetzen, die unabhängig davon wirken, ob sie verstanden werden oder nicht; der einzige Weg, wie der Mensch die Natur seinem Willen unterwerfen kann, besteht im Verständnis und im Anwenden dieser Gesetze. Aus diesem Grunde ist die Alchemie gescheitert, und die Naturwissenschaft regiert an höchster Stelle.

Aber soziale Phänomene sind anders: sie haben denkende Beteiligte. Die Abläufe unterliegen nicht Gesetzen, die unabhängig davon sind, was irgendjemand über sie denkt. Im Gegenteil, das Denken der Beteiligten ist ein integraler Bestandteil des Sachverhalts. Das schlägt eine Bresche für die Alchemie, die im Bereich der Naturwissenschaften nicht vorhanden war. Das Gelingen eines Vorhabens kann auch erreicht werden, ohne daß eine wissenschaftliche Erkenntnis gewonnen wird. Umgekehrt erweist sich wissenschaftliche Methode bei der Behandlung sozialen Geschehens als genau so wirkungslos, wie es die Alchemie bei der Verwandlung der Eigenschaften natürlicher Elemente war. Ich werde im nächsten Kapitel auf die Aussage der Sozialwissenschaften zurückkommen, hier möchte ich das Betätigungsfeld der Alchemie sondieren.

Das Real-Time-Experiment zeigt, daß mein Ansatz bei der Beschäftigung mit den Finanzmärkten erfolgreicher ist als in der realen Welt. Der Grund dafür drängt sich auf: Die Finanzmärkte selbst funktionieren als Mechanismus zur Vorhersage von Ereignissen in der realen Welt nur unvollständig. Es gibt immer ein Auseinanderklaffen von vorherrschender Erwartung und dem tatsächlichen Lauf der Dinge. Finanzieller Erfolg basiert auf der Fähigkeit, die vorherrschenden Erwartungen zu antizipieren, und nicht die Entwicklungen der realen Welt. Wie wir aber gesehen haben, bringt mein Ansatz selbst zum künftigen Verlauf der Finanzmärkte nur selten sichere Prognosen hervor, er ist lediglich ein Gerüst zum Verständnis der Ereignisse, während sie sich entwickeln. Wenn er irgendeine Gültigkeit hat, dann liegt das daran, daß das theoretische Gerüst mit der Art und Weise übereinstimmt, wie die Finanzmärkte arbeiten. Das bedeutet, daß man die Märkte so betrachten kann, als ob sie Hypothesen über die Zukunft formulieren, und sie dann dem Test der tatsächlichen Ereignisse unterwerfen. Die Hypothesen, die diesen Test überleben, werden verstärkt; diejenigen, die scheitern, werden verworfen. Der Hauptunterschied zwischen den Märkten und mir besteht darin, daß die Märkte sich in einem Zustand des Herumprobierens befinden, ohne daß die Beteiligten ganz verstehen, was sich abspielt, während ich mir darüber im klaren bin. Vermutlich ist das der Grund, warum ich besser bin als der Markt.

Trifft diese Ansicht zu, dann haben die Finanzmärkte eine kuriose Bedeutung für die wissenschaftliche Methode. Beide schließen einen Test der Hypothesen ein. Aber es gibt einen grundlegenden Unterschied: In der Wissenschaft dient der Test dazu, der Wahrheit zum Durchbruch zu verhelfen, in den Finanzmärkten lautet das Kriterium: Gelingen des Vorhabens. Im Unterschied zu den Naturwissenschaften decken sich die beiden Maßstäbe nicht. Wie könnten sie auch! Die Kurse am Markt drücken immer die vorherrschende Voreingenommenheit aus, während die Naturwissenschaft mit einem objektiven Maßstab arbeitet. Wissenschaftliche Theorien werden an den Fakten gemessen, Entscheidungen im Finanzbereich aber nach den verzerrten Einschätzungen der Beteiligten. Anstelle der wissenschaftlichen Methode verkörpern die Finanzmärkte die Methode der Alchemie.

Diese Interpretation der Finanzmärkte als Testmechanismus für Hypothesen durch die Alchemie ist so ungewöhnlich wie herausfordernd. Der Umstand, daß sie nicht allgemein anerkannt wird, verschärft die Herausforderung noch. Wie können die Märkte irgendetwas testen, wenn die Beteiligten gar nicht wissen, was sie eigentlich tun? Die Antwort läßt sich an den Ergebnissen ablesen, die sie erreichen. Versucht man, eine nicht genau formulierte Hypothese vorzutragen, so kann man ein positives oder ein negatives Ergebnis erzielen. Im Gegensatz dazu kann man den Markt insgesamt beständig outperformen, wenn man seine Hypothese besonnen formuliert – vorausgesetzt, die genaue Prognose liegt nicht allzu weit vom Ziel entfernt. Den Markt als einen Mechanismus für das Testen von Prognosen zu begreifen, scheint eine effektive Hypothese zu sein. Sie zeitigt Ergebnisse, die besser liegen als Zufallsergebnisse.

Diese Schlußfolgerung verleiht meinem Ansatz mehr Gültigkeit als einem streng wissenschaftlichen. Wenn wir an den Methoden der Naturwissenschaft festhalten, gelangen wir zur Random-Walk-Theorie. Die gerade getesteten Hypothesen müssen mißachtet werden, da sie keine Fakten bedingen. Uns bleibt dann nur ein wildes Durcheinander willkürlicher Kursbewegungen. Betrachten wir die Situation indes einmal von der anderen Seite, also vom Ausgangspunkt eines Beteiligten, so stoßen wir auf ein bloßes Herumprobieren. Es ist nicht leicht, diesem Vorgang einen Sinn abzugewinnen. Viele Menschen engagieren sich am Markt mit einer nur vagen Vorstellung der gegenwärtigen Ereignisse, und ich muß zugeben, daß mir das Gefühl, mich auf einem zufallsbestimmten Weg zu befinden, nicht unvertraut ist. Meine Versuche, Annahmen über die Zukunft zu formulieren, funktionieren nur hin und wieder, häufig aber stehe ich nur im Nebel. Wenn es mir aber gelingt, eine der Mühe werte Prognose zu formulieren, so können die Ergebnisse sehr lohnend sein, wie Phase 1 des Experiments zeigt. Selbst wenn meine Vorstellungen sich als falsch herausstellen, was in Phase 2 häufig der Fall war, so habe ich ein Kriterium, an dem ich meine Fehler ausmachen kann, nämlich das Verhalten des Marktes.

Das Real-Time-Experiment hat gezeigt, wie sehr mein Entscheidungsfindungsprozeß vom Verhalten des Marktes beeinflußt wird. Auf den ersten Blick scheint das meiner Ansicht zu widersprechen, daß die Märkte immer falsch liegen. Dieser Widerspruch ist aber mehr scheinbar als real. Die Märkte selbst liefern ein Kriterium, an dem sich die Anlageentscheidungen messen lassen. Zudem spielen sie eine kausale Rolle bei der Gestaltung des Geschehens. Informationen sind schneller verfügbar als in der realen Welt, deswegen stellt das Verhalten des Marktes den bequemsten Weg dar, auf dem die eigenen Erwartungen überprüft werden können. Man muß den Markt dann nicht immer als richtig liegend betrachten, um ihn in dieser Richtung zu nutzen. Glaubt indes jemand, daß der Markt immer recht hat, so kann er von einem Feedback-Mechanismus nur wenig profitieren, weil die Aussichten auf ein Outperformen des Marktes zur reinen Zufallsentscheidung werden.

Wie ich in Kapitel 17 vorbringen werde, ist die Behauptung der klassischen Ökonomie, daß der Marktmechanismus die optimale Verteilung der Mittel sicherstellt, falsch. Sein wahrer Verdienst ist es, daß er einen Maßstab liefert, an dem die Beteiligten ihre eigenen falschen Auffassungen erkennen können. Es ist aber wichtig zu erkennen, welche Art von Maßstab der Markt liefert: Weit davon entfernt, immer recht zu haben, verkörpert er immer die vorherrschende Voreingenommenheit. Wenn die Beteiligten unter dem Mißverständnis vorgehen, der Markt habe immer recht, bekommen sie ein in die Irre führendes Feedback. Tatsächlich macht der Glaube an effiziente Märkte die Märkte instabiler, da er den Korrekturprozeß ausschaltet, der auftreten würde, wenn die Beteiligten erkennen würden, daß die Märkte immer voreingenommen sind. Je stärker an die Theorie der effizienten Märkte geglaubt wird, desto ineffizienter werden die Märkte.

Wie gut sind die Finanzmärkte bei der Vorhersage von Entwicklungen in der realen Welt? Wenn ich meine Aufzeichnungen lese, fällt auf, wie viele Katastrophen ich kommen sah, die tatsächlich aber niemals auftraten. Die Finanzmärkte müssen sich mit den gleichen Sorgen auseinandergesetzt haben, andernfalls hätten sich meine falschen Erwartungen nicht als dermaßen profitabel erweisen können. Das führt uns zu einer interessanten Möglichkeit. Vielleicht wurden einige der von mir vorhergesagten Entwicklungen genau dadurch unterlaufen, daß sie vom Markt vorweggenommen wurden, und daß der Markt ein Verhalten provozierte, das dem Eintreffen dieser Entwicklungen vorbeugte. Das scheint auf den Kollaps des Bankensystems und den Einbruch des Dollars ebenso zuzutreffen wie auf den „Bullenmarkt unseres Lebens", dem ein Crash à la 1929 folgen sollte. Die Notenbanken wurden durch den Schwung der Finanzmärkte dermaßen beunruhigt, daß sie sich zuletzt weigerten, zusätzliche Liquidität, die zu einer spekulativen Blase geführt hätte, zur Verfügung zu stellen. Ihr Vorgehen war weder überlegt noch einmütig. In den USA war Volcker dagegen, weitere Liquidität bereitzustellen, aber er wurde im Offenmarkt-Ausschuß überstimmt und mußte an Deutschland appellieren, sich an einer Zinssenkungsrunde zu beteiligen. Als Minister Baker auf eine weitere Runde drängte, sperrten sich die Deutschen. Der daraus entstehende Krach führte fast zum Auseinanderbrechen der Gruppe der Fünf. Die Japaner brauten sich ihre eigene Medizin zusammen, aber bis sie zu wirken begann, war die spekulative Blase bereits hinlänglich weit gefüllt, um einen mehr oder weniger totalen Zusammenbruch des japanischen Aktienmarktes auszulösen. Kein Wunder, daß ich Schwierigkeiten damit hatte, den vorzeitigen Abtritt des „Bullenmarktes unseres Lebens" zu erkennen!*

Es ist möglich, daß die Vereinigten Staaten weiterhin überschüssige Liquidität hervorbringen werden; ich halte es aber für unwahrscheinlich, daß das eine spekulative Blase erzeugen wird, da das Vertrauen zu tief erschüttert wurde. Wahrscheinlicher ist, daß die Anleger sich in Liquidität und ins Gold flüchten werden. Als ich schließlich erkannte, daß die Märkte den von ihnen selbst vorhergesagten Katastrophen zuvorkommen können, gelangte ich zu dem Schluß, daß wir in einer Phase der sich selbst widerlegenden Prophezeiungen leben.

Der Einbruch der Ölpreise scheint nicht zu dieser Schlußfolgerung zu passen, da er sich tatsächlich ereignete. Das kann aber dem Umstand zuzuschreiben sein, daß entweder ich oder die Behörden seine unheilvollen Konsequenzen falsch eingeschätzt haben. Ich hatte so schlimme Auswirkungen

*geschrieben vor Wiederaufnahme des Bullenmarktes im Januar 1987

für das Bankensystem und für die Konjunktur erwartet, daß ich die Erhebung einer Steuer auf importiertes Öl für unverzichtbar hielt; wir scheinen aber auch so ganz gut zurechtzukommen. Schließlich war es an der OPEC, sich zusammenzunehmen. Das gegenwärtige Arrangement ist nicht dauerhafter als das Geschick der Gruppe der Fünf; in beiden Fällen steht das Drama erst noch bevor.

Diese Argumentationskette eröffnet einen faszinierenden Ausblick. Vielleicht habe ich nicht nur einen leidlich effektiven Weg im Umgang mit den Finanzmärkten gefunden, sondern auch ein funktionierendes Modell für das Wirken der Finanzmärkte in der realen Welt. Die gegenwärtig bemühten Modelle gründen sich auf das Mißverständnis, daß die Märkte künftige Ereignisse nur vorhersehen, sie aber nicht aktiv gestalten können. Mein Ansatz erkennt aber an, daß die Finanzmärkte diese Ereignisse sowohl herbeiführen als auch vereiteln können. Nach dieser Argumentation ist es denkbar, daß wir uns tatsächlich am Rande des Abgrundes sowohl einer deflationären Spirale als auch eines freien Falls des Dollars befunden haben – um all die anderen finanziellen Katastrophen erst gar nicht anzuführen; vielleicht haben uns nur die von den Finanzmärkten ausgesandten Signale davor bewahrt. Anders ausgedrückt, nehmen die Finanzmärkte ständig kommende Entwicklungen vorweg – auf der negativen wie auf der positiven Seite –, die sich dann aber nicht ereignen, eben weil sie bereits vorweggenommen wurden. Kein Wunder also, daß sich die Finanzmärkte dermaßen über kommende Ereignisse aufregen, die im Rückblick dann harmlos erscheinen! Es ist ein alter Witz, daß der Aktienmarkt sieben von zwei kommenden Rezessionen vorhergesagt hat. Jetzt können wir verstehen, warum das so sein muß. Eben deshalb ereignen sich finanzielle Crashs nur, wenn sie nicht erwartet werden.

Die letzte Bemerkung sollte nicht überbewertet werden. Es gibt viele Ereignisse, die eintreten, obwohl sie von vielen erwartet wurden. Der Einbruch der Ölpreise ist ein gutes Beispiel, der Ausbruch des Zweiten Weltkriegs ein weiteres. Es ist modern geworden, eine konträre Meinung zu haben; gegen die vorherrschende Voreingenommenheit anzutreten bleibt aber ein gefährliches Spiel. Sie werden sich daran erinnern, daß beim Modell von Boom und Zusammenbruch die Ereignisse meistens dazu neigten, die vorherrschenden Erwartungen zu verstärken und ihnen nur an den Wendepunkten zuwiderzulaufen. Wendepunkte aber sind immer schwer zu identifizieren. Jetzt, wo die konträre Sicht zum vorherrschenden Vorurteil geworden ist, habe ich eine antikonträre Sichtweise angenommen.

16
DAS DILEMMA DER SOZIALWISSENSCHAFTEN

Wir sind jetzt in der Lage, die mißliche Lage der Sozialwissenschaften kritisch zu beurteilen. Wissenschaftliche Methode basiert auf der Annahme, daß ein erfolgreiches Experiment die Validität der Arbeitshypothese bestätigt. In Situationen mit denkenden Beteiligten aber stellt der experimentelle Erfolg keineswegs die Wahrheit bzw. Gültigkeit der zum Test anstehenden Behauptungen sicher. Das Real-Time-Experiment ist dafür ein typisches Beispiel. Nicht überzeugende und teilweise auch offenkundig falsche Vorhersagen wurden von finanziellem Erfolg gekrönt. Zugegebenermaßen war das Experiment nicht wissenschaftlich, ich habe ausführlich seinen alchemistischen Charakter betont. Allein der Umstand aber, daß die Alchemie Erfolg haben kann, wirft Fragen über die wissenschaftliche Methode auf. Die Tatsache, daß wissenschaftliche Methoden nicht in der Lage zu sein scheinen, bessere Ergebnisse hervorzubringen, trägt zu dieser mißlichen Lage noch bei. Ich behaupte, daß „Sozialwissenschaft" die falsche Bezeichnung ist und daß wir besser beraten wären, das anzuerkennen.

Wissenschaftliche Methode ist immer dann am Werk, wenn die Wissenschaftler einen objektiven Maßstab zur Verfügung haben, an dem sich die Wahrheit bzw. Gültigkeit ihrer Behauptungen überprüfen läßt. Das Verständnis des Wissenschaftlers ist niemals vollkommen, der objektive Maßstab gestattet es aber, Mißverständnisse zu korrigieren. Wissenschaftliche Methode ist ein interaktiver Prozeß, in dem der Beitrag eines jeden Beteiligten der kritischen Beurteilung aller anderen ausgesetzt wird. Nur wenn sich alle Beteiligten vom gleichen Kriterium leiten lassen, ist diese Überprüfung geeignet, zu Ergebnissen zu führen, denen das Prädikat „Wissen" zukommt. Aus diesem Grunde ist die Verfügbarkeit eines objektiven Maßstabes für den Erfolg der wissenschaftlichen Methode unverzichtbar.

Die Funktion des Maßstabes übernehmen Tatsachen. Hypothesen, die mit den Tatsachen übereinstimmen, sind wahr, solche, die das nicht tun, sind falsch. Leider sind die Fakten nicht immer so verläßlich, wie diese einfache Behauptung das annimmt. Sie können nur dann als objektives Kriterium dienen, wenn sie absolut unabhängig von den Hypothesen sind, auf die sie sich beziehen. Das ist in den Naturwissenschaften der Fall, wo eine Tatsache auf eine andere folgt – unabhängig davon, wie irgendjemand darüber denkt. In den Sozialwissenschaften, in deren Untersuchungsobjekt die Voreingenommenheit der Beteiligten enthalten ist, ist das nicht so. Spielte das Denken der Beteiligten keine kausale Rolle bei der Gestaltung der Ereignisse, so könnte kein Beobachter den Ablauf der Dinge dadurch beeinflussen, daß er Hypothesen über ihn aufstellt. Die Situation in den Sozialwissenschaften würde sich dann von der der Naturwissenschaften nicht unterscheiden. Es ist die Voreingenommenheit der Beteiligten, die die Probleme aufwirft.

Die Struktur von Ereignissen, die keine denkenden Beteiligten haben, ist einfach: In einer unendlichen Kausalkette folgt eine Tatsache auf die andere. Das Vorhandensein denkender Beteiligter kompliziert die Struktur der Ereignisse ungemein: Das Denken der Beteiligten beeinflußt den Ablauf der Ereignisse, und der Ablauf der Ereignisse beeinflußt das Denken der Beteiligten. Was die Sache noch weiter verschlimmert, ist, daß sich die Beteiligten auch noch untereinander beeinflussen und beeinträchtigen. Stünde das Denken der Beteiligten in einem festgelegten Verhältnis zu den Tatsachen, so gäbe es kein Problem: der wissenschaftliche Beobachter könnte das Denken der Beteiligten vernachlässigen und sich auf die Tatsachen konzentrieren. Dieses Verhältnis kann aber nicht klar festgelegt sein – aus dem einfachen Grund, weil sich das Denken der Beteiligten nicht auf die Tatsachen bezieht. Es bezieht sich auf Ereignisse, an denen sie teilhaben. Die Ereignisse werden erst zu Tatsachen, nachdem das Denken der Beteiligten seinen Einfluß auf sie genommen hat. Damit führt die Kausalkette nicht direkt von Tatsache zu Tatsache, sondern von einer Tatsache zur Wahrnehmung und von der Wahrnehmung wieder zur Tatsache – mit all den zusätzlichen Verknüpfungen zwischen den Beteiligten, die von den Tatsachen gar nicht völlig widergespiegelt werden.

Wie wirkt sich diese komplexe Struktur auf die Fähigkeit eines Beobachters aus, gültige Aussagen über den Verlauf der Ereignisse zu treffen? Auch seine Aussagen müssen komplexer sein. Insbesondere müssen sie die grundsätzliche Unterscheidung zwischen Vergangenheit und Zukunft erlauben. Vergangene Ereignisse sind dokumentarisch, die Zukunft aber ist dem Wesen nach unvorhersehbar. Wie das Real-Time-Experiment verdeutlicht, wird die Erklärung zu einer einfacheren Aufgabe als die Vorhersage. Auf die Zukunft lassen sich Verallgemeinerungen nicht mit dem gleichen Nachdruck anwenden wie auf die Vergangenheit, und die schöne Symmetrie, die das deduktiv-nomologische Modell der Wissenschaft (D-N) ausmacht, ist dahin. Das widerspricht dem Grundgedanken wissenschaftlicher Verallgemeinerungen, die eine immerwährende Gültigkeit haben sollen.

Es ist möglich, gültige Verallgemeinerungen zu treffen – denken Sie nur an die, die ich zu den frei floatenden Wechselkursen vorgeschlagen habe –, aber sie können nicht zur Vorhersage des künftigen Verlaufs der Ereignisse genutzt werden. Schlimmer ist noch, daß die Tatsachen keinen adäquaten Maßstab abgeben, an dem sich die Gültigkeit der Verallgemeinerungen überprüfen ließe, da der untersuchte Gegenstand aus mehr als nur aus Tatsachen besteht. Der Umstand, daß sich eine Vorhersage als richtig erweist, verleiht der Theorie, aus der heraus sie entwickelt wurde, nicht notwendigerweise Gültigkeit, und umgekehrt führt eine gültige Theorie nicht notwendigerweise zu Vorhersagen, die sich an den Fakten überprüfen lassen.

Die Abfolge sozialer Ereignisse kann also überhaupt nicht korrekt verstanden werden, wenn wir unsere Aufmerksamkeit auf die Tatsachen beschränken. Das Denken der Beteiligten ist ein integraler Bestandteil der Situation, auf das es sich bezieht; einen solchen Sachverhalt so zu behandeln, als ob er nur aus Tatsachen bestünde, würde das Objekt der Untersuchung verzerren. Das D-N-Modell der wissenschaftlichen Methode, das wir in Kapitel 1 kurz besprochen haben, basiert auf einer strikten Trennung von Tatsachen und Behauptungen. Damit sind wir zu der Schlußfolgerung gezwungen, daß das D-N-Modell sich auf die Untersuchung sozialer Ereignisse nicht anwenden läßt.

Es wäre falsch, daß D-N-Modell mit wissenschaftlicher Methode schlechthin gleichzusetzen. Selbst die Wissenschaftstheorie erkennt andere Modelle an, vornehmlich statistische oder wahrscheinlichkeitstheoretische, und sie kennt Gesetze, die sich – wie im Beispiel der Wirtschaftstheorie – auf einen Idealzustand beziehen. Zudem unterscheidet sich die Praxis der Wissenschaft ganz erheblich von ihrer Theorie, und die Untersuchung dieser Unterschiede hat seit der ursprünglichen Entwicklung des D-N-Modells zu weiteren Verbesserungen der Wissenschaftstheorie geführt. Nichtsdestoweniger verkörpert das D-N-Modell das Ideal, nach dem wissenschaftliche Methode strebt: universell gültige Verallgemeinerungen, die sich für Vorhersage und Erklärung gleichermaßen gut nutzen lassen, und die einem Test zugänglich sind. Die Naturwissenschaft hat für ihre Glaubwürdigkeit dermaßen viele Beweise beigebracht, daß sie auch ohne theoretische Modelle auskommen und ihre Untersuchungen verfolgen kann, wohin immer sie auch führen. Die Sozialwissenschaft hingegen ist, eben wegen ihres geringeren Erfolges, wesentlich begieriger auf das Prestige, das ihr das D-N-Modell verleihen kann. Das D-N-Modell aufzugeben hieße für sie, das wertvollste, überzeugendste und reizvollste Modell der Wissenschaft aufzugeben.

Das ist aber erst die halbe Wahrheit. Wenn der Ablauf der Ereignisse durch die Voreingenommenheit der Beteiligten beeinflußt wird, dann stehen die künftigen Ereignisse der Manipulation durch die Beobachter auf eine Art und Weise offen, die in der Naturwissenschaft nicht möglich wäre. Genau darauf versuchte ich hinweisen, als ich den Begriff „Alchemie" verwandte. Da die Alchemie natürliche Phänomene nicht zu beeinflussen vermag, stehen die Sozialwissenschaften vor einem Problem, das in den Naturwissenschaften keine Parallele hat. Der Prozeß der Überprüfung der Hypothesen, der das Fundament der Naturwissenschaft ist, funktioniert nur dann störungsfrei, wenn die Beteiligten das gleiche Ziel verfolgen. Der erklärte Zweck der Wissenschaft ist die Suche nach Wahrheit. Steht der Gegenstand der Untersuchung aber der Manipulation offen, so könnten die Beteiligten ein größeres Interesse daran haben, den Ablauf der Ereignisse zu verändern, als sie zu verstehen. Der Umstand, daß sie ihren Einfluß noch vergrößern können, indem sie für ihre Ansichten wissenschaftlichen Status einfordern, untergräbt den Prozeß der Überprüfung der Hypothesen noch weiter.

Wie kann sich eine wissenschaftliche Methode selbst gegen eine derartige Unterwanderung schützen? Der erste Schritt besteht im Erkennen der Gefahr. Dazu bedarf es der Verwerfung der Doktrin von der „Einheit der Wissenschaft". Die Menschen nehmen aus ganz verschiedenen Motivationen am Wissenschaftsbetrieb teil. Für unseren derzeitigen Zweck wollen wir zwei wesentliche Ziele unterscheiden: die Suche nach Wahrheit und die Suche nach etwas, was wir als „Gelingen eines Vorhabens" bezeichnen können. In der Naturwissenschaft fallen diese beiden Ziele zusammen: Wahre Hypothesen sind besser als falsche. Nicht so in den Sozialwissenschaften: Auch falsche Hypothesen können sich aufgrund ihres Einflusses auf das menschliche Verhalten auswirken; daher liefert der Umstand, daß eine Theorie oder Vorhersage zutrifft, keineswegs einen schlüssigen Beweis für ihre Gültigkeit.

Für die erstgenannte Divergenz ist der Marxismus ein hervorragendes Beispiel, für die zweite meine eigene Vorhersage des „Bullenmarktes unseres Lebens".

Die Unterscheidung zwischen Wahrheit und Gelingen bzw. experimentellem Erfolg untergräbt die wissenschaftliche Methode mehr als einmal. Zum einen läßt sie wissenschaftliche Methode weniger effektiv aussehen, zum anderen ermöglicht sie nicht-wissenschaftlichen Methoden den Erfolg. Schlimmer ist, daß eine alchemistische Theorie vom Überziehen einer wissenschaftlichen Verkleidung profitieren kann.

Die beiden ersten Beschränkungen können wir nicht aufheben, weil sie dem Untersuchungsobjekt innewohnen, wohl aber können wir uns gegen die dritte schützen. Dazu müssen wir nur die Grenzen der wissenschaftlichen Methode anerkennen, wenn sie es mit sozialen Phänomenen zu tun hat. Genau das beabsichtige ich mit meinem Vorschlag, „Sozialwissenschaft" als die falsche Wortwahl zu bezeichnen. Das bedeutet, daß sich die Methoden der Naturwissenschaften nicht auf die Untersuchung sozialer Ereignisse anwenden lassen. Es bedeutet allerdings überhaupt nicht, daß wir das Ziel aufgeben müßten, bei der Untersuchung sozialer Ereignisse nach Wahrheit zu forschen.

Vermutungen über die Motivationen anzustellen wäre absolut unproduktiv. Jeder Beitrag sollte nur auf seinen Verdienst hin untersucht werden, nicht auf seine Absicht. Ansonsten würde sich der Prozeß der Überprüfung der Hypothesen, der das Herzstück der wissenschaftlichen Methode ist, in einen

Scherbenhaufen verwandeln. Es ist bemerkenswert, daß zwei Denkschulen, die darauf bestanden, die Beiträge lieber nach ihrer Intention als nach ihrem Verdienst zu beurteilen – nämlich der Marxismus und die Psychoanalyse – zugleich am erfolgreichsten dabei waren, die wissenschaftliche Methode zu unterlaufen.

Der einzige Weg, sich gegen derartige Unterwanderung zu schützen, besteht darin, eine besondere Vereinbarung zur Untersuchung sozialer Phänomene zu treffen. Anstelle des Anspruchs, daß die Forschungsbeiträge zum D-N-Modell passen müssen – um sie als wissenschaftlich auszuweisen –, würden Theorien vom D-N-Typ dann als eine Form sozialer Alchemie behandelt werden. Diese Vereinbarung würde nicht automatisch zur Disqualifizierung jeder Theorie, Vorhersage oder Erklärung führen, die für sich einen wissenschaftlichen Status in Anspruch nimmt, aber sie würde ihnen die Beweislast aufbürden, ihren Anspruch zu rechtfertigen. Das würde dem Mißbrauch der wissenschaftlichen Methode zu alchemistischen Zwecken vorbeugen und Theorien wie meine zulassen, die keine unbedingten Vorhersagen treffen müssen, um sich als gültige Forschungsbeiträge auszuweisen. Diese Vereinbarung ist erforderlich, weil ohne sie die hier von mir vorgetragenen Argumente in jedem Einzelfall neu vorgetragen werden müßten, was – gelinde gesagt – unpraktisch wäre. Versuchen sie einmal, einen Marxisten davon zu überzeugen, daß der Marxismus unwissenschaftlich ist!

Zufälligerweise bin ich leidenschaftlich an der Suche nach der Wahrheit interessiert; um aber überhaupt Gehör zu finden, bin ich mir aber auch absolut der Notwendigkeit bewußt, Erfolg zu erzielen. Wie ich schon früher eingeräumt habe, war diese Überlegung eine der wichtigsten Triebkräfte meines Real-Time-Experiments. Mein Erfolg an den Märkten hatte den angenehmen Effekt, daß ich mir meine Gedanken von der Seele reden konnte. Ich befinde mich in der glücklichen Lage, den Erfolg als Wissenschaftler nicht nötig zu haben, da ich ihn schon als Beteiligter erzielen konnte.

Die Menschen in den geisteswissenschaftlichen Berufen sind aber nicht so gut dran: Sie stehen mit den Naturwissenschaftlern im offenen Wettbewerb um Ansehen und um Mittel. Der Naturwissenschaft ist es gelungen, allgemeingültige und unbedingte Vorhersagen zu treffen. Mangels einer anderen Übereinkunft befinden sich die Sozialwissenschaftler unter erheblichem Druck, zu ähnlichen Ergebnissen zu gelangen. Aus diesem Grunde produzieren sie so viele wissenschaftlich aussehende Formeln. Würde man „Sozialwissenschaft" als falsche Wortwahl anerkennen, so würde das die Sozialwissenschaftler von dem Druck befreien, die Naturwissenschaften kopieren zu müssen.

Fernab des akademischen Zirkus' gibt es viele Bereiche, in denen die Beteiligten dadurch Erfolge erzielen können, daß sie für ihre Ansichten wissenschaftlichen Status fordern. Der Bereich der Vorhersagen im Finanzbereich ist ein Beispiel, die Politik ein anderes. Die Geschichte der Ideologie ist voller weiterer Beispiele. Das politische Credo, das die wissenschaftliche Verkleidung am unverhohlensten benutzt hat, ist der Marxismus. Aber auch die Politik des Laissez-faire bezieht ihre intellektuelle Kraft aus einer wissenschaftlichen Theorie, insbesondere der Theorie des vollkommenen Wettbewerbs – und Freud forderte für sich, genau wie Marx, wissenschaftlichen Status.

Ich habe keinerlei Gründe, die Motivationen anderer anzugreifen. Nach allem habe ich aber ein überwältigendes Bedürfnis, meine Ansichten allgemein anerkannt zu sehen, und ich bemühe dazu alle Argumente, die meine Sichtweise unterstützen. Außerdem habe ich in meiner Rolle als Wertpapieranalyst zuletzt häufig Einschätzungen vertreten, von denen ich wußte, daß sie zugunsten meines Erfolges verzerrt waren. Damit bin ich nicht unbefleckter als irgend jemand sonst.

Es stellt sich nicht die Frage nach der Motivation, sondern die Frage nach dem Ergebnis. Die Berücksichtigung der Struktur sozialer Ereignisse zeigt, daß alle Vorhersagen Teil der Entscheidungen der Beteiligten sind. Dennoch treibt die Gier nach Erfolg die Menschen oft dazu, durch das Treffen vorbehaltloserer Prognosen mit der Naturwissenschaft zu konkurrieren. Das hat den Effekt, die Suche nach der Wahrheit bei der Erforschung sozialer Phänomene zu gefährden. Solange die Doktrin von der Einheit der Wissenschaft noch fortbesteht, gibt es einen offenen Konflikt zwischen der Suche nach Wahrheit und der Suche nach Erfolg. Die einzige Lösung liegt im Verwerfen der Doktrin.

Es ist mir gelungen, eine Ausnahme von den strengen Regelungen des D-N-Modells zu fordern, indem ich die Doktrin von der Einheit der Wissenschaft verwarf. Ich bin aber noch weiter gegangen: Ich habe behauptet, daß die Suche nach Wahrheit unbedingte Vorhersagen verbietet. Bedeutet das, daß die Art von Mutmaßungen, wie ich sie produziert habe, das Beste sind, was man sich erhoffen kann? Sicher nicht. Am besten betrachtet man das Real-Time-Experiment als den Probelauf eines Amateurs, der verbessert werden sollte, sobald die professionellen Mittel entwickelt worden sind.

TEIL 5
REZEPT

17
FREIE MÄRKTE VERSUS REGULATION

Es ist sicher überflüssig, das Konzept des Gleichgewichts noch weiter zu kritisieren. Im ersten Kapitel habe ich erklärt, daß dies ein hypothetisches Konzept ist, dessen Bedeutung für die reale Welt in Frage steht. In den folgenden Kapiteln habe ich verschiedene Finanzmärkte, aber auch die makroökonomischen Entwicklungen, untersucht und gezeigt, daß sie nicht auf ein Gleichgewicht hin tendieren. Mehr Sinn macht es zu behaupten, daß die Märkte zu Exzessen neigen, die früher oder später unhaltbar werden, so daß sie schließlich korrigiert werden müssen.

Das Gleichgewicht soll angeblich die optimale Verteilung der Mittel sicherstellen. Tendieren die Märkte aber gar nicht zu einem Gleichgewichtszustand, so verliert das wichtigste Argument, das zugunsten des Marktmechanismus benutzt wurde, seinen Wert: Wir haben keinen Grund zu glauben, daß die Märkte irgend etwas optimieren.

Das mag wie eine Schreckensbilanz klingen, ist es aber ganz sicher nicht. In einer Welt, in der die Beteiligten ohne den Vorteil des vollkommenen Wissens arbeiten, ist das Konzept eines Optimums ebenso exotisch wie das Konzept eines Gleichgewichts – und das aus dem gleichen Grund: beide Konzepte setzen vollkommenes Wissen voraus. So kann es überhaupt nicht verwundern, wenn beide offensichtlich wenig Bedeutung für die reale Welt haben.

Es gibt aber andere Argumente, die sich zugunsten des Marktmechanismus vorbringen lassen. Eine interessante Argumentationskette scheint sich aus der Diskussion in Kapitel 15 zu ergeben. Ich habe die Finanzmärkte dort als einen Prozeß definiert, der der wissenschaftlichen Methode irgendwie ähnelt, d.h. als einen Prozeß von Versuch und Irrtum, in dem der Marktkurs zu Ende des Experiments als Maßstab zur Beurteilung des Experiments dient. Da der Marktkurs nicht unabhängig ist von den Entscheidungen der Beteiligten, genügt dieser Maßstab nicht den Ansprüchen an eine wissenschaftliche Methode wie etwa das Vorgehen der Naturwissenschaftler, bei dem die untersuchten Objekte unabhängig von den Behauptungen der Wissenschaftler über sie sind. Dennoch ist er ein nützlicher Maßstab, weil er genauso real und der wissenschaftlichen Beobachtung genauso gut zugänglich ist wie irgendein Naturereignis. Außerdem ist er für die Marktteilnehmer von vitalem

Interesse. Damit kommt dem Marktmechanismus das Verdienst zu, einen zwar voreingenommenen, trotzdem aber objektiven Maßstab bereitzustellen.

Wie groß dieses Verdienst ist, können wir nur dann richtig würdigen, wenn wir bedenken, was andernfalls passieren würde. Zu diesem Zweck brauchen wir nur auf die zentral gelenkten Planwirtschaften sehen, die voller Abscheu vor den Unzulänglichkeiten der Marktwirtschaft die Verwendung des Preisfindungsmechanismus' ablehnen. Die Produktion muß sich an numerischen Vorgaben orientieren; die sich ergebenden Verzerrungen sind weit schlimmer als die Exzesse des Marktes.

Winston Churchill hat einmal gesagt, daß die Demokratie die schlechteste Regierungsform sei – ausgenommen alle anderen. Das gleiche läßt sich auch über den Marktmechanismus sagen: er ist das schlechteste System zur Verteilung der Mittel – ausgenommen alle anderen. Zwischen dem Wahlvorgang und dem Marktmechanismus gibt es in der Tat erhebliche Übereinstimmungen. Es ließe sich nur schwer der Standpunkt vertreten, daß Wahlen die politische Führung eines Landes verbessern: Die zum Gewinnen von Wählerstimmen erforderlichen Fähigkeiten haben nur wenig Bedeutung für die Qualitäten, die ein Kandidat braucht, wenn er erst einmal im Amt ist. Dennoch führt der Umstand, daß er sich einer Wahl unterziehen muß, zu einer Disziplin, die einigen der gefährlicheren Exzesse vorzubeugen hilft.

Der Wert eines objektiven Maßstabes läßt sich am besten subjektiv abschätzen. Wir leben alle in einer Phantasiewelt. Mit meinem Hang zu abstrakten Ideen lasse ich mich wahrscheinlich leichter in eine von mir selbst geschaffene Welt entführen als viele andere Menschen. Die Märkte haben mir immer geholfen, meinen Sinn für die Realität zu bewahren. Es mag paradox erscheinen, daß mein Realitätssinn seine Wurzeln in den Märkten haben soll, wo sich die Märkte doch oft so sonderbar verhalten, daß sie anderen Betrachtern irreal erscheinen. Als Marktteilnehmer bin ich aber nicht bloß darauf bedacht, den Kontakt zur Realität zu halten – ich spüre sie förmlich in meinen Eingeweiden. Ich reagiere auf Ereignisse am Markt, so wie ein Tier auf Ereignisse im Dschungel reagiert. So konnte ich in der Regel drohende Katastrophen vorausahnen, da sie sich bei mir in Form von Rückenschmerzen niederschlugen. Natürlich war ich nicht in der Lage, den Ausgang der Katastrophe zu benennen. Sobald ich ihn aber erkennen konnte, waren meine Rückenschmerzen verschwunden. Es gab eine Zeit, in der meine Verwicklung im Markt allumfassend war – sehr zum Nachteil für meine zwischenmenschlichen Beziehungen. Nun, da es mir gelungen ist, mich etwas zu distanzieren, hat mein Gespür für den Markt gelitten. Die Ereignisse kommen mir oft vor wie ein dumpfes Rauschen – ich kann ihnen keinen Sinn abgewinnen. Während des Real-Time-Experiments zum Beispiel hatten die Entwicklungen am Markt für mich scharfe Konturen, während der Kontrollphase wurden die Umrisse verschwommener.

Es ist interessant zu beobachten, wie sich meine Beschäftigung mit dem Markt auf mein Vermögen auswirkt, abstrakte Gedanken in ein System zu bringen. Man sollte annehmen, daß aktives Handeln im Markt mit dem Schreiben unvereinbar wäre; das Gegenteil scheint aber der Fall zu sein. Die Aufgabe, Investmententscheidungen treffen zu müssen, schützt mich davor, mich zu weit von der Realität zu entfernen. Während der drei Jahre, in denen ich *Die Bürde des Bewußtseins* schrieb, verlor ich die Fähigkeit, Geld am Aktienmarkt zu verdienen; schließlich verlor ich mich sogar in meinen eigenen Abstraktionen. Auch während der drei Jahre, als ich versuchte, das internationale Schuldenproblem zu begreifen, sah ich meine Fähigkeit zum Handeln im Markt schwinden. Schlimmer noch war, daß ich fühlte, daß sich meine Analyse des Schuldenproblems zunehmend von der Wirklichkeit entfernte. Im Gegensatz dazu verhalf das Real-Time-Experiment sowohl meinen Investment-Aktivitäten als auch meinem Ausdrucksvermögen zu einem großen Wurf.

Ich erwähne das, weil es nicht nur für mich von Bedeutung sein könnte. Wäre ich Akademiker gewesen, hätte ich an meiner Analyse des Schuldenproblems festhalten können. Hätte die Realität meine Erwartungen nicht erfüllt, so könnte ich meine Analyse durch das Vorschieben außergewöhnlicher Entwicklungen verteidigen. Schließlich wurden einige meiner Erwartungen erfüllt, wenn auch mit einer Verspätung von einigen Jahren. Als am Markt orientierter Mensch hielt ich eine derartige Verspätung für unzumutbar, und ich fühlte mich verpflichtet, die Fehler in meiner Schlußfolgerung zu suchen und zu erkennen. Als Akademiker hingegen hätte ich behaupten können, bestätigt worden zu sein. Was ich zu verdeutlichen versuche, ist, daß der Markt ein strengerer Zuchtmeister ist als eine akademische Debatte.

Allerdings kann man leicht den Vorteil überschätzen, daß wir einen objektiven Maßstab zur Verfügung haben. Wir haben uns so sehr auf objektive Maßstabe konzentriert, daß wir dazu neigen, ihnen einen Wert beizumessen, den sie eigentlich gar nicht haben. Gewinn – grundsätzlicher ausgedrückt: *Effizienz* – wird zum Selbstzweck, statt Mittel zum Zweck zu sein. Wir neigen dazu, jede Aktivität an der Summe des Geldes zu messen, die sie bringt. Künstler werden danach beurteilt, zu welchem Preis ihre Werke verkauft werden. Schlimmer ist noch, daß wir oft Gewinne aus Aktivitäten ziehen wollen, die ganz anders motiviert sein sollten. Förderer von Politikern werden zu Lobbyisten, Generäle, die für den Beschaffungsbereich zuständig sind, angeln nach lukrativen Jobs in der Industrie, das gleiche machen Juristen, die für Aufsichtsbehörden arbeiten. Das Profitdenken ist dermaßen allgegenwärtig geworden, daß es uns schwer fällt zu akzeptieren, wenn jemand durch andere Überlegungen als durch die nach Gewinn motiviert ist. Ein Geschäftsführer in Amerika empfindet es als Unding, wenn ein Engländer wegen eines besseren Jobs nicht umziehen will; ein Neger in Südafrika, der lieber die Zivilisation zerstört als sich mit der Apartheid abzufinden, ist für uns eindeutig ein Barbar, gar nicht erst zu reden von Phänomenen wie dem islamischen Fundamentalismus, der sich völlig unserem Verständnis entzieht. Wertvorstellungen, die die Menschen motivieren, lassen sich nicht einfach so in objektive Begriffe fassen. Gerade weil die individuellen Wertvorstellungen so verschieden sind, haben wir Gewinn und materiellen Wohlstand – die sich leicht mit einem finanziellen Maßstab erfassen lassen – zu einer Art Über-Wert erhoben. Sicher ist das eine Übertreibung. In einer Welt des unvollkommenen Verstehens ist aber bei jeder Bewertung irgendeine Art von Übertreibung oder Voreingenommenheit im Spiel. In unserer Zivilisation ist die Wertschätzung des Gewinns ebenso übertrieben wie die der Objektivität.

Wir wollen uns die Art von Maßstab, die uns der Marktkurs liefert, einmal genauer ansehen. Die Unterscheidung, die wir zwischen wissenschaftlicher Methode und Alchemie getroffen haben, wird sich dabei als nützlich erweisen. Ich habe vorgetragen, daß wir bei der Untersuchung sozialer Phänomene zwischen zwei Arten von Gültigkeitsbegriffen unterscheiden müssen: der eine hat mit Wahrheit zu tun, der andere mit Effektivität. In der Naturwissenschaft gibt es diese Unterscheidung nicht: Theorien sind nur dann erfolgreich, wenn sie wahr sind. Aus diesem Grunde funktioniert die Alchemie nicht. Diesen Gedankengang weiterspinnend können wir behaupten, daß der Marktkurs ein Kriterium für Effektivität, nicht aber für Wahrheit liefert. Die künftigen Kurse werden entscheiden, wie es den verschiedenen Marktteilnehmern ergeht, aber sie werden nicht darüber befinden, ob ihre Einsichten richtig sind. Nur wenn sich der Kurs auf ein Gleichgewicht zubewegen würde, würden sich die beiden Kriterien vereinen: Der Marktkurs wäre dann der „richtige“ Kurs.

Wir sehen, wie wichtig das Konzept des Gleichgewichts ist. Es dient als Brücke zwischen Wahrheit und Effektivität und räumt die störende Dichotomie zwischen Wahrheit und Effektivität fort, die die Untersuchung sozialer Phönomene ausmacht. Weil das unvollständige Verstehen das Konzept des Gleichgewichts ungeeignet macht, kommt diese Brücke leider nicht zustande. Ohne eine inhärente Tendenz zum Gleichgewicht kann der Verlauf der Ereignisse nicht als wissenschaftliche Methode bezeichnet werden, aber er kann mit den Methoden der Alchemie formuliert werden.

Der Versuch, Methoden und Maßstäbe der Naturwissenschaft auf den sozialen Bereich anzuwenden, ist nicht statthaft. Er läßt überzogene Erwartungen entstehen, die nicht erfüllbar sind. Diese Erwartungen übertreffen bei weitem den derzeitigen Stand wissenschaftlicher Erkenntnis und beeinflussen unsere ganze Denkweise. Der Glaube, daß die Wirtschaftspolitik nach der optimalen Verteilung der Mittel streben sollte, hat bis zur Mitte des neunzehnten Jahrhunderts das gesamte politische Denken, aber auch das politische Handeln beeinflußt. Die Linken wollten, daß der Staat die Verantwortung für die Verteilung übernimmt, die Rechten wollten das dem Marktmechanismus überlassen. Unter dem Einfluß des Marxismus führte die Jagd nach dem Optimum in weiten Teilen der Welt zu einer völligen Preisgabe des Marktmechanismus. Selbst in den marktwirtschaftlich orientierten Ländern überließ man dem Staat die wichtige Rolle, in die Unzulänglichkeiten des Marktmechanismus korrigierend einzugreifen.

Nach und nach traten die nachteiligen Einflüsse staatlicher Interventionen zunehmend offener zutage, und die vorherrschende Voreingenommenheit verlagerte sich wieder zugunsten der freien Märkte.

Wir sind gerne bereit, den Trugschluß des Marxismus einzuräumen, zögern aber zuzugeben, daß die Theorie des freien Wettbewerbs mit einem ähnlichen Trugschluß behaftet ist. Beide Theorien bauen auf der Annahme des vollkommenen Wissens auf. In dem einen Fall führt die Annahme zum Gleichgewicht, im anderen drückt es sich in einer bedingungslosen Vorhersage des künftigen Verlaufs der Geschichte aus. Es ist wichtig hervorzuheben, daß beide Theorien ihren Ursprung im neunzehnten Jahrhundert hatten, als die Grenzen des Wissens noch nicht erkannt waren und die Wissenschaft an erster Stelle rangierte.

Erkennen wir erst einmal an, daß das Optimum nicht erreichbar ist, befinden wir uns in einer vorteilhafteren Ausgangslage, um die Verdienste und Unzulänglichkeiten des Marktmechanismus zu bewerten. Ich möchte mich hier nicht auf die Probleme einlassen, die mit der Verteilung des Wohlstandes verbunden sind; nicht, weil ich sie für unwichtig halte, sondern weil meine Analyse zu diesem Thema wenig beizusteuern vermag. Ich möchte mich auf einen auffälligen Schwachpunkt des Marktmechanismus konzentrieren: die ihm eigene Instabilität. Ihren Grund haben wir bereits ausmachen können: Sie rührt aus der wechselseitigen Verbindung zwischen Denken und Realität her, die ich als Reflexivität bezeichnet habe. Sie wirkt nicht immerfort an allen Märkten; wenn sie aber auftritt, sind der Abweichung von Wahrnehmung und Ereignissen von dem, was man als Gleichgewicht bezeichnen könnte, keine Grenzen mehr gesetzt.

Instabilität ist nicht notwendigerweise schädlich. Würde man sie als einen dynamischen Anpassungsprozeß beschreiben, so würde das schon viel vorteilhafter klingen. Ins Extrem verzerrt, kann sie aber auch zu einem plötzlichen Umschwung führen, der katastrophale Auswirkungen haben könnte. Das ist besonders dann der Fall, wenn Kredit mit im Spiel ist, weil der Ausfall der Nebensicherheiten zu einem plötzlichen Einbrechen der Marktkurse führen kann. Die Verhinderung einer übermäßigen Instabilität ist daher eine notwendige Bedingung für das reibungslose Funktionieren des Marktmechanismus. Diese Bedingung kann der Marktmechanismus aus eigener Kraft nicht sicherstellen. Im Gegensatz dazu habe ich den Beweis erbracht, daß unregulierte Märkte dazu neigen, noch instabiler zu werden. Der Beweis dafür ist am deutlichsten in den Devisenmärkten zu sehen, er ist aber auch in Hinblick auf Kreditausweitung und -kontraktion recht überzeugend. Ob sich die Aktienmärkte auch in Abwesenheit von Kreditfinanzierungen von sich aus als instabil erweisen würden, bleibt eine unbeantwortete Frage, da ein Boom am Aktienmarkt immer mit einer Kreditexpansion einhergeht. Exzessive Instabilität kann nur durch irgendeine Art von Regulation verhindert werden.

Ab wann die Instabilität als exzessiv zu bezeichnen ist, ist eine Frage der Beurteilung. Die Maßstäbe schwanken hier von Zeit zu Zeit. Das Ausmaß der Abweichung, das wir heute zu akzeptieren bereit sind – wie z.B. bei den Arbeitslosenzahlen –, wäre noch vor einigen Jahrzehnten, als die Erinnerungen an die große Depression noch frisch und das Abrücken von der Vollbeschäftigungspolitik noch weniger deutlich sichtbar waren, unvorstellbar gewesen. In ähnlicher Weise haben sich die Restriktionen bei der Unternehmensneustrukturierung zwischen dem Boom der Mischkonzerne der 60er Jahre und dem Fusionsfieber der 80er Jahre deutlich gelockert.

Das Problem bei der Regulation ist, daß auch die Kontrolleure nur Menschen sind und damit dem Irrtum unterliegen können. Um eigenmächtiges Handeln und Machtmißbrauch zu verhindern, müssen im voraus Regeln und Durchführungsbestimmungen festgelegt werden. Es ist aber schwierig, Durchführungsbestimmungen zu ersinnen, die flexibel genug sind, um auf alle Eventualitäten zu passen. Regeln sind meistens starr und behindern die Innovation. Die Erstarrung und die Verzerrungen, die sie hervorrufen, wachsen tendenziell genau so stark wie die Instabilität eines unregulierten Marktes. Die Einkommensteuer liefert ein gutes Beispiel. Je höher die Steuersätze sind, und je länger sie in Kraft bleiben, desto höher wird die legale Steuerumgehung, und desto komplexer werden die Steuergesetze.

Ich möchte die Diskussion nicht länger allgemein halten, weil sie dann leicht in inhaltsleere Phrasen abgleitet. Im nächsten Kapitel werde ich versuchen, einige politische Vorschläge zu machen, hier möchte ich nur eine allgemeine Feststellung treffen. Sowohl Regulation wie auch der ungeregelte Wettbewerb können schädlich werden, wenn sie ins Extrem führen. Der Fehler des einen Extrems ist aber keine Rechtfertigung, sich dem anderen zuzuwenden. Die beiden Extrempunkte sollten nicht als Alternative, sondern als Grenzen aufgefaßt werden, zwischen denen die richtige Balance gefunden werden muß. Kompliziert wird diese Aufgabe durch unsere angeborene Neigung, in der einen oder anderen Richtung voreingenommen zu sein.

In *Die Bürde des Bewußtseins*, das ich vor etwa fünfundzwanzig Jahren geschrieben habe, habe ich zu diesem Thema eine recht ausführliche Systematik entwickelt. Als kritische Variable habe ich die Veränderungsrate genommen und festgestellt, daß die Menschen mit ihrem unvollkommenen Verstehen zwangsläufig in die eine oder andere Richtung übertreiben müssen. Das eine Extrem führt zu einem traditionellen bzw. einem dogmatischen Denkansatz, nach dem alle bestehenden Verhältnisse so akzeptiert werden müssen wie sie sind, weil es unvorstellbar ist, daß sie anders sein könnten.

Das andere Extrem führt zu einem kritischen Denkansatz, nach dem alles so lange für möglich gehalten wird, bis sein Gegenteil bewiesen ist. Jeder der beiden Denkansätze ist mit einer gewissen Form von Sozialstruktur verbunden, die ihm in dem Maße an Unvollkommenheit entspricht, das dem unvollkommenen Verstehen der Beteiligten angemessen ist. Daher ist der traditionelle Denkansatz mit der Stammesgesellschaft verknüpft, der dogmatische Ansatz mit der totalitären Gesellschaft und der kritische Ansatz mit der offenen Gesellschaft. Ich muß nicht darauf hinweisen, daß ich sehr unter dem Einfluß von Karl Popper stand. Ich entschied mich für die offene Gesellschaft, aber nicht ohne Vorbehalt. In jeder Form der Sozialstruktur lassen sich Wünsche finden, die nur auf der Gegenseite zu erfüllen sind: Der totalitären Gesellschaft fehlt die Freiheit, der offenen Gesellschaft die Stabilität. Angesichts unserer angeborenen Voreingenommenheit ist ein Gleichgewicht zwischen beiden aber wahrscheinlich genauso schwer erreichbar wie ein stabiles Gleichgewicht in einem freien Markt. Das Gefühl wird sich wahrscheinlich für eines von beiden entscheiden.

Nach fast einem halben Jahrhundert der – wie es heute scheint – exzessiven Regulation haben wir uns nun wieder auf die Deregulierung zubewegt. Je früher wir erkennen, daß irgendeine Art von Regulation erforderlich ist, um die Stabilität zu bewahren, desto besser sind unsere Chancen, die Vorteile eines nahezu freien Marktsystems zu erhalten.

18
WEGE ZU EINER INTERNATIONALEN NOTENBANK

Wir sind zu dem Schluß gelangt, daß die Finanzmärkte von Hause aus instabil sind. Welche praktischen Maßnahmen sind erforderlich, um ihren Zusammenbruch zu verhindern? Ich fühle mich nicht dazu qualifiziert, diese Frage zu beantworten. Meine Stärke liegt darin, die Fehler in irgendwelchen Systemen aufzuspüren, nicht darin, Systeme zu entwerfen. Ich habe lange das Hirngespinst gehegt, ein wirtschaftlicher Vordenker à la Keynes zu werden; je näher ich aber dem Ziel komme, Zuhörer für meine Einsichten zu finden, desto deutlicher werden mir meine eigenen Grenzen bewußt. Meine bruchstückhafte Sachkenntnis ist von der Einsicht abgeleitet, daß alle Systeme fehlerhaft sind, mein Verständnis irgendeines einzelnen Systems liegt aber immer unterhalb dem der Experten. Das gilt sowohl für die Wertpapieranalyse als auch für das Finanzwesen und die Volkswirtschaft. Als ich mich als leitender Wertpapieranalyst an eine Untersuchung machte, scheiterte ich in jeder Hinsicht. Als ich den Kreislauf von Kredit und Kontrolle analysierte, verspürte ich den Mangel eines soliden Fundaments in der Theorie des Geldes. Wie ein Lektor feststellte, lag meine größte Schwäche im Real-Time-Experiment in der Vorhersage der wirtschaftlichen Entwicklung. Sowohl in meinen Investmentaktivitäten als auch beim Verfassen dieses Buches konnte ich mir einbilden, mich zu jedem Thema jeweils auf dem neuesten Stand zu befinden, ohne es aber wirklich zu sein. Wenn es aber darum geht, ein neues Finanzsystem zu entwerfen, so wird mein Mangel an Wissen zu einem ernsthaften Hindernis.

Dennoch spüre ich, daß ich einen Beitrag leisten kann, insbesondere deshalb, weil das herkömmliche Wissen dermaßen wenig anzubieten vermag. Der Keynesianismus wurde (im Unterschied zu Keynes' Annahme) von der Inflation der 70er Jahre in Mißkredit gebracht; der Monetarismus erweist sich gerade für ein System variabler Wechselkurse und riesiger internationaler Kapitalbewegungen als bedeutungslos, und die angebotsorientierte Volkswirtschaftslehre erweist sich als nicht viel mehr als ein Wortspiel mit der keynesianischen Betonung der Nachfrageseite. Es herrscht ein allgemeines

Unbehagen, aber es gibt keine klaren Begriffe. Unter diesen Vorbedingungen können sich vielleicht sogar meine vagen und zögerlichen Ideen als nützlich erweisen.

Erstens glaube ich, daß wir zwischen Wirtschaftspolitik und einer Reform des Systems unterschieden müssen. Beide sind notwendig, aber keine von beiden alleine reicht aus. Es ist schwer vorstellbar, wie irgendein System vollkommen automatisch funktionieren könnte. Die Erfahrung lehrt, daß jedes System, sei es der Goldstandard, Bretton Woods oder die frei floatenden Wechselkurse, zusammengebrochen ist, wenn es nicht von einer angemessenen Wirtschaftspolitik unterstützt wurde. Genauso schwer ist es nachzuvollziehen, wie die Wirtschaftspolitik ohne irgendeine Art von Reform des Systems bestehende Ungleichgewichte korrigieren könnte. Die verschiedenen Ungleichgewichte stehen miteinander in Zusammenhang, und es ist nicht möglich, sich mit einem von ihnen zu beschäftigen, ohne daß das Auswirkungen auf die anderen hätte.

Wir stehen vor einer verwirrenden Vielfalt von Ungleichgewichten und labilen Zuständen. Um einige von ihnen zu nennen: die instabilen Wechselkurse, das internationale Schuldenproblem, die chronischen Haushalts- und Handelsbilanzdefizite der Vereinigten Staaten, Japans chronischer Handelsbilanzüberschuß, das ständige weltweite Überangebot an Agrar- und Mineralgütern, die instabilen Rohstoffpreise – insbesondere beim Öl, die wechselnden internationalen Kapitalbewegungen und die instabilen Finanzmärkte. Einige dieser labilen Situationen werden durch die Wirtschaftspolitik verursacht und können nur durch eine andere Wirtschaftspolitik geändert werden; andere sind integraler Bestandteil des herrschenden Systems – sie können nur durch den Wechsel des Systems bereinigt werden.

Als Beispiel des ersten Typus der Instabilität können wir den Wunsch der Japaner nehmen, mehr zu produzieren als sie verbrauchen, und den offensichtlichen Wunsch der Vereinigten Staaten, mehr zu konsumieren als sie herstellen. Werden diese Tendenzen nicht eingedämmt, so werden sie geradewegs zum Aufstieg Japans zur führenden Wirtschaftsmacht in der Welt und zum Niedergang der Vereinigten Staaten führen. Dieser Übergang wird zwangsweise heftige Erschütterungen und Machtverschiebungen auslösen. Er kann nur durch eine Änderung von Finanz- und Wirtschaftspolitik, nicht aber durch einen Wechsel des Finanzsystems verhindert werden. Das System selbst muß sich an die Situation des Übergangs anpassen, falls er sich ereignet; ansonsten wird es zum Schaden aller betroffenen Beteiligten zusammenbrechen.

Ein Beispiel für die zweite Art von Instabilität ist das bestehende Wechselkurssystem. Wie wir gesehen haben, wirken frei floatende Wechselkurse in zunehmendem Maße destabilisierend. Das haben nun auch die Behörden erkannt, und im Plaza-Abkommen haben sie sich verpflichtet, sich der Wechselkurse anzunehmen. Es gibt aber keine Übereinkunft darüber, wie das zu geschehen hat. Die Regelung der Wechselkurse kommt einer Koordinierung der Wirtschaftspolitik gleich. Gut und schön, wenn diese Koordinierung auf freiwilliger Basis erreicht werden kann. Andernfalls muß ein anderes System ersonnen werden.

In diesem Kapitel werde ich die Möglichkeiten für eine Reform des Systems untersuchen; die Frage der angemessenen Wirtschaftspolitik wird nur am Rande diskutiert werden.

Nach meiner Ansicht gibt es drei wichtige Probleme, die einer systematischen Reform bedürfen: Wechselkurse, Rohstoffpreise (hier insbesondere der Ölpreis) und internationale Verschuldung. Jeder dieser Problembereiche hat eine Reihe von Aspekten, die nicht isoliert, sondern nur als Teil des gesamten Systems behandelt werden können. Es gibt noch einen vierten wichtigen Problembereich, der als solcher noch gar nicht erkannt worden ist: die internationalen Kapitalmärkte. Die verschiedenen anderen Ungleichgewichte werden von ihnen widergespiegelt, unterhalten und teilweise ausgelöst. Die rasante Entwicklung der Kapitalmärkte wird im allgemeinen als willkommene Innovation begrüßt und als ein weiteres Beispiel dafür angesehen, wie sich die Märkte spontan auf eine veränderte Bedürfnislage einstellen. Ich behaupte, daß das rapide Wachstum der internationalen Kapitalmärkte im Rückblick als ein weiterer Exzess erkannt werden wird, vergleichbar mit dem raschen Wachstum der internationalen Kreditvergabe der Banken in den 70er Jahren. Wir alle wissen, daß der internationale Verschuldungsboom auf tönernen Füßen stand; ich glaube, daß es nur eine Frage der Zeit ist, bis auch die Mängel in den internationalen Kapitalmärkten erkannt werden.

Gegenwärtig gibt es eine ausgeprägte Vorliebe, sich mit Problemen nur von Fall zu Fall auseinanderzusetzen. Zum Beispiel herrscht eine allgemeine Übereinkunft darüber, daß man die Wechselkurse nicht weiter auseinanderdriften lassen darf, ohne einzugreifen. Einigkeit besteht aber auch darin, daß die Eingriffe langsam und vorsichtig erfolgen müssen. Die Diskussion dreht sich um die Frage der Zielzonen: Sollte man sie stillschweigend dem Gutdünken überlassen oder definitiv festgelegen? Die Möglichkeit zur Rückkehr zu festen Wechselkursen ist mehr oder weniger ausgeschlossen. Gleichfalls wird erkannt, daß das internationale Schuldenproblem irgendeiner neuen Initiative bedarf, der Baker-Plan besteht aber nachdrücklich auf einer Lösung von Fall zu Fall. Warum, ist einfach auszumachen: Ein einem Land eingeräumtes Zugeständnis könnte sich leicht auf alle anderen ausweiten, so daß das Gerede von einer systematischen Reform den Zusammenbruch des Systems heraufbeschwören könnte. Was die Ölpreise betrifft, so ist die OPEC am Drücker; der Gedanke, daß die Abnehmerländer zusammenarbeiten sollten, um die Branche zu stabilisieren, ist bislang nicht einmal am Rande erwogen worden.

Der von James Baker befürwortete Ansatz der Zug-um-Zug-Lösung stellt einen bedeutenden Fortschritt gegenüber der Nichteinmischungspolitik von Ex-Finanzminister Donald Regan dar. Er schreibt die Erkenntnis fest, daß man die Märkte nicht sich selbst überlassen kann, und daß die Behörden eine gewisse Richtung vorgeben müssen, wenn ein Zusammenbruch vermieden werden soll. Die beim Plaza-Treffen der Gruppe der Fünf getroffene Vereinbarung löste an den Aktien- und Rentenmärkten der Welt eine deutliche Aufwärtsbewegung aus. Der vom Plaza-Treffen ausgehende Auftrieb hat sich aber abgeschwächt, und wir geraten erneut in gefährliches Fahrwasser. Könnte man diesen Aufwärtsschwung wiedererlangen, so wäre es gut. Ohne eine effektive internationale Zusammenarbeit aber werden die Gefahren von seiten des Protektionismus, der Währungsverschiebungen und von seiten eines Zusammenbruchs des Schuldendienstes immer deutlicher. Gleichsinnig wird die Notwendigkeit einer Reformierung des Systems immer drängender.

Wenn wir uns einer Reform des Systems zuwenden, so muß unser Ansatz vollkommen verändert werden. Anstatt uns isoliert mit einzelnen Problemen zu beschäftigen, müssen wir sie alle gleichzeitig angehen. Probleme, die für sich genommen schwer lösbar erscheinen, können sich in eine umfassendere Lösung eingliedern. Je umfassender dieses System ist, desto größer sind seine Erfolgschancen. Möglicherweise könnten die drei der vier Problembereiche, die ich erwähnt habe, separat behandelt werden; effektiver wäre es aber, sie gemeinsam zu bearbeiten. Mir ist klar, daß jede radikale Veränderung der herrschenden Verhältnisse gegen den Strich geht, insbesondere bei Fragen der internationalen Zusammenarbeit, bei denen das Gemeinwohl beschnitten werden muß, um nationalen Interessen noch zu genügen. Es gibt aber Zeiten, in denen Reformen sowohl möglich als auch notwendig sind. In der Regel handelt es sich dabei um Krisenzeiten.

Auf den kommenden Seiten werde ich die wichtigsten Problembereiche getrennt voneinander behandeln, die Lösung, die ich vorschlagen werde, wird sie aber wieder miteinander verbinden. Sie schließt die Gründung einer internationalen Notenbank ein. Historisch betrachtet, hat sich das Zentralbankwesen als Reaktion auf Krisen entwickelt. Jede Zentralbank hat ihre eigene Geschichte, wenngleich die Entwicklungen an einem Finanzzentrum stets auch die anderen berührt hat. Die gegenwärtigen Probleme sind vorwiegend internationaler Natur, deswegen muß auch ihre Lösung eine internationale sein. Die Anfänge eines internationalen Zentralbankwesens haben wir bereits: 1930 wurde als Reaktion auf das deutsche Schuldenproblem die Bank für internationalen Zahlungsausgleich gegründet, in Bretton Woods wurden 1944 der IWF und die Weltbank ins Leben gerufen. Der nächste Schritt sollte eine Erweiterung ihrer Funktionen oder aber die Gründung einer neuen Institution beinhalten.

WECHSELKURSE

Die Verzerrungen der Wechselkurse sind für die Weltwirtschaft zu einer der wesentlichen Quellen des Zerwürfnisses geworden. Sie machen langfristige Anlagen unsicher, sie gefährden den Wert bereits bestehender Anlagen, und sie sind die Wurzel der protektionistischen Einstellung der Vereinigten Staaten. Dem Marktmechanismus gelingt es nicht, die Währungen wieder in Übereinstimmung zu bringen. Ganz im Gegenteil: Die Spekulation neigt dazu, die Veränderungen der Währungen noch zu übertreiben. Wie wir gesehen haben, wirkt das System frei floatender Währungen zunehmend destabilisierend.

Die Frage ist: Was können wir dagegen tun? Möglich ist eine Reihe von Vereinbarungen. Zielzonen, ob nun stillschweigend vereinbart oder explizit festgelegt, stellen die am wenigsten radikale und damit auch die am häufigsten erwähnte Alternative dar. Wir könnten auch wieder zu einem System fester Wechselkurse zurückkehren, mit oder ohne Gold als Standard. Wir könnten aber auch – dies wäre die gewagteste Lösung – eine internationale Währung etablieren.

Eine Reihe von Problemen muß gelöst werden, egal, welche Vereinbarung getroffen wird. An erster Stelle und am dringendsten ist das Problem der internationalen Kapitalbewegungen. Der Kapitaltransfer über nationale Grenzen hinweg ist sehr erstrebenswert und sollte gefördert werden. Wie wir aber gesehen haben, wirken spekulative Kapitalbewegungen zunehmend destabilisierend. Wir benötigen ein System, das die Spekulation unprofitabel macht. Idealerweise sollten die Währungsschwankungen innerhalb der Grenzen der jeweiligen Zinsgefälle gehalten werden, das aber würde zu einem System der mehr oder weniger fixierten Wechselkurse führen.

Zielzonen werden die Spekulation vermutlich nicht abschrecken. Sie könnten ganz im Gegenteil eine Einladung an die Spekulation darstellen, mit begrenztem Risiko gegen die Behörden anzutreten. Durch die Billigung von Zielzonen würden sich die Behörden spekulativen Angriffen aussetzen, deren Zeitpunkt und Ziel von den Spekulanten bestimmt werden könnte. Die Geschichte zeigt, daß die Spekulanten unter derartigen Umständen in der Regel gewinnen. Man könnte argumentieren, daß ein System fest definierter Zielzonen die schlechteste aller Möglichkeiten ist, da es die Spekulation innerhalb des Systems belohnen, aber auch spekulative Angriffe auf das System fördern würde.

Nicht veröffentlichte Zielzonen hätten eine etwas bessere Erfolgschance. Sie würden Behörden und Spekulanten in ein verzwicktes Katz- und Maus-Spiel verwickeln, das die Behörden gewinnen könnten, vorausgesetzt, sie ziehen an einem Strang und mobilisieren einen größeren Betrag als die Spekulanten. Da sie mit der Notenpresse die alles entscheidende Waffe kontrollieren, ist ihre Aufgabe nicht unmöglich. Eine starke Währung kann immer an einem weiteren Anstieg gehindert werden, wenn die Notenbank bereit ist, sie in unbegrenztem Maße zur Verfügung zu stellen. Kurioserweise haben die Notenbanken dazu bisher selten den Mut gehabt.

Wenn es den Behörden gelänge, die Wechselkurse zu stabilisieren, so würde sich das „heiße Geld“ vermutlich abkühlen und einen Weg in langfristige Anlagen finden, was eine grundlegende Voraussetzung für eine gesündere Weltwirtschaft wäre. Die Stabilisierung des relativen Wertes der größeren Währungen reicht aber nicht aus: Wenn wir weltweit inflationäre und deflationäre Exzesse verhindern wollen, muß auch der aufsummierte Wert all dieser Währungen stabil gehalten werden. In der Vergangenheit hat Gold immer wieder eine Rolle als stabilisierendes Moment gespielt, und es könnte diese Funktion auch in der einen oder anderen Weise wieder übernehmen. Derzeit aber hat es ein entscheidendes Handicap: Der Großteil des Angebots wird von zwei suppressiven Regierungen kontrolliert, nämlich von Südafrika und der Sowjetunion. In jedem Falle geht es nicht nur darum, eine geeignete Währungsbasis zu finden; angesichts der Reflexivität des Kredits muß auch die auf dieser Basis errichtete Kreditstruktur reguliert werden. Erforderlich ist hier eine Institution, die das Kreditwachstum im weltweiten Maßstab koordiniert: eine internationale Zentralbank.

An diesem Punkt der Argumentation müssen auch die anderen wichtigen Problembereiche, nämlich die internationale Verschuldung und die Rohstoffpreise (mit besonderer Berücksichtigung des Öls) bedacht werden.

INTERNATIONALE VERSCHULDUNG

Die Last der aufgehäuften Schulden lastet weiterhin schwer auf den Schuldnern wie auch auf den Gläubigern. Man hatte gehofft, daß sie einen Weg aus der verfahrenen Situation finden würden; diese Rechnung zog aber nicht die Aushöhlung der Nebensicherheiten in Betracht, die bei der Liquidation von Schulden auftritt. Im Falle der Kredite zur Beeinflussung der Zahlungsbilanzen bestehen die Nebensicherheiten im Export. Unterentwickelte Länder exportieren hauptsächlich Rohstoffe, die auf eine unelastische Nachfrage treffen: Versuchen sie, ihre Exporte auszuweiten, so kommen die Rohstoffpreise unter Druck.

Einigen der größeren Schuldnerländer ist es gelungen, das zu erreichen, was ich als Phase 3 des Anpassungsprozesses bezeichnet habe, andere aber scheinen auf Dauer in der Position des Verlierers steckenzubleiben. Die Produktionsausweitung der traditionellen Export-Rohstoffe ist zu einer Einbahnstraße geworden. Hier müssen andere Wachstumspfade beschritten werden. Der Export anspruchsvollerer Produkte stellt eine Möglichkeit dar, läuft aber gegen die Straßensperre des Protektionismus. Damit bleibt das inländische Wachstum der unterentwickelten Länder der Hauptweg zur wirtschaftlichen

Gesundung. Politisch ist diese Entwicklung sehr wünschenswert, da die Vereinigten Staaten eher bereit sein dürften, Importe aufzunehmen, wenn auch die Exporte Anzeichen einer Belebung zeigen; zudem fordert auch die öffentliche Meinung in den Schuldnerländern zunehmend ein inländisches Wachstum.

Der Baker-Plan wurde entwickelt, um den hochverschuldeten Ländern durch eine Ausweitung der Vergabe von Neukrediten zu helfen. Die Mittel dazu sollten zum Teil von internationalen Institutionen, nämlich von der Weltbank und von der Interamerikanischen Entwicklungsbank kommen, zum Teil von den Geschäftsbanken. Die Geschäftsbanken wurden gebeten, für drei Jahre für 20 Milliarden $ zu bürgen. Die Kredite sollten mit Drittverzugsklauseln versehen werden, was sie sicherer machte als reine Handelskredite. Wenn die Mittel der Weltbank erschöpft wären, sollte die Regierung mit der Bitte um eine Kapitalaufstockung an den Kongreß herantreten.

Der Plan ist ein Schritt in die richtige Richtung, er läßt aber zwei Probleme offen: Das eine betrifft die Anhäufung zusätzlicher Kredite in den Schuldnerländern zu einer Zeit, wo sie ihren bereits bestehenden Verpflichtungen nicht mehr nachkommen können, das andere betrifft die Ausweitung zweifelhafter Kredite in den Büchern der Geschäftsbanken zu einer Zeit, wo diese schon zu viele derartige Kredite vergeben haben. Der Plan könnte das zweite Problem zwar lindern, da ein großer Teil der neuen Kredite von Regierungsstellen kommt, er könnte es aber nicht völlig aus der Welt schaffen. Auf der anderen Seite setzt sich der Plan dem Vorwurf aus, einen Rettungsanker für die Geschäftsbanken darzustellen. Das wird es schwierig machen, vom Kongreß die Zustimmung zu einer Erhöhung des Kapitals der Weltbank zu erhalten.

Es ist klar, daß der Plan nicht weit genug geht. Er setzt sich nicht mit der Erblast der letzten Exzesse auseinander. Ohne die Intervention der Regierungen wären die aufgehäuften Schulden in einer katastrophalen Art und Weise liquidiert worden. Wenn eine Interventionspolitik erfolgreich sein will, muß sie die angesammelten Schulden auf eine gesittete Weise reduzieren.

Die Erfahrung der letzten Jahren zeigt, daß die aufgehäuften Schulden, wenn ihre Summe erst einmal einen kritischen Wert überschritten hat, nicht mehr durch einen normalen Regulierungsprozeß reduziert werden können. In den meisten lateinamerikanischen Ländern ist der Anpassungsprozeß bereits bis an die Grenzen des Durchhaltbaren getrieben worden, und der negative Kapitaltransfer hat sein Maximum erreicht bzw. bereits überschritten. Dennoch ist die Auslandsverschuldung weiter angestiegen, und der Verschuldungsgrad hat, wenn überhaupt, nur geringe Verbesserungen aufzuweisen. Außerdem hat sich die innere Staatsschuld in einem alarmierenden Tempo erhöht.

In jeder entwickelten Wirtschaft sind spezielle Rechtsnormen zum Umgang mit exzessiver Verschuldung errichtet worden. Das Konkursrecht dient dazu, ohne wirtschaftliche Verwerfungen die geordnete Abwicklung zweifelhafter Kredite sicherzustellen. Wir bedürfen dringend irgendeiner Art von Konkursverfahren für internationale Schulden.

Die Prinzipien eine Konkursverfahrens sind einfach. Zu einem bestimmten Zeitpunkt wird die Uhr angehalten. Alle bestehenden Guthaben und Verpflichtungen werden in einen Topf geworfen, um in langatmigen Prozessen wieder auseinandersortiert zu werden. Ist der Bankrottkandidat noch lebensfähig, so läßt man ihn in der Zwischenzeit – frei von den Lasten der Vergangenheit – weiterleben. Die Verbindlichkeiten des aktuellen juristischen Gebildes erhalten Vorrang gegenüber denen seines Vorgängers. Dieses Prinzip ist es, das den Bankrottkandidaten noch am Leben erhält.

Das internationale Kreditwesen kennt kein ähnliches Verfahren zur Handhabung notleidender Schulden. Es hat bereits viele Beispiele dafür gegeben, daß Schulden nicht vollständig zurückgezahlt wurden. Normalerweise hätte diese Zahlungssäumigkeit in der völligen Pleite geendet. Die Situation wurde erst Jahrzehnte später bereinigt, als die Gläubiger schon froh waren, wenn sie von jedem verliehenen Dollar einige Cents zurückbekamen. Die umfassendsten Bemühungen zur Schuldensanierung ohne Inkaufnahme einer völligen Pleite waren Daws und Youngs Pläne für Deutschland im Jahre 1924 bzw. 1929; sie hatten kein gutes Ergebnis.

Auf die gegenwärtige Situation ist das Beispiel der inländischen Konkursverfahren nicht direkt übertragbar, da die involvierten Summen hier dermaßen groß sind, daß auch die Kreditgeber bankrott gingen, falls die Zinszahlungen auch nur zeitweise ausgesetzt würden; richtig ist es aber auch hier, einen Strich unter die Vergangenheit zu ziehen.

Derzeit sind sich alle Marktteilnehmer des ungelösten Problems bewußt. Ausländische Kreditgeber versuchen, ihr Engagement auf ein Minimum zu beschränken, und das inländische Kapital sucht Zuflucht im Ausland. Die Konjunktur der hochverschuldeten Länder liegt weiterhin danieder, und der politische Druck nimmt zu. Diese Trends müssen umgekehrt werden. Wir haben es hier mit einem reflexiven Prozeß zu tun. Zu einer Trendumkehr bedarf es eines klaren Signals, dessen Einfluß groß genug ist, um die vorherrschende Voreingenommenheit zu ändern. Nur ein umfassendes Konzept zur Neuorganisation könnte ein derartiges Signal darstellen.

Ich bin nicht in der Lage, einen konkreten Handlungsplan vorzulegen. Ein derartiger Plan würde ein hohes Maß an Vorbereitung und an Verhandlungen erfordern. Ich kann nur ein grobe Skizze davon entwerfen, wie er ungefähr aussehen könnte. Ich werde mich dabei mit mindestens fünf Themen auseinanderzusetzen haben: (1) der Behandlung der bestehenden Schulden, (2) der Bereitstellung neuer Kredite, (3) dem Schutz des Bankensystems, (4) der Wirtschaftspolitik der Schuldnerländer, (5) der Rückführung der Fluchtgelder und der Attrahierung ausländischer Investitionen. Im Juni 1986 legte Senator Bradley einen Plan vor, der alle diese Punkte behandelte.[1] Henry Kaufman skizzierte am 4. Dezember 1986 einen Plan, der meinem sehr ähnlich war. [2] Diese Vorschläge lenken die Diskussion in die richtige Richtung.

Die bereits bestehenden Schulden könnten in langfristig begebbare Anleihen mit einem ermäßigten Zinssatz umgewandelt werden. Die Bonds würden zu einem Bruchteil ihres Nominalwertes verkauft, und die Banken, die diese Bonds halten, würden substanzielle Verluste erleiden. Um die Banken zu schützen, könnte man ihnen gestatten, ihre Bonds über eine Reihe von Jahren nach und nach zum Marktwert abzuschreiben. Während dieser Zeit könnten die Bonds zu ihrem langsam nachgebenden offiziellen Wert als Nebensicherheit zur Kreditaufnahme im Lombardfenster der Zentralbank genutzt werden. Das würde einem Run auf diejenigen Banken vorbeugen, deren Finanzpositionen durch die Neuorganisation beeinträchtigt worden sind: man würde es ihnen gestatten, sich aus der Klemme zu befreien.

Die Reorganisation bestehender Schulden reicht aber nicht aus. Um den hochverschuldeten Länder eine wirtschaftliche Erholung zu ermöglichen, muß ein kontinuierlicher Fluß neuer Kredite sichergestellt werden. Mit den Geschäftsbanken kann dabei nicht gerechnet werden. Sie hätten die Kredite zur Beeinflussung der Zahlungsbilanzen erst gar nicht vergeben sollen; sie haben ihre Lektion gelernt und wären jetzt nicht mehr zur Kreditvergabe bereit, selbst wenn sie keine Verluste bei ihren bereits bestehenden Engagements erleiden würden. Kredite zur Steuerung der Zahlungsbilanzen sollten Aufgabe einer internationalen Kreditorganisation sein, die die Macht hat, darauf zu pochen, daß die Schuldnerländer eine angemessene Wirtschaftspolitik verfolgen.

Gegenwärtig stellt die Inflation das Hauptproblem der hochverschuldeten Länder dar. Solange die Bedienung der Auslandsschulden zu einem gewaltigen Haushaltsdefizit führt, gibt es wenig Hoffnung, daß die Inflation gedrosselt werden kann. Sind die Schuldenlasten erst einmal reduziert, so hätten auch die inländischen Reformen bessere Erfolgschancen. Wäre die Inflation niedriger, so würden die Realzinsen ansteigen, die Fluchtgelder würden zur Rückkehr ermutigt, und vielleicht könnte sogar wieder ausländisches Kapital angelockt werden.

Um einen angemessenen Zustrom neuer Kredite zu gewährleisten, brauchte die Weltbank (bzw. eine zu diesem Zweck neu ins Leben gerufene Institution) eine große Menge an Kapital. Derzeit mangelt es am politischen Willen, das erforderliche Kapital zur Verfügung zu stellen: Jede Vergrößerung der Anzahl der internationalen finanziellen Institutionen würde als Rettungsversuch für die Banken oder die Schuldnerländer oder für beide aufgefaßt werden. Ein umfassendes Konzept, das Kreditgeber und Schuldner gleichermaßen bis an die Grenzen des ihnen Möglichen fordern würde, wäre in der Lage, diesen Einwand zu entkräften. Neue Kredite würden nicht dazu verwendet, bereits bestehende Schulden zu bedienen. Sie würden dazu dienen, die Weltwirtschaft zu stimulieren – und das zu einer Zeit, in der die Liquidation notleidender Schulden eine depressive Wirkung ausübt und eine Stimulation dringend erforderlich ist.

ÖL

Es gibt einen einfachen Weg, wie das von der Weltbank benötigte Geld beschafft werden könnte. Er beinhaltet einen umfassenden Plan, der ein Konzept zur Stabilisierung der Ölpreise mit einer Lösung des internationalen Schuldenproblems kombiniert. Ich habe 1982 zum ersten Mal darüber nachgedacht. Ich erörterte die Idee in einem Artikel, der mit vernichtender Kritik überzogen wurde und niemals zur Veröffentlichung kam. Man hielt die Idee für weit hergeholt, und wahrscheinlich wird man sie heute genauso beurteilen. Der interessante Punkt an dem Artikel ist, daß das Problem, das zu seiner Abfassung führte, immer noch nicht gelöst worden ist. Der Artikel ist heute so aktuell wie zur Zeit seiner Niederschrift. Der Leser mag das selbst beurteilen, da ich den Artikel mehr oder weniger wortgetreu wiedergeben werde.

*PLAN FÜR EIN INTERNATIONALES KONZEPT EINES AUSGLEICHSVORRATES FÜR ÖL**

Dieser Artikel wird herausstellen, was erreicht werden könnte, wenn der Wille zur internationalen Zusammenarbeit gegeben wäre. Es gibt verschiedene Möglichkeiten: Ich werde mich auf das maximal Erreichbare konzentrieren. Der Grund für dieses Vorgehen ist, daß ich zeigen möchte, daß eine funktionierende Lösung denkbar ist. Das trägt vielleicht zu der Bereitschaft bei, sie zu verwirklichen.

Die optimale Lösung würde eine Übereinkunft zwischen den großen ölimportierenden und den ölexportierenden Ländern erforderlich machen. Sie würde die OPEC durch eine Organisation ersetzen, die die typischen Merkmale eines Kartells – Preisfestlegung und Förderquoten – mit denen eines internationalen Konzepts eines Ausgleichsvorrats vereinen würde.

Es ist nicht notwendig, nicht einmal wünschenswert, daß alle Verbraucher- und Förderländer daran teilhaben. Eine Zusammenarbeit der industrialisierten Länder und der „gemäßigten" Mitglieder der OPEC ist unverzichtbar, das Konzept könnte aber durchaus ohne Förderländer wie Iran, Libyen oder Algerien funktionieren.

*geschrieben 1982

Das Konzept könnte folgendermaßen arbeiten: Förder- und Verbrauchsquoten könnten festgelegt werden. Die Gesamtsumme der Quoten läge weit über dem gegenwärtigen Verbrauch. Dieser Überschuß könnte in einen Ausgleichsvorrat eingeleitet werden. Da die Einlagerung von Öl teuer ist, würde dieser Ausgleichsvorrat im wesentlichen auf dem Papier bestehen, das Öl selbst könnte im Boden belassen werden.

Die Zahlungen gingen nicht direkt an das Produzentenland, sondern in ein gesperrtes Konto mit einer Sonderkreditmöglichkeit für den IWF. Diese Mittel würden zugunsten derjenigen Förderländer gehalten werden, die ihre Förderquoten durch die aktuellen Verkäufe nicht ausgeschöpft haben. Das Öl würde von denjenigen Verbraucherländern bezahlt werden, die ihre Verbrauchsquoten durch aktuelle Käufe nicht ausgeschöpft haben. Es würde in den Büchern der Behörde zur Ausgleichsbevorratung den für diese Käufe zahlenden Ländern zur Verfügung stehen. Die Behörde zur Ausgleichsbevorratung würde im Gegenzug dafür sorgen, daß das Öl bei den Förderländern bis zu seiner Verwendung im Boden bliebe. Die Belange der Behörde würden augenscheinlich dadurch befriedigt, daß das Öl im Boden sicher liegt.

Die Verbraucherländer könnten eine Abgabe auf Importöl erheben. Sie könnten einen Teil dieser Abgaben an diejenigen Förderländer vergüten, die an dem Konzept teilnehmen. Nicht teilnehmende Länder könnten von diesem Rückvergütungssystem ausgeschlossen werden, um sie für die Nichtteilnahme zu bestrafen. Auch die Rückvergütungen könnten auf das Sperrkonto mit der Sonderfazilität für den IWF gebucht werden. Das Sperrkonto würde sehr niedrige Zinssätze, etwa 1%, gewähren.

Förderländer mit großen Außenständen, wie Mexiko, Venezuela, Nigeria und Indonesien, könnten das Sperrkonto nutzen, um ihre Schulden zurückzuzahlen; die Länder, die einen Überschuß haben – wie Saudi Arabien und Kuwait – könnten ein Habensaldo aufbauen.

Die unterentwickelten Länder könnten von der Teilnahme am Konzept des Ausgleichsvorrates ausgeschlossen werden. Sie hätten dann den Vorteil, Öl zu einem niedrigeren Kurs einkaufen zu können als die Industriestaaten. Ihre Nichtteilnahme am Konzept würde das Konzept selbst nicht gefährden.

Zu Illustrationszwecken wollen wir annehmen, daß der Richtpreis bei 34 Dollar läge und die Abgabe recht hoch, bei angenommenen 17 $ läge, wovon die Hälfte, 8,50 $, den Produzenten rückvergütet würde. Die Quoten könnten so hoch fixiert werden, daß der Ausgleichsfonds mit einer Gesammtsumme von – einmal angenommen – 3 Millionen Barrell starten könnte. Sollten die Industriestaaten pro Tag Öl im Umfang von ca. 15 Millionen Barrel importieren, und 80% dieses Öls käme von den am Konzept teilnehmenden Förderländern, so würden sie pro Jahr 55,8 Mrd. $ aus der Abgabe gewinnen und 25. Mrd. $ für Zukäufe des Ausgleichsvorrates entrichten. Der Rest würde zu einer Reduktion der Haushaltsdefizite führen, was die industrialisierten Länder in die vorteilhafte Lage brächte, das notwendige Kapital für eine einflußreichere Weltbank zur Verfügung zu stellen. Der IWF-Sonderfonds könnte so pro Jahr 65 Milliarden $ erhalten, alles zugunsten der Förderländer: 37,2 Milliarden $ aus dem Anteil der Förderländer an der Öl-Abgabe, und 28 Mrd. $ aus dem Ausgleichsvorrat. Zum Vergleich: Die Nettozunahme der Verschuldung betrug an ihrem Gipfel 1980 und 1981 etwa 60 Milliarden $.

Was würde mit dem Marktpreis des Öls geschehen? Da das Sperrkonto nur 1% Zinsen abwirft, sind physische Verkäufe reizvoller als ein Verkauf in den den Ausgleichsvorrat. Der vom Ausgleichsfonds bezahlte Preis könnte daher als Preisobergrenze dienen: Der Preis am freien Markt würde sich irgendwo unterhalb des Richtpreises, vermindert um den nicht rückvergüteten Betrag einpendeln, d. h. etwa bei 25,50 $. Für Verbraucher und die Produzenten in den Industriestaaten würde der Preis natürlich die Abgabe einschließen. Sollte der Preis über den Richtpreis hinaus ansteigen, so wäre dies ein Hinweis darauf, daß die Nachfrage hoch ist, und es wäre an der Zeit, die Förderquoten zu erhöhen.

Die Frage, wie Quoten und Preise angepaßt werden sollen, wirft eine Reihe ernster Probleme auf. Die meisten Versuche zur Marktsteuerung scheitern, weil ein geeigneter Regulierungsmechanismus fehlt. Das gilt auch für das internationale Währungsgefüge: Das Bretton Woods-Abkommen zerbrach wegen der fehlenden Flexibilität des Goldpreises. Je stärker sich das Schema auf den Preis als Regulierungsmechanismus stützt, desto größer sind seine Überlebenschancen. In Anerkennung dieses Grundsatzes sollte der Ausgleichsfonds nur dazu genutzt werden, dem Preismechanismus die zu seiner Entwicklung erforderliche Zeit zu verschaffen. Das bedeutet, daß es nach der Errichtung eines Ausgleichsfonds zu einer Aufwärtskorrektur erst bei den Quoten und dann bei den Preisen kommen wird, sobald der Fonds erst einmal in Anspruch genommen wird. Wenn der Ausgleichsfonds dann wieder aufgefüllt wird, käme es zu einer Reduktion der Förderquoten bis zu dem am Anfang festgelegten Minimum.

Die Aufteilung der Förderquoten ist eines der heikelsten Probleme. Die anfänglichen Quoten würden am unbedingt erforderlichen Finanzbedarf der beteiligten Länder ausgerichtet; wenn dann die weltweite Förderung zunähme, würde die Verteilung der erhöhten Ölmenge eher durch Überlegungen hinsichtlich der ungenutzten Förderkapazität, der Größe der Reserven und der Zu- oder Abnahme der Vorräte geleitet. Die Quote Saudi Arabiens z. B. müßte sich stärker erhöhen als die algerische oder die venezolanische. Selbst wenn eine allgemeingültige Formel entwickelt werden könnte, so wäre ein subjektives Ermessen daran stark beteiligt.

Wenn schließlich die Produktionskapzitäten nahezu ausgeschöpft würden, könnte der Widerwille einzelner Produzenten gegen die Erhöhung ihrer Quoten als Auslöser für eine Preisanhebung dienen. Auch hier wäre eine Ermessensfrage mit im Spiel.

Die Verteilung der Verbrauchsquoten wäre durch einen einfachen Vergleich möglich: als Basis könnten am tatsächlichen Verbrauch orientierte Schätzungen dienen.

Zur Ausübung unumschränkter Vollmachten ist eine Behörde erforderlich. Wie eine solche Behörde konstituiert werden und wie ihre Stimmrechte aufgeteilt werden könnten, ist die schwierigste Frage von allen. Sie kann nur in harten Verhandlungen gelöst werden. Das Ergebnis würde die Handlungsfähigkeit und das Verhandlungsgeschick der beteiligten Parteien wiedergeben.

Ohne Zweifel gäbe es eine größere Kräfteverlagerung von den ölproduzierenden zu den industrialisierten Ländern. Das ist nur dann angemessen, wenn die OPEC vor den Zusammenbruch bewahrt wird. Ich bin davon überzeugt, daß ein Zusammenbruch der OPEC dermaßen verheerende Konsequenzen hätte, daß er in jedem Falle vermieden werden muß. Ein Hauptargument des hier von mir vorgestellten umfassenden Konzepts ist, daß auch die Industriestaaten den größtmöglichen Vorteil aus einer Entwicklung ziehen könnten, die sie so oder so hinnehmen müßten. Inwieweit sie wirklich profitieren würden, hinge von ihrer Geschicklichkeit, ihrem Mut und dem von ihnen demonstrierten Zusammenhalt ab. Das hier vorgestellte Konzept wäre erheblich vorteilhafter als das Kitten der OPEC.

Der letztendliche Nutzen des Konzepts hinge davon ab, wie die im Sonderfonds des IWF angesammelten Mittel verwendet würden. Die beteiligten Summen wären sehr groß: größer als die aufgelaufenen internationalen Schulden zu Zeiten ihres Höchststandes; sie würden selbst dann gewaltig bleiben, wenn der Ausgleichsfonds nicht mehr weiter wachsen würde. Der Fonds sollte groß genug sein, um die Neuordnung der Verbindlichkeiten staatlicher Kreditnehmer finanzieren zu können.

Die auf dem Sperrkonto des IWF gehaltenen Gelder würden an die Weltbank zur Bereitstellung von Krediten an die hochverschuldeten Länder verliehen. Sie könnten auch dazu verwendet werden, deren außenstehende Schulden mit einem Diskont aufzukaufen. Im Gegenzug könnte der Barmittel-Zufluß aus diesen Krediten dazu genutzt werden, die Sperrkonten beim IWF freizugeben.

Wie würde es den verschiedenen beteiligten Parteien mit diesem Konzept ergehen? Das würde wesentlich von den in den Verhandlungen erreichten Konditionen abhängen. Die groben Umrisse sind allerdings klar.

Die industrialisierten Länder würden die Vorteile eines kurzfristig niedrigeren Ölpreises zugunsten einer langfristigen Preisstabilität, dem Aufbau eines Ausgleichsvorrates, einer Lösung des internationalen Schuldenproblems und zugunsten eines bedeutenden Beitrages zu den Staatseinnahmen aufgeben. Sie hätten auch den Vorteil, ihre inländischen Energie- und Ölversorger – soweit vorhanden – zu schützen.

Den teilnehmenden Produzentenländern würde ein im Vergleich zu heute deutlich größerer Markt für ihre Ölproduktion garantiert. Der ihnen gezahlte Preis wäre geringer als gegenwärtig, aber höher als bei einem Zusammenbruch der OPEC. Für sie gäbe es zwei starke Anreize zur Teilnahme: die Rückerstattung der Ölabgabe und die Möglichkeit, in den Ausgleichsfonds zu verkaufen. Es ist zwar richtig, daß beide auf Sperrkonten des IWF gezahlt würden, ölproduzierende Länder mit Schulden hätten aber zum Zweck der Schuldentilgung Zugang zu diesen Konten, und Ländern mit Überschüssen würden ihre gesperrten Mittel erst nach langer Wartezeit freigegeben.

Die weniger entwickelten Länder, die kein Öl produzieren, würden durch die Möglichkeit, das Öl preiswerter als die Industriestaaten einzukaufen, nachhaltig entlastet werden. Vom Konzept der weltweiten Neuordnung der Schulden würden sowohl Produzenten- wie Verbraucherländer profitieren.

Das Problem, wie ein solch umfassendes Konzept geschaffen werden könnte, wird in diesem Artikel nicht behandelt. Wahrscheinlich würde es einer größeren Krise bedürfen, als sie derzeit sichtbar ist, um die verschiedenen Parteien zusammenzubringen.

Der oben umrissene Plan müßte im Licht der veränderten Umstände überarbeitet werden. Sowohl der Richtpreis als auch die Höhe der Abgabe müßten deutlich unterhalb der oben verwendeten Zahlen liegen, was die seit der Formulierung des Konzepts aufgetretene Erosion der monopolitischen Gewinne der OPEC widerspiegelt.

Ich zögere, irgendwelche Anstrengungen zur Überarbeitung des Plans zu unternehmen, da er angesichts der vorherrschenden Voreingenommenheit völlig unrealistisch ist. Jede Art von Ausgleichskonzept würde sofort verlacht werden, und die Ablehnung würde mit dem Scheitern von Ausgleichskonzepten in der Vergangenheit gerechtfertigt werden. Dieses Argument läßt sich aber auch in sein Gegenteil verkehren: Sind denn die Erfahrungen mit dem Marktmechanismus besser? Sehen Sie sich die Geschichte der Ölpreise an. Die einzigen Phasen von Stabilität waren diejenigen, in denen ein Überangebot herrschte und in denen ein kartellartiges Abkommen bestand. Es gab drei derartige Perioden: zuerst das von Standard Oil errichtete Monopol, dann das von der Texas Railroad Commission betriebene Produktionsquoten-System, und schließlich die OPEC. Jede dieser Perioden wurde von Tumulten eingerahmt. Wenn schon irgendeine Art eines stabilisierenden Konzeptes notwendig ist, sollte man diese Aufgabe dann den Produzenten überlassen? Sollten nicht die Verbraucherländer, deren vitale Interessen betroffen sind, bei diesem Arrangement mitmischen? Wenn das Gewicht dieses Argumentes erst einmal erkannt wird, wird es an der Zeit sein, den Plan aus der Schublade zu holen.

EINE INTERNATIONALE WÄHRUNG

Wenn erst einmal die Idee des Konzepts eines Ausgleichsfonds für Öl akzeptiert worden ist, ist es bis zur Errichtung einer stabilen internationalen Währung ein relativ kleiner Schritt. Die Rechnungseinheit würde am Ölpreis orientiert. Der Ölpreis selbst würde durch das Konzept des Ausgleichsfonds stabil gehalten werden, auch wenn sein Wert – gemessen an anderen Waren oder Dienstleistungen – allmählich steigen könnte, sobald die Nachfrage das Angebot übersteigt. Anders ausgedrückt würden die einzelnen Landeswährungen, gemessen in der internationalen Währung, allmählich an Wert verlieren.

Die neu geschaffene internationale Kreditbehörde würde Öl als Rechnungseinheit verwenden. Da die Kredite gegen die Inflation geschützt wären, könnten sie mit einem sehr niedrigen Zinssatz von – sagen wir einmal – 3% ausgestattet werden. Die Differenz zwischen den Zinserträgen (3%) und dem auf die Sperrkonten gewährten Zins (1%) könnte zur Freigebung der Konten eingesetzt werden. Sobald sich die Anzahl der Sperrkonten verringert, könnte die Kreditbehörde eine eigene Kapitalbasis aufbauen.

Die Kreditbehörde könnte mit den Befugnissen ausgestattet werden, die normalerweise einer Zentralbank zukommen. Sie könnte das weltweite Geldangebot durch die Ausgabe eigener kurz- und langfristiger Obligationen steuern und eine bedeutende Rolle dabei spielen, das Volumen der nationalen Währungen auf Basis der eigenen Rechnungseinheit zu regulieren. Sie könnte die verschiedenen von den Zentralbanken wahrgenommenen Überwachungsfunktionen ausüben. Ihre Rechnungseinheit würde eine internationale Währung darstellen.

Auch Firmenkredite könnten auf die internationale Währung lauten. Schließlich könnte die ölgestützte Währung bei allen Arten internationaler Finanztransaktionen den Dollar und die anderen nationalen Währungen ersetzen. Das institutionelle Gerüst müßte entwickelt und der Übergang sorgfältig inszeniert werden. Weder ist dies hier der richtige Ort, noch bin ich der Richtige, um ein umfassendes Konzept zu entwerfen. Es ist klar, daß eine ölgestützte Währung die spekulativen Einflüsse aus den internationalen Kapitalbewegungen verdrängen könnte.

Die kritische Frage ist, ob die Etablierung einer solchen Währung für alle beteiligten Parteien akzeptabel wäre. Vor allem die Vereinigten Staaten hätten viel zu verlieren, wenn der Dollar nicht mehr die internationale Leitwährung wäre. Zum einen bietet das Heimatland der Leitwährung eine vorteilhafte Ausgangsposition für finanzielle Dienstleistungen in anderen Teilen der Welt. Wichtiger aber ist, daß die Vereinigten Staaten derzeit das einzige Land sind, daß sich in seiner eigenen Währung unbegrenzt hohe Summen leihen kann. Würde der Dollar durch eine internationale Währung ersetzt, so könnten sich die Vereinigten Staaten zwar weiterhin verschulden, wären aber verpflichtet, ihre Schulden voll zu begleichen. Gegenwärtig liegt es in der Macht der US-Regierung, den Wert ihrer Verschuldung zu beeinflussen, und es ist fast schon eine Selbstverständlichkeit, daß der Schuldtitel bei seiner Rückzahlung weniger wert sein wird als zu dem Zeitpunkt, als er eingegangen wurde.

Der Bereitschaft der restlichen Welt zur Finanzierung des US-Haushaltsdefizits sind Grenzen gesetzt, und vielleicht nähern wir uns derzeit diesen Grenzen. Obwohl sie wissen, daß sie niemals die volle Rückzahlung erhalten werden, scheinen die Japaner aber bereit zu sein, die Vereinigten Staaten zu finanzieren, da das der einzige Weg ist, auf dem Japan zur „Nummer eins" in der Welt werden kann. Japan hat von den Vereinigten Staaten bereits die Rolle als größter Geldgeber für den Rest der Welt übernommen, und es ist nur eine Frage der Zeit, bis der Yen auch die Rolle der Leitwährung übernimmt. Dieser Übergang wird wahrscheinlich – wie der Übergang vom Pfund Sterling auf den Dollar in der Zeit zwischen den Weltkriegen – von einer Fülle von Verwerfungen und Erschütterungen begleitet werden.

Die Einführung einer internationalen Währung würde diese Verwerfungen verhindern. Sie würde außerdem dazu beitragen, den gegenwärtigen Niedergang der US-Konjunktur zu aufzuhalten. Wir könnten die zu günstigen Konditionen eingegangenen Auslandsverpflichtungen nicht weiter auflaufen lassen und wären gezwungen, unser Haus in Ordnung zu bringen. Die Frage ist, ob unsere Regierung die Weitsicht und unsere Bevölkerung die Bereitschaft hätte, die Selbstdisziplin zu akzeptieren, die eine internationale Währung uns auferlegen würde. Auf günstige Kredite zu verzichten macht nur Sinn, wenn wir fest entschlossen sind, weniger Kapital aufzunehmen. Das bedeutet, daß wir sowohl unser Haushalts- als auch unter Handelsbilanzdefizit reduzieren müssen. An diesem Punkt verflechten sich die Fragen einer systematischen Reform und der Wirtschaftspolitik.

Soweit der Handel betroffen wird, gibt es zwei alternative Wege. Der eine besteht im Ausschluß von Importen durch protektionistische Maßnahmen, der andere in einer Erhöhung unserer Exporte. Protektionismus ist eine Anleitung zur Katastrophe. Er würde dem Untergang des Großhandels der hochverschuldeten Länder vorangehen und zu einer Auflösung des internationalen Finanzsystems führen. Selbst ohne finanzielle Probleme würde die Abschaffung vergleichbarer Vergünstigungen weltweit eine nachhaltige Absenkung des Lebensstandards auslösen. Andererseits ist schwer zu erkennen, wie die Exporte ohne eine systematische Reform signifikant erhöht werden könnten. Eine Schuldenreform würde die Kaufkraft der Schuldnerländer stärken, und eine monetäre Reform würde das für einen erfolgreichen Anpassungsprozeß in den USA erforderliche Element der Stabilität beisteuern.

Man könnte vorbringen, daß eine übermäßige finanzielle Instabilität dem amerikanischen Wirtschaftsgefüge großen Schaden zufügen könnte. Reale Vermögenswerte lassen sich nicht gleichermaßen schnell an veränderte makroökonomische Veränderungen anpassen wie Finanzanlagen; daher besteht ein großer Anreiz, reale Vermögenswerte in eine finanzielle Form zu überführen. Diese Umorientierung selbst ist ein bedeutender Faktor der Schwächung der „realen" Wirtschaft. Wenn wir untersuchen, wie die Finanzanlagen verwendet werden, bekommen wir ein genaues Bild davon, welcher Schaden aufgetreten ist. Der Großteil der Vermögenswerte ist im Haushaltsdefizit des Staates, in Krediten an hochverschuldete Länder und in Unternehmensübernahmen gebunden. Die „reale" Kapitalbildung läßt gegenwärtig nach. Könnten wir uns auf einen stetigen Kapitalzufluß aus dem Ausland verlassen, so wäre das nicht so verheerend. Unser Handelsbilanzdefizit wird aber zum Teil durch den Schuldendienst der unterentwickelten Länder finanziert, was – vorsichtig ausgedrückt – fragwürdig ist. Zum Teil wird es auch durch Kapitalzuflüsse finanziert, die wir im Gegenzug bedienen müssen. Es ist keine Übertreibung zu sagen, daß die „reale" Wirtschaft geopfert wird, um die „Finanz"-Wirtschaft in Gang zu halten.

Um unsere Abhängigkeit von Kapitalzuflüssen zu verringern, muß das Haushaltsdefizit angegangen werden. Der vielversprechendste Ansatz dazu liegt nach meiner Ansicht in einem Abrüstungsabkommen mit der Sowjetunion. Die unter Präsident Reagan in Gang gesetzte Phase gewaltiger Verteidigungsausgaben könnte dann als eine gigantische Wette gerechtfertigt werden, die sich ausgezahlt hat: Der Imperiale Kreislauf könnte durch ein stabileres Gefüge ersetzt werden, in dem unser Haushalt und unser Handel ausgeglichener wären.

Natürlich können die Japaner weiterhin mehr produzieren als sie konsumieren. Solange sie bereit sind, zu sparen und Kapital zu exportieren, gibt es nichts, was sie daran hindern könnte, zur führenden Wirtschaftsmacht der Welt zu werden. Der Aufstieg Japans muß aber nicht vom Niedergang der Vereinigten Staaten begleitet werden; mit Hilfe einer internationalen Währung könnten zwei führende Wirtschaftsmächte koexistieren.

19
DAS PARADOXON DER SYSTEMATISCHEN REFORM

Nicht nur für ein lebensfähiges internationales Finanzsystem, sondern auch für eine lebensfähige Wirtschaftspolitik der Vereinigten Staaten habe ich eine grobe Skizze entworfen. Viel mehr als ein Entwurf oder eine Vision ist es nicht, es könnte aber so ausgearbeitet werden, daß es auch die Aspekte abdeckt, die ich hier nicht angesprochen habe.

Es stellen sich zwei grundlegende Probleme, ein abstraktes und ein persönliches. Das abstrakte Problem betrifft alle Versuche einer systematischen Reform. Ist eine systematische Reform angesichts des uns innewohnenden unvollkommenen Verstehens nicht ein Paradoxon? Wie können wir hoffen, ein in sich widerspruchsfreies System zu entwickeln? Das persönliche Problem betrifft meine Abneigung gegen die Bürokratie; eine internationale Zentralbank würde aber unausweichlich zur Bürokratie führen.

Ich glaube zwar, daß das Paradoxon der systematischen Reform nur scheinbar besteht, aber es muß dennoch behandelt werden. Es hätte nur dann irgendeine Gültigkeit, wenn man eine dauerhafte und perfekte Lösung verlangen würde. Aus unserem unvollkommenen Verstehen folgt aber, daß dauerhafte und perfekte Lösungen jenseits unserer Fähigkeit liegen. Das Leben ist vergänglich, und nur der Tod ist dauerhaft. Es macht einen gewaltigen Unterschied, wie wir unser Leben leben; vorübergehende Lösungen sind besser als überhaupt keine.

Die Versuchung, auf einer dauerhaften Lösung zu bestehen, ist groß. Um ihren Ursprung zu begreifen, müssen wir uns Gedanken über den Sinn von Leben und Tod machen. Die Angst vor dem Tod ist eines der am tiefsten empfundenen menschlichen Gefühle. Wir finden den Gedanken an den Tod völlig unannehmbar und greifen nach jedem Strohhalm, um ihm zu entkommen. Das Streben nach Dauerhaftigkeit und Perfektion ist nur eine der Methoden, mit der wir dem Tod zu entrinnen versuchen. Das ist aber eine Selbsttäuschung. Statt dem Gedanken an den Tod zu entkommen, machen wir ihn uns zu eigen: Dauerhaftigkeit und Perfektion – das ist der Tod.

Ich habe gründlich und lange über den Sinn von Leben und Tod nachgedacht und bin zu einer Formulierung gelangt, die ich persönlich befriedigend fand. Mir ist klar, daß sie für andere vielleicht nicht so bedeutsam ist wie für mich. Der Schlüssel liegt darin, zwischen dem Tod selbst und dem Gedanken an den Tod zu unterscheiden. Der Tod selbst steht in Beziehung zum Leben, während der Gedanke an den Tod mit der Idee des Sichbewußtseins zusammenhängt. Das Sichbewußtsein und der Tod sind unvereinbar, Leben und Tod aber nicht. Mit anderen Worten: Der Tod selbst ist nicht so erschreckend wie der Gedanke an ihn.

Der Gedanke an den Tod ist überwältigend: Angesichts des Todes verliert das Leben und alles, was mit ihm verbunden ist, jede Bedeutung. Aber der Gedanke an den Tod ist eben nur ein Gedanke, und die Übereinstimmung von Fakten und Ideen ist alles andere als perfekt. Es wäre ein Fehler, Gedanke und Faktum gleichzusetzen. Soweit die Fakten betroffen sind, ist die klare und gegenwärtige Tatsache die, daß wir leben. Der Tod als Faktum droht in der Ferne; wenn wir aber vor ihm stehen, wird er nicht mehr der gleiche sein wie in der Vorstellung, die wir heute von ihm haben. Um es anders zu formulieren, unsere Angst vor dem Tod wird wahrscheinlich vom Tod selbst nicht bestätigt werden.

Wenn wir über Leben und Tod nachdenken, haben wir eine Wahlmöglichkeit: Wir können das Leben oder den Tod als Ausgangspunkt nehmen. Diese beiden Möglichkeiten schließen sich nicht gegenseitig aus: mit beiden muß man sich auseinandersetzen – als Tatsache und als Idee. Der Standpunkt, den wir einnehmen, pflegt aber eine der beiden Möglichkeiten zu bevorzugen. Das von uns entwickelte Vorurteil durchdringt alle Aspekte unseres Denkens und unserer Existenz. Es gab Zivilisationen, die sich dem Todeskult verschrieben zu haben schienen, wie die der Ägypter, und es gab andere, wie die der Griechen, in denen selbst die Unsterblichen ein normales Leben zu führen schienen. In den meisten Fällen stehen die beiden Standpunkte im Widerstreit, und das Wechselspiel zwischen ihnen macht Geschichte. Der Konflikt zwischen dem Geistigen und dem Weltlichen ist ein typisches Beispiel. In der Sowjetunion wird das Drama nun erneut ausgetragen, da die Anforderungen der kommunistischen Ideologie schwer mit den Ansprüchen militärischer Stärke und wirtschaftlicher Leistungsfähigkeit in Einklang zu bringen sind.

Der Zusammenprall der Vorurteile kann sich auf vielen subtileren Wegen abspielen. Daher können wir hinsichtlich der wirtschaftlichen Regulation verschiedene Haltungen einnehmen. Eine Position lautet, daß eine Regulation nutzlos ist, da sie zu Verzerrungen führt, die – sich selbst überlassen – schließlich zum Zusammenbruch des Systems führen. Dieser Standpunkt erhält erhebliche Schützenhilfe von dem Argument, daß der sich selbst überlassene Marktmechanismus auf ein Gleichgewicht hinstrebt. Der entgegengesetzte Standpunkt lautet, daß Perfektion weder durch den Markt noch durch eine Regulation erreicht werden kann. Die Märkte sind zu instabil, die Regulation ist zu unbeweglich. Die Märkte müssen zwar reguliert werden, aber man darf auch die Regulation nicht sich selbst überlassen: sie bedarf der ständigen Überprüfung. Der Umstand, daß kein System perfekt ist, ist kein gültiges Argument gegenüber dem Versuch, ein System zu perfektionieren. Nehmen wir das Bretton Woods-Abkommen: Der Umstand, daß es schließlich scheiterte, ändert nichts an der Tatsache, daß es die Grundlage für ein Vierteljahrhundert des Wohlstandes lieferte.

Steht die Entscheidung für eine der beiden Einstellungen an, so lautet die meinige klar zugunsten des Lebens und der temporären und unvollkommenen Strukturen, die wir in ihm errichten können. Obwohl ich mich für eine umfassende Reform des Finanzsystems ausspreche, hege ich keine Illusionen darüber, daß sie in irgendeiner Form fehlerfreier und dauerhafter als die vergangenen Reformen wäre. Im Gegenteil: Ich erachte das Streben nach Dauerhaftigkeit und Perfektion als eine Illusion. Die Fallgrube eines gut funktionierenden Systems ist es, die uns in Selbstzufriedenheit einlullt. Genau das passierte mit Bretton Woods, und genau das wird auch mit dem nächsten System geschehen, wenn wir es zu gut anlegen.

Das bringt mich zu dem persönlichen Problem, das ich mit einer systematischen Reform habe. Systeme werden von Bürokraten gelenkt, und ich habe eine instinktive Aversion gegen die Bürokratenmentalität. Mit dem Eintreten für ein regulierteres Finanzsystem scheine ich mich nach etwas zu sehnen, das ich verabscheue.

Das Problem existiert tatsächlich. Das charakteristische Merkmal jeder Bürokratie ist ihr Streben nach Selbstverewigung. Jedes System ist mit der Gefahr konfrontiert, in der Hand der es leitenden Bürokratie zu verknöchern. Das gilt sowohl für die Christenheit als auch für den Kommunismus. Der erstarrten Hand der Bürokratie ist nur schwer zu entkommen. Mao Tse-tung versuchte das mit der Anzettelung der Kulturrevolution, und die Folgen waren verheerend.

Unlösbar ist das Problem aber nicht. Wenn Bürokraten den Markt leiten, dient das Marktverhalten dazu, die Bürokraten auf ihrem Posten zu halten. Die Erfahrung lehrt, daß die Zentralbanken zu den flexibelsten, innovativsten und effektivsten Institutionen gehören. Der Grund dafür ist, daß der Markt einen Maßstab bereithält, an dem die Ergebnisse ihres Handelns gemessen werden können. Auch die Zentralbanken können unter den Einfluß falscher Ideologien geraten. Wenn aber eine Politik nicht funktioniert, müssen sie das anerkennen. Die Federal Reserve zum Beispiel nahm 1979 eine monetaristische Haltung ein, gab sie aber im August 1982 wieder auf. In ähnlicher Weise arbeitete auch der IWF im Umgang mit den hochverschuldeten Ländern auf der Basis einer Reihe ziemlich starrer Vorschriften, sah sich aber nach und nach gezwungen, dieses nicht funktionierende Schema fallenzulassen. Die Zentralbanken werden oft beschuldigt, die falsche Politik zu verfolgen, aber allein der Umstand, daß die Fehler gezeigt werden können, führt zu einer starken Disziplin. Zudem sind die Zentralbanken im Krisenmanagement überraschend innovativ gewesen. Die Bank von England erfand 1974 das

„Rettungsboot", und die Federal Reserve bediente sich seiner in der Schuldenkrise 1982 in einem weltweiten Maßstab. Insbesondere Volcker erwies sich als ein Mann, der an Krisen wächst. Der Umstand, daß ein Mann wie Volcker an der Spitze einer Zentralbank sein konnte, kann nicht als Zufall betrachtet werden. *

Zusammenfassend stellt die Schaffung einer internationalen Zentralbank keine dauerhafte Lösung dar. Schon der Gedanke, daß sie eine dauerhafte Lösung sein könnte, trägt in sich die Saat der nächsten Krise.

*Verglichen mit anderen Bürokratien stellen die Zentralbanken das geringere Übel dar.

20
DER CRASH VON 1987

Der Aktienmarkt-Crash von 1987 stellt ein Ereignis von historischer Bedeutung dar. Um ein vergleichbares Ereignis zu finden, muß man bis zu den Crashs von 1929, 1907 oder 1893 zurückgehen. Der Crash von 1929 war in vielerlei Hinsicht der bedeutendste; beim Vergleich muß man aber auf der Hut sein, den Crash selbst und seine Nachwirkungen nicht durcheinanderzubringen.

Beim Crash 1929 fiel der New Yorker Aktienmarkt um circa 36%; diese Zahl ist fast identisch mit dem 1987 aufgetretenen Verlust. Anschließend erholten sich die Aktienkurse um etwa die Hälfte der vorherigen Verluste und gaben dann während des ausgedehnten Bärenmarktes von 1930 bis 1932 noch einmal um 80% nach. Dieser Bärenmarkt, verknüpft mit der Großen Depression, läßt die öffentliche Phantasie nicht zur Ruhe kommen. Eben weil die Erinnerungen daran noch so wach sind, können wir sicher sein, daß die Geschichte sich hier nicht wiederholen wird. Diese Aussage wird schon durch die rasche Reaktion der Regierung auf den Crash gestützt. 1929 begingen die Devisenbehörden den folgenschweren Fehler, nicht genügend Liquidität zur Verfügung zu stellen; im vorliegenden Fall werden sie einen anderen Fehler begehen. Ausgehend von ihrer ersten Reaktion besteht die Gefahr, daß sie in ihrem Bemühen, eine Rezession zu verhindern, die Stabilität des Dollars zu Fall bringen werden, zumindest im Wahljahr.

Technisch betrachtet, zeigt der Crash von 1987 eine frappierende Ähnlichkeit mit dem Crash von 1929. Der Ablauf und das Ausmaß des Kursniedergangs und selbst die Tagesschwankungen der Aktienkurse stimmen sehr genau überein. Der größte Unterschied besteht darin, daß 1929 auf die erste Verkaufswelle innerhalb von Tagen eine zweite folgte, die den Markt auf ein neues Tief drückte. 1987 konnte die zweite Verkaufswelle vermieden werden, und selbst wenn der Markt in der Zukunft neue Tiefs erreichen würde, sähe das Kursmuster anders aus. Dieser Unterschied bekräftigt die Entschlossenheit der Behörden, den Fehler von 1929 nicht zu wiederholen. Zu Beginn des Crashs klang Präsident Reagan bemerkenswert ähnlich die Präsident Hoover, aber bis zur Pressekonferenz am Donnerstag, dem 22. Oktober, hatte man ihm gründlich eingepaukt, keinesfalls auf eine Übereinstimmung mit 1929 einzugehen.

Der Crash von 1987 kam genauso unerwartet wie der Crash von 1929. Es bestand ein allgemeines Bewußtsein darüber, daß der weltweite Boom ungesund und nicht länger durchzuhalten war, aber nur wenige Leute lagen im Timing richtig. Auch mich erwischte es schlimm. Ich war davon überzeugt, daß der Crash in Japan beginnen würde, was sich als kostspieliger Fehler erwies.

Im Rückblick ist es einfach, die Kette der Ereignisse zu rekonstruieren, die zum Crash führten: Der Boom war von der Liquidität genährt worden; die Drosselung der Liquidität schuf die Vorbedingungen für den Crash. Auch in dieser Hinsicht erinnert 1987 an 1929: Man wird sich daran erinnern, daß auch dem Crash von 1929 ein Anstieg der kurzfristigen Zinssätze voranging.

Wie genau die Verknappung der Liquidität 1987 zustandekam, ist eine schwierige Frage, die ohne erhebliche Nachforschungen nicht schlüssig beantwortet werden kann. Nur eines ist klar: Der Entschluß, den Dollar zu verteidigen, spielte eine entscheidende Rolle. In den ersten Monaten nach dem Louvre-Accord vom Februar 1987 wurde der Dollar nur durch halbherzige Maßnahmen verteidigt; das heißt, daß die inländischen Zinssätze nicht beeinträchtigt werden sollten. Als die Notenbanken dahinterkamen, daß sie mehr Dollars erwerben mußten, als es ihrem Appetit entsprach, änderten sie ihre Taktik. Nach Nakasones Besuch in Washington am 29. April 1987 ließen sie die Ausweitung des Zinsgefälles bis zu einem Punkt zu, ab dem die Privatwirtschaft bereit war, Dollars zu halten. Im Ergebnis „privatisierten" sie die Intervention.

Weniger klar ist, ob es die halbherzigen Maßnahmen oder die neue Taktik war, die zum Rückgang der Liquidität führte. Die halbherzigen Interventionen schleusten große Dollarbeträge in die Tresore der Zentralbank, und vielleicht hat die Federal Reserve versäumt, eine entsprechende Summe in den inländischen Geldmarkt einzuleiten. In diesem Fall hätten sich die Auswirkungen mit einer zeitlichen Verzögerung von einigen Monaten niedergeschlagen. Andererseits könnte es auch sein, daß die Devisenbehörden in Japan und Deutschland wegen der inflationären Gefahren der halbherzigen Intervention kalte Füße bekamen und versuchten, ihre inländische Geldversorgung zu zügeln: Auch das kann zu einem weltweiten Anstieg der Zinssätze geführt haben.

Ich bevorzuge die zweite Erklärung, obwohl ich nicht ausschließen kann, daß auch die erste mit beteiligt war. Die Deutschen sind dafür bekannt, einen sehr starken anti-inflatorischen Kurs zu verfolgen. Die Japaner sind da pragmatischer, und sie ließen nach Nakasones Rückkehr nach Tokio ihre Zinsen tatsächlich nach unten gehen. Als sie aber herausfanden, daß ihre Politik des leichten Geldes die ohnehin schon ungesunde Spekulation in den Finanzanlagen – eingeschlossen die Spekulation bei den Grundstücken – noch weiter anheizte, kamen sie ins Grübeln. Sie versuchten, das Wachstum des inländischen Geldangebots und der Kredite an die Banken zu bremsen, aber die Spekulation hatte sich bereits ihrer Kontrolle entzogen. Selbst als die Bank von Japan begann, ihre Geldversorgung zu drosseln, stieg der Bondmarkt weiter an, und die Rendite des marktbestimmenden Coupons #89 fiel im Mai auf nur 2,6%, bevor der Bondmarkt im September 1987 einbrach.

Der Einbruch des japanischen Bondmarktes war eines der ersten Ereignisse, die in die Annalen der Geschichte des Crashs von 1987 eingehen. In den September Bond-Futures gab es große Long-Positionen, die nicht verkauft werden konnten. Hedging-Geschäfte führten zu einem Kollaps der Dezember-Futures, und die Zinsen für den Coupon #89 stiegen auf über 6%, bevor ein Boden bei den Futures erreicht wurde. Ich dachte, daß dieser Kollaps auf den Aktienmarkt übergreifen würde, der noch weit überzogener war als der Bondmarkt, aber ich irrte mich. In dem vergeblichen Versuch, die Verluste auszugleichen, flossen die spekulativ angelegten Gelder vom Bond- in den Aktienmarkt. Das Resultat war, daß der japanische Aktienmarkt im Oktober einen geringfügig höherliegenden Top-Stand erreichte.

Für den Rest der Welt waren die Konsequenzen schmerzlicher. Der Bondmarkt in unserem Land war abhängig geworden von den Käufen der Japaner. Traten die Japaner auch nur in begrenztem Umfang als Verkäufer auf, so verlor unser Bondmarkt in einem Umfang an Faszination, der sich durch die Veränderung der wirtschaftlichen Fundamentals nicht rechtfertigen ließ. Ohne Frage verlief unsere Konjunktur etwas stärker als erwartet, ihre Stärke lag aber eher in der Industrieproduktion als in der Nachfrage der Endverbraucher. Die Rohstoffpreise stiegen, was die Aufstockung der Lager förderte und das Inflationsgespenst zum Vorschein brachte. Die Angst vor der Inflation war weniger in sich selbst begründet, eher wohl eine Rationalisierung der Bondabschwächung. Gleichwohl diente sie als Verstärker des Abwärtstrends im Bondmarkt.

Die Schwäche der Bonds verschärfte das Auseinanderlaufen von Bond- und Aktienkursen, das sich bereits seit Ende 1986 entwickelte. Eine derartige Differenz kann endlos lange anhalten, wie zum Beispiel in den 60er Jahren, mit ihrer Ausweitung begründet sie letztendlich aber auch die Vorbedingungen für eine Trendumkehr. Das aktuelle Timing für die Trendumkehr wird durch das Zusammentreffen anderer Ereignisse bestimmt. Im vorliegenden Fall spielten politische Überlegungen die wichtigste Rolle. Präsident Reagan hatte viel von seinem Glanz eingebüßt, und die Wahlen standen vor der Tür. Der entscheidende Faktor war der erneute Druck auf den Dollar – und die inneren Instabilitäten des Aktienmarktes verwandelten die Kursabschwächung in einen freien Fall.

Der erste Einbruch kam, als ein sehr bekannter und viel beachteter „Guru“, Robert Prechter, vor der Markteröffnung am 6. Oktober ein bearishes Signal gab und der Markt mit einem Kursrutsch von circa 90 Punkten antwortete. Das war zwar ein Zeichen der zugrundeliegenden Schwäche, aber ähnliche

Zwischenfälle hatten sich auch 1986 bereits ereignet, ohne daß es zu katastrophalen Auswirkungen geführt hätte. Am Dienstag, dem 14. Oktober, gab der Präsident der Notenbank, Alan Greenspan, bekannt, daß die Handelsbilanz Zeichen einer „nachhaltigen strukturellen Verbesserung" aufweise. Die am Mittwoch, dem 15. Oktober veröffentlichten Daten waren um so enttäuschender, und der Dollar geriet unter heftigen Abgabedruck. Nach dem Prinzip der offenen Intervention wäre eine Zinsanhebung erforderlich gewesen, die wegen der vergangenen Zinsanhebungen in Japan und Deutschland um so größer hätte ausfallen müssen. Die US-Behörden waren zu einer solchen Zinsanhebung aber nicht bereit. Als der Aktienmarkt am Donnerstag seine Talfahrt fortsetzte, hieß es, daß Finanzminister Baker die Deutschen zu niedrigeren Zinsen gedrängt habe, um den weiteren Kursrückgang des Dollars aufzuhalten. Als Berichte auftauchten, daß der Steuergesetzgebungsausschuß des Repräsentantenhauses plane, die Absetzbarkeit der bei kreditfinanzierten Übernahmen ausgegebenen Junk Bonds zu beschneiden, setzte sich die Abwärtsbewegung des Aktienmarktes verstärkt fort. Die Vorlage wurde am Freitag verworfen. Dennoch gaben die Papiere, die zuvor in Erwartung einer „wichtigen Unternehmensmeldung" nach oben gezogen worden waren, weit genug nach, um die Liquidation der von professionellen Arbitrageuren auf Kredit erworbenen Positionen auszulösen.

Dann kam der sensationelle Leitartikel in der Sonntagsausgabe der *New York Times*, in dem es hieß, daß sich Beamte des Schatzamtes offen für einen niedrigeren Dollar aussprachen, und daß sie den Deutschen im voraus die Schuld für einen Einbruch des Aktienmarktes gaben, zu dessen Zustandekommen diese Bemerkungen mit beitrugen. Wegen der marktinternen Instabilitäten war ein gewisser Verkaufsdruck am Montag, dem 19. Oktober, unausweichlich, der Artikel der The New York Times aber hatte dramatische Auswirkungen: Er verschlimmerte die Instabilitäten, die man sich hatte auftürmen lassen. Das Resultat war der schlimmste jemals gesehene Tagesverlust: Der Dow verlor 508 Punkte bzw. 22% seines Wertes.

In der Regel gestatten die Absicherung der Portefeuilles, die Stillhaltergeschäfte und andere trendfolgende Erfindungen es dem Privatanleger, sein Risiko auf Kosten der Stabilität des Systems zu begrenzen. In der Praxis ließ der Einbruch des Systems die Privatanleger aber nicht ungeschoren davonkommen. Der Markt geriet in Unordnung, Panik setzte ein, und die Zwangsliquidation der Sicherheiten setzte die Wertpapiere noch weiter unter Druck.

Der Kollaps in New York fand ein weltweites Echo. Im Gegenzug wirkte der Einbruch anderer Märkte auf New York zurück. London erwies sich als noch verletzlicher als New York, und die normalerweise gelassene Schweiz erwischte es noch schlimmer. Am schlimmsten aber traf es Hongkong, wo es einer Gruppe von Spekulanten am Futuresmarkt gelang, eine Aussetzung des Handels am Aktienmarkt für den Rest der Woche durchzusetzen. Sie hegten die trügerische Hoffnung, daß sie in der Lage wären, so für den Futures-

Kontrakt ein Settlement zu einem künstlichen Preis erzwingen zu können. Der Trick schlug fehl, die Spekulanten erlitten einen Totalverlust, und der Futuresmarkt mußte durch staatliche Interventionen gerettet werden. Während der Woche der Handelsaussetzung in Hongkong strahlten die Verkäufe von Hongkong auf die australasiatischen Länder und auf London aus. Während des größten Teils der zwei Wochen nach dem Schwarzen Montag hielt der Verkaufsdruck an. Während andere Märkte neue Tiefs erreichten, unterschritt der New Yorker Markt das bei der ersten Verkaufswelle erreichte Tief nicht mehr.

Der einzige Aktienmarkt, der dem Einbruch entkam, war der japanische. Nach dem Schwarzen Montag kam es zu einer eintägigen Panik. Die Kurse gaben um den Limitbetrag nach, ohne daß viel Handel zustandegekommen wäre (in Japan werden die täglichen Kursschwankungen durch Regelungen limitiert). Am nächsten Morgen wurden japanische Aktien in London mit großen Abschlägen gehandelt; als aber der japanische Markt am nächsten Tag eröffnete, hatte das Finanzministerium bereits einige Telefongesspräche geführt: Die großen Verkaufsaufträge verschwanden auf wundersame Weise, und große institutionelle Anleger traten als aggressive Käufer auf. Daraufhin machte der Markt einen großen Teil der Vortagesverluste wieder wett. Nach Ende der Panik gaben die Kurse weiter nach. Zum Zeitpunkt, als Nippon Telephone & Telegraf mit einer gigantischen Neuemission im Umfang von 37 Mrd. $ an den Markt kam, sah es danach aus, als ob der Markt einbrechen könnte. Aber die Behörden intervenierten erneut. Diesmal erteilten sie den vier großen Brokerhäusern das Recht, Geschäfte auf eigene Rechnung durchzuführen, was praktisch bedeutete, daß sie ihnen das Recht gaben, den Markt zu manipulieren.

Die beiden hervorstechenden Merkmale des Crashs von 1987 sind demnach das Fehlen einer zweiten Verkaufswelle in New York und die relative Stabilität in Tokio. Diese beiden Merkmale verdienen eine weitere Beleuchtung, da sie einige Einblicke in die Konsequenzen des Crashs geben können.

Die historische Bedeutung des Crashs von 1929 leitet sich aus dem Umstand ab, daß er der Großen Depression voranging. Er traf in eine Phase, als sich die wirtschaftliche und finanzielle Macht von Europa auf die Vereinigten Staaten verlagerte. Diese Machtverschiebung verursachte eine große Instabilität bei den Wechselkursen, und das Endergebnis war, daß der Dollar das Pfund Sterling als Leitwährung verdrängte. In diesem Prozeß spielte der Crash von 1929 selbst allerdings keine klar umrissene Rolle.

Im Gegensatz dazu liegt die historische Bedeutung des Crashs von 1987 in dem Umstand, daß er den Übergang der wirtschaftlichen und finanziellen Macht von den Vereinigten Staaten auf Japan markiert. Seit geraumer Zeit produziert Japan mehr, als es verbraucht, und die Vereinigten Staaten verbrauchen mehr, als sie produzieren. Japan hat im Ausland ein Vermögen aufgebaut, während die Vereinigten Staaten ihre Schulden aufgehäuft haben.

Dieser Prozeß gewann an Fahrt, als Präsident Reagan mit seinem Programm zur Steuersenkung und zur Erhöhung der Rüstungsausgaben sein Amt antrat (in diesem Zusammenhang ist auch die Rüstung eine Art des Konsums). Seitdem hat sie noch weiter an Schwung gewonnen. Beide Seiten wollten das nur widerwillig anerkennen: Präsident Reagan wollte, daß die Amerikaner stolz darauf sind, Amerikaner zu sein, und nährte die Illusion der militärischen Überlegenheit; damit aber ließ er unsere Führungsrolle in der Weltwirtschaft zur Illusion verkommen. Japan hingegen wollte so lange als möglich im Schatten der Vereinigten Staaten wachsen.

Der Crash von 1987 hat die Stärke Japans gezeigt und den Übergang der wirtschaftlichen und finanziellen Macht nachhaltig verdeutlicht. Es war der Kollaps des japanischen Bondmarktes, der unseren eigenen Bondmarkt unter Druck setzte und unseren Aktienmarkt zum Crash führte. Bis jetzt war Japan in der Lage, einen Kollaps des eigenen Aktienmarktes abzuwenden. Das Schlimmste aber war, daß unsere Behörden eine zweite Verkaufswelle nur dadurch abwenden konnten, daß sie den Dollar aufgaben. Hierin liegt die Bedeutung der beiden Merkmale des Crashs, die ich zur besonderen Untersuchung ausgesondert habe. Japan ist erfolgreich als Weltbankier in Erscheinung getreten, da es Einlagen vom Rest der Welt annimmt, dem Rest der Welt Kredite gewährt und dort investiv tätig wird. Der Dollar eignet sich nicht länger als internationale Leitwährung. Ob ein neues internationales Währungssystem etabliert werden kann, ohne eine große Depression auszulösen, bleibt offen.

Bekanntermaßen sind Ereignisse leichter zu erklären als vorherzusagen. Wie soll man Entscheidungen antizipieren, die noch nicht getroffen wurden? Nichtsdestoweniger kann man die Auswirkungen derjenigen Entscheidungen untersuchen, die bereits gefallen sind.

Der Crash von 1987 konfrontierte unsere Regierung mit einer entscheidenden Frage: Was halten wir für wichtiger – die Abwendung einer Rezession oder den Werterhalt des Dollars? Die Antwort war eindeutig. Zur Wochenmitte der zweiten Woche nach dem Schwarzen Montag wurde der Dollar sich selbst überlassen, und ausgangs dieser Woche machte Finanzminister James Baker die Neuigkeiten auch offiziell. Der Dollar bewegte sich gehorsam nach unten, eine zweite Verkaufswelle bei den Aktien fand aber nicht statt. Der Fehler von 1929 war zwar vermieden worden, aber nur unter Inkaufnahme des Risikos, einen andersartigen Fehler zu begehen. Die Entscheidung, den Dollarkurs freizugeben, weckt schmerzvolle Erinnerungen an die wetteifernden Abwertungen der 30er Jahre. Möglicherweise wurde hier eine vorübergehende Erleichterung auf Kosten eines größeren Schadens in der Zukunft erkauft.

Die Aussichten, daß in den Vereinigten Staaten eine ernste Rezession vermieden werden kann, stehen zumindest für die nächste Zukunft nicht schlecht. Die Verbraucherausgaben gaben bereits vor dem Crash nach, und ohne Frage wird der Crash die Verbraucher noch vorsichtiger werden lassen. Allerdings hat die Industrieproduktion vom niedrigen Dollar profitieren können, und die Situation am industriellen Arbeitsmarkt verbesserte sich zusehends. Die Reduzierung des Haushaltsdefizits ist zu gering und zu illusionär, um einen deutlichen Effekt zu haben. Sollten die amerikanischen Gesellschaften ihre Investitionen einschränken, so könnten die Investitionen ausländischer Unternehmen diese Lücke ausfüllen. Aus diesem Grund ist es unwahrscheinlich, daß sich der nachgebende Konsum in der ersten Jahreshälfte 1988 deutlicher als in einem stagnierenden Verbrauch auswirken könnte. Sowohl Japan als auch Deutschland werden ihre Konjunktur wahrscheinlich anheizen. Das Resultat wäre eine Fortsetzung des langsamen Wachstums, das die Weltwirtschaft seit 1983 kennzeichnete. Es könnte überraschend sein, wie gering der Effekt des Aktienmarktes auf die Wirtschaft ausfällt.

Das Problem dieses Szenarios liegt darin, daß es die Ungleichgewichte, die zum Crash von 1987 führten, nicht beseitigt. Wahrscheinlich werden weder das Haushalts- noch das Budgetdefizit der Vereinigten Staaten verschwinden. Die Nachwirkungen des Crashs können vielleicht einen gewissen Aufschub mit sich bringen, letztlich aber wird der Dollar zwangsläufig wieder unter Druck geraten – entweder, weil wir eine starke Konjunktur haben und das Handelsbilanzdefizit fortbesteht, oder, weil die Konjunktur schwach ist und wir niedrige Zinsen brauchen, um sie zu stimulieren.

Großbritannien befand sich vor der Entdeckung des Norsee-Öls in einer vergleichbaren Lage. Das Resultat war eine „Stagflation“ und ein Kurs der „Stop and go“-Politik. Das gleiche steht auch uns jetzt bevor. Der größte Unterschied besteht darin, daß die Vereinigten Staaten derzeit noch den größten Markt der Welt darstellen, und daß der Dollar immer noch als internationale Leitwährung dient. Solange der Dollar instabil bleibt, werden auch die internationalen Finanzmärkte anfällig bleiben. Man sollte sich daran erinnern, daß der Louvre-Accord zwar die Vorbedingungen für einen Crash schuf, daß es aber erst der Verfall des Dollars war, der ihn auslöste.

Sollte sich der Dollar weiter abschwächen, werden die Besitzer von liquiden Mitteln dazu getrieben werden, anderswo Zuflucht zu suchen. Wenn diese Bewegung erst einmal in Fahrt gekommen ist, könnte selbst eine Zinserhöhung sie nicht mehr aufhalten, weil das Ausmaß der Dollarabschwächung das für den Dollar günstige Zinsgefälle wettmachen würde. Schließlich würde ein Anstieg der Zinssätze eine ärgere Rezession auslösen als die, die die Regierung zu verhindern versuchte.

Etwas Derartiges ist schon einmal passiert. In den letzten beiden Jahren der Regierung Carter floß ständig spekulatives Kapital nach Deutschland oder in die Schweiz, obwohl dort ein Agio zu entrichten war, damit das Geld überhaupt angenommen wurde. Seit 1979, als Präsident Carter gezwungen war, auf harte Währungen lautende Bonds zu verkaufen, ist das Schreckgespenst eines ungebremsten Dollarverfalls näher gerückt denn je.

Seit dem Crash haben sich die Aktienmärkte immer abgeschwächt, sobald der Dollar nachgab, und vice versa. Die Botschaft ist klar: Jeder weitere Kursverlust des Dollars wäre kontraproduktiv. Die Regierung scheint die Botschaft vernommen zu haben. All das Gerede über einen schwächeren Dollarkurs ist verstummt, und nachdem so etwas wie ein Kompromiß über den Haushalt erzielt werden konnte, laufen schon die Vorbereitungen für eine Wiedereinführung des Louvre-Accords. Es hängt viel davon ab, wie erfolgreich dieser Versuch ist. Bedauerlicherweise trägt die Regierung nicht allzuviel dazu bei. Von Senator Packwood wurde die Haushaltskürzung als „Tropfen auf den heißen Stein" bezeichnet. Außerdem hat der Crash von 1987 eindeutig vor Augen geführt, daß es der Regierung mehr darum geht, eine Rezession zu vermeiden, statt den Dollar zu stabilisieren. Die Last, den Dollar zu stützen, wird vorwiegend unseren Handelspartnern zufallen.

Der beste Weg, ihre Exportmärkte zu schützen, besteht für die Japaner in einer Verlagerung ihrer Produktionsstandorte in den Dollarraum; dieser Prozeß hat schon vor dem Crash begonnen. Angeführt von den Automobilbauern, errichten viele japanische Unternehmen Zweigwerke in den Vereinigten Staaten und in Mexiko. Durch den Crash und den nachgebenden Dollar wird sich dieser Prozeß noch beschleunigen, da beide die Akquisition amerikanischer Wirtschaftsgüter verbilligen und eine Unterstützung des amerikanischen Marktes von außen weniger profitabel werden lassen. Für das Handelsbilanzdefizit liegt der Lösungsansatz in einer Substitution des Imports – durch die japanischen Unternehmer. Das ist eine Neuauflage der Lösung von Europas scheinbar unheilbarem „Dollar-Gap" nach dem Zweiten Weltkrieg. Das war die Zeit, als viele amerikanische Unternehmen „multinational" wurden und die Vereinigten Staaten ihre Vormachtstellung in der Weltwirtschaft ausbauten. In ähnlicher Weise wird auch die Geburt der japanischen multinationalen Unternehmen mit Japans Aufstieg zum Bankier der Welt und zur wirtschaftlichen Führungsmacht zusammenfallen.

Bereits jetzt verleihen die umfangreichen japanischen Investitionen Japan einen beachtlichen politischen Einfluß in den Vereinigten Staaten. Fast jeder Bundesstaat hat in Japan Büros zur Handelsförderung eingerichtet. Ihre Bemühungen werden wahrscheinlich nicht allzuviel Erfolg haben, falls die die Bundesstaaten repräsentierenden Kongreßabgeordneten allzu laut protektionistische Maßnahmen fordern. Trotz all der protektionistischen Gebärden dürfte der Protektionismus kaum mehr eine überlebensfähige politische Alternative sein. Und in einigen Jahren, wenn die Japaner ihre Fabriken errichtet haben werden, könnten sie zu den leidenschaftlichsten Protektionisten werden – um die Konkurrenz aus Korea und Taiwan fernzuhalten.

In der Geschichte hat es viele Beispiele für den Übergang der wirtschaftlichen und finanziellen und schließlich auch der politischen und militärischen Führungsrolle von einem Land auf ein anderes gegeben. Das letzte

Beispiel war die Zeit zwischen den Weltkriegen, als die Vereinigten Staaten Großbritannien verdrängten. Nichtsdestoweniger ist die Perspektive, daß Japan zur führenden Finanzmacht der Welt wird, beunruhigend – und zwar nicht nur aus Sicht der Vereinigten Staaten, sondern auch aus dem Blickwinkel der gesamten westlichen Zivilisation.

Aus dem engen Blickwinkel Amerikas ist der Schaden zu offensichtlich, um ihn noch weiter herausarbeiten zu müssen. Der Verlust unserer Vormachtstellung wird zwangsläufig eine Krise in unserem Nationalgefühl auslösen. Da wir gerade riesige Summen ausgegeben haben, um eine militärische Überlegenheit zu erreichen (auch wenn die Gelder dafür vom Ausland geborgt wurden), sind wir überhaupt nicht darauf vorbereitet, uns damit abzufinden, die wirtschaftliche Überlegenheit zu verlieren. Unser Nationalgefühl gründet sich weniger stark auf die Tradition als in Großbritannien, so daß die Krise zwangsläufig um so stärker empfunden werden dürfte. Die Auswirkungen auf unser politisches Verhalten – national wie international – sind nicht einschätzbar.

Auch die Auswirkungen auf unsere Zivilisation sind erheblich, wenn auch weniger offensichtlich. Das internationale Handelsgefüge ist ein offenes System; seine Mitglieder sind souveräne Staaten, die sich gegenseitig nach dem Gleichheitsgrundsatz zu behandeln haben. Daran würde sich nichts ändern, wenn Japan die Führungsrolle übernähme. Im Gegenteil: Es kann erwartet werden, daß die Japaner behutsamer vorgehen werden, als die Amerikaner das zuweilen getan haben.

Das Problem ist aber hintergründiger. Die Vereinigten Staaten und Großbritannien gehören dem gleichen Kulturkreis an, für Japan gilt das nicht. Die Japaner haben eine enorme Lernfähigkeit und Wachstumskraft bewiesen; die Kultur, in der sie leben, bleibt aber grundverschieden zu unserer. Die Japaner denken in den Kategorien von Unterordnung und Dominanz. Wenn man das mit der Auffassung von der Gleichkeit aller Menschen vergleicht, so wird der Unterschied zwischen den beiden Kulturen deutlich.

Sowohl die Vereinigten Staaten als auch Großbritannien sind offene Gesellschaften: Intern genießen die Menschen einen hohen Grad an Freiheiten, die Grenzen nach außen sind in unterschiedlichem Maße offen für die Bewegung von Gütern, Menschen, Kapital und Ideengut. Japan ist immer noch in starkem Maße eine geschlossene Gesellschaft. Die Merkmale einer offenen Gesellschaft, wie z. B. eine demokratische Regierungsform, sind Japan nach dem verlorenen Krieg durch eine Besatzungsmacht aufgezwungen worden. Das Wertesystem, das die japanische Gesellschaft durchdringt, ist das einer geschlossenen Gesellschaft: das Interesse des Einzelnen wird den Interessen des sozialen Ganzen untergeordnet.

Diese Unterordnung wird aber nicht gewaltsam herbeigeführt. Japan erinnert keineswegs an einen totalitären Staat. Es ist lediglich ein Land mit einem starken nationalen Sendungsbewußtsein und einem starken sozialen Zusammenhalt. Die Japaner möchten gerne Teil einer Gemeinschaft sein, die danach strebt, an erster Stelle zu stehen, ob es nun um ihr Unternehmen oder um ihre Nation geht. Sie sind auch bereit, für dieses Ziel beträchtliche Opfer zu bringen. Man kann es ihnen nicht ankreiden, daß sie derartige Wertvorstellungen vertreten, eher ist es angebracht, die Amerikaner für ihre mangelnde Bereitschaft zu kritisieren, zugunsten des Gemeinwohls irgendwelche persönlichen Einschränkungen hinzunehmen. Japan ist eine aufsteigende Nation, während wir dekadent geworden sind.

Es ist fraglich, ob die Welt insgesamt und speziell die Vereinigten Staaten bereit sind, sich von einer fremden Macht mit einem derartig großen Nationalbewußtsein beherrschen zu lassen. Diese Frage ist nicht nur für uns ein Problem, sondern auch für die Japaner. Eine starke Lehrmeinung in Japan vertritt die Ansicht, Japan solle sich öffnen, um für den Rest der Welt akzeptabler zu werden. Gleich groß ist allerdings die Verpflichtung durch traditionelle Werte und eine fast schon pathologische Angst – insbesondere bei der älteren Generation – daß Japan seinen Schwung verlieren könnte, bevor es die Nummer eins geworden ist. Japan ist eine Gesellschaft im Umbruch; bei der Übernahme der Führungsrolle könnte sie durchaus offener werden. Es gibt viele interne Spannungen und Widersprüche, die den sozialen Zusammenhalt und die hierarchischen Werte zu untergraben drohen. Viel hängt davon ab, wie schnell der Übergang vor sich geht. Sollten sich die Vereinigten Staaten als ein wenig überlebensfähiger erweisen als in der letzten Zeit, so würde das Wertesystem einer offenen Gesellschaft auch für die Japaner etwas attraktiver werden.

Die Geschlossenheit der japanischen Gesellschaft manifestiert sich in vielen Bereichen. Formal eine Demokratie, ist Japan seit der Verabschiedung seiner gegenwärtigen Verfassung immer von der gleichen Partei regiert worden, die Nachfolge der Premierminister wird in Verhandlungen hinter verschlossenen Türen geregelt. Obwohl der inländische Markt offiziell offen ist, ist es für ausländische Unternehmen schwer, ohne einen inländischen Verbündeten Zugang zu ihm zu finden. Nirgends tritt der Unterschied zwischen der Offenheit des westlichen Systems und der Geschlossenheit des japanischen offener zutage als in den Finanzmärkten.

In ihrem Zugeständnis, die Finanzmärkte fernab jedes Regierungseingriffs laufen zu lassen, ist die westliche Welt über Bord gegangen. Wie der Crash von 1987 zeigte, war das ein schlimmer Fehler. Von Hause aus sind die Finanzmärkte instabil; eine Stabilität kann nur erreicht werden, wenn sie zum Ziel der offiziellen Politik erklärt wird. Die Instabilität schaukelt sich auf. Wie ich an anderer Stelle dieses Buches zu zeigen versucht habe, werden die Märkte um so instabiler, je länger man sie sich unreguliert entwikkeln läßt; schließlich kommt es zum Crash.

Die Einstellung der Japaner zu den Finanzmärkten ist völlig anders. Die Japaner behandeln den Markt als Mittel zum Zweck und manipulieren ihn entsprechend. Die Behörden und die institutionellen Mitspieler sind durch ein subtiles System der gegenseitigen Verpflichtung miteinander verknüpft.

Die jüngsten Ereignisse haben einen Einblick in die Arbeitsweise des Systems gegeben. Als der Markt nach dem Schwarzen Montag das erste Mal vor einem Kollaps stand, genügte ein Telefonanruf des Finanzministeriums, um die Finanzinstitutionen zu einen. Beim zweiten Mal, zur Zeit der Plazierung der Aktien von Nippon Telephone & Telegraf, handelten die Finanzinstitutionen weniger verantwortungsvoll, vielleicht weil das Finanzministerium beim ersten Anruf schon sein gesamtes Pulver verschossen hatte. Diesmal mußte sich das Finanzministerium auf die Broker verlassen, deren Überleben unmittelbar bedroht war. Indem man es ihnen gestattete, den Markt zu manipulieren, vermieden die Behörden eine Katastrophe.

Ob ein Kollaps immer vermieden werden kann, ist in der gegenwärtigen finanziellen Situation eine der faszinierendsten Fragen. Die Antwort darauf steht noch aus. Die Behörden haben im Tokioter Immobilienbereich und im Aktienmarkt eine spekulative Blase entstehen lassen, deren Größe in der Geschichte nur wenige Parallelen findet. Zur Illustration: Die Aktien von Nippon Telephone & Telegraf wurden dem Publikum zu einem Kurs verkauft, der das 270-fache des Gewinns/Aktie betrug, während American Telephone & Telegraf nur mit dem 18-fachen bewertet wurden. Wenn wir es mit einem freien Aktienmarkt zu tun hätten, wäre der Kurs bereits eingebrochen. Es gibt in der Geschichte kein Beispiel dafür, daß man aus einer Blase derartigen Ausmaßes die Luft abgelassen hätte, ohne sie zum Platzen zu bringen. Den Behörden ist es nicht gelungen, einem Crash des japanischen Bondmarktes vorzubeugen; vielleicht gelingt es ihnen im Falle des Aktienmarktes. Die anhaltende Stärke des japanischen Yen arbeitet zu ihren Gunsten. Wenn sie Erfolg haben, so würde das ein historisches Novum darstellen – den Beginn einer neuen Ära, in der die Finanzmärkte zugunsten des Allgemeinwohls manipuliert werden.

Der Effekt des Crashs war, daß sich der japanische Aktienmarkt stärker in Richtung auf ein geschlossenes Systems hin bewegte. Schon zu Beginn der Krise hielten Ausländer weniger als 5% der japanischen Aktien, und während der Krise und im Anschluß daran verkauften sie noch einen großen Teil davon. Diese Verkäufe wurden interessanterweise nicht so sehr von den japanischen institutionellen Anlegern aufgefangen, sondern von der japanischen Öffentlichkeit, die von den Brokerfirmen dazu ermutigt wurde, in großem Umfang Kredite aufzunehmen. Japanische Broker bezeichneten den Kauf von Aktien während der Krise sogar als eine patriotische Pflicht, deren Erfüllung Japan vom Rest der Welt abheben werde. Die Käufe auf Kredit bewegten sich auf einem Rekordniveau. Jetzt stehen die Behörden vor dem

Problem, wie sich die Schuldenlast reduzieren läßt, ohne die Liquidation der Effektenkreditkonten auszulösen.

Warum ließen die japanische Behörden überhaupt die Entwicklung einer spekulativen Blase zu? Das ist eine weitere faszinierende Frage, über deren Antwort sich nur Vermutungen anstellen lassen. Sicher gab es äußeren Druck – die Vereinigten Staaten drängten auf niedrigere Zinssätze in Japan –, aber die Japaner wären darauf nicht eingegangen, wenn es ihnen nicht gepaßt hätte.

Zu Beginn ermöglichte die Inflation der Finanzwerte es den Behörden, ihre Verpflichtungen auf die Geschäftsbanken abzuwälzen – und das zu einer Zeit, in der sich die Realwirtschaft in großen Schwierigkeiten befand. Ohne den Boom der Grundstücks- und Aktienmärkte hätten die Geschäftsbanken erleben müssen, daß viele ihrer Kredite an Industrieunternehmen notleidend geworden wären, und darunter hätten ihre Gewinne gelitten. Die Grundstücks- und Aktienspekulation gestattete es ihnen, ihren Kreditbestand gegen Leistung scheinbar solider Nebensicherheiten auszubauen, und die Industrieunternehmen waren in der Lage, ihre Gewinnausfälle durch Einnahmen zu kompensieren, die aus „zaitech“ stammten – das heißt, aus finanzieller Manipulation. Der Boom der Grundstückspreise hat noch einem anderen Zweck gedient: er trug dazu bei, die hohe inländische Sparquote zu sichern und trotz des Yen-Anstiegs eine günstige Handelsbilanz beizubehalten. Da die Wohnungskosten stärker stiegen als die Löhne, hatten die japanischen Gehaltsempfänger einen guten Grund, einen zunehmenden Teil ihres Einkommens zu sparen. Da sich die inländische Wirtschaft in der Rezession befand, standen diese Sparguthaben für Auslandsinvestitionen zur Verfügung. Selbst wenn diese Investitionen an Wert verloren, war dies das ideale Rezept, um Japans Vermögen und Einfluß in der Welt zu steigern. Ich vermute, daß zumindest ein Teil der japanischen Führungs-Elite ganz erfreut darüber wäre, wenn die Investoren einen Teil ihres Geldes verloren hätten: Es hätte die Japaner davor bewahrt, träge zu werden, bevor Japan zu neuer Größe angewachsen wäre. Wie sonst sollte man das Einverständnis einer demokratischen Regierung erklären, ihren Wählern Aktien zu offensichtlich überhöhten Kursen zu verkaufen?

Steigende Grundstücks- und Aktienkurse begannen aber schon bald, die entgegengesetzten Konsequenzen herbeizuführen. Die hohe Sparquote erhöhte den Druck des Auslands auf Japan, seine inländische Konjunktur zu stimulieren, und schließlich mußte die Regierung sich beugen. Außerdem vergrößerte sich die Kluft zwischen denen, die Land besaßen und denen, die keines besaßen, in solchem Ausmaß, daß sie den sozialen Zusammenhalt zu gefährden drohte. Sobald die inländische Konjunktur sich zu erholen begann, gab es keinen Grund mehr, den Banken noch länger die Finanzierung spekulativer Transaktionen zu gestatten. Im Gegenteil: Es war angemessen, ihre Mittel wieder in die reale Wirtschaft umzuleiten. Der Versuch, die Kreditvergabe durch die Banken und damit das Geldangebot zu drosseln, setzte die weiter oben beschriebene Kette von Ereignissen in Gang.

Es würde nicht einer gewissen Ironie entbehren, wenn die Japaner ein besseres Verständnis für die reflexive Natur der Finanzmärkte hätten als die westliche Welt, und es wäre bedauerlich, wenn sie es dazu einsetzen würden, den Erfolg eines geschlossenen Systems zu sichern. Wenn uns das, was da vor sich geht, nicht gefällt, sollten wir etwas unternehmen, um eine lebensfähige Alternative zu entwickeln.

Der Boom des Aktienmarktes hat unsere Aufmerksamkeit von der fundamentalen Verschlechterung der finanziellen Situation der Vereinigten Staaten abgelenkt. Angesichts des hektischen Treibens an den Finanzmärkten und der Verlockung durch schnell erzielbare Gewinne konnte man zumindest so tun, als würde die von der Reagan-Regierung betriebene Politik funktionieren. Der Crash von 1987 führte zu einem bösen Erwachen. Viele der Gewinne stellten sich als Illusion heraus, und der hektischen Betriebsamkeit wird bald eine Grabesstille folgen. Die Aussichten sind bedrückend. So oder so stehen wir vor einer Verschlechterung unseres Lebensstandards. Viel wird davon abhängen, in welche Richtung wir uns jetzt bewegen.

Der wohl am ehesten geeignete Weg ist der, den ich schon früher beschrieben habe. Er wurde vor uns schon von Großbritannien beschritten. Soweit die Vereinigten Staaten betroffen sind, wird er wahrscheinlich wieder zu ähnlichen Ergebnissen führen. Wegen des Stellenwerts des Dollars aber könnten die Auswirkungen auf die Weltwirtschaft erheblich negativer sein.

Auch besteht die Versuchung, eine protektionistische Politik zu verfolgen, was aber wegen der von mir schon genannten Gründe heute keine lebensfähige Alternative mehr ist. Allerdings könnte damit eine Menge Unheil angerichtet werden.

Schließlich besteht noch die Möglichkeit, die von uns vernachlässigte Führungsrolle wieder geltend zu machen. Dazu müßten wir aber nicht nur unser eigenes Haus in Ordnung bringen, es müßte vielmehr auch noch eine neue, an die veränderten Umstände angepaßte internationale Finanzordnung geschaffen werden.

Ohne eine stabile internationale Leitwährung können wir keinen reibungslosen Ablauf der Weltwirtschaft erreichen. Die Devisenbehörden berücksichtigten diese Tatsache erstmals bei Abschluß des Plaza-Agreements im Oktober 1985 und erneut im Louvre-Accord im Februar 1987. Leider waren die von ihnen auf den Weg gebrachten Maßnahmen unzureichend, und der Louvre-Accord brach im Crash von 1987 in sich zusammen. Da die Entscheidung zur Stabilisierung des Dollars für den Crash verantwortlich gemacht werden kann, ist es sehr unwahrscheinlich, daß der Louvre-Accord noch einmal mit Leben erfüllt werden kann. Wie auch immer ein neues Abkommen aussehen wird, es wird schon alleine dadurch an Glaubwürdigkeit verlieren, daß man bislang jeweils geltende Abkommen immer noch gebrochen hat, wenn es erst einmal hart auf hart kam. Es ist äußerst zweifelhaft, ob der Louvre-Accord überhaupt noch einmal wiederbelebt werden sollte – schließlich hat er den Crash von 1987 verursacht.

Der Versuch, eine Währung auf einem unhaltbaren Niveau zu halten, kann ein Land in eine lange andauerende Depression stürzen. Diese Erfahrung mußte Großbritannien 1926 machen, als es zum Goldstandard auf Vorkriegsniveau zurückkehrte.

Natürlich kann man die Ansicht vertreten, daß der Dollar mit 1,65 DM bzw. 132 Yen vernünftig bewertet sei. Das ist insofern richtig, als daß ein weiterer Kursverlust kurzfristig keine weitere nennenswerte Verbesserung in der Handelsbilanz mit sich bringen würde. Das war aber auch schon richtig, als der Dollar noch 10% höher notierte. Der Grund dafür liegt in der Tatsache, daß sich der Anpassungsprozeß nicht von heute auf morgen vollzieht, während sich ein Kursverlust der Währung unmittelbar negativ niederschlägt (der berühmte J-Kurven-Effekt). Je instabiler zudem ein Wechselkurs ist, desto mehr zögern die Menschen, die zu seiner Anpassung erforderlichen Investitionen zu tätigen.

Die Diskussion beweist einmal mehr, daß es einfach keinen realistischen Wechselkurs gibt, zu dem der Dollar seine Rolle als internationale Leitwährung auch weiterhin erfüllen kann: Der Dollar ist zu jedem Kurs fragwürdig. Kapitaleigner halten nach der wertbeständigsten Anlage Ausschau, und das ist der Dollar nicht mehr. Ein Land mit einem großen Haushalts- und Handelsdefizit kann von Ausländern nicht erwarten, daß sie eine ständig steigende Flut seiner Währung hinnehmen. Dennoch: Das internationale Finanzsystem kann ohne eine stabile Währung als Grundlage nicht funktionieren. Das ist die wichtigste Lektion, die sich aus dem Crash von 1987 ergibt.

Wir benötigen dringend ein internationales Währungssystem, das sich nicht auf den Dollar stützt. Noch ist der Yen nicht so weit, um als internationale Leitwährung dienen zu können – teils, weil die japanischen Finanzmärkte noch nicht ausreichend weit geöffnet sind, teils, weil die übrige Welt noch nicht dazu bereit ist, eine japanische Vorherrschaft zu akzeptieren. Die ideale Lösung wäre eine echte internationale Währung, emittiert und kontrolliert von einer echten internationalen Bank. Internationale Kredite für die Belange der Zahlungsbilanz würden dann in der internationalen Währung definiert werden. Der Wert der Währung würde an Gold oder an einen Warenkorb gebunden, um sicherzustellen, daß Schulden in voller Höhe zurückgezahlt werden müssen. Die Vereinigten Staaten werden erst aufhören, die Welt mit Dollars zu überfluten, wenn der Dollar seine privilegierte Stellung verliert. Je früher wir diesen Übergang vollziehen, desto besser stehen die Chancen, den ökonomischen Verfall der Vereinigten Staaten aufzuhalten.

Leider sind wir noch nicht bereit, die wichtigste Lehre aus dem Crash zu ziehen. Die vorherrschende Meinung ist nach wie vor, daß die Märkte sich selbst regulieren, und daß man es den Wechselkursen überlassen solle, ihr

Gleichgewichtsniveau zu finden. Wenn der Crash von 1987 überhaupt etwas bekräftigt hat, dann war es diese Art des Denkens. Als Konsequenz können wir eine Phase andauernder Unruhe an den Finanzmärkten erwarten, wenn sich das Augenmerk vom Aktienmarkt auch auf den Devisenmarkt und den Bondmarkt und schließlich auf den Edelmetallmarkt verlagern dürfte.

Die Idee einer internationalen Währung und einer internationalen Zentralbank findet nur wenig Befürworter. Ironischerweise dürfte sie eher in Japan eine begeisterte Reaktion hervorrufen als in den Vereinigten Staaten. Es gibt viele Menschen in Japan, die sich freuen würden, wenn sich ihr Land hin zu einer offeneren Gesellschaft entwickeln würde. Die Japaner haben noch sehr lebhafte Erinnerungen an den Zweiten Weltkrieg, als sie diesen Schritt im Alleingang zu tun versuchten. Sie wären wohl eher bereit, innerhalb eines weltweiten Handels- und Finanzsystems zu gedeihen, als sich auf die unlösbare Aufgabe einzulassen, ihr eigenes System zu schaffen. Als Newcomer wären sie wohl auch dazu bereit, eine Vereinbarung zu akzeptieren, die nicht gänzlich ihrer augenblicklichen Stärke entspricht.

Dennoch sind es die Vereinigten Staaten, die bei einer Reform des internationalen Währungssystems das meiste zu gewinnen haben.

Diese Reform würde es uns erlauben, unsere Stellung in der Welt – die wir ansonsten verlieren könnten – zu festigen. Noch sind wir in der Lage, einen vorteilhaften Handel abzuschließen, insbesondere in Anbetracht unserer militärischen Stärke. Noch wichtiger aber ist, daß wir ein offenes System erhalten könnten, in dem Japan zu einem der führenden Mitglieder würde, und in dem es sich innerhalb des Prozesses zu einer offeneren Gesellschaft wandeln würde. Die Alternative ist eine Phase vergleichbar den dreißiger Jahren: finanzielle Unruhen, eine Politik, die eigennützig auf eine Stärkung der eigenen Position abzielt und zu einer weltweiten Depression hinführt, vielleicht sogar letztlich zu einem Krieg.

EPILOG

Das einende Thema dieses Buches ist das Konzept der Reflexivität. Ich habe mich auf seine Auswirkungen auf die Sozialwissenschaften im allgemeinen und auf die Finanzmärkte im besonderen konzentriert. Andere Bereiche habe ich weitgehend unerforscht gelassen. Obwohl meine Gedanken über sie nicht angemessen entwickelt sind, sollte ich sie hier kurz erwähnen. Sie sollten Gegenstand eines künftigen Buches werden, aber ich fürchte, daß ich nicht die Chance haben werde es zu schreiben, insbesondere dann, wenn ich in den Finanzmärkten aktiv bleibe.

Zum einen geht es um die Frage der Werte. Die Wirtschaftstheorie hat uns darauf hin trainiert, Werte als gegeben anzunehmen, obwohl augenscheinlich naheliegt, daß sie durch einen reflexiven Prozeß geformt werden. Die meisten Werte lassen sich heutzutage auf wirtschaftliche Begriffe reduzieren: Der letzte Träger des Nobelpreises für Wirtschaftswissenschaften erhielt seine Auszeichnung für seine Interpretation der Politik als einen ökonomischen Prozeß, in dem die Beteiligten ihren eigenen Nutzen zu maximieren suchen. Das aber ist nicht immer der Fall gewesen, und selbst heute gibt es viele Teile der Welt, in denen ein auf Gewinn-Maximierung gerichtetes Verhalten hinter anderen Motivationen zurücktritt. In einer materialistischen Kultur sind Religion und Tradition einer ökonomischen Analyse weniger leicht zugänglich als die Politik. Wir haben große Schwierigkeiten, ein Phänomen wie den islamischen Fundamentalismus zu verstehen; andererseits aber ist auch die Solidaritätsbewegung, die wir zu bewundern vorgeben, unserer Denkweise fremd.

Die Vorherrschaft ökonomischer Werte im Westen und in verwestlichten Gesellschaften ist selbst eine Funktion unseres wirtschaftlichen Erfolges. Werte entwickeln sich auf reflexive Weise: Der Umstand, daß die wirtschaftlichen Aktivitäten positive Resultate gezeitigt haben, hat den Wert vergrößert, den wir auf wirtschaftliche Werte legen.

Das gleiche läßt sich über wissenschaftliche Methoden sagen: Der Triumph der Naturwissenschaft hat der wissenschaftlichen Methode einen Status verliehen, der nicht mehr aufrechtzuerhalten ist. Im Gegensatz dazu haben in Kulturen, die unserer nahestehen, verschiedene Bereiche der Kunst eine wesentlich größere Rolle gespielt - einfach deswegen, weil sich dort in der Kunst leichter Erfolge erzielen ließen als im ökonomischen Bereich. In

Osteuropa, eingeschlossen die Sowjetunion, kommt der Poesie noch heute eine Bedeutung zu, die wir im Westen nur schwer einschätzen können. Meiner Meinung nach bestehen kaum Zweifel darüber, daß unsere Fixierung auf materielle Werte, Profit und Effizienz extreme Ausmaße angenommen hat.

Reflexive Prozesse führen zwangsläufig zu Exzessen. Da es im Bereich der Werte aber so etwas wie einen Normalwert nicht gibt, ist es unmöglich zu definieren, wo dieser Exzess beginnt. Vielleicht nähert man sich dem Thema „Werte" am besten, indem man davon ausgeht, daß sie eher im Bereich der Phantasie als in der Realität verwurzelt sind. Folglich trägt jedes Wertesystem Mängel in sich. Wir können also danach fragen, worin in einem bestimmten Wertesystem diese Elemente der Phantasie bestehen und wie Elemente aus Phantasie und Realität zusammengewirkt haben. Jeder andere Ansatz würde ein positives Vorurteil zugunsten unseres eigenen fehlerhaften Wertesystems mit sich bringen.

Werte sind eng mit der Vorstellung des Ich verbunden - ein reflexives Konzept par excellence. Was wir denken, hat einen wesentlich größeren Einfluß auf uns selbst als auf die Welt um uns herum. Was wir tatsächlich sind, kann unmöglich unserer Vorstellung von uns selbst entsprechen, zwischen beiden Konzepten gibt es aber ein wechselseitiges Zusammenspiel. Die Beziehung zwischen unserer Vorstellung von uns selbst und dem, was wir tatsächlich sind, ist der Schlüssel zum Glück – oder, anders ausgedrückt, sie schafft den subjektiven Lebenssinn.

Ich könnte ohne weiteres eine reflexive Interpretation meiner eigenen Entwicklung geben. Ich zögere aber, das zu tun, da es zuviel enthüllen, wenn nicht sogar belastend wirken könnte. Es wird den Leser sicher nicht überraschen, wenn ich zugebe, daß ich meine eigene Bedeutung schon immer zu hoch eingeschätzt habe. Offengesagt hielt ich mich für eine Art Gott oder einen Wirtschaftsreformer (jeder mit seiner wichtigsten Theorie), oder besser noch für einen Wissenschaftler wie Einstein (Reflexivität klingt ja ähnlich wie Relativität). Mein Realitätssinn war allerdings ausgeprägt genug um zu erkennen, daß diese Erwartungen übertrieben waren, und so hielt ich sie versteckt wie ein böses Geheimnis. Das war die Quelle einer beträchtlichen Unzufriedenheit, die mich während eines großen Teils meines Erwachsenendaseins begleitete. Als ich meinen Weg in der Welt gefunden hatte, kam die Realität meiner Phantasie nahe genug, um mich mein Geheimnis zugeben zu lassen -zumindest vor mir selbst. Unnötig zu erwähnen, daß ich mich nun viel zufriedener fühle. Ich habe das Glück gehabt, einige meiner Träume verwirklichen zu können - insbesondere dieses Buch erfüllt mich mit großer Zufriedenheit über meine Leistung. Wie der Leser leicht feststellen kann, entspricht die Realität bei weitem nicht meinen Erwartungen, aber ich brauche deswegen keine Schuldgefühle mehr zu haben. Das Schreiben dieses Buches und insbesondere dieser Zeilen stellt mich in einer Weise bloß, in der ich mich früher nicht zu zeigen gewagt hätte, aber ich glaube, daß ich mir das leisten kann: mein geschäftlicher Erfolg schützt mich. Ich habe die Freiheit, meine Fähigkeiten bis zu ihren Grenzen erforschen zu können, eben weil ich nicht weiß, wo diese Grenzen liegen. Jede Kritik wird mir bei diesen Bemühungen helfen. Das einzige, was mich verletzen könnte, wäre, wenn mein Erfolg mich dazu verleiten würde, zu den Allmachtsträumen meiner Kindheit zurückzukehren - dies wird aber wahrscheinlich nicht geschehen, solange ich an den Finanzmärkten tätig bleibe, da diese mich ständig daran erinnern, wo meine Grenzen liegen. Angesichts meiner Persönlichkeit habe ich außerordentlich viel Glück bei der Auswahl meines Berufs gehabt, aber eigentlich war es ja gar keine richtige Wahl, sondern eher ein reflektorischer Vorgang, in dessen Verlauf mein Beruf und mein Ich sich gleichzeitig entwickelt haben. Ich könnte zu diesem Thema noch vieles sagen, aber solange ich diesen Beruf ausübe, muß ich mich auf das Fifth Amendment berufen. Es gibt einen Punkt, jenseits dessen eine Selbstentblößung schädlich sein kann, und einer der Fehler meines Charakters, den ich mir selbst noch nicht erklären kann, ist mein Drang zur Selbstdarstellung. Als ich vor einer Minute sagte, daß ich keine Angst davor habe, mich selbst vorzuführen, habe ich vielleicht ein wenig übertrieben.

Auch habe ich einige Ansichten darüber, was -objektiv betrachtet- als Sinn des Lebens bezeichnet werden könnte - gäbe es da bloß nicht den Widerspruch bei der Benutzung des Wortes „objektiv“ in diesem Kontext. Ich gehe von der Ansicht aus, daß jedes menschliche Bemühen mit Fehlern behaftet ist: Würden wir alles ausklammern, was fehlerhaft ist - es bliebe nichts mehr übrig. Deswegen müssen wir aus allem, was wir haben, das beste machen; die Alternative wäre, sich für den Tod zu entscheiden. Diese Wahl ist real, weil man sich des Todes auf mehrere Weisen annehmen kann. Das Streben nach Perfektion und Unsterblichkeit in all seinen Erscheinungsformen entspricht der Entscheidung, den Tod dem Leben vorzuziehen. Folgen wir diesem Argumentationsweg bis zu seinem logischen Schluß, so besteht das Leben nur aus den Fehlern in unseren Vorstellungen und dem, was wir daraus machen.

Bisher habe ich hauptsächlich in bezug auf das Individuum gesprochen. Aber das Individuum lebt nicht isoliert; sein von Natur aus unvollkommenes Verständnis macht es um so abhängiger von der Gesellschaft, zu der es gehört. Die Analyse, die zum Konzept der Reflexivität geführt hat, wirft auch ein gewisses Licht auf die Beziehung von Individuum und Gesellschaft. Es ist ein Fehler davon auszugehen, daß hier zwei verschiedene Gebilde am Werke sind: die Beziehung ist die zwischen einem Teil und dem Ganzen. Wir haben die erkenntnistheoretischen Schwierigkeiten gesehen, die diese Beziehung mit sich bringt: Weder das Individuum noch die Gesellschaft lassen sich ohne Bezug aufeinander definieren. Angesichts der Struktur unserer Sprache ist es äußerst schwierig, die Abhängigkeit der beiden Gebilde zu erkennen. Tatsächlich haben in der Vergangenheit die meisten Abhandlungen über dieses Thema entweder das Ganze oder nur eine Seite zum Ausgangspunkt ihrer Untersuchung gemacht. In der Regel strahlt die Auswahl des Ausgangspunktes auch mit einer gewissen Voreingenommenheit auf den Rest der Untersuchung aus. Die berühmte Rede von Agrippa stellt das eine, Rousseaus „Gesellschaftsvertrag" das andere Extrem dar.

Um die diesen Extremen innewohnenden Vorurteile zu vermeiden, müßten neue Kategorien der Sprache etabliert werden. Eine angemessene Sprache scheint sich im Zusammenhang mit der Computerentwicklung und der Systemanalyse zu entwickeln, aber es wird noch etwas Zeit brauchen, um zu einer allgemeingültigen Fassung vorzustoßen.*

Selbst wenn wir es lernen, in den Begriffen reflexiver und rekursiver Verknüpfungen zu denken, stehen wir noch vor einer wesentlichen Frage: Sollte die Gesellschaftsform im voraus festgelegt werden, oder sollte es den Mitgliedern einer Gesellschaft offenstehen, die Form der Gemeinwesens, in dem sie leben, selbst festzulegen? Die erstgenannte Art von Gesellschaft wurde von Karl Popper als geschlossene, die zweite als offene Gesellschaft bezeichnet.

Ich bin gerade aus China zurückgekehrt, wo dieses Thema von vitalem Interesse ist. Das Land hat eine schreckliche Zeit mitgemacht, in der das Kollektiv das Individuum in erheblichem Umfang terrorisiert hat. Es wird nun von einer Gruppe von Leuten regiert, die einmal zu den Opfern dieses Terrors gehörte. Diese Leute haben Grund genug, sich der Sache der persönlichen Freiheitsrechte verpflichtet zu fühlen, sie kämpfen aber gegen eine lange Tradition des Feudalismus, eine alles durchdringende Bürokratie und die Zwänge der marxistischen Ideologie an.

Ich war überrascht, dort ein lebhaftes Interesse am Konzept der Reflexivität zu finden. Wie ich im Buch erwähnt habe, könnte man Reflexivität auch als eine Art von Dialektik beschreiben; wegen der schweren intellektuellen Bürde, die dieses Wort trägt, habe ich seinen Gebrauch aber vermieden. Es ist aber genau dieser Begriffsinhalt, der das Konzept für die Chinesen so faszinierend macht: Es erlaubt ihnen, die marxistische Ideologie zu modifizieren, ohne mit ihr zu brechen. Hegel schlug eine Dialektik der Gedanken vor, Marx stellte diese Idee auf den Kopf und setzte sich für den dialektischen Materialismus ein; nun gibt es eine neue Art von Dialektik, die das Denken der Beteiligten mit dem Geschehen verknüpft, an dem sie teilhaben - d.h. sie vermittelt zwischen den Ideen und den materiellen Bedingungen. Wenn Hegels Konzept die These war, und der Marxismus die Antithese, dann ist die Reflexivität die Synthese.

* Sehr beeindruckt hat mich Gregory Bateson *Steps to an Ecology of Mind* (New York: Ballantine, 1975 und Douglas R. Hofstadter *Gödel, Escher, Bach: An Eternal Golden Braid* (New York: Basic Books, 1979).

Zwischen dem Marxismus und der neuen Dialektik besteht aber ein fundamentaler Unterschied. Marx ging von der falschen Auffassung aus, daß eine Theorie -um wissenschaftlich zu sein- imstande sein müsse, den künftigen Verlauf der Geschichte vorherzusagen. Die neue Dialektik ist ganz entschieden nicht deterministisch. Da sich die Form einer Gesellschaft nicht „wissenschaftlich" festlegen läßt, muß man es den Beteiligten überlassen, über die Form ihrer Organisation selbst zu entscheiden. Da keiner der Beteiligten ein Monopol auf die Wahrheit besitzt, läßt das beste denkbare Arrangement einen kritischen Prozeß zu, in dem sich widersprechende Ansichten offen diskutiert und gegebenenfalls an der Realität getestet werden können. Im Bereich der Politik stellen demokratische Wahlen ein solches Forum dar, im Bereich der Wirtschaft leistet das der Marktmechanismus. Weder die Märkte noch die Wahlen stellen ein objektives Kriterium dar, sondern nur eine Ausdrucksform der vorherrschenden Voreingenommenheit. In einer unvollkommenen Welt ist das aber das beste, was erreicht werden kann. So führt das Konzept der Reflexivität direkt zum Konzept einer offenen Gesellschaft - daher sein „Zauber" im heutigen China. Was mich angeht, so beendet das Konzept einen -wie Hofstadter es nennen würde, „rekursiven Looping" zwischen meinem Konzept der Reflexivität, meinem Interesse an den Finanzmärkten und meinem Eifer für das Ideal einer offenen Gesellschaft.

LITERATURVERZEICHNIS

EINLEITUNG

1. Karl R. Popper, The Poverty of Historicism (London: Routledge & Kegan Paul, 1957), S. 130.

KAPITEL 1

1. George Stigler, Theory of Price (New York: Macmillan, 1966).
2. Lionel C. Robbins, An Essay on the Nature and Significance of Economic Science, 3. Ausgabe (New York: New York University Press, 1984).
3. Karl R. Popper, The Logic of Scientific Discovery (New York, Basic Books, 1959) und Conjectures and Refutations (London: Routledge & Kegan Paul, 1963).
4. Karl R. Popper, The Poverty of Historicism (London: Routledge & Kegan Paul, 1957), Seite 130.

KAPITEL 3

1. Ragnar Nurske, International Currency Experience: Lessons of the Interwar Period (Genf: League of Nations, Sekretariat; Economic, Financial and Transit Department, 1944).
2. Henry Kaufman, „Comments on Credit", 3. Mai 1985 (New York: Salomon Brothers Inc.).

KAPITEL 5

1. The New York Times (21. April 1985).
2. Milton Friedman und Anna Schwarz, A Monetary History of the United States, 1867 - 1960 (Princeton: Princeton University Press, 1963) und Monetary Statistics of the United States (New York: Columbia University Press, 1970).

KAPITEL 6

1. George Soros, „The International Debt Problem, Diagnosis and Prognosis“, Juli 1983; „The International Debt Problem Revisited“, March 1984 (New York: Morgan Stanley).
2. Anatole Kaletsky, The Costs of Default (New York: Twentieth Century Fund, 1985).

KAPITEL 7

1. Henry Kaufman, loc. cit., passim.
2. Zum Beispiel Paul Volckers Aussagen vor dem Bankenausschuß des Senates am 20. Februar 1986.

KAPITEL 8

1. Internationaler Währungsfonds, World Economic Outlook (1. September 1986)
2. Jonathan E. Gray, „Financial Corporation of America: Strategic Analysis ≠ Forecast,“ Bernstein Research, 28. Dezember 1983 (New York: Sanford C. Bernstein & Co.).

KAPITEL 18

1. The International Parliamentary Working Round Table on Exchange Rates and Coordination, Zürich, Schweiz, 28., 29. und 30. Juni 1986.
2. The U.S. Congressional Summit on Debt and Trade, New York, N.Y.; 3., 4., und 5. Dezember 1986.

ANHANG

DIE AUSSICHTEN FÜR EINEN ZERFALL EUROPAS*

Ich bin dem Aspen-Institut sehr dankbar, daß es mir die Gelegenheit gibt, mich in Deutschland an ein Publikum zu wenden, und ich habe ein Thema gewählt, daß für die Menschen in Deutschland von besonderem Interesse sein dürfte. Mein Thema ist die Aussicht für einen Zerfall Europas.

Dies ist ein Thema, daß mich auf dreierlei Weise beschäftigt. Zum einen bin ich ein leidenschaftlicher Anhänger der Vorstellung, daß Europa eine offene Gesellschaft wird. Zum zweiten habe ich eine Theorie entwickelt, die ein Licht auf den Prozeß der europäischen Integration bzw. Desintegration wirft. Drittens bin ich selbst an diesem Prozeß beteiligt.

Eine offene Gesellschaft bedeutet eine Gesellschaft, die auf der Idee gründet, daß niemand ein Monopol auf die Wahrheit hat – eine Gesellschaft, die nicht vom Staat oder einer bestimmten Ideologie beherrscht wird, und in der die Minderheiten und die Meinungen der Minderheiten respektiert werden. Legt man diese Kriterien zugrunde, dann ist die Europäische Gemeinschaft eine sehr wünschenswerte Organisationsform. In gewisser Weise ist sie sogar ideal, da sie ein sehr interessantes Merkmal aufweist: Alle an ihr teilnehmenden Staaten stellen eine Minderheit dar. Der Respekt vor der Minderheit ist ihr konstruktives Fundament. Die noch ungelöste Frage lautet: Wieviel Macht soll man an die Mehrheit abtreten? Bis zu welchem Punkt sollte Europa zusammengeschlossen werden?

Die Art und Weise, wie Europa sich entwickelt, wird einen nachhaltigen Einfluß darauf haben, was in Osteuropa geschieht, der Region, die bis vor kurzem unter dem Bann der kommunistischen Ideologie stand. Der Kommunismus baute eine absolut geschlossene Gesellschaft auf, jetzt aber ist der Kommunismus als Ideologie endgültig am Ende. Der Weg des geringsten Widerstandes führt nun zur Aufsplitterung dieses vollkommen geschlossenen Systems in einzelne, geschlossene Gesellschaften, die sich auf das Prinzip der nationalen bzw. ethnischen Identität berufen. In fortgeschrittener Weise können wir dieses Prinzip bereits im früheren Jugoslawien beobachten. Der

* Eine von mir vor dem Aspen-Institut gehaltene Rede, die im September 1993 als Büchlein veröffentlicht wurde.

einzige mögliche Ausweg aus diesem Dilemma besteht darin, den Übergang von der geschlossenen in die offene Gesellschaft zu vollziehen. Aber das ist nicht leicht. Es braucht Zeit und Arbeit, um all das zu etablieren, was für eine offene Gesellschaft charakteristisch ist: die Gesetzesnormen, die bürgerliche Gesellschaft und die kritische Denkweise. Die vom Kommunismus verwüsteten Gesellschaften können diesen Übergang nicht aus eigener Kraft bewerkstelligen. Sie brauchen dazu ein Europa, daß ihren Bemühungen offen, aufnahmebereit und hilfreich zur Seite steht. Ostdeutschland wurde zuviel geholfen, dem Rest von Osteuropa zuwenig. Ich kümmere mich intensiv darum, dem Rest Osteuropas zu helfen. Wie Sie vielleicht wissen werden, habe ich zu diesem Zweck ein Netz von Stiftungen aufgebaut, und das ist die Art von Voreingenommenheit, die ich Europa entgegenbringe.

Die zweite Art meiner Beteiligung an diesem Prozeß liegt darin begründet, daß ich eine Theorie der Geschichte entwickelt habe, die mich sowohl bei meinen Aktivitäten in den Finanzmärkten als auch bei der Gründung des Netzwerkes meiner Stiftungen geleitet hat. Der Schlüssel zu meiner Theorie liegt in der Rolle, die Fehler und Mißverständnisse bei der Beeinflussung des Ablaufs der Ereignisse spielen. Zwischen dem Denken der Beteiligten und dem tatsächlichen Zustand der Dinge besteht immer eine Kluft, die aber manchmal relativ eng ist und sich von selbst wieder schließt – ich bezeichne diesen Zustand als „nahe am Gleichgewicht". Zu anderen Zeiten tut sich aber eine sehr weite Kluft auf, die keine Tendenz zeigt, sich wieder zu verringern – diesen Zustand bezeichne ich als „entfernt vom Gleichgewicht". Der Ablauf der Ereignisse bei Prozessen „nahe am Gleichgewicht" hat einen ganz anderen Charakter als der von Prozessen, die „fern vom Gleichgewicht" sind. Dieser Punkt wird nicht immer verstanden. Meine Theorie bezieht sich auf die Zustände „fern vom Gleichgewicht". Ich habe eigens eine Studie über das von mir als „Abfolge von Boom und Zusammenbruch" bezeichnete Phänomen angfertigt. Von Zeit zu Zeit läßt sich dieses Phänomen an den Finanzmärkten beobachten, und ich glaube, daß es sich auch auf die Integration und Desintegration der Europäischen Gemeinschaft anwenden läßt. Seit der Revolution von 1989 und der Wiedervereinigung Deutschlands befindet sich Europa im Zustand eines dynamischen Ungleichgewichts. Daher stellt es für meine Theorie der Geschichte eine sehr interessante Fallstudie dar.

Nicht zuletzt bin ich als international operierender Anleger selbst Teilnehmer an diesem Prozeß des dynamischen Ungleichgewichts. Ich habe mich früher als Spekulanten bezeichnet und darüber gewitzelt, daß eine Anlage eine Spekulation sei, die danebengegangen ist; angesichts der Kampagne gegen die Spekulanten ist mir das Lachen aber vergangen. Sicher haben international tätige Anleger beim Zusammenbruch des Wechselkursmechanismus des Europäischen Währungssystems eine wichtige Rolle gespielt; ohne internationale Kapitalbewegungen aber kann es keinen gemeinsamen Markt geben. Die Spekulanten für den Zusammenbruch des Währungssystems verantwortlich zu machen, ähnelt dem Ermorden des Boten mit der schlechten Nachricht.

Ich werde mich mit diesem Thema auf der Basis meiner Theorie der Geschichte auseinandersetzen. Der Umstand, daß ich selbst auch an dem zu untersuchenden Prozeß beteiligt sind, läuft nicht über Kreuz mir meiner Fähigkeit zur Anwendung der Theorie. Ganz im Gegenteil: Er hat mir geholfen, die Theorie in der Praxis zu testen. Auch stört es nicht, daß ich mit einer gewissen Voreingenommenheit an das Thema herangehe, da es ein Bestandteil meiner Theorie ist, davon auszugehen, daß die Beteiligten an einem historischen Prozeß stets auf der Basis einer Voreingenommenheit handeln. Natürlich gilt diese Regel auch für die Vertreter von Theorien.

Ich muß aber eingestehen, daß meine eigene Voreingenommenheit – insbesondere, daß ich mir ein vereinigtes, blühendes und offenes Europa wünsche – mit meinen Aktivitäten als Teilnehmer an den Finanzmärkten kollidiert. Ich kannte derartige Probleme nicht, solange ich noch unbekannt war. Das Britische Pfund hätte den Europäischen Währungsverbund sowieso verlassen, ganz gleich, ob ich gegen es spekuliert hätte oder nicht. Als das Pfund den Währunsgverbund dann verlassen hatte, stand ich auf einmal im Licht der Öffentlichkeit, und um meine Anonymität war es geschehen. Ich wurde zum Guru. Ich konnte tatsächlich das Verhalten der Märkte beinflussen, und es wäre nicht ehrlich von mir, das nicht zuzugeben. Das hat mir neue Möglichkeiten eröffnet und eine neue Verantwortung auferlegt. Angesichts meiner Voreingenommenheit wollte ich nicht dafür verantwortlich sein, daß der Französische Franc aus dem Währungsverbund gedrängt würde. Ich beschloß, von einer Spekulation gegen den Franc abzusehen, um zu einer konstruktiven Lösung beitragen zu können, aber niemand dankte mir das. Meine öffentlichen Erklärungen schienen die Notenbanken sogar noch mehr zu stören als meine Aktivitäten an den Finanzmärkten, so daß ich nicht sagen kann, daß ich mich in meiner neu gewonnenen Rolle als Guru wohlfühle. Angesichts meiner Voreingenommenheit muß ich dennoch sagen, was gesagt werden muß, auch wenn es für mich als Beteiligten nicht gerade bequem ist.

Der springende Punkt in meiner Theorie von Boom und Zusammenbruch ist, daß es in ihr nichts Unausweichliches gibt. Zu Beginn verstärkt sich die typische Abfolge von Boom und Zusammenbruch, schließlich bringt sie sich selbst zu Fall, aber sie kann zu jedem Zeitpunkt gestoppt bzw. umgekehrt werden. Ich werde die Abfolge von Boom und Zusammenbruch des europäischen Integrationsprozesses im Lichte dieser Theorie besprechen. Wegen seiner zentralen Rolle innerhalb dieses Prozesses werde ich dem Wechselkursmechanismus des Europäischen Währungssystems dabei besondere Aufmerksamkeit schenken. Dieser Mechanismus hat bis zur Wiedervereinigung Deutschlands perfekt funktioniert und sich nahe am Gleichgewichtszustand bewegt. Die Wiedervereinigung aber hat die Bedingungen für ein dynamisches Ungleichgewicht geschaffen. Seit diesem Zeitpunkt ist der Ablauf der Ereignisse von Fehlern und Mißverständnissen gekennzeichnet. Das greifbarste Ergebnis dieses Prozesses ist der Zerfall des Währungsverbundes, der seinerseits ein bedeutender Faktor beim möglichen Auseinanderbrechen der Europäischen Gemeinschaft ist.

Lassen Sie mich an dem Punkt beginnen, als der Zustand des fast erreichten Gleichgewichts durch einen Zustand ersetzt wurde, der fernab vom Gleichgewicht lag. Zeitlich läßt sich dieser Punkt außerordentlich präzise definieren: Es war der Tag der Maueröffnung in Berlin. Dieses Ereignis öffnete das Tor zur Deutschen Wiedervereinigung. Kanzler Kohl ergriff die historische Chance beim Schopfe. Er beschloß, daß die Wiedervereinigung allumgreifend, unmittelbar und innerhalb einer europäischen Einbindung erreicht werden sollte. De facto hatte er eigentlich gar keine Wahl, da einerseits die deutsche Verfassung den Ostdeutschen die Staatsbürgerschaft einräumte und Deutschland andererseits Mitglied der Europäischen Gemeinschaft war. Der feine Unterschied besteht aber darin, ob man die Ereignisse selbst in die Hand nimmt oder ob man nur auf sie reagiert. Kanzler Kohl bewies wahre Führungsqualitäten. Er besuchte Präsident Mitterand und sagte ihm – auf den Punkt gebracht: „Für eine sofortige und vollständige Wiedervereinigung benötige ich Ihre Hilfe und die Hilfe Europas." Die Franzosen antworteten sinngemäß: „Lassen Sie uns ein stärkeres Europa aufbauen, in das das wiedervereinigte Deutschland eingebettet werden kann." Das gab dem Zusammenwachsen Europas einen enormen Impuls. Es setzte den „Boom" der Sequenz von Boom und Zusammenbruch in Bewegung. Die Briten waren dagegen, eine starke zentrale Autorität zu schaffen; Sie werden sich sicher noch an die Rede von Margaret Thatcher in Brügge erinnern. Es folgten harte Verhandlungen, aber irgendwie bestand ein unbestimmtes Gefühl der Dringlichkeit, eine Art selbst errichtetes Ultimatum. Das Ergebnis waren die Verträge von Maastricht, deren wichtigste Ziele es waren, eine gemeinsame Währung und eine gemeinsame Außenpolitik zu begründen. Es gab noch eine Reihe anderer Vorbehalte gegen die Verträge, die aber weniger bedeutsam waren. Schließlich gestattete man es den Briten, sich gegen einige Punkte zu entscheiden. Alles in allem waren die Maastrichter Verträge ein gewaltiger Schritt in Richtung eines Zusammenwachsens Europas und ein mutiger Versuch, ein Europa zu schaffen, daß stark genug wäre, es mit den revolutionären Veränderungen nach dem Zusammenbruch des Sowjet-Reiches aufzunehmen. All das ging vielleicht schneller vor sich und führte wohl auch weiter, als es von der Öffentlichkeit erwartet worden wäre, aber das war die Chance, die die politischen Führer wahrnahmen, um mit der revolutionären Lage schritthalten zu können. Nach meiner Meinung war das richtig, da es wahren Führungswillen bewies.

Die Probleme liegen aber woanders. Ich will mich gar nicht mit dem Abkommen beschäftigen, in dem Deutschland dem Übereinkommen der Europäischen Gemeinschaft zustimmte, Kroatien und Slowenien als unabhängige Staaten anzuerkennen. Damals wurde das kaum zur Kenntnis genommen und auch nur wenig diskutiert, es wird aber sicher schreckliche Konsequenzen haben. Ich möchte mich auf das durch die Wiedervereinigung geschaffene interne Ungleichgewicht in Deutschland konzentrieren, weil das das Ungleichgewicht war, das vom Boom zum Zusammenbruch führte.

Die deutsche Regierung unterschätzte nachhaltig die Kosten der Wiedervereinigung. Sie war keinesfalls bereit, diese Kosten über eine höhere Besteuerung oder eine Reduzierung anderer Regierungsausgaben zu finanzieren. Das führte zwischen der Bundesbank und der Regierung auf zweierlei Ebenen zu Spannungen: die eine Spannung bestand darin, daß die Regierung dem explizit geäußerten Rat der Bundesbank zuwiderhandelte, die andere bestand darin, daß die sehr locker gehandhabte Steuerpolitik – mithin ein großes Haushaltsdefizit – eine sehr defensive Geldpolitik erforderte, um ein monetäres Gleichgewicht zustandezubringen. Die zusätzliche Kaufkraft durch den Umtausch der ostdeutschen Währung zum Pari-Kurs führte zu einem inflationären Boom, und das Steuerdefizit heizte die Situation noch weiter an. Die Bundesbank war gesetzlich verpflichtet, den Wert der Deutschen Mark stabil zu halten, und sie handelte schnell. Sie hob den Zinssatz für Wertpapierpensionsgeschäfte auf 9,70% an. Diese Politik erwies sich aber sehr nachteilig für die anderen Mitgliedsländer des Europäischen Währungssystems. Anders gesagt, führte die monetäre Politik, die dazu entwickelt worden war, im Inland das Gleichgewicht wiederherzustellen, zu einem Ungleichgewicht innerhalb des Europäischen Währungssystems. Es verging zwar einige Zeit, bis sich das Ungleichgewicht voll ausgebildet hatte, im Laufe der Zeit aber stürzte die von der Bundesbank betriebene rigide Geldpolitik ganz Europa in die tiefste Rezession seit dem Zweiten Weltkrieg. Die Bundesbank spielt eine Doppelrolle: Im Inland ist sie der Wächter einer stabilen Währung, und im EWS hat sie eine Ankerfunktion. Sie wirkte als ein Übertragungssystem, das das interne Ungleichgewicht der deutschen Wirtschaft in eine Triebfeder für den Zerfall des EWS verwandelte.

Zwischen der Bundesbank und der deutschen Regierung gab es aber noch eine dritte, tieferreichende Ebene des Konflikts. Um Frankreichs Unterstützung für die Deutsche Wiedervereinigung zu bekommen, stimmte Kanzler Kohl den Maastrichter Verträgen zu. Diese Verträge stellten für die Vorherrschaft, ja sogar für das Überleben der Institution Bundesbank als Gebieterin der Europäischen Währungspolitik eine ernste Bedrohung dar. Die Deutsche Mark dient im EWS als Ankerwährung. Nach den Maastrichter Verträgen aber sollte die Rolle der Bundesbank von einer Europäischen Zentralbank übernommen werden, in der die Bundesbank nur eine von zwölf Stimmen haben sollte. Zugegebenermaßen sollte sich die Europäische Zentralbank am Modell der Deutschen Bundesbank ausrichten; es ist aber ein ganz gewaltiger Unterschied, ob man nur als Modell dient oder ob man selbst in der Pflicht steht. Die Bundesbank hat niemals offen zugegeben, daß sie gegen diesen institutionellen Wechsel war, und es bleibt unklar, in welchem Ausmaß ihre Aktionen dazu dienten, diesen Wechsel auch tatsächlich zu verhindern. Alles, was ich Ihnen dazu sagen kann ist, daß ich mich als Marktteilnehmer nach der Hypothese gerichtet habe, daß das die zugrundeliegende Motivation der Bundesbank war. Ich kann Ihnen zwar nicht beweisen, daß meine Hypothese richtig war, aber ich kann sagen, daß sie funktioniert hat.

Zum Beispiel hörte ich auf Helmut Schlesingers Warnung, daß die Märkte sich irrten, wenn sie glaubten, daß der Ecu aus einem feststehenden Währungskorb bestehe. Ich fragte ihn, was er vom Ecu als künftiger Währungseinheit halte. Er meinte, daß es ihm lieber wäre, wenn man diese Währung als Mark bezeichnen würde. Ich verhielt mich entsprechend. Wenig später wurde die Lira aus dem Wechselkursmechanismus getrieben.

Ich möchte mich jetzt nicht auf eine detaillierte Beschreibung der Vergangenheit einlassen, da ich eine umfassende historische Perspektive entwickeln will. Aus dieser Perspektive heraus sind die herausragendsten Merkmale, daß das Maastricht-Referendum in Dänemark abgelehnt wurde, in Frankreich nur eine knappe Mehrheit fand und in Großbrittanien nur mit größter Not durchs Parlament kam. Der Europäische Wechselkursmechanismus ist vollkommen zerbrochen, und das in mehreren Raten, von denen die letzte, nämlich die Erhöhung der zulässigen Schwankungsbreite der Währungen im August, die weitreichendsten Konsequenzen hatte: Sie lockerte das engste Band in der Europäischen Union, nämlich das, das Deutschland und Frankreich miteinander verknüpft. Was langfristig noch wichtiger ist: Europa befindet sich inmitten einer tiefen Rezession, und kurzfristig bestehen keine Aussichten auf eine wirtschaftliche Erholung. Die Arbeitslosigkeit ist ein schlimmes, noch weiter zunehmendes Problem, das durch die für diese Phase des Wirtschaftszyklus viel zu restriktive Geldpolitik noch verschärft wird. Ich schließe aus diesen Beobachtungen, daß der Trend hin zu einem Zusammenwachsen Europas seinen Zenit durchschritten hat und nun in die entgegengesetzte Richtung läuft.

Der genaue Zeitpunkt dieser Trendumkehr ist das Scheitern des Referendums in Dänemark. Das Referendum hätte zu einer Welle der Unterstützung für die Veträge von Maastricht führen können; in diesem Falle hätte es keine Trendumkehr gegeben. Stattdessen hat es zum Zusammenbruch des Wechselkursmechanismus geführt. Europa befindet sich nun in einem Zerfallsprozeß. Da wir es mit einer Sequenz von Boom und Zusammenbruch zu tun haben, kann unmöglich gesagt werden, wie weit dieser Zerfallsprozeß gehen wird. Er könnte aber wesentlich weiter gehen, als die Menschen sich das derzeit vorstellen können oder wollen, weil Sequenzen von Boom und Zusammenbruch in beide Richtungen selbstverstärkend wirken.

Ich kann mindestens fünf Faktoren ausmachen, die sich gegenseitig verstärken. Zu allererst die Rezession: Arbeitslosenquoten von 11,7% in Frankreich, 14,1% in Belgien und 22,25% in Spanien sind einfach nicht akzeptabel. Sie führen zu sozialen und politischen Unruhen, die sich leicht in eine antieuropäische Richtung lenken lassen. Zum zweiten gibt es einen fortschreitenden Zerfall des Wechselkursmechanismus. Das ist sehr gefährlich, da der gemeinsame Markt mittel- bis langfristig ohne stabile Wechselkurse nicht fortbestehen kann.

Der Wechselkursmechanismus hat über ein Jahrzehnt lang in einem Zustand nahe am Gleichgewicht perfekt funktioniert. Die Wiedervereinigung Deutschlands aber hat einen grundlegenden Fehler innerhalb des Mechanismus aufgedeckt, nämlich, daß die Bundesbank eine Doppelrolle spielt: Sie ist Hüterin der inländischen Geldwertstabilität und Anker des EWS. Solange die beiden Rollen harmonieren, gibt es kein Problem. Als aber ein Konflikt zwischen den beiden Rollen auftrat, gab die Bundesbank binnenwirtschaftlichen Überlegungen den Vorrang und vernachlässigte ihre internationalen Verpflichtungen. Das zeigte sich zum Beispiel deutlich am 19. Juni, als die Bundesbank sich weigerte, den Diskontsatz zu senken, um den Druck auf den französischen Franc zu verringern. Man kann vorbringen, daß die Bundesbank gar keine andere Wahl hatte: Durch das *Grundgesetz* ist sie verpflichtet, dem Werterhalt der deutschen Währung die absolute Priorität einzuräumen. In diesem Falle besteht also ein unüberbrückbarer Konflikt zwischen dem Wechselkursmechanismus und dem *Grundgesetz*.

Diese Episode hat noch einen anderen grundlegenden Fehler im Wechselkursmechanismus enthüllt, und zwar, daß die Pflichten zwischen der Ankerwährung und einer unter Druck geratenen Währung ungleich verteilt sind. Alle Pflichten fallen der schwachen Währung zu. Sie werden sich daran erinnern, daß John Maynard Keynes zu Zeiten des Abkommens von Bretton Woods die Notwendigkeit einer Symmetrie zwischen den starken und den schwachen Währungen hervorgehoben hat. Er stützte seine Argumente auf die Erfahrungen aus der Zeit zwischen den Weltkriegen. Die gegenwärtige Situation erinnert in zunehmendem Maße an diese Periode, und manchmal scheint es, als ob Keynes niemals gelebt hätte.

Das bringt mich zum dritten Faktor: der fehlerhaften Wirtschafts- und Geldpolitik. Hier ist es gar nicht so sehr die Bundesbank, die zu tadeln ist, Tadel verdienen vielmehr diejenigen, die sich – wie die deutsche Regierung – gegen sie gerichtet haben , oder diejenigen, die die Opfer ihrer Politik wurden, wie Großbritannien und Frankreich. Die deutsche Regierung ist natürlich an erster Stelle dafür verantwortlich, ein internes Ungleichgewicht herbeigeführt zu haben. Die Briten begingen einen schweren Fehler, als sie am

8. Oktober nach der Deutschen Wiedervereinigung dem Wechselkursmechanismus beitraten. Sie unternahmen diesen Schritt aufgrund von Argumenten, die 1985 ausgearbeitet worden waren, damals aber am hartnäckigen Widerstand von Margaret Thatcher scheiterten. Als deren Position wackelte, gab sie schließlich nach; zu dieser Zeit aber waren die Argumente, die 1985 noch gültig gewesen waren, nicht mehr stichhaltig. Die Briten begingen also zwei Fehler – den einen 1985, und einen zweiten 1990.

Da sie sich bei ihrem Eintritt in den Wechselkursmechanismus bereits in einer Rezession befanden, traf sie das von der Bundesbank errichtete Hochzinsdiktat besonders hart. Die Verdrängung aus dem Wechselkursmechanismus brachte ihnen die dringend erforderliche Erleichterung. Sie hätten die Situation begrüßen müssen, aber sie waren zu benommen, um zu reagieren. Schließlich taten sie dann doch das Richtige, aber sie verpaßten es, die Initiative an sich zu ziehen. Das hat die Vertrauensbildung erschwert, und es wird es auch sehr schwer machen, die Kontrolle über die Löhne sicherzustellen, wenn sich die Konjunktur wieder erholt.

Man hätte denken sollen, daß die Franzosen aus den Erfahrungen Großbritanniens gelernt hätten. Aber sie erweisen sich als noch unflexibler. Man könnte mit ihren Bemühungen zur Verteidigung der Politik eines *starken Francs* sympathisieren, für deren Durchsetzung sie so lange gekämpft hatten. Sie waren kurz davor, die Früchte dieser Politik in Form einer besseren Konkurrenzfähigkeit gegenüber Deutschland zu ernten, als ihnen der Lohn ihrer Mühen durch wiederholte Attacken auf den Franc aus den Händen gerissen wurde. Als sich die Politik eines *starken Franc* nicht länger durchhalten ließ, hätten sie ihr Verhalten an die neue Situation anpassen sollen. Stattdessen halten sie freiwillig an genau dem System fest, das schon einmal so verhängnisvoll für sie war, nämlich als es ihnen durch den Wechselkursmechanismus aufgezwungen wurde. Ich glaube, daß ich ihre Motivation verstehe: Sie sorgen sich um den Wiederaufbau ihrer Reserven und um die Rückzahlung der Schulden, die die Bank von Frankreich bei der Bundesbank zur Verteidigung des Wechselkurses gemacht hat. Aber sie haben ihre Prioritäten falsch gesetzt. Frankreich befindet sich in einer schweren Rezession, und es braucht ein niedrigeres Zinsniveau. Erst das hat ja im August zur Krise geführt. Der Versuch, durch ein weiterhin hohes Zinsniveau den Franc an die Deutsche Mark zu binden, ist selbstmörderisch. Einen starken Franc kann man nur durch eine starke Wirtschaft erreichen.

Die Bundesbank selbst ist bei der Verfolgung ihrer Ziele bemerkenswert beständig und erstaunlich erfolgreich gewesen, insbesondere, wenn wir als eines ihrer Ziele den Selbsterhalt ihrer eigenen Institution sehen. Die Bundesbank stand nach der Deutschen Wiedervereinigung vor einer unmöglichen Situation: einem plötzlichen Anstieg der Geldmenge, einem enormen Haushaltsdefizit und einer Bedrohung ihres eigenen Überlebens. Dennoch siegte sie. Ob das den Preis – die europaweite Rezession und den Zusammenbruch des europäischen Währungsmechanismus – wert war, ist eine andere Frage.

Noch vor wenigen Monaten war ich der Ansicht, daß die Bundesbank auch für die inländischen Belange die verkehrte Geldpolitik verfolgte, da Deutschland sich in einer Rezession befand und die Geldpolitik kontrazyklisch sein sollte. Die Bundesbank hielt an ihren mittelfristigen Geldmengenzielen fest, ich aber dachte, daß die Geldmenge M3 – die als Zielvorgabe zu Zeiten eines Zustandes nahe am Gleichgewicht gut funktioniert hatte – im heutigen, weit vom Gleichgewicht entfernten Zustand unbedeutsam geworden wäre. Daher war ich der Ansicht, daß die Bundesbank ihren Kurs der restriktiven Geldpolitik überzogen hätte.

Das war aber noch vor der Erweiterung der Schwankungsbreite der Währungen im Wechselkursmechanismus. Seitdem hat die Deutsche Mark eine Rallye erlebt, die langfristigen Anleihen in Deutschland haben zugelegt, und – das als Krönung – die deutsche Wirtschaft zeigt gewisse Zeichen der Stärke. Ich muß zugeben, daß ich mich geirrt haben könnte und daß die Bundesbank in der Verfolgung ihrer innenpolitischen Ziele erfolgreich gewesen sein könnte. Das nährt aber erst recht meine Überzeugung, daß es zwischen den inländischen Verantwortlichkeiten der Bundesbank und ihrer Rolle als Anker des EWS einen Konflikt gibt. Die Ereignisse der letzten Monate haben deutlich gezeigt, daß sich die Bedürfnisse Deutschlands und die des restlichen Europa ganz erheblich unterscheiden. Deutschland braucht niedrige Zinssätze am langen Ende, weil es sich dort verschuldet, während der Rest Europas niedriger Zinsen am kurzen Ende bedarf, um die Liquidität des Bankensystems wiederaufzubauen und zur Stimulierung der Konjunktur beizutragen. Deutschland hat bekommen, was es brauchte, der Rest Europas nicht.

Der Umstand, daß ich mich hinsichtlich der Deutschen Mark geirrt haben könnte, bringt mich zum vierten Faktor. Nicht nur die Behörden machen Fehler, sondern auch die Marktteilnehmer. Die Märkte liegen oft daneben. Ganz besonders lagen sie daneben, als sie annahmen, daß der Weg zur Einheitswährung auf geradem Weg erreicht werden könnte. Internationale Anleger, vor allem die Manager internationaler Rentenfonds, achteten nur auf die höheren Renditen und vernachlässigten die Währungsrisiken. Helmut Schlesinger hatte recht, als er davor warnte, daß der Ecu nicht aus einem feststehenden Währungskorn bestehe. Es hatte große Kapitaltransfers in die Schwachwährungsländer wie Italien, Spanien und Portugal gegeben. Zu Beginn hatten diese Kapitalbewegungen sich selbst verstärkt, schließlich dann aber selbst zu Fall gebracht. Sie führten am Anfang zu einer ausgesprochenen Unbeweglichkeit der Wechselkurse, dann aber zu einer ausufernden Instabilität. Die Fehler des Marktes vermischten sich mit den Fehlern der Behörden; gemeinsam riefen sie ein dynamisches Ungleichgewicht hervor.

Schießlich gibt es noch einen fünften Faktor, der den Trend hin zum Zerfall verstärkt. Man könnten ihn auch als den gefühlsmäßigen Verstärker bezeichnen. Wenn die Dinge sich in die falsche Richtung entwickeln, vor allem aber, wenn Fehler gemacht werden, entsteht der Reiz, jemand anderem die Schuld dafür zuzuschieben. Wer hätte gedacht, daß selbst drei anerkannte Amtsträger wie Jacques Delors, der Finanzminister von Belgien und der neu ernannte Präsident der Bank von Frankreich wirklich an eine angelsächsische Verschwörung zur Zerstörung der deutsch-französischen Allianz glaubten? Diese Haltung wirft im nachhinein ein Licht auf die nachfolgenden Gesprächsrunden wie zum Beispiel die GATT-Verhandlungen.

Es gibt auch noch einen sechsten Faktor, der Beachtung verdient, nämlich die Instabilität Osteuropas- und hier insbesondere die des früheren Jugoslawien. Ich glaube, daß dieser Faktor in die entgegengesetzte Richtung wirkt. Die drohende Instabilität und der Zustrom von Flüchtlingen sind gute Gründe, an einer „Festung Europa“ zu arbeiten. Zur gleichen Zeit hat die mangelnde Einigkeit der Europäischen Union sich verstärkend auf die politische Instabilität und den wirtschaftlichen Niedergang Osteuropas ausgewirkt. Das Ergebnis wird eine Europäische Union sein, die weit von einer offenenen Gesellschaft entfernt ist, wie sie sich die von mir unterstützten Menschen in Osteuropa erhoffen.

All das ist sicher beunruhigend und deprimierend. Mir ist klar, daß ich eher wie ein Prophet von Untergang und Verderben klinge als wie ein Guru. Ich darf Sie aber daran erinnern, daß es in einer Abfolge von Boom und Zusammenbruch nichts Vorbestimmtes gibt, und daß die Richtung dieses Prozesses praktisch jederzeit umgekehrt werden kann. Eine derartige Trendumkehr ist sogar ein essentieller Bestandteil einer Sequenz von Boom und Zusammenbruch. Was ich sagen möchte ist, daß sich die Dinge nun in die verkehrte Richtung entwickeln, und daß sie das solange tun werden, bis wir erkennen, daß da irgendetwas grundlegend falsch läuft und entschiedene Gegenmaßnahmen ergreifen.

Daß am Europäischen Währungssystem in seiner gegenwärtigen Verfassung etwas grundlegend falsch ist, daran kann es keinen Zweifel geben. Erstens haben sich die Inlandsverpflichtungen der Bundesbank als unvereinbar mit der Rolle der Bundesbank als Hüterin der Ankerwährung erwiesen; man könnte sogar meinen, daß die Bundesbank diese Rolle zugunsten der Lösung inländischer Probleme aufgegeben hat. Zum zweiten besteht eine Asymmetrie zwischen den Verpflichtungen starker bzw. schwacher Währungen. Am wichtigsten aber ist, daß auch ein Ungleichgewicht zwischen dem Risiko und der Chance internationaler Anleger besteht, womit ich die Spekulanten meine. Sobald das erst einmal bekannt wurde, war es unmöglich, zu dem zuvor herrschenden Zustand zurückzukehren. Der beste Weg, diese Fehler des EWS zu eliminieren, besteht darin, gleich ganz auf einen Wechselkursmechanismus zu verzichten. Frei fluktuierende Währungen würden aber den gemeinsamen Markt zerstören. Daher die Notwendigkeit einer gemeinsamen Währung! Das bedeutet, daß man die Verträge von Maastricht erfüllen muß.

In der Zeit, als die Verträge verhandelt wurden, hielt man den Weg zu einer gemeinsamen Währung für einen stufenweisen, sich nahe am Gleichgewichtszustand bewegenden Pfad. Auf diesem stufenweisen Pfad haben sich aber nun unerwartete Hindernisse gezeigt. Ein weiteres schrittweises Vorgehen wird nun in die entgegengesetzte Richtung führen, da es eine Trendumkehr gegeben hat und wir uns in einem Prozeß der Desintegration befinden. Aus diesem Grunde müssen wir einen anderen Weg finden. Wenn wir nicht schrittweise vorgehen können, ist es besser, den ganzen Weg auf einmal zu gehen, als überhaupt nicht zum Ziel zu gelangen.

Wie berichtet wurde, hat ein Vertreter Portugals auf der Krisensitzjng am 1. August vorgeschlagen, die Einführung einer gemeinsamen Währung zu beschleunigen. Dem Vernehmen nach reagierte ein deutscher Vertreter mit der Antwort „Sie machen wohl Witze!". Wenn meine Argumentation stimmt, ist es an der Zeit, den Vorschlag ernstzunehmen. Das mag ein bißchen zu einfach klingen, und das ist es auch. Meine Argumente werden nur ernstgenommen werden, wenn ich einen Weg zu einer gemeinsamen Währung aufzeigen kann. Da wir uns in einem dynamischen Ungleichgewicht befinden, muß dieser Weg ein Weg des Gleichgewichts sein. Derzeit steht es für die französische Notenbank an erster Stelle, ihre Reserven wieder aufzubauen. Zu diesem Zweck versucht sie, den Wert des französischen Franc stabil zu halten. Das ist falsch. An erster Stelle sollte die Stimulation der französischen Wirtschaft stehen. Die Fälligkeit der französischen Schulden an die Bundesbank sollte auf – um eine Zahl zu nennen – zwei Jahre gestreckt werden, damit die Franzosen ihre Zinsen jetzt senken können. Wenn ich „niedrigere Zinsen" sage, dann meine ich damit drei Prozent. Die Zinssenkung sollte mit den anderen Mitgliedern des EWS, ausgenommen Deutschland und Holland, koordiniert werden. Die Deutsche Mark würde ohne Frage im Kurs steigen. Die Überbewertung der Deutschen Mark hätte einen negativen Einfluß auf die deutsche Konjunktur und würde die Senkung der deutschen Zinssätze beschleunigen. Wenn sich die Konjunktur in Deutschland abschwächt, im Rest Europas aber erholt, würde der Trend bei den Wechselkursen umgekehrt werden; die Wechselkurse würden sich schließlich vielleicht auf einem Niveau einpendeln, das nicht fern vom Zustand vor der Erweiterung der Schwankungsbreite der Devisenkurse liegt. Der wesentliche Unterschied läge im Konjunkturverlauf. Der Rest Europas würde sich anfänglich auf Kosten Deutschlands erholen, schließlich würde aber auch Deutschland an der Erholung teilhaben. Dann wäre das dynamische Ungleichgewicht korrigiert, und der Weg zu einer gemeinsamen Währung könnte unter Bedingungen nahe am Gleichgewicht wiederaufgenommen werden. Der ganze Prozeß würde nicht länger als ein oder zwei Jahre dauern. Danach könnten Sie direkt zu einer gemeinsamen Währung übergehen, ohne die engen Bandbreiten bei den Wechselkursschwankungen noch einmal einzuführen. Auf geradem Weg aber können Sie dorthin nicht gelangen. Sie befinden sich derzeit in einem verhängnisvollen Kreislauf, den Sie umkehren und zu einen positiven Kreislauf hin verändern müssen. Bis zu einem gewissen Punkt ist das in Italien schon geschehen. Es könnte auch im Rest Europas geschafft werden.

Ich habe mich nicht mit den Themen der Außenpolitik, der Zukunft der NATO und dem Schicksal Osteuropas beschäftigt, aber ich habe bereits zu viele Themen angesprochen. Diese Themen stehen aber mit der Geldpolitik auf komplizierte Weise in Verbindung. Die europäische Geldpolitik ist falsch – und sie kann korrigert werden.